Der Sportverein in Krise und Insolvenz

Schriften zum Verfahrensrecht

Herausgegeben von
Peter Gottwald und Ulrich Haas

Band 6

PETER LANG
Frankfurt am Main · Berlin · Bern · Bruxelles · New York · Oxford · Wien

Meinen Eltern

Vorwort

Die vorliegende Arbeit wurde im Wintersemester 2002/2003 vom Fachbereich Rechts- und Wirtschaftswissenschaften der Johannes Gutenberg-Universität in Mainz als Dissertationsschrift angenommen. Rechtsprechung und Literatur konnten bis Dezember 2003 berücksichtigt werden.

Mein besonderer Dank gilt Herrn Professor Dr. Ulrich Haas, der die Arbeit angeregt und durch viele wertvolle Hinweise und Vorschläge unterstützt und gefördert hat. Gleichzeitig möchte ich ihm für die Aufnahme der Arbeit in seine Schriftenreihe danken.

Ebenfalls bedanken möchte ich mich bei Herrn Professor Dr. Dr. h.c. Horst Konzen für die zügige Erstellung des Zweitgutachtens sowie bei meinem Vater, Horst Kreißig, und Hansjörg Holzamer, die die Arbeit Korrektur gelesen haben.

Ich widme dieses Buch meinen Eltern, die mich in allen beruflichen und persönlichen Belangen jederzeit vorbehaltlos unterstützt haben.

Mannheim, im März 2004 *Wolfgang Kreißig*

Inhaltsverzeichnis

Abkürzungsverzeichnis

a.A.	anderer Ansicht
Abs.	Absatz
AcP	Archiv für die civilistische Praxis
a.F.	alte Fassung
AG	Aktiengesellschaft; Die Aktiengesellschaft (Zs.)
AnfG	Gesetz betreffend die Anfechtung von Rechtshandlungen eines Schuldners außerhalb des Konkursverfahrens
AktG	Aktiengesetz
Anh.	Anhang
Anm.	Anmerkung
AO	Abgabenordnung
AP	Arbeitsrechtliche Praxis, Nachschlagwerk des Bundesarbeitsgerichts
Aufl.	Auflage
BAG	Bundesarbeitsgericht
BayObLG	Bayerisches Oberlandesgericht
BayOLGZ	Entscheidungen des BayObLG in Zivilsachen
BB	Betriebs-Berater (Zs.)
Bd.	Band
Begr.	Begründung
BfA	Bundesanstalt für Arbeit
BGB	Bürgerliches Gesetzbuch
BGBl	Bundesgesetzblatt
BGH	Bundesgerichtshof
BGHSt	Entscheidungen des BGH in Strafsachen
BGHZ	Entscheidungen des BGH in Zivilsachen
BR-Drucks.	Bundestagsdrucksache
bzw.	beziehungsweise
Co.	Compagnon
DB	Der Betrieb (Zs.)
ders.	derselbe
DFB	Deutscher Fußball-Bund
DHB	Deutscher Handball-Bund

d.h.	das heißt
DLV	Deutscher Leichtathletik-Verband
Drucks.	Drucksache
DStR	Deutsches Steuerrecht (Zs)
DZWIR	Deutsche Zeitschrift für Wirtschafts- und Insolvenzrecht
EG	eingetragene Genossenschaft
EGInsO	Einführungsgesetz zur Insolvenzordnung
Einf.	Einführung
Etc.	et cetera
EU	Europäische Union
EuGH	Gerichtshof europäischer Gemeinschaften
e.V.	eingetragener Verein
EWiR	Entscheidungen zum Wirtschaftsrecht
EzA	Entscheidungssammlung zum Arbeitsrecht
f.	folgende Rdnr./Seite etc.
FAZ	Frankfurter Allgemeine Zeitung
F.C.	Fußball-Club
ff.	folgende Rdnrn/Seiten etc.
FGG	Gesetz über die Angelegenheiten der freiwilligen Gerichtsbarkeit
FIFA	Federal International Football Association
Fn.	Fußnote
FS	Festschrift
GbR	Gesellschaft bürgerlichen Rechts
GF	Geschäftsführer
GmbH	Gesellschaft mit beschränkter Haftung
GmbHG	Gesetz betreffend die GmbH
GmbHR	GmbH-Rundschau (Zs.)
HGB	Handelsgesetzbuch
h.M.	herrschende Meinung
Hdb	Handbuch
Hrsg.	Herausgeber

Insg	Insolvenzgeld
InsO	Insolvenzordnung
i.V.	in Verbindung
JA	Juristische Arbeitsblätter (Zs.)
JW	Juristische Wochenschrft...(Zs.)
JZ	Juristenzeitung (Zs.)
LG	Landgericht
KG	Kammergericht; Kommanditgesellschaft
KGaA	Kommanditgesellschaft auf Aktien
KO	Konkursordnung
KSchG	Kündigungsschutzgesetz
KTS	Zeitschrift für Konkurs-, Treuhand- und Schiedsgerichtswesen
MSchG	Mutterschutzgesetz
MüKo	Münchner Kommentar
m.w.N.	mit weiteren Nachweisen
NJW	Neue Juristische Wochenschrift (Zs.)
NJW-RR	NJW-Rechtsprechungsreport
Nr.	Nummer
Nrn.	Nummern
NZA	Neue Zeitschrift für Arbeitsrecht (Zs.)
NZG	Neue Zeitschrift für das ges Gesellschaftsrecht
NZI	Neue Zeitschrift für das Recht der Insolvenz und Sanierung (Zs.)
OHG	Offene Handelsgesellschaft
OLG	Oberlandesgericht
OLGZ	Entscheidungen des OLG in Zivilsachen
R	Recht
Rdnr.	Randnummer
RegE	Regierungsentwurf
RG	Reichsgericht
RGRK	Reichsgerichtsrätekommentar
RGZ	Entscheidungen des Reichsgerichts in Zivilsachen

Rpfleger	Der Rechtspfleger (Zs.)
Rspr.	Rechtsprechung
RWS-Dok.	
S.	Seite
SpuRt	Zeitschrift für Sport und Recht
st.	ständige
str.	sreitig
SZ	Süddeutsche Zeitung
UEFA	United European Football Association
u.a.	unter anderem
v.	vom
VersR	Versicherungsrecht/ Juristische Rundschau für die Individualversicherung (Zs.)
vgl.	vergleiche
WM	Wohnungswirtschaft und Mietrecht (Zs.)
WBl	Wirtschaftsrechtliche Blätter – Zeitschrift für österreichisches und europäisches Wirtschaftsrecht
z.B.	zum Beispiel
ZGR	Zeitschrift für Unternehmens- und Gesellschaftsrecht (Zs.)
ZHR	Zeitschrift für das gesamte Handelsrecht und Wirtschaftsrecht (Zs.)
ZInsO	Zeitschrift für das gesamte Insolvenzrecht (Zs.)
ZIP	Zeitschrift für Wirtschaftsrecht und Insolvenspraxis (Zs.)
ZPO	Zivilprozeßordnung
Zs.	Zeitschrift

A Einleitung

Ist es vorstellbar, dass gleich mehrere Fußball-Bundesligavereine zur gleichen Zeit zahlungsunfähig sind und aufgrund dessen nicht nur einen Insolvenzantrag stellen, sondern zudem wegen des erforderlichen Nachweises ihrer wirtschaftlichen Leistungsfähigkeit um die Lizenzerteilung durch den Deutschen Fußball-Bund (DFB) fürchten und damit möglicherweise sogar den Zwangsabstieg in die Regionalliga in Kauf nehmen müssten?

Zumindest bis zum Frühjahr 2002 wäre diese Vorstellung einem völlig unrealistischen sportlichen Schreckensszenario gleichgekommen. Es wird wohl auch in Zukunft zu keiner derartigen Situation kommen; jedoch hat der wirtschaftliche Zusammenbruch des Medienkonzerns Kirch Media GmbH Co. KG[1] als dem Inhaber der Fernsehübertragungsrechte der Fußball-Bundesliga unvermittelt erahnen lassen, auf welchem schmalen finanziellen Grad sich die Top-Fußballvereine in Deutschland bewegen und wie anfällig die Branche des professionell betriebenen Fußballssports wegen ihrer großen Abhängigkeit von den Einnahmen aus der Fernsehvermarktung geworden ist[2].

Im vorliegenden Fall wurde sogar vereinzelt befürchtet, dass – was bislang undenkbar war – die Bundesliga-Spielrunde eine Pause machen müsste, weil nicht genügend Geld zur regulären Durchführung des Liga-Spielbetriebes zur Verfügung stehen könnte, mit der Folge, dass einige finanzschwächere Vereine an den Rand der Zahlungsunfähigkeit gebracht worden wären[3]. Daher sprang zunächst sogar die Bundespolitik den Bundesligavereinen zur Seite und versprach staatliche Bürgschaften zur Überbrückung etwaiger Liquiditäts-Engpässe[4].

---

1 Vgl. FAZ v. 05.04. 2002, S. 38. Der Kirch-Medienkonzern hielt unter anderem die Fernsehvermarktungsrechte an der Fußball Bundesliga bis zum Jahr 2004.

2 Die Fernsehgelder bedeuten bis zu 60 % (im Durchschnitt 40 %) des Etats eines Bundesligavereins, vgl. FAZ v. 06.04.2002, S. 39 und FAZ v. 10.01.2004, S. 32; unter anderem wegen der Einnahmeverluste aus der Fernsehvermarktung geriet der Fußball-Bundesligaverein 1. FC Kaiserslautern im Jahre 2002 in enorme finanzielle Schwierigkeiten und konnte die Insolvenz nur knapp dadurch vermeiden, dass der Verein den Klassenerhalt in der 1. Fußball-Bundesliga sicherte und es dem Verein gelang, das vereinseigene Fritz-Walther-Stadion zu verkaufen. Vorher hatte man bereits die Transferrechte an dem Nationalspieler Miroslav Klose für 5 Mio. Euro zur Schuldentilgung an die Lotto Rheinland-Pfalz verkauft, vgl. RP Online vom 06.11.2003.

3 Vgl. FAZ v. 05.04.2002, S. 38 und FAZ v. 06.04.2002, S. 39.

4 Vgl. FAZ v. 05.04.2002, S. 38 und FAZ v. 06.04.2002, S. 16.

Dieses Eingangsbeispiel soll gleich mehrere Eigenheiten verdeutlichen, die bei wirtschaftlichen Krisen von Sportvereinen zu beobachten sind. Es zeigt, dass der Sport und seine Vereine in Krisenzeiten in der Regel nicht auf sich allein gestellt sind, sondern dass vor allem die (regionale) Politik, aber auch die Wirtschaft bereit sind, dem Sportverein schnelle und teilweise sogar uneigennützige wirtschaftliche Hilfestellungen zu leisten. Denn der Sport und seine Vereine haben über ihre gesellschaftliche Aufgabenstellung hinaus den Status eines wichtigen Prestige- und Identifikationsobjekts für ganze Regionen. Sportliche Erfolge wie Deutsche Meisterschaften oder Olympische Medaillen werden nicht nur vom Sportler selbst und dem Verein gefeiert, sondern auch die Stadt und die Region machen sich die Erfolge „ihrer" Sportler zu Eigen.

Nur aufgrund dieser über das geschäftliche Interesse hinausgehenden emotionalen Bindungen konnten durch gemeinsame Anstrengungen von Politik, Wirtschaft und Privatpersonen Lösungen gefunden werden, die finanziell angeschlagenen Vereine oftmals in letzter Minute und meist sogar noch vor der Einleitung eines Insolvenzverfahrens wirtschaftlich wieder auf die Beine zu stellen. Das Bestehen derartiger Hilfestellungen unterscheidet die Lage des Sportvereins in der Krise von anderen wirtschaftlichen Unternehmen, die eine derartige Unterstützung nicht erwarten können[5].

Die Insolvenz des Kirch-Konzerns hat aber auch deutlich gemacht, dass das Thema der wirtschaftlichen Krise und der Insolvenz auch im Bereich von Sportvereinen vor allem im Hinblick auf deren große Abhängigkeit von externen Geldgebern (Sponsoren) und den Einnahmen durch die Vermarktung der Fernsehrechte hoch aktuell ist und ernst genommen werden muss.

Dieser Befund gilt nicht nur für den Fußball, sondern für die gesamte Unterhaltungsbranche Sport. Insbesondere im Profisport sind mittlerweile Medienpräsenz und Fernsehgelder die wesentlichen wirtschaftlichen Erfolgskriterien; sie sorgen für die Liquidität und die Prosperität der Clubs und machen dessen Spieler zu wohlhabenden Sportstars. Versiegt diese Quelle mit einem Mal[6], ist –

---

5 Vgl. auch FAZ v. 05.04.2002, S. 38.

6 Europaweit stagnieren die Erträge der Profifußballvereine, die durch die Fernsehvermarktung erzielt werden, oder sie sind sogar rückläufig. Die Fernseh- und Vermarktungsrechte für die Fußball Champions League wurden für die Saison 2003/2004 weltweit für 561 Mio. Euro veräußert – 119 Mio. Euro weniger als im Jahr zuvor, vgl. FAZ v. 10.01.2004, S. 32.

das zeigen die Entwicklungen nach Bekanntgabe der Krise des Kirch-Konzerns – die Angst vor Liquiditätsengpässen und finanziellen Einschnitten bei den Vereinen groß[7].

Die Aktualität des Themas der Krise und der Insolvenz von Sportvereinen gründet sich vor allem auf eine zunehmende wirtschaftliche Tätigkeit von Sportvereinen, die über den engen Bereich des Profisports weit hinaus geht.

Statistisch gesehen ist die Anzahl der eingetragenen Sportvereine in Deutschland in einem stetigen Wachstum begriffen. Allein in den letzten zehn Jahren stieg die Zahl der Sportvereine im Deutschen Sport-Bund (DSB) von 74.802 auf 87.717, wobei sich die Mitgliederzahl von 21.032.444 auf 23.357.987 erhöhte[8]. Die Mehrheit der Sportvereine widmet sich ausschließlich dem nicht bezahlten Sport. Bei diesen so genannten reinen Amateurvereinen sind wirtschaftliche Krisen, die ein Insolvenzverfahren auslösen würden, in der Tat unwahrscheinlich.

Die Entwicklung der Sportvereine[9] zeigt jedoch, dass in immer mehr Vereinen Sportler für ihre Leistungen bezahlt werden und dass der Spiel- bzw. Wettkampfbetrieb in einzelnen Bereichen als Wirtschaftsunternehmen[10] geführt wird. Prägnanteste Beispiele für bezahlten Sport sind naturgemäß diejenigen Vereine, die an den Bundesligen in den Mannschaftssportarten teilnehmen und ihre Sportler als Arbeitnehmer (Sportprofis) beschäftigen.

Von bezahltem Sport muss aber schon unterhalb der Schwelle bestehender Arbeitsverträge zwischen Verein und Sportlern gesprochen werden, nämlich schon dann, wenn Sportler und Verein rechtlich verbindliche Vereinbarungen treffen – beginnend z.B. mit der Vereinbarung von Prämien für bestimmte sportliche Leistungen oder der Zahlung von Aufwandsentschädigungen – und der Verein

---

[7] Wegen der Kirch-Insolvenz erhalten die 36 Vereine der Fußball-Bundesliga für die Saison 2002/2003 nur noch 290 Mio. Euro statt 360 Mio. Euro, FAZ v. 09.08.2002, S. 30 und FAZ v. 10.01.2004, S. 32; zudem kam es bei den meisten Vereinen zu Sparmaßnahmen, indem entweder weniger in Spielertransfers investiert wurde oder indem Kürzungen bei den Spielergehältern oder Prämien vorgenommen wurden, vgl. Stuttgarter Zeitung v. 09.08.2002, S. 31.

[8] Vgl. Statistisches Bundesamt Wiesbaden, Statistisches Jahrbuch für die Bundesrepublik Deutschland 1991 (S.436) und Mitgliedererhebung des DSB für das Jahr 2000. Unter Einbeziehung jener Sportvereine bzw. -verbände, die nicht Mitglied im DSB sind, waren im Jahr 2000 ca. 32 % der Gesamtbevölkerung Deutschlands Mitglied in einem Sportverein (Quelle: DSB).

[9] Dazu vgl. unten B unter II.

[10] Zum Begriff des Wirtschaftsunternehmens vgl. unten J V. 3. b)

zur Erfüllung dieser Vereinbarungen auf die Gewinnung externer Geldgeber (z.B. Sponsoren) angewiesen ist. In diesen Fällen setzt sich der Sportverein wirtschaftlichen Risiken und Abhängigkeiten aus, die ihn im Falle wirtschaftlichen Misserfolgs bis in die Insolvenz führen können. Diese Entwicklung wird auch statistisch, nämlich durch eine deutliche Zunahme der Vereinsinsolvenzen in den letzten Jahren, belegt[11].

Die zunehmende wirtschaftliche Betätigung und die damit einhergehende größere Wahrscheinlichkeit wirtschaftlicher Schieflagen stellen sich jedoch nicht allein als ein rein ökonomisches Problem der Vereine dar; vielmehr hat die wirtschaftliche Entwicklung zudem einen bedeutenden Einfluss auf das Aufgabenfeld der Verantwortlichen des Vereins. An dieser Stelle ist insbesondere auf die Insolvenzantragspflicht des Vorstands im Falle der Zahlungsunfähigkeit oder der Überschuldung des Vereins hinzuweisen, die im Falle einer verschuldeten Verzögerung eine – möglicherweise existenzbedrohende – Haftung des Vereinsvorstands begründet.

Die Übernahme der Vereinsverantwortung kann dementsprechend heutzutage nicht mehr nur als „gefahrloses" Hobby verstanden werden. Der Vorstand ist vielmehr dazu verpflichtet, die wirtschaftliche Lage des Vereins beständig zu überprüfen, um Anzeichen einer wirtschaftlichen Krise frühzeitig erkennen zu können. Denn schon im Vorfeld der Insolvenz (Krise des Vereins) bestehen genügend Möglichkeiten, zum einen die Krise frühzeitig zu erkennen und zum anderen diese zu überwinden und ein Insolvenzverfahren zu vermeiden. Wird der Vereinsvorstand seinen umfassenden Pflichten nicht gerecht, macht er sich dem Verein und den Gläubigern gegenüber haftbar.

Wird trotz aller Bemühungen der Antrag auf Einleitung eines Insolvenzverfahrens gegen den Verein gestellt, übernimmt in dem darauf folgenden Eröffnungsverfahren in der Regel zunächst der vorläufige Insolvenzverwalter die Geschäftsführung des Vereins, bis festgestellt ist, ob vor allem genügend Masse vorhanden ist, um das Insolvenzverfahren eröffnen zu können.

Im eröffneten Insolvenzverfahren obliegt es schließlich dem endgültigen Insolvenzverwalter, das Vermögen des Vereins abzuwickeln und die Gläubiger best-

---

[11] Die Anzahl der Insolvenzverfahren im Bereich sonstiger Rechtsträger sprang von 240 im Jahre 1999 auf über 300 in den Jahren 2000 (368) und 2001 (329); im Jahr 2002 erhöhte sich die Zahl der Insolvenzen erneut signifikant auf 430: vgl. Mitteilungen des Statistischen Bundesamtes, z.T. abgedruckt in NZI 2002, 196; vgl. auch unten unter E I.

möglich zu befriedigen oder den Verein zu sanieren. Obgleich sich der Ablauf des Insolvenzverfahrens über das Vermögen eines Vereins grundsätzlich nicht von dem Verfahren unter Beteiligung anderer Gesellschaftsformen unterscheidet, bestehen doch wichtige Besonderheiten. Insbesondere hat der Insolvenzverwalter das Reglement der Sportverbände zu beachten, dessen Kenntnis zur Erreichung des Verfahrenszwecks unumgänglich ist.

Das Thema der Insolvenz von Sportvereinen ist bislang in der wissenschaftlichen Literatur im Vergleich zu entsprechenden umfassenden Untersuchungen zur AG und der GmbH weitgehend unberücksichtigt geblieben. Das führt dazu, dass über wichtige Detailfragen des Verfahrens, z.B. über die Frage des Fortbestandes des Vereins nach Abweisung des Insolvenzantrages mangels Masse oder über die Frage der Fortsetzung des Insolvenzvereins, bislang weitestgehend Unklarheit herrscht.

Die vorliegende Untersuchung wird daher zunächst durch die Darstellung des rechtstatsächlichen Umfelds des Vereins deutlich machen, warum eingetragene Sportvereine gerade wegen ihrer wirtschaftlichen Betätigung anfällig sind für wirtschaftliche Schieflagen und Insolvenzen. Im nächsten Schritt wird dargelegt, mit welchen Mitteln die Vereinsführung den wirtschaftlichen Problemen des Vereins schon im Vorfeld der Insolvenz begegnen bzw. ihren Verein tatsächlich aus einer wirtschaftlichen Krise auch außerhalb eines Insolvenzverfahrens befreien kann.

Der Hauptteil der Arbeit befasst sich anschließend mit der Darstellung des eingetragenen Sportvereins in der Situation des Insolvenzverfahrens von der Einleitung des Eröffnungsverfahrens bis hin zur Beendigung des eröffneten Insolvenzverfahrens. Der Aufbau der Darstellung orientiert sich dabei am zeitlichen Ablauf des Insolvenzverfahrens nach der Insolvenzordnung (InsO) und soll schwerpunktmäßig Problemstellungen herausarbeiten, die sich speziell für den Fall der Insolvenz von Sportvereinen ergeben.

Die Ausführungen dieser Arbeit gelten grundsätzlich für alle Sportvereine. Unterschiede ergeben sich in erster Linie aus der unterschiedlichen Art der Durchführung von Sportwettkämpfen und vor allem den unterschiedlichen verbandsrechtlichen Regelungen sowie dem Grad der Professionalisierung. Im Mittelpunkt der Arbeit stehen Bezüge zu Sportvereinen mit professionellem Spielbetrieb, d.h. mit Sportlern als Arbeitnehmern des Vereins, da das Thema Insolvenz in diesem Bereich seine größte Relevanz entfaltet.

Die wirtschaftliche Schieflage einiger Traditionsvereine mit Profisportabteilungen[12] hat das Thema der Insolvenz von Sportvereinen bereits in den vergangenen Jahren verstärkt in den medialen Blickpunkt gebracht[13], so dass die Insolvenz des Kirch-Konzerns nur den aktuellsten Anlass bietet, um eine umfassende Darstellung des Sportvereins in der wirtschaftlichen Krise und der Insolvenz aus rechtlicher Sicht vorzunehmen.

---

[12] Beispiele für Insolvenzen bei Sportvereinen: Brand Hagen (Basketball), 1. FC Union Solingen,Tennis-Borussia Berlin, Eintracht Trier, FC 08 Homburg, Fortuna Köln, VfB Leipzig (1999 und 2003), SV Babelsberg 03, FSV Zwickau, FSV Lok Altmark Stendal, FC Gütersloh, Sachsen Leipzig, SSV Ulm, Waldhof Mannheim, SV Wilhelmshaven, VfB Oldenburg, TUS Celle, Göttingen 05, SV Meppen, Lüneburger SK (alle Fußball) / für gravierende wirtschaftliche Schwierigkeiten bzw. „Beinah-Insolvenzen": FC St. Pauli Hamburg; 1.FC Kaiserslautern; BFC Dynamo Berlin, 1. FC Magdeburg, Dynamo Dresden, Sachsen Leipzig, Alemannia Aachen, Union Berlin. Carl-Zeiss Jena, Fortuna Düsseldorf, Rot-Weiß Essen, Eintracht Frankfurt, SV Darmstadt 98 (alle Fußball); EV Landshut, Mannheimer ERC, EC Erfurt; ECD Iserlohn, Schwenninger ERC (alle Eishockey); VfL Gummersbach, TV Großwallstadt, TuS Nettelstedt (Handball).

[13] So auch *Kübler/Prütting/Noack*, InsO, Sonderband 1: Gesellschaftsrecht, 1999, Rdnr. 675.

B Das Wesen des eingetragenen Sportvereins und dessen wirtschaftliche Entwicklung und Bedeutung

I. Das Wesen des eingetragenen (Sport-)Vereins

Der Begriff des Vereins findet im BGB keine Definition; vielmehr wird er als bekannt und geklärt vorausgesetzt[14]. Der Gesetzgeber wollte mit der Rechtsform des bürgerlich-rechtlichen Vereins keine bestimmte Organisationsstruktur eines gesellschaftsrechtlichen Zusammenschlusses[15] begründen, „sondern nur einen allgemeinen Rahmen körperschaftlichen Zusammenwirkens vorgeben“[16]. Dementsprechend besteht schon im Rahmen der Satzungsautonomie des Vereins ein großer Spielraum bei der Festlegung vereinsinterner Organisationsstrukturen. Nur wenige Vorschriften haben zwingenden Charakter (vgl. § 40 BGB). Auch der Zweck, zu dessen Befolgung ein Verein gegründet wird, kann sehr vielfältig sein[17].

Nach geläufiger Definition ist ein Verein ein auf eine gewisse Dauer angelegter, nach seiner Satzung körperschaftlich organisierter Zusammenschluss einer Anzahl von Personen, die ein gemeinschaftliches Ziel verfolgen[18]. Die körperschaftliche Organisation kommt durch das Tragen eines Gesamtnamens und die Trennung von Handlungs- und Beschlussorgan durch das Nebeneinander von Vorstand und Mitgliederversammlung zum Ausdruck[19]. Typischerweise gehört auch das Mehrheitsprinzip bei der Willensbildung in der Mitgliederversammlung als dem Hauptorgan des Vereins zu den Wesensmerkmalen seiner körper-

---

[14] *Sauter/Schweyer/Waldner*, Der eingetragene Verein, 17. Aufl. 2001, Rdnr. 1; *K. Schmidt*, Gesellschaftsrecht, 4. Aufl. 2002, § 23 I 1.

[15] Wie etwa bei der AG, KGaA, GmbH oder eG.

[16] *Soergel/Hadding*, BGB, 13. Aufl. 2000, Vor § 21 Rdnr. 44.

[17] § 23 des Entwurfs II zum BGB verstand unter nichtwirtschaftlichen Vereinen solche, „die zu gemeinnützigen, wohltätigen, geselligen, wissenschaftlichen, künstlerischen oder anderen nicht auf einen wirtschaftlichen Geschäftsbetrieb gerichteten Zwecken“ gegründet werden: *Reichert*, Hdb des Vereins- und Verbandsrechts, 9. Aufl. 2003, Rdnr. 27; *Soergel/Hadding*, BGB, 13. Aufl. 2000, Vor § 21 Rdnr. 44.

[18] RGZ 60, 94/ 96; 143, 212/ 213; 165, 140/ 143; MüKo/*Reuter*, BGB, 4. Aufl. 2001, §§ 21, 22 Rdnr. 1; *Flume*, Allgemeiner Teil des Bürgerlichen Rechts, Die juristische Person, Bd. I/2, S. 99.

[19] *Sauter/Schweyer/Waldner*, Der eingetragene Verein, 17. Aufl. 2001, Rdnr. 1; *Reichert*, Hdb des Vereins- und Verbandrechts, 9. Auflage 2003, Rdnr. 5; *Flume*, Allgemeiner Teil des Bürgerlichen Rechts, Die juristische Person, Bd. I/2, S. 99.

schaftlichen Verfassung. Zwingend ist das Mehrheitsprinzip jedoch nicht (vgl. §§ 32, 40 BGB). Prägend für den Verein ist zudem die Unabhängigkeit von der Identität seiner Mitglieder, die einen ständigen Wechsel im Mitgliederbestand zulässt[20]. Der eingetragene Idealverein bildet aufgrund dieses Merkmals den Prototyp[21] einer körperschaftlichen Personengemeinschaft[22].

Die Gründung eines Vereins müssen mindestens zwei Personen vornehmen. Die spätere Eintragung des Vereins ins Vereinsregister erfordert dagegen eine Mindestanzahl von sieben Mitgliedern, §§ 56, 60 BGB. Mit der Eintragung ins Vereinsregister erlangt der Verein die Rechtsfähigkeit als juristische Person.

Zum Wesen der hier interessierenden eingetragenen Sportvereine im Sinne des § 21 BGB gehört insbesondere auch, dass mit ihnen – in Abgrenzung zum so genannten Wirtschaftsverein nach § 22 BGB, der auf einen wirtschaftlichen Geschäftsbetrieb ausgerichtet ist – ein idealer (Haupt-) Zweck verfolgt wird.

II. Historische Entwicklung der Sportvereine zu Sportunternehmen

Die historischen Vorläufer der (Sport-)Vereine des heutigen Sprachgebrauchs[23] sind die Turnerschaften, die schon im Jahre 1869 mit 1.546 Vereinen und 128.000 Mitgliedern in der Deutschen Turnerschaft als Dachverband organisiert waren. Ab Mitte des 19. Jahrhunderts entwickelte sich der Sport zum Massenphänomen. Sport wurde in der Folge von immer mehr Menschen in immer mehr Sportarten betrieben. Es bildeten sich vor allem Sportvereine, aber auch nationale und internationale Sportverbände, die sich als Veranstalter von Sportwettkämpfen etablierten[24].

---

[20] *Sauter/Schweyer/Waldner*, Der eingetragene Verein, 17. Aufl. 2001, Rdnr. 1; *Soergel/Hadding*, BGB, 13. Aufl. 2000, Vor § 21 Rdnr. 44.

[21] Vgl. BGH, NJW 1991, 1727/ 1729; MüKo/*Reuter*, BGB, 4. Aufl. 2001, §§ 21, 22 Rdnr. 1; *Soergel/Hadding*, BGB, 13. Aufl. 2000, Vor § 21 Rdnr. 44; *Reichert*, Hdb des Vereins- und Verbandsrechts, 9. Aufl. 2003, Rdnr. 22.

[22] Zum zivilrechtlichen Kreis der Körperschaften gehören des Weiteren die AG, KGaA, GmbH, eG und VVaG (vgl. *K. Schmidt*, Gesellschaftsrecht, 4. Aufl. 2002, § 22 I 1. a).

[23] Sprachgebrauch seit Klärung der Rechtsnatur des Vereins durch die Einführung des BGB.

[24] *Bär*, Schranken innerer Vereinsautonomie, 1995, S. 43 f.; vgl. *Nipperdey*, Deutsche Geschichte 1866-1918, Band I, Arbeitswelt und Bürgergeist, 1990, S. 171 ff.

1. Grundsatz der Vereinsklassenabgrenzung gemäß §§ 21,22 BGB

Viele der noch heute bestehenden großen traditionellen Sportvereine wurden um das Jahr 1900 gegründet[25]. Zur selben Zeit wurde das Bürgerliche Gesetzbuch (BGB) verfasst, welches am 01. Januar 1900 in Kraft trat. Der Gesetzgeber ging damals bei der Gestaltung der gesetzlichen Vorschriften des BGB zum eingetragenen Idealverein (§§ 21 ff. BGB) davon aus, dass dieser kein nennenswertes Vermögen haben werde[26] und damit wohl auch keinen sehr hohen Finanzbedarf benötigen würde, um seine idealen Zwecke verfolgen zu können. Ausfluss dieser Vorstellung des historischen Gesetzgebers von der Typik des Idealvereins ist zum einen die Möglichkeit, diesen ohne Anfangsvermögen gründen zu können[27], und zum anderen die Freiheit per Satzungsregelung bestimmen zu können, ob von den Vereinsmitgliedern überhaupt ein Vereinsbeitrag verlangt wird oder nicht[28].

Die allgemeinen Vorschriften zum bürgerlich-rechtlichen Verein werden ergänzt durch die strenge gesetzliche Abgrenzung des Idealvereins vom Wirtschaftsverein gemäß § 22 BGB, dessen Zweck im Gegensatz zu dem des Idealvereins auf einen wirtschaftlichen Geschäftsbetrieb ausgerichtet ist.

Sinn der Vereinsklassenabgrenzung im Rahmen der §§ 21, 22 BGB ist in erster Linie der Schutz der Gläubiger des Vereins[29]. Vereine, die ein Wirtschaftsunternehmen betreiben wollen, sollen nur in seltenen Ausnahmefällen[30] und dann gemäß § 22 BGB nur durch staatliche Konzession als Verein eingetragen werden

---

25 Z.B.: FC Bayern München e.V. am 27.02.1900; Werder Bremen e.V. am 01.02.1899; Hamburger SV e.V. am 29.09.1897; 1. FC Kaiserslauern e.V. am 02.07.1900 (alle Fußball): vgl. Sportmagazin Kicker, Sonderheft Bundesliga 1997/1998; MTG Mannheim v. 1899 e.V. (Leichtathletik), TV Großwallstadt e.V. von 1888 (Handball), VC Frankfurt v. 1883 e.V. (Radsport), Bremer Schwimm-Club v. 1885 e.V. (Schwimmen), USC Heidelberg v. 1899 e.V. (u.a. Basketball und Leichtathletik).

26 *Reichert*, in *Grunsky*, Der Sportverein in der wirtschaftlichen Krise, 1990, S. 1/ 4.

27 *Reichert*, Hdb des Vereins- und Verbandsrechts, 9. Aufl. 2003, Rdnr. 1506.

28 *Reichert*, Hdb des Vereins- und Verbandsrechts, 9. Aufl. 2003, Rdnr. 581, *Müller*, MDR 1992, 924; *Sauter/Schweyer/Waldner*, Der eingetragene Verein, 17. Aufl. 2001, Rdnr. 120.

29 RGZ 133, 170/ 174; BGHZ 45, 395/ 397; BGHZ 85, 84/ 88; BGHZ 96, 253/ 256; *Reichert*, Hdb des Vereins- und Verbandsrechts, 9. Aufl. 2003, Rdnr. 98; *K.Schmidt*, Verbandszweck und Rechtsfähigkeit im Vereinsrecht, 1984, S. 92 ff.; *Soergel/Hadding*, BGB, 13. Aufl. 2000, §§ 21, 22 Rdnr. 5; MüKo/*Reuter*, BGB, 4. Aufl. 2001, §§ 21, 22 Rdnr. 11.

30 Vgl. BVerwG, NJW 1979, 2265.

können. Grundsätzlich aber sind Vereinigungen mit wirtschaftlicher Zweckverfolgung im Rahmen des handelsrechtlichen Typenzwangs an die Rechtsformen der AG, KGaA, GmbH oder der eingetragenen Genossenschaft (eG) verwiesen, soweit die Gründung einer juristischen Person ohne persönliche unbeschränkte Haftung beabsichtigt ist. Hintergrund des Rechtsformzwangs sind umfangreiche kapitalgesellschafts- und genossenschaftsrechtliche Schutzvorschriften zugunsten der Gesellschaftsgläubiger[31], die nicht durch die Wahl der Rechtsform eines e.V., bei der keine vergleichbaren Gläubigerschutzregelungen vorgesehen sind, umgangen werden dürfen[32]. Hinsichtlich des Vereins kann somit ein „System erleichterter Normativbestimmungen“[33] festgestellt werden, „das von dem Gedanken ausgeht, dass die Sicherheit des Rechtsverkehrs bei Vereinen mit nichtwirtschaftlicher Zielsetzung keines besonderen Schutzes bedarf“[34].

Dementsprechend und ausgehend vom Wortlaut des § 43 Abs. 2 BGB müsste im Grunde jede unternehmerische Tätigkeit eines Idealvereins dazu führen, dass der betreffende Verein als wirtschaftlicher Verein einzuordnen und ihm daraus folgend die Rechtsfähigkeit durch das jeweils zuständige Amtsgericht als Registergericht zu entziehen wäre[35].

2. Der Betrieb eines Sportunternehmens als Nebenzweck des Vereins

Schon der historische Gesetzgeber aber hatte erkannt, dass nicht jede wirtschaftliche Betätigung dem Status eines nichtwirtschaftlichen Vereins entgegenstehen könne; dies müsse vielmehr nur dann gelten, wenn es sich bei einer unternehmerischen Tätigkeit des Vereins um dessen Hauptzweck handeln sollte[36].

Die Rechtsprechung entsprach dem Grundgedanken des historischen Gesetzgebers, indem sie die Grundsätze zum so genannten Nebentätigkeits- oder auch

---

[31] Zu nennen sind insbesondere die Vorschriften über Mindestkapitalausstattung, Kapitalaufbringung und -erhaltung, die Prüfung, Bilanzierung und Publizität. Vgl. entsprechend für die AG die Regelungen der §§ 7, 36 Abs. 2, 36a, 37, 56 ff, 150 ff. AktG; §§ 264 ff. HGB.

[32] *K Schmidt*, Gesellschaftsrecht, 4. Aufl. 2002, § 23 III 2 b).

[33] *Soergel/Hadding*, BGB, 13. Aufl. 2000, §§ 21, 22 Rdnr. 5.

[34] So BGHZ 45, 395/ 397.

[35] *Sauter/Schweyer/Waldner*, Der eingetragene Verein, 17. Aufl. 2001, Rdnr. 47.

[36] *Mugdan* I, S. 604 = Protokolle I, S. 499.

Nebenzweckprivileg entwickelte[37]. Danach kann die unternehmerische Tätigkeit eines Vereins toleriert werden und steht der Eintragung des Vereins als nicht wirtschaftlicher Verein nach § 21 BGB nicht entgegen, solange sich die wirtschaftliche Betätigung des Vereins in einer Nebentätigkeit erschöpft.

Die Bewertung der unternehmerischen Tätigkeit des Vereins als Nebentätigkeit hat zur Voraussetzung, dass die wirtschaftliche Unternehmung des Vereins im Vergleich zu seiner ideellen Betätigung eine eindeutig untergeordnete Rolle spielt und sich derart im Rahmen des Vereinszwecks hält, dass sich die Nebentätigkeit bei natürlicher Betrachtungsweise als ein den ideellen Zweck ergänzendes, objektiv sinnvolles Mittel zur Förderung des Vereinszwecks darstellt (so genannte funktionale Unterordnung)[38]. Dabei ist letztendlich für das Ergebnis der Beurteilung entscheidend, ob die Verfolgung des idealen Vereinszwecks oder die wirtschaftliche Betätigung des Vereins diesen sowohl vereinsintern als auch in dessen Wahrnehmung nach außen prägt[39].

Im Schutze des Nebentätigkeitsprivilegs machten die eingetragenen Sportvereine im Laufe der Zeit eine signifikante wirtschaftliche Entwicklung durch, die dem historischen Grundmodell des Idealvereins mittlerweile kaum noch entspricht.

Die unternehmerische Entwicklung der Sportvereine hatte ihren Ursprung darin, dass sich diese zunächst zur Eröffnung eines wirtschaftlichen Geschäftsbetriebes veranlasst sahen, um das durch ihren idealen Zweck vorgegebene Betätigungsfeld voll erfassen und ihre Attraktivität für die Mitglieder erhöhen zu können (z.B. durch die Eröffnung eines Vereinsheims mit Gaststättenbetrieb)[40]. In den

---

[37] Vgl. RGZ 83, 231/ 237; 154, 343/ 354; BGHZ 15, 315/ 319; 85, 84/ 93; *Reichert*, Hdb des Vereins- und Verbandsrechts, 9. Aufl. 2003, Rdnr. 132 ff.; MüKo/*Reuter*, BGB, 4. Aufl. 2001, §§ 21, 22 Rdnr. 8 und 19 ff; *Staudinger/Weick*, BGB, 13. Aufl. 1995, § 21 Rdnr. 12; *Soergel/Hadding*, BGB, 13. Aufl. 2000, §§ 21, 22 Rdnr. 33 ff.

[38] H.M.: *K. Schmidt*, Rpfleger 1972, 343/ 351; *ders.*, Verbandszweck und Rechtsfähigkeit im Vereinsrecht, 1984, S. 183 f.; *Hemmerich*, Möglichkeiten und Grenzen wirtschaftlicher Betätigung von Idealvereinen, 1982, S. 90; *Flume*, Allgemeiner Teil des Bürgerlichen Rechts, Die Juristische Person, Bd. I/2, 1983, S. 112; *Reichert*, Hdb des Vereins- und Verbandsrechts, 9. Aufl. 2003, Rdnr. 132 f.; *Sauter/Schweyer/Waldner*, Der eingetragene Verein, 17. Aufl. 2001, Rdnr. 47.

[39] MüKo/*Reuter*, BGB, 4. Aufl. 2001, §§ 21, 22 Rdnr. 8; *K.Schmidt*, Rpfleger 1972, 343/ 352; *Hemmerich*, Möglichkeiten und Grenzen wirtschaftlicher Betätigung von Idealvereinen, 1982, S. 90; *Heckelmann*, AcP 179 [1979], 1/ 24 f.; *Knauth*, JZ 1988, 339/ 341 ff.

[40] *Sauter/Schweyer/Waldner*, Der eingetragene Verein, 17. Aufl. 2001, Rdnr. 47.

60er Jahren entwickelten sich dann die für die vorliegende Untersuchung besonders relevanten Profiabteilungen der Fußball-Bundesligavereine, die als Vorreiter für andere Sportarten den Weg zum Berufssport bahnten[41]. Mittlerweile erwirtschaften Sportvereine mit ihren Profisportabteilungen in verschiedenen Sportarten Umsätze, die in ihrer Größenordnung mit denen eines mittelständischen Unternehmens zu vergleichen sind[42]. Allerdings unterliegen auch diese Vereine bis heute dem Vereinsrecht aus der Jahrhundertwende, welches noch den reinen Idealverein zum Vorbild hatte[43].

Die Entwicklung von Profisportabteilungen wurde begleitet von einer wachsenden Popularität des Sports als Mittel zur Unterhaltung, was in der Folge die Kommerzialisierung und mediale Verbreitung[44] sportbezogener Themen beschleunigte. Das Interesse der Medien hat dazu geführt, dass Vereine heutzutage in nahezu jeder Sportart für ihre besten Sportler Geld bezahlen, um einerseits diese an den Verein zu binden und um andererseits durch die Athleten eine positive Außendarstellung des Vereins in den Medien zu erreichen. Die Außendarstellung wiederum soll die Attraktivität des Vereins für zukünftige und bereits vorhandene Vereinsmitglieder erhöhen bzw. erhalten und damit letztendlich auch die Existenz des Vereins sichern.

Der Sport hat sich somit im Laufe der Zeit zu einem wichtigen Teilbereich der Unterhaltungsindustrie entwickelt, in dem Milliardenumsätze erwirtschaftet werden, von denen ein nicht unerheblicher Anteil auf die beteiligten Sportvereine entfällt[45].

---

[41] Am 24.08.1963 ging die Fußball-Bundesliga als Spielklasse mit reinen Berufsspielern in ihre erste Saison: Vgl. eingehend zur historischen Entwicklung der Vereine im Berufsfußball: *M.Müller*, Der deutsche Berufsfußball – vom Idealverein zur Kapitalgesellschaft, 2000, S. 23 ff.

[42] Bayern München setzte z.B. im Geschäftsjahr 1999/2000 umgerechnet ca. 144 Millionen Euro um und erwartete im Geschäftsjahr 2000/2001 einen Umsatz von umgerechnet ca.153 Mio. Euro zu erreichen (vgl. FAZ v. 23.05.2001); alle Profi-Fußballvereine zusammen kamen in der Saison 2000/2001 auf einen Gesamtumsatz von umgerechnet etwa eine Milliarde Euro (vgl. dazu FAZ vom 04.01.2001, S. 39).

[43] *Reichert*, in *Grunsky*, Der Sportverein in der wirtschaftlichen Krise, 1990, S. 1/ 4.

[44] *M.Müller*, Der deutsche Berufsfußball – vom Idealverein zur Kapitalgesellschaft, 2000, S. 27.

[45] Vgl. *Uhlenbruck*, in FS Merz, 1992, S. 581.

3. Grenzen des Nebenzweckprivilegs

Die geschilderte Entwicklung des (Profi-) Sports hat jedoch auch Bedenken geweckt, inwieweit diese unternehmerischen Tätigkeiten noch als vom Nebenzweckprivileg gedeckt angesehen werden können.

Nach mittlerweile überwiegender Auffassung kann jedenfalls der professionell betriebene Sport in den Lizenzligen der Mannschaftssportarten unter dem Aspekt der damit einhergehenden erheblichen wirtschaftlichen Risiken für den Verein einerseits und einem unzureichenden Gläubigerschutz[46] andererseits nicht mehr von der Konzeption des Idealvereins in Abgrenzung zum Wirtschaftsverein gemäß §§ 21, 22 BGB als gedeckt angesehen werden[47].

Dieselbe Erkenntnis ergibt sich aus der Prüfung der Kriterien des Nebenzweckprivilegs. Es ist zwar bei der Beurteilung des Vereins auf dessen Interessenschwerpunkt abzustellen und nicht allein auf die wirtschaftliche Bedeutung einer einzelnen Abteilung; dennoch sind es mittlerweile eindeutig die Profisport- und nicht die Amateurabteilungen, die den jeweiligen Vereinen nach außen und nach innen ihr Gepräge geben[48].

Nach außen dokumentiert sich die wirtschaftliche Haupttätigkeit des Vereins dadurch, dass die öffentliche Wahrnehmung des Vereins nahezu ausschließlich über die Profisportabteilung erfolgt, und nach innen dadurch, dass der Verein zur Aufrechterhaltung seiner weiteren Amateurabteilungen auf die Einnahmen der Berufssportabteilung zwingend angewiesen ist[49].

---

46 Vgl. oben unter B II 1.

47 Vgl. *Heckelmann*, AcP 179 (1979), 1/ 55 ff.; *Knauth*, Die Rechtsformverfehlung bei eingetragenen Vereinen mit wirtschaftlichem Geschäftsbetrieb, dargestellt am Beispiel der Bundesliga-Fußballvereine, 1976, S. 54 ff./ 97; *Kekebus*, Alternativen zur Rechtsform des Idealvereins im bundesdeutschen Lizenzfußball, 1991, S. 41 ff./ 49; MüKo/*Reuter*, BGB, 4. Aufl. 2001, §§ 21, 22 Rdnr. 43; *Fuhrmann*, SpuRt 1995, 12/ 13; *Raupach*, SpuRt 1995, 241/ 244; *Segna*, ZIP 1997, 1901/ 1903 f.; *Menke*, Die wirtschaftliche Betätigung nichtwirtschaftlicher Vereine, 1998, S. 46; *Steinberg/Menke*, NJW 1998, 2169/ 2170 f.; *K.Schmidt*, AcP 182 (1982) 1/ 26 ff.; a.A: *Füllgraf*, DB 1981, 2267 f.

48 Vgl. *Heckelmann*, AcP 179 (1979), 1, 24 f.; *Knauth*, Die Rechtsformverfehlung bei eingetragenen Vereinen mit wirtschaftlichem Geschäftsbetrieb, dargestellt am Beispiel der Bundesliga-Fußballvereine, 1976, S. 54 ff./ 97; MüKo/*Reuter*, BGB, 4. Aufl. 2001, §§ 21, 22 Rdnr. 8; *Mummenhoff*, Gründungssysteme und Rechtsfähigkeit, S. 134 ff, *Schwierkus*, Der rechtsfähige ideelle und wirtschaftliche Verein, 1981, S. 240 ff.

49 Zur Verbindung von Nebentätigkeit und Hauptzweck zur Mittelbeschaffung vgl. *K.Schmidt*, Verbandszweck und Rechtsfähigkeit im Vereinsrecht, § 9 III 1; *Flume*, Die juristische Person, § 4 II 2; *Soergel/Hadding*, BGB, 13. Aufl. 2000, §§ 21, 22 Rdnr. 36.

Vereine mit Profisportabteilungen sind demnach als wirtschaftlicher Verein (§ 22 BGB) einzuordnen, und zwar als Volltypus eines unternehmerischen Vereins, der an einem äußeren Markt (Leistung erfolgt nicht nur an Vereinsmitglieder) planmäßig und dauerhaft Leistungen (Unterhaltung) gegen Entgelt (Eintritt, Verkauf von Fernsehrechten etc.) anbietet[50]. Damit liegt im Ergebnis eine Rechtsformverfehlung der eingetragenen Vereine mit Profi-Spielbetrieb vor, mit der Konsequenz, dass sich diese Vereine einer handelsrechtlichen Rechtsform zum Betreiben des Profi-Spielbetriebes bedienen müssten[51].

Ein Einschreiten der Registerbehörden in Form des Entzugs der Rechtsfähigweit war allerdings bislang nicht absehbar[52], solange die Vorschrift des § 43 Abs. 2 BGB von der h.M. noch als Ermessensvorschrift verstanden wurde[53] und die Verwaltungsbehörden mit Rücksicht auf sportpolitische Interessen[54] keine Veranlassung zum Handeln sahen. Die Auffassung der bislang h.M stützte sich bei ihrer Auslegung der Norm vor allem auf den Wortlaut des § 43 Abs. 2 BGB, wonach unter den genannten Voraussetzungen die Rechtsfähigkeit entzogen werden „kann". Danach sei anzunehmen, dass die Entziehung der Rechtmäßigkeit im Ermessen der zuständigen Behörde stehe.

Dem ist jedoch entgegenzuhalten, dass die für eine Ermessensentscheidung typische Interessenabwägung hier ins Leere läuft, da auf Seiten des Vereins keine legitimen Interessen bestehen, die einen „Rechtsformbesitzstand" stützen könnten[55]. Dieser Auffassung ist nun auch die Rechtsprechung näher gerückt, womit sich ein Wandel der h.M andeuten könnte. Das Bundesverwaltungsgericht (BVerwG) hat in seiner Scientology-Entscheidung[56] eingeräumt, das angesichts

---

[50] Einordnung gemäß dem typologischen Ansatz von *K.Schmidt* Rpfleger 1972, 286 ff.; ebenso die h.M.: *Heckelmann* AcP, 179 (1979), 25 ff.; *Hemmerich*, Möglichkeiten und Grenzen wirtschaftlicher Betätigung von Idealvereinen, 1982 , S. 63 ff.; MüKo/*Reuter*, BGB, 4. Aufl. 2001, §§ 21, 22 Rdnr. 26 ff.

[51] Vgl. Fn. 47.

[52] *Segna*, ZIP 1997, 1901/ 1904.

[53] Vgl. VGH München, NJW-RR 1987, 830; VG Hamburg, NJW 1996, 3363; *Palandt/Heinrichs*, BGB, 57. Aufl. 1998, § 44 Rdnr. 2; *Soergel/Hadding*, BGB, 13. Aufl. 2000, § 43 Rdnr. 6; *Staudinger/Coing*, BGB, 13. Aufl. § 43 Rdnr. 12.

[54] *Heckelmann*, AcP 179 (1979), 1/ 51 f.

[55] *K.Schmidt*, AcP 182 (1982), 1/ 47 ff.; *ders.*, NJW 1993, 1225/ 1227; MüKo/*Reuter*, BGB, 4. Aufl. 2001, § 43 Rdnr. 11.

[56] BVerwG, NJW 1998, 1166/ 1168.

der Bedeutung des § 43 Abs. 2 BGB als Vorschrift zur Abwehr abstrakter Gefahren für die Gläubiger des Vereins grundsätzlich kein Raum bleibe für Ermessenserwägungen. Ermessenserwägungen seien vielmehr nur in „atypischen Fällen" geboten, wobei allerdings auch die Entscheidung des Gerichts keinen Hinweis darauf gibt, wie diese denn aussehen könnten[57].

Wohl auch aufgrund dieser veränderten Rechtsansicht und der damit verbundenen Gefahr einer behördlichen Entziehung der Rechtsfähigkeit tendieren viele Vereine mittlerweile dazu, ihre Profisportabteilungen auf kapitalgesellschaftsrechtliche Rechtsträger auszugliedern[58], um damit einerseits die latente Rechtsformverfehlung des Stammvereins zu beseitigen und um sich andererseits neue Wege der Kapitalbeschaffung über die Kapitalmärkte zu erschließen[59].

III. Gesamtwirtschaftliche Bedeutung der Sportvereine

Die Sportvereine stellen in Deutschland einen bedeutenden Wirtschaftsfaktor dar. Dies zeigt die jüngste Finanz- und Strukturanalyse des deutschen Sports, die im Auftrag des Bundesinstituts für Sportwissenschaft erstellt wurde[60]. Die 85.938 Sportvereine in Deutschland[61] mit ihren ca. 26,8 Millionen Mitgliedern hatten zum Erhebungszeitpunkt (1996) ein Finanzvolumen durch eigene Einnahmen von mehr als sieben Milliarden Mark, deren Hauptteil aus Mitgliedsbeiträgen (1,95 Mrd.), Spenden (449,9 Mio.) und aus Zuschüssen von Ländern und Gemeinden sowie aus Förderprogrammen (446, 9 Mio.)[62] resultierte. Bei

---

57 MüKo/*Reuter*, BGB, 4. Aufl. 2001, §§ 43, 44 Rdnr. 11.

58 Dazu vgl. unten unter D III. 1. b) bb) und P.

59 Vor allem im Profifußball zwingt die Wettbewerbssituation im europäischen Bereich, wo Kapitalgesellschaften die Regel bilden, zum Umdenken der Vereine in Deutschland. Der DFB hat den veränderten Wettbewerbsbedingungen dadurch entsprochen, dass er nun die Teilnahme von Kapitalgesellschaften am Bundesligabetrieb zulässt.

60 Erstellt durch das Bundesinstitut für Sportwissenschaft in Zusammenarbeit mit der Universität Mainz: Die Zahlen basieren auf einer Befragung von 5477 Sportvereinsvertretern in den Jahren 1997/1998 zu der Situation ihres Vereins Ende des Jahres 1996; die Ergebnisse der Befragung wurden von einer Projektgruppe der Universität Mainz ausgewertet und hochgerechnet; vgl. auch FAZ v. 27.06. 2000.

61 Als Sportvereine gelten alle Vereine, die Mitglied im Deutschen Sport-Bund (DSB) sind. Mittlerweile hat der DSB schon 87.052 Mitglieder (vgl. Statistisches Bundesamt Wiesbaden, Statistisches Jahrbuch 2000 für die Bundesrepublik Deutschland, S. 413).

62 FAZ v. 27.06.2000.

den Ausgaben wurde das meiste Geld (1,28 Mrd.) für Personalkosten (26.000 Beschäftigte) und für Sportanlagen (706 Mio.) aufgewendet[63].

Der Jahresetat der meisten Sportvereine (44 %) lag der Untersuchung zufolge umgerechnet unter 10.000 Euro, wobei jeder dritte Club das Geschäftsjahr mit einem Defizit abschloss. Diese Zahlen geben einen Hinweis darauf, dass die finanzielle Ausgangssituation vieler Vereine nicht unproblematisch ist.

Das gilt umso mehr, wenn der Verein in einzelnen oder mehreren Bereichen bzw. Abteilungen professionellen oder halbprofessionellen Sport betreibt und dafür Sportler beschäftigt oder ihnen höhere Aufwandsentschädigungen zahlt. In diesen Fällen ist das wirtschaftliche Risiko besonders hoch und drückt sich in einer mitunter bedrohlichen Verschuldung der Vereine aus. Exemplarisch dafür ist die Fußball-Bundesliga zu nennen, deren Vereine eine Schuldenlast von im Schnitt 24 Mio. Euro vor sich herschieben[64] .

---

[63] FAZ v. 27.06.2000.

[64] FAZ v. 05.11.2002.

C Ursachen für die Krisenanfälligkeit von Sportvereinen

Die Ursachen für die Insolvenz eines Sportvereins können im Einzelnen vielschichtig sein. Daher sollen an dieser Stelle nur einige typische Gründe genannt werden, die bei nahezu jedem insolventen Verein eine Rolle spielen.

I. Unprofessionelles Management

Hauptursache für die verbreitete wirtschaftliche Schieflage von Sportvereinen ist, dass das vereinseigene Wirtschaftsunternehmen zumeist unprofessionell gemanagt ist. Ursache dafür sind wiederum Schwächen in der Personal- und Organisationsstruktur des Vereins.

1. Schwächen der Personalstruktur

Trotz zunehmender wirtschaftlicher Betätigung ist das Management der Vereine immer noch weitestgehend geprägt vom Leitbild des ehrenamtlich tätigen „Feierabend"-Funktionärs[65], der seine Führungsaufgaben im Verein unentgeltlich und meist neben seinem eigentlichen Beruf wahrnimmt. Belegt wird dieser Befund durch die Zahlen der Finanz- und Strukturanalyse des deutschen Sports[66], wonach auf der Ebene der Führung und Verwaltung der Vereine nur in 3,9 % der Fälle hauptamtliche Mitarbeiter beschäftigt sind[67]. Von den hauptamtlichen Mitarbeitern im Führungsbereich haben wiederum nur 30,6% eine Vollzeitanstellung[68].

Diesen weit verbreiteten Schwächen in der Personalstruktur der Vereinsführung stehen andererseits wirtschaftliche Betätigungen der Vereine in einem Umfang gegenüber, der schon bei Vereinen ohne Profi-Spielbetrieb zu Umsätzen in sechsstelliger Höhe führen kann, ohne dass sichergestellt wäre, dass die Vereinsführung über genügend zeitlichen Freiraum und ein ausreichendes Know-how verfügt, um die Verwaltung eines derartigen Finanzetats erfolgreich bewältigen zu können.

---

65 *M. Müller*, Der deutsche Berufsfußball – vom Idealverein zur Kapitalgesellschaft, 2000, S. 89.

66 FISAS 1996, veröffentlicht durch das Bundesinstitut für Sportwissenschaft im November 2000.

67 Auszug exemplarischer Ergebnisse zur FISAS 1996, S. 9.

68 Auszug exemplarischer Ergebnisse zur FISAS 1996, S. 8.

Die „Führungskrise“ in den Vereinen resultiert zudem aus dem weit verbreiteten Mangel an adäquaten Anforderungsprofilen für die Bewerber[69] zum Vorstandsamt wie z.B. Mindestalter bzw. Altersgrenze, eine bestimmte berufliche Ausbildung, Erfahrungen im Sport etc. und aus der Tatsache, dass diese Auswahlkriterien mangels hinreichender Bewerberzahl bei den meisten Vereinen praktisch nicht durchsetzbar wären. Denn die ehrenamtliche Tätigkeit im Verein ist in der Regel keine besonders prestigeträchtige Arbeit, dafür aber mit einem erheblichen zeitlichen Mehraufwand verbunden[70]. Oft haben Vereine deshalb sogar Schwierigkeiten bei der Suche nach Personen, die willens und in der Lage sind, die Aufgaben der Vereinsführung zu übernehmen. Häufig kommt es auch zu kurzfristigen Wechseln im Vorstand des Vereins, was dazu führt, dass immer wieder Reibungsverluste durch Einarbeitungszeiten des Neu-Vorstands entstehen und eine Kontinuität in der Führungsarbeit des Vereins nicht gewährleistet ist.

2. *Schwächen der Organisationsstruktur*

Die üblichen, durch die Satzung festgelegten Organisationsstrukturen der Vereine verstärken die Problematik der unprofessionellen Vereinsführung.

Der Mitgliederversammlung werden zum Beispiel regelmäßig wichtige Mitentscheidungskompetenzen in Form von Weisungsrechten an den Vorstand eingeräumt, die sie im Einzelnen inhaltlich überfordern und die ein schnelles und effektives Handeln der Vereinsführung behindern können[71]. Zum anderen wirft schon das Prozedere zur Wahl des Vereinsvorstands Fragen nach deren Effektivität auf[72]. Die Wahl des Vereinsvorstands erfolgt in der Regel direkt durch die Mitglieder im Rahmen einer unter Umständen emotional geführten Mitglieder-

---

[69] Vgl. zur Satzungsregelung der Vorstandsfähigkeit: *Reichert*, Hdb des Vereins- und Verbandsrechts, 9. Aufl. 2003, Rdnr. 1221.

[70] Vgl. FAZ v. 06.07.2001, S. 39.

[71] So auch *Segna*, ZIP 1998, 1901/ 1902.

[72] Um eine professionellere Binnenstruktur der Vereine zu gewährleisten, gab etwa der DFB seit 1995 bestimmte Rahmenbedingungen für die Bundesligavereine vor. Danach musste die Vereinssatzung vorsehen, dass neben den gesetzlich normierten Vereinsorganen (Vorstand und Mitgliederversammlung gemäß §§ 26, 31 BGB) auch ein Aufsichts-/ Verwaltungsrat und ein Wahlausschuss installiert werden: vgl. § 7 Nr. 2 b Lizenzspielerstatut DFB; jetzt: Lizenzierungsordnung (LO) des Deutschen Liga-Fuballverbandes (Ligaverband), Anhang III: Rahmenbedingungen für die Satzung eines Lizenzvereins.

versammlung, die eine Vorstandswahl unter sachlichen Gesichtspunkten, die die persönliche Eignung des zu Wählenden in den Vordergrund rückt, verhindert[73].

Es fehlen darüber hinaus gesetzliche Vorschriften, die die erforderliche unternehmerische Kontrolle für all jene Vereine zwingend vorschreiben, die sich wirtschaftlich in nicht unerheblichem Umfang betätigen. Die Folge daraus ist, dass der grundsätzlich gegebenen Dispositionsfreiheit der Vereinsführung im Hinblick auf ihre wirtschaftliche Tätigkeit oftmals keine hinreichenden krisenvorbeugenden Kontrollen wie etwa durch Maßnahmen des Kostenmanagements, der Finanzplanung oder des Controlling gegenüberstehen. Daneben finden auch so genannte „weiche Faktoren“[74], die das wirtschaftliche Umfeld des Vereins betreffen, zu wenig Beachtung, wodurch die Chance vergeben wird, schon frühzeitig negativen Entwicklungen entgegenwirken zu können.

Unprofessionelles Vereinsmanagement ist daher *der* meist genannte Grund, wenn es bei der Ursachenforschung um die Frage geht, warum die jeweils betroffenen Vereine in finanzielle Schwierigkeiten geraten waren[75].

II. Kommerzialisierung und unzureichende Finanzverfassung

Die wirtschaftliche Fortentwicklung der Vereine ist durch eine zunehmende Kommerzialisierung und mediale Bedeutung des Sports begleitet worden und hat dadurch zusätzliche Anreize für die Vereine geschaffen, in einzelnen Sportarten professionellen oder halbprofessionellen und damit bezahlten Sport zu fördern.

Diesen wirtschaftlichen Entwicklungsmöglichkeiten steht andererseits eine nur unzureichende Finanzverfassung der Vereine gegenüber, die aus der bereits angesprochenen Ausrichtung der vereinsrechtlichen Regelungen am reinen Idealverein ohne wirtschaftlichen Geschäftsbetrieb resultiert[76]. Infolgedessen sieht

---

[73] *Segna*, ZIP 1997, 1901/ 1902; vgl. auch FAZ vom 05.04.2001, S. 47.

[74] Weiche Faktoren in diesem Sinne sind z.B. der bauliche Zustand des Stadions, die Erreichbarkeit des Stadions, die Anzahl der zur Verfügung stehenden Werbeflächen, die Konkurrenzsituation zu anderen sportlichen Veranstaltungen in der Stadt usw.

[75] Vgl. u.a. Die Welt v. 01.11.1997 (FC Hessen Kassel) und v. 13.03.2000 (Dynamo Dresden); FAZ v. 02.12.1999, S. 45 (VfB Leipzig); FAZ v. 29.08.2000 (1. FC Magdeburg); FAZ v. 12.06.2001, S. 47 (Fortuna Düsseldorf); Mannheimer Morgen v. 17.06.2002 (Waldhof und VfR Mannheim).

[76] Vgl. oben unter B II.

das Vereinsrecht lediglich eine Kostendeckung durch die Erhebung von Mitgliedsbeiträgen und Umlagen vor[77]. Diese Finanzierungsformen sind jedoch nicht ausreichend, um den Betrieb eines Wirtschaftsunternehmens in Gang zu bringen oder aufrechterhalten zu können. Dementsprechend sind die Vereine darauf angewiesen, den höheren Finanzbedarf aufgrund einer wirtschaftlichen Betätigung durch die Gewinnung externer Geldgeber (insbesondere Sponsoren) zu decken.

In Sportbereichen mit geringerer Medienwirksamkeit folgt daraus die Gefahr der Abhängigkeit des Vereins von einzelnen meist kleineren Sponsoren, deren Solvenz nicht immer gesichert sein muss. Kommt es zu einem Ausfall des Hauptsponsors, ist der Verein in der Regel nicht ohne fremde Hilfe dazu in der Lage, die eingegangenen Verpflichtungen zu erfüllen, und es droht die Zahlungsunfähigkeit[78].

Dieselbe Gefahr besteht, wenn sich der Sportverein oder sogar der gesamte Ligabetrieb[79] in finanzieller Hinsicht an einen Investor (v.a. Sportrechtevermarkter) als „strategischen Partner" bindet[80], der konkrete eigene wirtschaftliche Interessen mit seiner „Unterstützung" des Vereins bzw. der Sportart verbindet. Ist später absehbar, dass sich die Investitionen nicht rechnen oder für den Investor aufgrund eigener Liquiditätsprobleme nicht mehr aufrecht zu erhalten sind, muss sich der Investor aus wirtschaftlichen Gründen wieder zurückziehen und der Verein steht vor dem wirtschaftlichen Aus[81].

---

77 Dazu eingehend unten unter D III. 1. a).

78 Ein Beispiel für eine derartige Konstellation ist die finanzielle Schieflage des Fußball-Vereins Darmstadt 98, die dadurch entstand, dass dessen Hauptsponsor selbst in wirtschaftliche Schwierigkeiten geriet und sich nicht dazu in der Lage sah, seine Verbindlichkeiten dem Verein gegenüber zu erfüllen (Quelle: kicker online vom 01.02.2001). Auch der TV Großwallstadt geriet in wirtschaftliche Probleme nach dem Rückzug des Hauptsponsors: FAZ v. 17.03.2001, S. 39.

79 Wie etwa die Fußball-Bundesliga, vgl. oben unter A.

80 Näher dazu vgl. unten D III. 1 b) bb).

81 Die Sportrechte-Agentur „Sportwelt", eine 100 %-ige Tochter der Kinowelt AG, die die kompletten Vermarktungsrechte an 13 Fußball-Clubs von der Oberliga bis zur 1. Bundesliga hält, sah sich aus wirtschaftlichen Gründen dazu gezwungen, ihr Engagement bei den Vereinen Sachsen Leipzig, SSV Ulm, Fortuna Düsseldorf, 1. FC Magdeburg und Rot-Weiß Essen einzuschränken, und brachte damit die Vereine an den Rand der Insolvenz: vgl. FAZ v. 11.06.2001, S. 45 und FAZ v. 12.06.2001, S. 47. Sachsen Leipzig sowie der SSV Ulm mussten letztlich sogar Insolvenzanträge stellen (Quelle: kicker online v. 14.06.2001 und v. 02.07.2001).

Ein anderer Aspekt zunehmender Kommerzialisierung ist das starke Gefälle bei den Vermarktungschancen einzelner Sportarten, vor allem aber auch innerhalb derselben Sportart mit sehr hoher Medienwirksamkeit im Topbereich. So erhalten die Vereine der Zweiten Fußball-Bundesliga z.B. schon ein Mehrfaches an Fernsehgeldern im Vergleich zu den Vereinen der Regional-Oberligen. Wesentlich höhere Einnahmen werden schließlich bei der Teilnahme des Vereins an der Ersten Fußball-Bundesliga[82] oder sogar bei Erreichen eines internationalen Fußballwettbewerbs (Champions League, UEFA-Pokal) erzielt[83].

Die Aussicht auf höhere Einnahmen vorwiegend durch die Fernsehvermarktung fördert die Bereitschaft der Vereinsführungen, hohe finanzielle Risiken einzugehen, um den notwendigen, aber äußerst unwägbaren sportlichen Erfolg zu erreichen. Dazu werden z.B. Etatunterdeckungen bei gleichzeitig steigenden Ausgaben im Personalbereich in Kauf genommen, in der Hoffnung, die Etatlükken durch zukünftige Einnahmen bei entsprechendem sportlichen Erfolg ausgleichen zu können[84]. Dieser sportliche Ehrgeiz zulasten einer gesicherten Finanzierung des Vereinshaushalts führt bei ausbleibendem sportlichen Erfolg zwangsläufig zu einer steigenden Verschuldung und mit der Zeit zum Verlust der Kontrolle über die wirtschaftliche Situation des Vereins[85].

Im Ergebnis ist festzustellen, dass die Kommerzialisierung den Vereinen die Möglichkeit verschafft, in größerem Umfang unternehmerisch tätig zu werden und dadurch unter Umständen sogar hohe Gewinne zu erwirtschaften; andererseits bietet die Finanzverfassung des Vereins keinen hinreichenden Schutz von Gläubiger- und Vereinsinteressen in Bezug auf die finanziellen Risiken, die mit der wirtschaftlichen Betätigung einhergehen.

---

[82] Die Einnahmen des DFB durch die zentrale Vermarktung der Fernsehübertragungsrechte der Bundesligaspiele werden im Maßstab 77,5:22,5 zwischen den Vereinen der 1. und 2. Fußball-Bundesliga verteilt (Quelle: www.bundesliga.de). In der Saison 1998/1999 erhielt jeder Bundesligaverein umgerechnet ca. 6 Mio. Euro, jeder Zweitligaverein 1,2 Mio. Euro: vgl. Hinweis bei *M.Müller*, Der deutsche Berufsfußball – vom Idealverein zur Kapitalgesellschaft, 2000, S. 38.

[83] Im Verlauf des Wettbewerbes der Champions League 1999/2000 konnte ein Verein bei Erreichen des Finals und dessen Gewinn umgerechnet maximal 20 Mio. Euro zzgl. der Fernsehgelder verdienen (Quelle: stockworld.de vom 14.09.2000).

[84] Vgl. FAZ v. 04.03.2000, S. 40.

[85] So auch *Reichert*, in *Grunsky*, Der Sportverein in der wirtschaftlichen Krise, 1990, S. 1/6.

III. Allgemeine Verrechtlichung des Betätigungsfeldes des Vereins

Die wirtschaftliche Betätigung der Vereine und der damit verbundene Eintritt der Vereine in den allgemeinen Wirtschaftsverkehr haben zwangsläufig zu einer zunehmenden Verrechtlichung des Betätigungsfeldes der Vereine geführt, die wiederum eine unmittelbare Rückwirkung auf die Vermögenssituation der Vereine hat.

1. Steuergesetzgebung

Entsprechend der Ausweitung der wirtschaftlichen Betätigungen der Vereine hat sich z.B. die Komplexität der steuerlichen Fragestellungen erhöht. Die Vereinsvorstände, die als gesetzliche Vertreter des Vereins die steuerlichen Pflichten des Vereins erfüllen müssen (§ 34 Abs. 1 Satz 1 AO), haben auch diesen steigenden bzw. sich verändernden Anforderungen im Idealfall durch Aneignung des entsprechenden Know-hows zu genügen. Da Vereinsvorstände in den wenigsten Fällen die erforderliche Zeit aufbringen können, um diesem Anspruch gerecht zu werden, bleibt allein die Übertragung an externe professionelle Berater.

Wo dies dennoch nicht geschieht, kann dies zu unzureichenden bzw. falschen Steuererklärungen führen[86]. Dabei spielt der Status des Vereins als gemeinnützig (vgl. § 52 Abs. 2 Nr. 2 AO) und die damit verbundenen Steuerfreistellungen bzw. Steuervergünstigungen[87] bei den Steuererklärungen der Vereine eine wesentliche Rolle. Deshalb werden oftmals bestimmte Einnahmen – z.B. die des wirtschaftlichen Geschäftsbetriebes – oder Zahlungen an Sportler oder Trainer von den Vereinsvorständen im Rahmen von Angaben in der Steuererklärung dahingehend verändert, dass danach keine oder weniger Steuern (insbesondere Lohn- oder Kapitalsteuer) anfallen[88]. Auch bei der Abwicklung von Transfers

---

[86] Sehr deutlich *Reichert*, Hdb des Vereins- und Verbandsrechts, 9. Aufl. 2003, Rdnr. 3383.

[87] Vgl. die Aufzählung der Steuerbefreiungen und steuerliche Ermäßigungen bei *Reichert*, Hdb des Vereins- und Verbandsrechts, 9. Aufl. 2003, Rdnr. 3169 f.

[88] Vgl. zu den „typischen Hinterziehungshandlungen" bei Sportvereinen: *Reichert*, Hdb des Vereins- und Verbandsrechts, 9. Aufl. 2003, Rdnr. 3461 ff. Bsp.: Das Frankfurter Landgericht verurteilte den Vizepräsidenten und den Schatzmeister des Fußball-Bundesligavereins Eintracht Frankfurt am 15.02.2001 wegen Steuerhinterziehung erstinstanzlich zu Freiheitsstrafen auf Bewährung. Durch den Abschluss eines fiktiven Werbevertrages sollten Lohnzahlungen zur Vermeidung von Lohnsteuer verschleiert werden (FAZ vom 16.02.2001, S. 38).

von Profisportlern zu anderen Vereinen werden Handgelder, Transfersummen oder Beteiligungen der Sportler oder Spielervermittler an der Ablösesumme häufig nicht ordnungsgemäß deklariert[89].

Aufgrund der rasanten wirtschaftlichen Entwicklung im Sport, die auch den Finanzbehörden nicht verborgen bleiben konnte, sind Sportvereine verstärkt in den Blickpunkt der Steuerfahnder geraten[90]. Folglich werden Steuerdelikte der Vereine nunmehr wesentlich häufiger aufgedeckt. Vereine, die jahrelang Missstände im Rahmen ihrer Steuerverwaltung gepflegt haben, müssen dementsprechend mit empfindlichen Steuernachzahlungen rechnen, die unter Umständen sogar Auslöser für eine Insolvenz sein können.

2. *Versicherungsschutz*

Der Berufssport hat es mit sich gebracht, dass Sportler als Arbeitnehmer einzustufen sind, was für den Verein zu einer erheblichen Versicherungspflicht geführt hat. Neben der Verpflichtung der Vereine zur Zahlung von Beiträgen zur Sozialversicherung gemäß §§ 28 d ff. SGB IV bildet die Unfallversicherung von Sportlern durch den Verein einen weiteren wesentlichen Kostenfaktor.

Die gesetzliche Unfallversicherung gewährt dem Inhaber eines Unternehmens im sozialversicherungsrechtlichen Sinne Versicherungsschutz für den Fall, dass einem im Unternehmen tätigen Versicherten ein Arbeitsunfall (§ 8 Abs. 1 SGB VII) zustößt. Dabei gilt der Verein als beitragspflichtiger Unternehmer, sobald Tätigkeiten im Verein eine Leistungspflicht des Trägers der Unfallversicherung hervorrufen können[91]. Das ist der Fall, wenn der Verein Personen in einem Arbeitsverhältnis beschäftigt[92].

Träger der gesetzlichen Unfallversicherung und damit zuständig für die Erhebung der Beiträge bei Sportvereinen ist die VBG, die Verwaltungs-Berufsgenossenschaft (vgl. § 114 Abs. 1 Nr. 1 SGB VII)[93]. Die Höhe der Beiträge zur

---

89 Vgl. FAZ v. 05.07.2001, S. 38; FAZ v. 25.10.2001, S. 46 und FAZ v. 26.10.2001, S. 47.

90 *Reichert*, Hdb des Vereins- und Verbandsrechts, 9. Aufl. 2003, Rdnr. 3383; vgl. auch FAZ v. 05.07.2001, S. 38.

91 Vgl. BSGE 14, 1/ 2.

92 *Reichert*, Hdb des Vereins- und Verbandsrechts, 9. Aufl. 2003, Rdnr. 1978 f.

93 Berufsgenossenschaft der Banken, Versicherungen, Verwaltungen, der freien Berufe und der besonderen Unternehmen (z.B. Sportunternehmen).

gesetzlichen Unfallversicherung richtet sich vorwiegend nach den Gesamtkosten, die in einer bestimmten „Branche“ entstehen, und findet in der jeweiligen Risikoklasse ihren Ausdruck.

Die steigende Professionalisierung im Sport musste zwangsläufig zu steigenden Ausgaben der Unfallversicherung bei Sportvereinen führen. Denn für den angestellten Sportler stellt sich jede Verletzung im Training oder im Wettkampf als Arbeitsunfall dar, deren Heilungskosten durch die Unfallversicherung zu tragen sind. Die Beiträge für die Unfallversicherung mussten entsprechend angepasst werden, was im Jahre 1995 die Einordnung der „Sportler gegen Entgelt“ in eine neue, wesentlich höhere Gefahrenklasse mit sich brachte[94]. Die höhere Risikoklasse traf die Sportvereine aller Sportbereiche und sämtliche seiner Angestellten, ob Spieler oder „normaler“ Angestellter, sobald nur ein Sportler gegen Entgelt vom Verein beschäftigt wurde.

Große Teile der Forderungen der VBG konnten wegen der drastischen Steigerung der Beiträge in der Folge von den Vereinen zunächst nicht beglichen werden. Teilweise konnte der Umfang der Forderungen allerdings durch außergerichtliche Vereinbarungen zwischen den Sport-Dachverbänden und der VBG abgemildert werden, wodurch Insolvenzen einiger Sportvereine vermieden wurden[95].

Seit dem 01. Januar 2001 gelten die neuen Gefahrtarife der VBG für Sportvereine. Die neue Regelung sieht ausschließlich für Sportvereine einen dreistufigen Tarif mit Tätigkeitsmerkmalen vor. Sportler und sonstige Angestellte des Vereins werden danach unterschiedlich veranlagt. Zudem werden in der höch-

---

94 Die Beiträge erhöhten sich um den 7,39-fachen Betrag durch Anhebung der Gefahrklasse für „Sportler gegen Entgelt“ von 15 auf 110,9. Bei einem Jahresgehalt eines Spielers von mindestens 72.000 Euro (144.000 DM) fielen danach Versicherungskosten in Höhe von nunmehr 26.500 Euro (55.000 DM) statt vorher 3.750 Euro (7.500 DM) an. Die Versicherungskosten im gesamten Profifußballbereich (1.und 2. Bundesliga und Regionalliga) betrugen für den Zeitraum 1995-1997 71,4 Mio. Euro (142,8 Mio. DM): mitgeteilt von *M.Müller*, Der deutsche Berufsfußball – vom Idealverein zur Kapitalgesellschaft, 2000, S. 64 f.

95 Sportmagazin kicker v. 10.08.1998; Die Welt v. 10.12.1999; sport.de v. 11.01.2001; *M.Müller*, Der deutsche Berufsfußball – vom Idealverein zur Kapitalgesellschaft, 2000, S. 65 f.; *Niese*, SpuRt 1998, 66. Der DFB hatte als einziger Dachverband eine Vereinbarung mit der VBG getroffen, wonach der DFB für die jährlich anfallenden VBG-Beiträge in Höhe von 17,5 Mio. Euro (35 Mio. DM) bürgt. Dafür wurden Gelder aus der zentralen Vermarktung der Fernsehrechte zunächst zurückbehalten, um damit die Forderungen der VBG zu begleichen, bevor eine Auszahlung an die Vereine erfolgt.

sten Gefahrklasse nur noch die bezahlten Sportler der *Fußball*-Bundes- und Regionalligen geführt; alle sonstigen bezahlten Sportler werden niedriger veranlagt. Der neue Gefahrtarif soll rechnerisch[96] zu einer Entlastung der Vereine von etwa 7,5 Mio. Euro (oder 16 % im Vergleich zu 2000) führen[97].

Trotz der vorgesehenen Entlastungen stellen die Beiträge zur Unfallversicherung, die zusätzlich Beiträge zur Insolvenzgeld-Umlage und zum so genannten Gemeinsamen Ausgleich im Rahmen des Lastenausgleichs unter den Berufsgenossenschaften gemäß § 176 SGB VII beinhalten[98], eine hohe finanzielle Belastung dar, die die wirtschaftliche Situation der Vereine verschärft[99].

3. Europäisches Gemeinschaftsrecht

Der professionell betriebene Sport spielt sich nicht mehr nur innerhalb nationaler Grenzen ab. Vielmehr findet ein europaweiter, wenn nicht sogar in einigen Bereichen ein weltweiter Wettbewerb statt.

Im Bereich der Mannschaftssportarten in Europa ist dieser Wettbewerb um die sportliche Vormachtstellung und damit auch der Wettbewerb um die besten Sponsorenverträge oder die höchsten Prämiengelder (z.B. Prämien für die Fernsehberichterstattung) gekennzeichnet durch den Kampf um die weltbesten (Berufs-)Sportler. Denn die Sportler sind das eigentliche Kapital der Sportvereine; nur mit guten Sportlern lassen sich die angestrebten sportlichen und die damit einhergehenden wirtschaftlichen Ziele des Vereins erreichen.

In der Folge hat sich ein eigener Transfermarkt für Berufsspieler in Mannschaftssportarten entwickelt, der durch Bestimmungen in den Satzungen der europäischen Spitzenverbände, die den Transfer von Sportlern von einem zu einem anderen Verein vorschreiben, geregelt ist. Aufgrund der wirtschaftlichen Bedeutung der Spielertransfers für die Vereine haben Entscheidungen des Gerichtshofes der europäischen Gemeinschaften (EuGH) bzw. Vorgaben der Euro-

---

96 Die Beitragsformel zur Unfallversicherung lautet: VBG-Beitrag des Unternehmens = Gesamtbruttolohnsumme x Gefahrklasse x Beitragsfuß (= 4,70 DM für 2001) dividiert durch 1000.

97 *Niese*, in Sport in Hessen v. 27.01.2001, S. 8.

98 Der Beitrag zur Insolvenzgeld-Umlage betrug für 2001 DM 1,6965 und für den Gemeinsamen Ausgleich DM 0,8836 pro 1 000 Mark Brutto-Arbeitsentgelt.

99 *M.Müller*, Der deutsche Berufsfußball – vom Idealverein zur Kapitalgesellschaft, 2000, S. 66.

päischen Kommission in diesem Bereich einen entscheidenden Einfluss auf die Vermögenssituation der Vereine.

a) Das Bosman-Urteil des EuGH

Die erste maßgebliche Entscheidung zum Transfer von Berufssportlern betraf das Bosman Urteil des EuGH vom 15.12.1995.

Der EuGH entschied, dass die Pflicht zur Zahlung einer Transferentschädigung bei einem Vereinswechsel eines Sportler aus der Europäischen Union ins EU-Ausland nach Ablauf seines Arbeitsvertrages nicht mit dem Grundsatz der Freizügigkeit für Arbeitnehmer aus Art. 48 EGV[100] vereinbar ist[101]. Das Urteil des EuGH führte kurze Zeit später dazu, dass auch das Bundesarbeitsgericht (BAG) in seiner Kienass-Entscheidung[102] urteilte, dass bei innerdeutschen Vereinswechseln von Berufssportlern eine Transferentschädigung nach Ablauf des Arbeitsvertrages mit dem Verein im Hinblick auf das Grundrecht der Berufsfreiheit aus Art. 12 Abs. 1 GG nicht verlangt werden kann[103].

Beide Gerichtsentscheidungen sorgten für einschneidende Änderungen im bestehenden Transfersystem des Profisports, welche erheblichen Einfluss auf die Liquiditäts- und Vermögenssituation deutscher Vereine mit professionellem Mannschaftssport mit sich brachten.

Der Bundesfinanzhof hatte nämlich im Jahre 1992 entschieden, dass die durch eine Transferzahlung erworbene Spielerlaubnis für einen Lizenzspieler als immaterieller Vermögensgegenstand ein abnutzbares Wirtschaftsgut im Sinne des § 266 Abs. 2 HGB darstellt und entsprechend bilanziell zu aktivieren ist[104]. Der Wert der Spielerlaubnis, der sich an der geleisteten Transferentschädigung bemisst, kann entsprechend über den Zeitraum der Dauer des Vertrages abge-

---

[100] Nach der durch den Amsterdamer Vertrag am 01.05.1999 in Kraft getretenen geänderten Fassung entspricht § 48 EGV a.F. dem Art. 39 EGV n.F.

[101] EuGH, NJW 1996, 25 ff.; eingehend: *Arens*, SpuRt 1996, 39 ff.; *Fischer*, SpuRt 1996, 34 ff.; *Hilf/Pache*, NJW 1996, 1169 ff.

[102] BAG, SpuRt 1997, 94 f.

[103] Zur Ausweitung dieses Grundsatzes auf Vertragsamateure vgl. BGH, DStR 1999, 1781; zur Rechtsprechung in Deutschland nach dem Bosman-Urteil vgl. *Stopper*, SpuRt 2000, 1 ff.

[104] BFH, BStBl II 1992, 977/ 981.

schrieben werden[105]. Die Spielerlaubnis stellt also einen Vermögenswert dar, insoweit, als die Möglichkeit eines erneuten Vereinswechsels des Spielers und damit des Anfalls einer Ablöseforderung gegenüber dem aufnehmenden Verein besteht.

Das Bosman-Urteil hatte die Konsequenz, dass nunmehr nur in dem Falle, dass ein Spieler aus seinem alten Vertrag „herausgekauft" wird oder im Falle eines Vereinswechsels außerhalb der EU Anschaffungskosten in Form so genannter Transferentschädigungen für den aufnehmenden Verein anfallen und entsprechend bilanziell aktiviert werden können. Mithin hatte der abgebende Verein fortan damit zu rechnen, bei Ablauf des Arbeitsvertrages mit dem Spieler keine Transfersumme mehr zu erhalten; dem aufnehmenden Verein, zu dem der Spieler ablösefrei wechselt, können aber trotzdem erhebliche Kosten durch die mittlerweile üblichen[106] Zahlungen von Handgeldern[107] an den Spieler oder durch Gebühren für eine Spielervermittlung entstehen[108]. Solche Geldzahlungen sind aber im Gegensatz zur Transferentschädigung als der Spielerlaubnis nicht direkt zuzuordnende Anschaffungskosten nicht aktivierungsfähig[109].

In der Konsequenz führt das dazu, dass das Anlagevermögen der Vereine auf der Aktivseite nur noch bedingt mit dem immateriellen Vermögenswert eines Spielers ausgewiesen werden kann[110]. Diese „Vernichtung" von Anlagevermögen hat zur Folge, dass es zu einer frühzeitigeren Überschuldung und Insolvenzreife des Vereins kommt[111]. Zudem bedeutet das Bosman-Urteil den weitestge-

---

[105] Näher dazu *Söffing*, BB 1996, 523 ff.

[106] Hinweis bei *M.Müller*, Der deutsche Berufsfußball - vom Idealverein zur Kapitalgesellschaft, 2000, S. 61.

[107] Handgelder spielen insbesondere bei leistungsstarken Spielern eine Rolle, die zwar ablösefrei wechseln können, denen aber als Anreiz zum Abschluss eines Arbeitsvertrages im Hinblick auf das Vorliegen meist mehrerer Angebote die Zahlung eines Handgeldes versprochen wird. Zur Zulässigkeit von Handgeldern vgl. OLG Köln, NJW 1971, 1367; OLG Hamm, NJW 1976, 331.

[108] Spielervermittler erhalten in der Regel vom aufnehmenden Verein für die Vermittlung eine Provision; näher dazu *Summerer*, in Praxishandbuch Sportrecht, 1998, S. 142 ff. m. w. N.; vgl. FAZ v. 27.04.2001, S. 40.

[109] *Söffing*, BB 1996, 523/ 524.

[110] Vgl. Hinweis bei *M.Müller*, Der deutsche Berufsfußball – vom Idealverein zur Kapitalgesellschaft, 2000, S. 61, wonach sich das Anlagevermögen in Form von Spielerlizenzen beim FC Bayern München e.V. fast auf Null reduziert hat (SZ v. 29.01.1997, S. 29).

[111] Vgl. auch FAZ v. 10.01.2004, S. 32.

henden Verlust der Möglichkeit, die Spielerlaubnis der Spieler als Kreditsicherheit einzusetzen, da der Erlös einer Transferentschädigung beim Vereinswechsel eines Spielers nicht mehr garantiert ist[112].

Weitere nachteilige Folgen insbesondere für die Liquidität der Vereine konnte in Form eines Ansteigens der Spielergehälter, die durch die nunmehr abgeschlossenen langfristigen Verträge entstanden, festgestellt werden[113].

b) „Kompromiss" zum Transfersystem im europäischen Fußball

In einem neuerlichen Vorstoß hat sich die Europäische Union (EU) im Jahr 1998 mit den Transferrichtlinien des Internationalen Fußball-Verbandes (FIFA) auseinander gesetzt.

Anlässlich eines Rechtsstreits über die Rechtmäßigkeit der Forderung einer Transferentschädigung[114] stellte die Europäische Kommission, die sich des Falles annahm, im Dezember fest, dass das Transfersystem des Internationalen Fußballverbandes in den Punkten Wettbewerb (Art. 81 EGV), Nichtdiskriminierung und Freizügigkeit (Art. 39 EGV) nicht mit der europäischen Gesetzgebung übereinstimmt[115]. Nach einer Reihe von Verhandlungen zwischen der EU, der FIFA und der Europäischen Fußball-Union (UEFA) wurde letztendlich ein Kompromiss ausgehandelt, dem am 05.03.2001 alle Beteiligten zustimmten und der am 24.03.2001 auf dem EU-Gipfeltreffen in Stockholm verabschiedet wurde[116]. Der ausgehandelte Kompromiss stellt die gravierendste Änderung im internationalen Fußball seit dem Bosman-Urteil des EuGH dar und bedeutet einerseits eine grundlegende Reform der Regeln zum Vereinswechsel im europäischen Fußball und hat andererseits unabsehbare Auswirkungen auf die Vermögenssituation der Vereine.

---

[112] *M.Müller*, Der deutsche Berufsfußball – vom Idealverein zur Kapitalgesellschaft, 2000, S. 62. Zur Neubewertung der als Sicherheit an Banken abgetretenen zukünftigen Ablöseansprüche: *Arens*, SpuRt 1996, 41 ff.; vgl. auch: *Wertenbruch*, ZIP 1993, 1292 ff.

[113] Die Personalkosten des europäischen Spitzenvereins Manchester United stiegen z.B. im Jahr 2000 auf 200 Mio Mark, was dazu führte, dass der Vorsteuergewinn um ein Viertel sank, FAZ v. 31.03.2001, S. 39.

[114] Rechtsstreit am EuGH/Wettbewerb zwischen Tibor Balog gegen den Fußballverein ASBL Royal Charleroi Sporting Club (Rechtssache C-264/98): vgl. EU-Rechtssprechung, SpuRt 2001, 11 f.

[115] Vgl. FAZ vom 07.03.2001, S. 46.

[116] Vgl. FAZ vom 26.03.2001, S. 42.

Inhaltlich sieht der Kompromiss in seinen wesentlichen Grundzügen vor, dass Spielerverträge nur noch für eine Dauer zwischen einem und fünf Jahren abgeschlossen werden dürfen. Dabei können die Verträge sowohl vom Verein als auch vom Spieler nach drei Jahren (bei Spielern bis zu 28 Jahren) bzw. schon nach zwei Jahren (bei Spielern älter als 28 Jahre) einseitig gekündigt werden. Wird ein Vertrag durch den Spieler oder den Verein einseitig gekündigt, soll ein Sanktionssystem greifen, welches finanzielle Ausgleichszahlungen oder auch eine Wettkampfsperre des kündigenden Spielers zwischen vier und sechs Monaten vorsieht. Dazu soll es in Zukunft im Fußball nur noch eine Wechselperiode geben, was zur Folge hat, dass auch ein Spieler nur noch einmal im Jahr den Verein wechseln kann[117].

Dieser Kompromiss wurde bislang in unterschiedlicher Form umgesetzt[118]. Die wichtigste Neuerung brachte die Einführung eines einseitigen vertraglichen Kündigungsrechts des Lizenzspielers, der nunmehr seinen Arbeitsvertrag mit dem Verein im Einzelfall aus „triftigen sportlichen Gründen" kündigen kann. Triftige sportliche Gründe liegen in der Regel dann vor, wenn der Spieler am Ende eines Spieljahres nachweisen kann, dass er nur in höchstens vier Pflichtspielen der Lizenzmannschaft eingesetzt wurde[119].

Diese neuen Regelungen können sich durchaus auch auf die Vermögenssituation der Vereine auswirken. Zum einen beeinträchtigt das außerordentliche vertragliche Kündigungsrecht der Lizenzspieler die Stabilität der Spieler-Arbeitsverträge, mit der Folge, dass eine längerfristige sportliche Planung der Vereine erschwert wird, zum anderen könnten die Lizenzspieler die Möglichkeit der einseitigen Kündigung des Arbeitsvertrages als Druckmittel gegenüber dem Verein einsetzen, um eine weitere Erhöhung der Spielergehälter und der Handgelder bei Vereinswechseln zu erreichen. Die Gehaltskosten im gesamten Profi-Fußball (1./2. Bundesliga und Regionalliga) belasten die Etats der Vereine bereits jetzt

---

117 Zum Kompromiss im Ganzen vgl. FAZ vom 07.03.2001, S. 46.

118 Vgl. z. B. § 5 Nr. 1 Lizenzordnung Spieler des Fußball-Ligaverbandes (LOS), die weiterhin zwei Wechselperioden vorsieht. Der mehrfache Wechsel eines Spielers innerhalb einer Saison wird allerdings dadurch ausgeschlossen, dass ein Arbeitsvertrag für mindestens ein Jahr abgeschlossen werden muss und eine Kündigung aus triftigen sportlichen Gründen erst nach Ende eines Spieljahres in Betracht kommt, § 8 Nr. 3 LOS.

119 Der Kompromiss wurde mittlerweile durch Änderung der FIFA- und Ligaverbandsstatuten umgesetzt, vgl. „Lizenzordnung Spieler" des Fußball-Ligaverbandes (LOS) und das FIFA-Regelement bzgl. des Status und des Transfers von Spielern.

mit bis zu 68 % des Gesamtetats[120] und waren in der Vergangenheit nur durch das ständige Ansteigen der Fernsehgelder noch zu finanzieren[121]. Nachdem sich die Einnahmen aus der Fernsehvermarktung bereits in den letzten zwei Jahren deutlich reduziert haben, hat sich die finanzielle Situation vieler Profivereine deutlich verschärft[122].

Der EU-Kompromiss gilt zunächst zwar nur im Bereich des Fußballs, aber aufgrund der analogen Problematik in anderen Profi-Sportarten wird man davon ausgehen müssen, dass entsprechende Regeländerungen bezüglich der jeweiligen Transfersysteme auch von den anderen Spitzenverbänden zu erwarten sind.

---

120 Die Fernsehgelder haben in der 1. Fußball-Bundesliga einen Anteil am jeweiligen Etat der 18 Clubs von durchschnittlich 42,4 %, vgl. Auflistung in der FAZ vom 06.04.2002, S. 39.

121 Vgl. auch FAZ v. 04.01.2001, S. 39.

122 Gerhard Mayer-Vorfelder, Präsident des DFB, sah das Problem ähnlich und forderte Gehaltsobergrenzen für Fußballprofis, „damit es nicht irgendwann zum Crash kommt“: vgl. FAZ v. 05.04.2001, S. 46. Viele Bundesligavereine mussten im Zuge der Einnahmeeinbußen mit ihren Lizenzspielern Gehaltsreduzierungen aushandeln.

D Der Verein in der Krise

I. Der Begriff der wirtschaftlichen Krise

Das Vorfeld der Insolvenz wird herkömmlich als „wirtschaftliche Krise“ bezeichnet. Da jedoch der Krisenbegriff sowohl rechtswissenschaftlich als auch betriebswirtschaftlich unterschiedlich ausgelegt wird[123], ist eine genauere Definition des Krisenbegriffs vorzunehmen, so wie er im vorliegenden Zusammenhang zu verstehen ist.

Die Legaldefinition der wirtschaftlichen Krise aus rechtlicher Sicht findet sich in § 32 a Abs. 1 GmbHG[124]. Danach liegt eine solche in dem Moment vor, in dem der Gesellschafter einer GmbH als ordentlicher Geschäftsmann der Gesellschaft Eigenkapital zugeführt hätte. Dieser normative Maßstab lässt sich naturgemäß nur schwer konkretisieren. Daher wird zur näheren Eingrenzung auf das von der Rechtsprechung entwickelte Hilfskriterium der Kreditunwürdigkeit zurückgegriffen. Kreditunwürdig ist eine Gesellschaft, wenn sie von dritter Seite nicht mehr zu marktüblichen Bedingungen ohne Besicherung des Kredits durch die Gesellschafter Kredite erhalten würde und ohne die Zuführung zusätzlicher Finanzmittel die Gesellschaft liquidiert bzw. in das Insolvenzverfahren überführt werden müsste[125].

Der so umschriebene Zeitraum soll nach allgemeiner Auffassung an sich ein der Insolvenzreife vorgelagertes Stadium in der Abwärtsentwicklung der Gesellschaft bezeichnen[126]. Dem steht jedoch der von der h.M vertretene zweistufige Überschuldungsbegriff entgegen, der die Unterschiede zwischen dem Stadium der Kreditunwürdigkeit und demjenigen der Überschuldung praktisch auflöst[127]. Denn der Bewertung einer Gesellschaft als kreditunwürdig liegt ebenso eine ne-

---

[123] Dazu eingehend *Maus*, in *K.Schmidt/Uhlenbruck*, Die GmbH in Krise Sanierung und Insolvenz, 3. Aufl. 2003, Rdnr. 26 ff.

[124] Nach Einführung des KonTraG.

[125] BGH, GmbHR 1998, 233/ 234; BGH, ZIP 1996, 1829/ 1830; *Goette*, ZHR 1998, 223/ 224; *Wittig*, in *K.Schmidt/Uhlenbruck*, Die GmbH in Krise Sanierung und Insolvenz, 3. Aufl. 2003, Rdnr. 27.

[126] BGH, WiB 1997, 1239/ 1240; *Dauner-Lieb*, DStR 1998, 609; *Gehrlein*, NZG 1998, 845/ 846; *Gottwald/Haas*, Insolvenzrechts-Hdb, 2. Aufl. 2001, § 92 Rdnr. 220.

[127] *Gottwald/Haas*, Insolvenzrechts-Hdb, 2. Aufl. 2001, § 92 Rdnr. 220 f.

gative Einschätzung der Unternehmensentwicklung zugrunde, wie es bei der Feststellung einer bestehenden Überschuldung regelmäßig der Fall sein wird[128].

Aufgrund der dargestellten Abgrenzungsschwierigkeiten ist die „Krise des Vereins" vorliegend als der Zeitraum zu verstehen, in dem sich der Verein zwar in einer wirtschaftlichen Abwärtsbewegung befindet, jedoch ohne sich schon im Bereich der Insolvenzauslösetatbestände zu befinden[129].

II. Erkennen der Krise

Das frühzeitige Erkennen der Krise ist entscheidend dafür, ob es der Vereinsführung im Wege schneller und effektiver Sanierungsbemühungen gelingt, eine Insolvenz zu vermeiden und damit womöglich die Überlebenschancen des Vereins zu erhöhen.

Dafür ist es allerdings erforderlich, dass der Vereinsvorstand dazu in der Lage ist, negative wirtschaftliche Entwicklungen zunächst zu erkennen, um dann die in der individuellen Situation für den Verein vielversprechendsten Sanierungsinstrumente schnell und effektiv einzusetzen. Insoweit ist vor allem schnelles Handeln entscheidend; befindet sich der Verein dagegen erst einmal im Stadium der Insolvenz und damit im Bereich der Antragspflicht des § 42 Abs. 2 Satz 1 BGB, ist es nahezu vorprogrammiert, dass nach Antragstellung die Vereinsverantwortlichen das Schicksal des Vereins einem vorläufigen Insolvenzverwalters in die Hand legen müssen. Anderes gilt allenfalls dann, wenn der Weg einer „freiwilligen" frühen Antragstellung bei lediglich drohender Zahlungsunfähigkeit (vgl. § 18 InsO) gewählt wird; in diesem Fall wäre auch eine Eigenverwaltung des Vereins in einem späteren Insolvenzverfahren denkbar[130].

---

[128] *Gottwald/Haas*, Insolvenzrechts-Hdb, 2. Aufl. 2001, § 92 Rdnr. 220; *Haas/Dittrich*, in *v.Gerkan/Hommelhoff*, Hdb des Kapitalersatzrechts, 2. Aufl. 2000, Rdnr. 8.30 ff.; näher zur Feststellung der Überschuldung vgl. unten F III. 1. b)

[129] Zur Antragspflicht vgl. unten G.

[130] Zur Eigenverwaltung vgl. unten M.

1. Interne unternehmerische Selbstkontrolle

Im Vereinsrecht finden sich keine Vorschriften, die die Vereinsorgane unmittelbar dazu verpflichtet, ein vereinsinternes Kontrollsystem zu installieren, um die Vermeidung bzw. die Früherkennung wirtschaftlicher Krisen zu gewährleisten[131].

a) Unmittelbare Pflicht zur unternehmerischen Selbstkontrolle aus § 91 Abs. 2 AktG?

Möglicherweise könnte sich aber für den Vereinsvorstand eine unmittelbare Pflicht zur unternehmerischen Selbstkontrolle wegen der „Ausstrahlungswirkung" der Regelung des § 91 Abs. 2 AktG ergeben.

aa) Die Regelung des § 91 Abs. 2 AktG

Nach der Vorschrift des § 91 Abs. 2 AktG „hat der Vorstand geeignete Maßnahmen zu treffen, insbesondere ein Überwachungssystem einzurichten, damit den Fortbestand der Gesellschaft gefährdende Entwicklungen früh erkannt werden". Für die AG bedeutet die Vorschrift die Verpflichtung des Vorstands zur Einrichtung eines schlüssigen, unternehmensweiten Systems zur Früherkennung wirtschaftlicher Risiken, welches ein planmäßiges Vorgehen bei der Erkennung, Bewertung und Weitermeldung von Risiken und die Überwachung entsprechender Gegenmaßnahmen durch eine interne Revision voraussetzt[132]. Vernachlässigt der Vorstand diese Pflicht, haftet er der Gesellschaft gegenüber schon aus diesem Grunde und nicht erst bei dem tatsächlichen Eintritt einer wirtschaftlichen Krise.

In der Regierungsbegründung zum KonTraG heißt es, dass „davon auszugehen [sei], dass (...) die Neuregelung Ausstrahlungswirkung auf den Pflichtenrahmen der Geschäftsführer auch anderer Gesellschaftsformen habe"[133]. Folglich stellt sich die Frage, ob die Regelung des § 91 Abs. 2 AktG womöglich eine „Aus-

---

[131] *Lutter*, BB 1988, 490 ff.; *Galli*, SpuRt 1996, 79/ 80; *Reichert*, Hdb des Vereins- und Verbandsrechts, 9. Aufl. 2003, Rdnr. 1517.

[132] *Hüffer*, AktG, 5. Aufl. 2002, § 91 Rdnr. 8;.

[133] BT-Drucks. 13/9712, S. 27.

strahlungswirkung“ auch im Hinblick auf den Verein entfaltet[134], dergestalt, dass der allgemeine Pflichtenrahmen des Vorstands als Geschäftsführungsorgan durch eine unmittelbare gesetzliche Pflicht zur Einführung eines Risikoüberwachungssystems konkretisiert wird. Klärungsbedürftig sind daher zunächst Begriff und Reichweite der „Ausstrahlungswirkung“.

bb) Begriff der Ausstrahlungswirkung

Die Ausstrahlungswirkung bezeichnet einen methodischen Vorgang unterhalb der Analogiebildung[135], der letztlich die systematische Geschlossenheit des Rechts im Blick hat[136]. Besonders augenfällig wird der Sinn dieses Ansatzes, wenn eine Gesellschaft durch Umwandlung ihre Rechtsform ändert und allein dadurch bestimmte Pflichten der an der Gesellschaft beteiligten Personen hinzukommen oder wegfallen, ohne dass sich am Regelungskomplex selbst Grundlegendes geändert hätte. Unter dem Aspekt der systematischen Geschlossenheit des Rechts wird versucht, diese Unstimmigkeiten zu vermeiden, indem der Pflichtenkreis bestimmter Personen unabhängig von der Rechtsform der Gesellschaft einheitlich bestimmt wird. Auch dabei muss jedoch genau auf die Intention des Gesetzgebers geachtet werden, da sonst die Gefahr einer ungewollten Ausdehnung einer rein punktuell gewollten Regelung auf andere Regelungsbereiche besteht[137].

cc) Reichweite der Ausstrahlungswirkung

In Bezug auf die Pflicht zur Einführung eines Risikokontrollsystem wird zum Teil die Ansicht vertreten, dass sich zwar Unterschiede in der Ausgestaltung des Systems aus Art, Größe und finanzieller Lage des Unternehmens ergäben, die

---

[134] Die GmbH wird in der Reg.Begr. (BT-Drucks 13/9712, S. 27) explizit genannt, insofern, als „davon auszugehen (sei), dass für die GmbH je nach ihrer Größe, Komplexität ihrer Struktur usw. nichts anderes gilt“. Hinsichtlich der GmbH wird die Ausstrahlungswirkung in der Literatur in unterschiedlichem Umfang einhellig bejaht: vgl. *Altmeppen*, ZGR 1999, 291/ 300 ff.; *Hommelhoff*, in FS Sandrock, 2000, S. 373/ 376 ff.; *Dragyla/Dragyla*, ZIP 2000, 297/ 300 ff.

[135] Skeptisch: *Canaris*, Grundrechte und Privatrecht, 1999, S. 30; *Wiedemann*, ZGR 1999, 857/ 865.

[136] *Dragyla/Dragyla*, ZIP 2000, 297/ 300; *Lutter*, ZGR 1998, 397/ 398.

[137] *Mertens*, ZGR 1998, 386/ 387 ff.; *Röhricht*, ZGR 1999, 445/ 449 ff., 467 ff.; *Lenz/ Ostrowski*, BB 1997, 1523/ 1527.

generelle Verpflichtung hingegen unabhängig von der jeweiligen Rechtsform des Unternehmens bestünde[138]. Demnach käme eine entsprechende Pflicht grundsätzlich auch für den Vereinsvorstand in Betracht.

Es ist allerdings zu beachten, dass die Regelung des § 91 Abs. 2 AktG grundsätzlich für alle Aktiengesellschaften unabhängig von ihrer Größe oder einer bestehenden Börsenzulassung gilt; dies zeigt, dass der Gesetzgeber bei der Änderung des AktG durch das KonTraG sehr wohl die Rechtsform der AG in seiner speziellen Ausgestaltung im Auge gehabt hat.

Die Organisationsverfassung der AG ist aber im Unterschied zu der des Vereins geprägt durch eine Geschäftsleitung des eigenverantwortlichen Vorstands (§ 76 AktG), der von den Aktionären als den Gesellschaftern der AG weitgehend unabhängig ist, und durch die Existenz eines Aufsichtsrates, der die Vorstände der AG besetzt (§ 84 AktG) und diese im Interesse der Aktionäre kontrolliert (§ 111 Abs. 1 AktG)[139].

Der Vorstand eines Vereins wird dagegen regelmäßig, soweit die Satzung nichts anderes vorsieht, direkt von der Mitgliederversammlung gewählt (§ 27 Abs. 1 BGB) und kann von dieser jederzeit abberufen werden (§ 27 Abs. 2 BGB). Zudem unterliegt der Vorstand des Vereins grundsätzlich dem Weisungsrecht der Mitgliederversammlung, insbesondere beim Abschluss risikotragender Geschäfte[140]. Die Vereinsmitglieder sind des Weiteren nicht am Wirtschaftsbetrieb des Vereins beteiligt; es gibt also keine Anlegerinteressen wie bei der AG, die geschützt werden müssten. Aufgrund der strukturellen Unterschiede ist daher eine Ausstrahlungswirkung im Sinne einer generellen Übertragbarkeit der Pflicht zur Installation eines Risikokontrollsystems auf den Vereinsvorstand eines wirtschaftlich tätigen Vereins abzulehnen. Auch erfordert das in der Regel begrenzte und leicht überschaubare Geschäftsfeld eines Sportvereins kein institutionalisiertes Risikokontrollsystem.

---

[138] *Altmeppen*, ZGR 1999, 291/ 301; *Scharpf*, DB 1997, 737/ 738.

[139] *Hommelhoff*, in FS Sandrock, S. 373/ 377.

[140] *Reichert*, Hdb des Vereins- und Verbandsrechts, 9. Aufl. 2003, Rdnr. 1928.

dd) Begrenzte Ausstrahlungswirkung auf den Verein als Inhaber eines Großunternehmens

Allerdings ist eine Ausstrahlungswirkung des § 92 Abs. 2 AktG nicht per se unter Hinweis auf unterschiedliche Organisationsverfassungen von Verein und AG auszuschließen. Vielmehr ist zu berücksichtigen, dass der Verein keiner starren Organisationsstruktur unterliegt und im Rahmen seiner Selbstordnungsbefugnis (§ 40 BGB) solche vereinsinterne Strukturen beschließen kann, die im Ergebnis zu einer Annäherung an jene der AG führen. So kann z.B. durch die Satzung bestimmt werden, dass ein Aufsichtsorgan zu errichten ist, das durch die Mitgliederversammlung auf entsprechenden Vorschlag eines Wahlausschusses gewählt wird. Das Aufsichtsorgan kann seinerseits wiederum die Vorstände des Vereins auf bestimmte Zeit benennen und deren Geschäftsführung kontrollieren. Der Vorstand würde in diesem Fall eigenverantwortlich handeln und entsprechend dem Verein gegenüber haften.

Allerdings müsste bei Annäherung der Organisationsverfassung des Vereins an die der AG die fehlende Notwendigkeit eines Anlegerschutzes beim Verein wenigstens durch dessen gesamtwirtschaftliche Bedeutung kompensiert werden[141].

Fraglich ist insoweit, welcher Maßstab dabei anzulegen wäre. Denn der Gesetzgeber zielte bei der Einführung des neuen § 91 Abs. 2 AktG ersichtlich auf eine AG als großes Unternehmen mit Ambitionen auf die Teilnahme am Kapitalmarkt (Börsenzulassung)[142]ab.Es wäre daher sachgerecht, als Maßstab für das Bestehen einer gesamtwirtschaftlichen Bedeutung des Vereins auf die bestehenden Kriterien zur Bestimmung einer großen Kapitalgesellschaft (Bilanzsumme, Umsatzerlös, Zahl der Arbeitnehmer) gemäß § 267 Abs. 3 Satz 1 HGB i.V. mit § 267 Abs. 2 HGB entsprechend Bezug zu nehmen. Die genannten Größenordnungen werden im Bereich der Sportvereine zurzeit allein von wenigen Vereinen der 1. Fußball-Bundesliga[143] erreicht. Diese Vereine sind zudem schon generell von Verbandsseite aus dazu verpflichtet, ein vereinsinternes Organisations-

---

141 Vgl. für die GmbH: *Hommelhoff*, in FS Sandrock, S. 373/ 379; *Flume*, Allgemeiner Teil des Bürgerlichen Rechts, Die juristische Person, Band I/2, 1983, S. 99.

142 Vgl. *Dragyla/Dragyla*, ZIP 2000, 297/ 302; *Möllers*, AG 1999, 433/ 440; *Hommelhoff/ Mattheus*, AG 1997, 249/ 251.

143 Z.B.: FC Bayern München e.V. (der mittlerweile seine Lizenzspielabteilung auf eine Kapitalgesellschaft ausgegliedert hat).

modell einzuführen, welches jenem der AG nahe kommt[144]. Zudem belegen aktuelle Diskussionen, dass gerade die umsatzstarken Vereine, die die Kriterien einer großen Gesellschaft im Sinne des HGB erfüllen würden, an die Umwandlung des Vereinsunternehmens in eine AG denken und damit auch eine Börsenzulassung in Erwägung ziehen[145]. Diese Vereine würden dann aber genau demjenigen Typ von Unternehmen entsprechen, die der Gesetzgeber bei der Einführung des KonTraG besonders ins Auge gefasst hatte.

Nur in diesen begrenzten Fällen ist eine Ausstrahlungswirkung des § 91 Abs. 2 AktG auf den Vereinsvorstand vertretbar. Dies gilt nicht nur unter dem Aspekt des Bedürfnisses nach Geschlossenheit des Rechts, sondern vor allem entspricht die Bejahung der Ausstrahlungswirkung dem Sinn und Zweck der Regelung des § 91 Abs. 2 AktG, die die Früherkennung von Krisen bei risikointensiven Unternehmungen im Blick hat. Gerade in der Wirtschaftsbranche „Berufsfußball" werden enorme wirtschaftliche Risiken[146] in Kauf genommen, um den sportlichen Erfolg zu gewährleisten, so dass die Verpflichtung des Vereinsvorstands zur Einführung eines Risikokontrollsystems dringend erforderlich ist.

ee) Rechtsfolgen der Ausstrahlungswirkung

Für die Vorstände der Vereine, die in den Anwendungsbereich des § 92 Abs. 1 AktG fallen, bedeutet die Ausstrahlungswirkung eine Erweiterung der bestehenden Haftung. Denn der Vorstand unterliegt damit nicht mehr allein der allgemeinen Verpflichtung, Schäden für den Verein zu vermeiden, sondern er hat zudem die zusätzliche Pflicht, konkrete Maßnahmen im Hinblick auf die Risikoabsicherung der wirtschaftlichen Betätigung des Vereins zu treffen. Eine derartige

---

[144] Vgl. Anhang III zur Lizenzierungsordnung des Deutschen Fußball-Ligaverbandes.

[145] Die Umwandlung der Lizenzspielerabteilung war seit einiger Zeit beim F.C. Bayern München e.V. geplant (vgl. FAZ v. 10.05.2001, S. 48) und ist mittlerweile vollzogen; der BVB Dortmund e.V. hat seine Lizenzspielerabteilung bereits auf eine KGaA ausgelagert (FAZ v. 29.11.1999, S. 41), ebenso wie Eintracht Frankfurt (vgl. FAZ v. 05.05.2001, S. 38). Zu entsprechenden Plänen des FC Schalke 04 vgl. FAZ vom 05.04.2001, S. 47.

[146] Hier ist insbesondere an die durchweg hohen Spielergehälter, die hohen Kosten für neue Spieler (Handgeld/Transferentschädigung) und die wirtschaftliche Abhängigkeit vom sportlichen Erfolg – etwa das Erreichen eines internationalen Wettbewerbs – zu denken; vgl: *M.Müller*, Der deutsche Berufsfußball – vom Idealverein zur Kapitalgesellschaft, 2000, S. 52 ff./ 55.

„vorbeugende" Sorgfaltspflicht konnte dem allgemeinen Pflichtenrahmen des Vorstands bislang nicht entnommen werden[147].

Darüber hinaus folgt aus der Anwendung des § 92 Abs. 1 AktG eine Vorverlagerung der Haftung des Vorstands, denn die Verpflichtung zur Einführung eines Risikomanagementsystems besteht unabhängig vom Eintritt einer wirtschaftlichen Krise. Auch wird die Durchsetzung eines Haftungsanspruchs des Vereins gegenüber dem Vorstand erleichtert, da der Nachweis des Fehlens eines adäquaten Frühwarnsystems einfacher zu führen ist als der Nachweis einer einzelnen Sorgfaltspflichtverletzung durch den Vorstand.

b) Mittelbare vereinsrechtliche Pflicht zur Selbstkontrolle

Obgleich das Vereinsrecht keine weiteren zwingenden gesetzlichen Regelungen enthält, die eine vereinsinterne Pflicht zur unternehmerischen Selbstkontrolle vorsehen, ist doch allgemein anerkannt, dass ein Frühwarnsystem zumindest im Sinne eines vereinsinternen Pflichtensystems zum Schutze des Vereinsvermögens bestehen muss[148].

Ein derartiges Pflichtensystem wird bereits mittelbar durch die Verpflichtung des Vereinsvorstands zur rechtzeitigen Stellung des Insolvenzantrags im Falle der Zahlungsunfähigkeit oder der Überschuldung des Vereins gemäß § 42 Abs. 2 BGB vorausgesetzt[149], ebenso wie durch die Verpflichtung des Vorstands zur ordnungsgemäßen Erfüllung der steuerlichen Verpflichtungen des Vereins (§§ 34 Abs. 1 Satz 1, 69 AO)[150] sowie der Pflicht zur Abführung von Sozialversicherungsabgaben (§ 28 d ff. SGB IV)[151].

Um diesen Verpflichtungen, die den Vorstand persönlich haftbar machen, gerecht werden zu können, hat sich der Vereinsvorstand schon im Vorfeld der Krise des Vereins regelmäßig über dessen wirtschaftliche Lage zu informieren. Zudem hat er sich bei ersten Anzeichen einer Krise durch die Aufstellung eines

---

[147] Vgl. sogleich unter b).

[148] *Haas*, SpuRt 1999, 1/ 3; *Reichert*, Hdb des Vereins und Verbandsrechts, 9. Aufl. 2003, Rdnr. 1547 und Rdnr. 1944; für die GmbH vgl. BGH, GmbHR 1994, 539/ 545; *Goette*, ZInsO 2001, 529.

[149] Näher zu den Insolvenztatbeständen vgl. unten F III. 1.; zur Antragspflicht vgl. unten unter G.

[150] *Reichert*, Hdb des Vereins- und Verbandsrechts, 9. Aufl. 2003, Rdnr. 1949.

[151] *Reichert/van Look*, Hdb des Vereins- und Verbandsrechts, 6. Aufl. 1995, Rdnr. 1928.

Vermögensstatus einen Überblick über das Vermögen des Vereins zu verschaffen.

Die wirtschaftliche Selbstprüfungspflicht ist zwar einer Ressortverteilung innerhalb eines mehrköpfigen Vorstands zugänglich, muss jedoch im Falle einer krisenhaften Entwicklung der Vereinsfinanzen wieder in die Verantwortung des Gesamtvorstands zurückgeholt werden. Darauf hat jedes Mitglied des Gesamtvorstands hinzuwirken. Entsprechendes gilt für den Fall, dass begründete Zweifel an der ordnungsgemäßen Geschäftsführung des Finanzressorts durch den zuständigen Vorstand bestehen[152].

Ist der Vorstand mangels des notwendigen Know-hows nicht dazu in der Lage, die wirtschaftliche Situation hinreichend genau festzustellen, muss er fachkundigen externen Rat einholen[153]. Der Vorstand kann sich im Nachhinein nicht mehr auf seine mangelnde Befähigung, Gewandtheit oder Erfahrung berufen; vielmehr hat er von Anbeginn für diejenigen Fähigkeiten einzustehen, die das übernommene Amt im Einzelnen erfordern[154].

Da im Gegensatz zur Selbstprüfungspflicht die Insolvenzantragspflicht einer Ressortverteilung nicht zugänglich ist, ist der Gesamtvorstand dazu verpflichtet, Organisationsstrukturen einzuführen, die es jedem Mitglied des Vorstands jederzeit erlauben, sich einen umfassenden Überblick über die augenblickliche und künftige wirtschaftliche Situation des Vereins zu verschaffen. Dies gelingt nur, wenn jeder Vorstand Einblick auch in fremde Geschäftsressorts nehmen kann[155].

---

152 *Haas*, SpuRt 1999, 1/ 3.

153 Zu den genannten Pflichten des Vorstands: *Reichert*, Hdb des Vereins- und Verbandsrechts, 9. Aufl. 2003, Rdnr. 1930; *Haas*, SpuRt 1999, S. 1/ 3; vgl. für den GmbH-GF: BGH, GmbHR 1994, 460/ 462; OLG Köln, NZG 2001, 411; BGH, GmbHR 1994, 539/ 545; OLG Düsseldorf, GmbHR 1993, 159/ 160; *Gottwald/Haas*, Insolvenzrechts-Hdb, 2. Aufl. 2001, § 91 Rdnr. 6.

154 BGH, NJW 1957, 832; *Sauter/Schweyer/Waldner*, Der eingetragene Verein, 17. Aufl. 2001, Rdnr. 278; *Reichert*, Hdb des Vereins- und Verbandsrechts, 9. Aufl. 2003 Rdnr. 1930; *Eisele*, Haftungsfreistellung von Vereinsmitgliedern und Vereinsorganen in nichtwirtschaftlichen Vereinen, S. 161.

155 *Reichert*, Hdb des Vereins und Verbandsrechts, 9. Aufl. 2003, Rdnr. 1493; *Haas*, SpuRt 1999, 1/ 3; vgl. für den GmbH-GF: BGH, GmbHR 1995, 653/ 654; BGH NJW-RR 1995, 669/ 670; *Haas*, Geschäftsführerhaftung und Gläubigerschutz, 1997, S. 128 ff.

2. *Unternehmerische Fremdkontrolle*

Einige Spitzenverbände im Mannschaftssport haben erkannt, dass das vereinsrechtliche Pflichtensystem nicht ausreichend ist, um eine solide Finanzierung der Vereine und damit auch die reibungslose Durchführung der laufenden Spielrunde zu gewährleisten.

Für die Sportverbände als Ausrichter der verschiedenen Spielrunden (z.B.: Meisterschaft oder Pokal) besteht das Risiko, dass Vereine mit finanziellen Schwierigkeiten im Ernstfall ihre Mannschaft aus einem laufenden Wettbewerb zurückziehen müssten, was in der Folge zu Wettkampfverzerrungen und Einnahmeausfällen für alle anderen teilnehmenden Mannschaften und für den Verband als Ausrichter führen würde.

Um eine derartige Situation zu vermeiden, behalten sich einige Verbände vor, Lizenzen zur Teilnahme an einer Spielrunde zu vergeben. Die Vergabe der Lizenz, die im Abschluss eines entsprechenden Vertrages des Vereins mit dem Verband besteht[156], wird dabei vor allem an den Nachweis der wirtschaftlichen Leistungsfähigkeit des Vereins gebunden.

Allerdings ist hinsichtlich der verbandsseitigen Wirtschaftlichkeitsprüfung zu beachten, dass diese nur in den höchsten Spielklassen des Mannschaftssports stattfindet und somit nur relativ wenige Vereine erfasst. Zudem soll die Wirtschaftlichkeitsprüfung in erster Linie sicherstellen, dass die Aufrechterhaltung des Spielbetriebs des Vereins für das kommende Spieljahr gesichert ist. Wie das Beispiel der Fußball-Bundesligavereine zeigt, ändert das Lizenzierungsverfahren nichts an der Tatsache, dass ein Großteil der teilnehmenden Vereine hohe Schuldenbelastungen hat[157].

Im Ergebnis sichert ein Lizenzierungsverfahren in erster Linie den regelgerechten Ablauf der durch den Verband veranstalteten Spielrunde. Die Einflussnahme auf eine seriöse Finanzierung der Lizenzvereine stellt sich lediglich als Reflex der Wirtschaftlichkeitsprüfung dar. Diese vereinsfremde Unternehmenskontrolle bezweckt weder die Früherkennung von wirtschaftlichen Fehlentwicklungen noch ist sie ausreichend, um eine langfristige solide Finanzverfassung der Vereine sicherzustellen.

---

[156] *Roth*, in *Grunsky*, Der Sportverein in der wirtschaftlichen Krise, 1990, S. 25.

[157] Vgl. auch: *M.Müller*, Der deutsche Berufsfußball – vom Idealverein zur Kapitalgesellschaft, 2000, S. 68 ff.

III. Reaktionen auf die Krise

Ist der Verein in einer wirtschaftlichen Abwärtsentwicklung begriffen, so muss dies nicht zwangsläufig in ein Insolvenzverfahren münden. Es bleibt vielmehr der Vereinsführung überlassen, im Vorfeld der Insolvenz vereinsinterne Lösungsmöglichkeiten zu finden oder mit den Gläubigern des Vereins eigene Vereinbarungen zu treffen, die zur Verbesserung der wirtschaftlichen Situation des Vereins führen können.

1. Interne Sanierung

Die „interne Sanierung" des Vereins umfasst jene Maßnahmen, die im Rahmen der vereinsrechtlich vorgegebenen Finanzverfassung beschlossen werden können, um die wirtschaftliche Situation durch deren Wirkungen im vereinsinternen Bereich zu verbessern.

a) Einsatz vereinseigener Finanzierungsinstrumente

Dem Finanzierungsbedarf wirtschaftlich tätiger Sportvereine stehen im Rahmen ihrer Finanzverfassung nur eingeschränkte vereinsinterne Finanzierungsmöglichkeiten zur Verfügung. Gesetzlich vorgesehen ist in der Hauptsache eine Finanzierung durch Mitgliedsbeiträge (vgl. § 58 Nr.2 BGB)[158].

Dazu kommt die Möglichkeit der Durchführung von Umlagen unter den Mitgliedern und die Erhebung einmaliger Aufnahmegebühren[159]. Diese Finanzierungsformen stellen sich allerdings für eine Sanierung des Vereins als zu unflexibel dar.

aa) Mitgliedsbeiträge

Mitgliedsbeiträge können z.B. nur bedingt, im Rahmen des für die Mitglieder Zumutbaren und nicht über eine Wesentlichkeitsgrenze hinaus, erhöht werden. Als zumutbar und unwesentlich ist regelmäßig die satzungsgemäße Anhebung

---

158 *Sauter/Schweyer/Waldner*, Der eingetragene Verein, 17. Aufl. 2001, Rdnr. 120, *Stöber*, Hdb des Vereinsrechts, 8. Aufl. 2000, Rdnr. 209 ff; *Reichert*, Hdb des Vereins- und Verbandsrechts, 9. Aufl. 2003, Rdnr. 578 ff.; vgl. auch FAZ v. 27.06.2000, S. 46.

159 *Reichert*, Hdb des Vereins- und Verbandsrechts, 9. Aufl. 2003, Rdnr. 595 ff. und 3219; *Sauter/Schweyer/Waldner*, Der eingetragene Verein, 17. Aufl. 2001, Rdnr. 120; *Stöber*, Hdb des Vereinsrechts, 8. Aufl. 2000, Rdnr. 213; vgl. OLG Hamm, DB 1976, 93.

der Mitgliedsbeiträge anzusehen, wenn sie allein dazu dient, die allgemeine Geldentwertung auszugleichen. Derartige Beitragsanpassungen sind vom Vereinsmitglied beim Eintritt in den Verein vorhersehbar und damit ohne weiteres zulässig. Die Wesentlichkeits- und Zumutbarkeitsgrenze wird jedoch überschritten, wenn es zu einem Anheben der Mitgliedsbeiträge von 100 % oder mehr kommt, ohne dass den Mitgliedern im Gegenzug ein der Erhöhung entsprechender Gegenwert, z.B. ein verstärktes Engagement des Vereins für seine Mitglieder, „zufließt"[160].

Derartige Veränderungen in der Beitragshöhe machen eine Satzungsänderung oder eine Zustimmung aller Mitglieder des Vereins erforderlich[161]. Plant der Verein eine Beitragserhöhung über die Wesentlichkeits- und Zumutbarkeitsgrenze hinaus, ist der Verein aufgrund des wechselseitigen Vertrauensverhältnisses zwischen Mitglied und Verein dazu verpflichtet, die Mitglieder über die Beitragserhöhung rechtzeitig zu informieren, um ihnen die Möglichkeit zur ordentlichen Kündigung der Mitgliedschaft zu geben[162].

Eine rückwirkende Beitragserhöhung ist dagegen grundsätzlich ausgeschlossen. Allerdings kann eine Beitragserhöhung in angemessenen Grenzen, d.h. bis zum Beginn des laufenden Geschäftsjahres, in dem der Beschluss gefasst wird, dann zulässig sein, wenn die Vereinssatzung eine entsprechende Ermächtigung vorsieht[163], da die Vereinsmitglieder in diesem Fall mit einer entsprechenden Beitragserhöhung rechnen konnten. Andernfalls kann eine Beitragserhöhung als wesentliche Grundentscheidung für das Vereinsleben[164] nur für die Zukunft oder für die Gegenwart und als Grundlagengeschäft nur mit qualifizierter Mehrheit getroffen werden.

Beschließt die Mitgliederversammlung rückwirkend „überhöhte" Beitragserhöhungen, besteht für jene Mitglieder, die der Beitragserhöhung widersprochen haben, ein besonderes Kündigungsrecht[165]. Die Kündigung kann zum Ende des Geschäftsjahres erklärt werden bei bis dahin gleich bleibenden Beträgen[166].

---

[160] LG Hamburg, NJW-RR 1999, 1708.

[161] *Reichert*, Hdb des Vereins- und Verbandsrechts, 9. Aufl. 2003, Rdnr. 586 f.

[162] *Sauter/Schweyer/Waldner*, Der eingetragene Verein, 17. Aufl. 2001, Rdnr. 120.

[163] LG Hamburg, NJW-RR 1999, 1708.

[164] BGH, NJW 1984, 1395.

[165] LG Hamburg, NJW-RR 1999, 1708.

[166] LG Hamburg, NJW-RR 1999, 1708/1709.

Darüber hinaus ist im Hinblick auf die Gemeinnützigkeit der Vereine der Jahresbeitrag der Höhe nach begrenzt[167]. Es liegt im Wesen der Gemeinnützigkeit, dass sie der Allgemeinheit und nicht nur einem begrenzten Personenkreis zugute kommen soll. Wäre aber der Zugang zu einem Sportverein der Allgemeinheit wegen der Höhe der Mitgliedsbeiträge bzw. der Aufnahmegebühren praktisch verwehrt, würde dies einen Verstoß gegen den Grundsatz der Gemeinnützigkeit bedeuten. Auch die kurzfristige Gewinnung neuer Mitglieder als Beitragszahler erscheint nicht sehr praktikabel, um bereits bestehende hohe Verbindlichkeiten schnellstmöglich ausgleichen zu können.

bb) Umlagen

Ein weiteres vereinsinternes Finanzierungsinstrument stellt die Umlagenerhebung dar, die eine außerordentliche Form des Mitgliedsbeitrags i. S. des § 58 Nr. 2 BGB ist[168]. Umlagen können anstelle von laufenden Mitgliedsbeiträgen, in erster Linie aber zur Deckung eines außergewöhnlichen Finanzbedarfs oder auch als Nachschüsse für Vereinsschulden von den Vereinsmitgliedern erhoben werden[169].

Diese Finanzierungsform bedarf als Grundentscheidung des Vereinslebens einer ausdrücklichen satzungsmäßigen Bestimmung, die die Voraussetzungen und den Zweck der Umlageerhebung regeln sowie eine Obergrenze festlegen[170]. Unter diesen Bedingungen ist eine Umlage zur Deckung eines größeren Finanzbedarfs, der mit den regelmäßigen Beiträgen nicht erfüllt werden kann[171], möglich, solan-

---

[167] Vgl. *Reichert*, Hdb des Vereins- und Verbandsrechts, 9. Aufl. 2003, Rdnr. 584 und 3200: 1.500 Euro pro Person und Jahr an Aufnahmegebühren und 1.000 Euro je Mitglied im Jahr durch Umlagen und Mitgliedsbeiträge.

[168] *Sauter/Schweyer/Waldner*, Der eingetragene Verein, 17. Aufl. 2001, Rdnr. 120; *Müller*, MDR 1992, 924; *Reichert*, Hdb des Vereins- und Verbandsrechts, 9. Aufl. 2003, Rdnr. 595.

[169] Vgl. BGH, NJW 1968, 543; OLG Hamburg, BB 1980, 120; AG Grevenbroich, MDR 1991, 345; *Müller*, MDR 1992, 924 f.; *Reichert*, Hdb des Vereins- und Verbandsrechts, 9. Aufl. 2003, Rdnr. 595; *Stöber*, Hdb des Vereinsrechts, 8. Aufl. 2000, Rdnr. 213.

[170] OLG München, NJW-RR 1998, 966; BVerfG, MDR 1991, 318; *Reichert*, Hdb des Vereins- und Verbandsrechts, 9. Aufl. 2003, Rdnr. 596.

[171] *Müller*, MDR 1992, 924; *Sauter/Schweyer/Waldner*, Der eingetragene Verein, 17. Aufl. 2001, Rdnr. 120; *Reichert*, Hdb des Vereins- und Verbandsrechts, 9. Aufl. 2003, Rdnr. 595.

ge die Umlage weitestgehend dem Vereinszweck dienlich ist[172]; diese Anforderung ist nicht erfüllt, wenn es bei der Umlageerhebung allein um den Ausgleich von Verlusten einer einzelnen (Profi-)Abteilung geht[173]. Es ist zu beachten, dass die vereinsinternen Finanzmittel grundsätzlich nur dem idealen Zweck des Vereins zugeführt werden dürfen; eine dauerhafte Verwendung zum Ausgleich von Verlusten, die durch einen wirtschaftlichen Geschäftsbetrieb entstehen, verstößt gegen den Grundsatz der Selbstlosigkeit von Idealvereinen[174]. Dieser Grundsatz besagt, dass die Förderung des gemeinnützigen Vereinszwecks sich nicht darauf beschränken darf, eigenwirtschaftliche Interessen des Vereins oder der Mitglieder zu verfolgen (vgl. § 55 AO)[175]. Ein Verstoß gegen den Grundsatz der Selbstlosigkeit kann den Verlust der Gemeinnützigkeit und damit einhergehend den Wegfall von Steuerbegünstigungen mit sich bringen[176].

b) Restrukturierung des Vereins durch Umwandlung

Unter dem Begriff der Umwandlung werden rechtliche Vorgänge zusammengefasst, die zur Reorganisation und Umstrukturierung von Unternehmen[177] führen. Seit Inkrafttreten des Gesetzes zur Bereinigung des Umwandlungsrechts[178] (UmwG) ist es nunmehr auch rechtsfähigen Vereinen möglich, sich in erleichterter Form umzuwandeln. Die Umwandlung eines Vereins umfasst die Gründung eines neuen Rechtsträgers und die Übertragung des gesamten Vereinsvermögens oder Teilen davon auf diesen neuen Rechtsträger oder einen anderen schon bestehenden Rechtsträger. Die Umwandlung bleibt daneben auch weiterhin außerhalb der Reglungen des UmwG möglich; sie ist dann jedoch wegen der außerhalb des UmwG notwendigen Einzelübertragung sämtlicher Vermögens-

---

172 OLG München, NJW-RR 1998, 966.

173 *Reichert*, Hdb des Vereins- und Verbandsrechts, 9. Aufl. 2003, Rdnr. 3308; vgl. auch BFH, NJW 1999, 310.

174 *Reichert*, Hdb des Vereins- und Verbandsrechts, 9. Aufl. 2003, Rdnr. 3308.

175 Vgl. zur Selbstlosigkeit: *Schauhoff*, Hdb der Gemeinnützigkeit, § 8 Rdnr. 15 ff.; *Stöber*, Hdb des Vereinsrechts, 8. Aufl. 2000, Rdnr. 66; BFH BStBl 1979 II 482 = DB 1979, 1633.

176 *Schauhoff*, Hdb der Gemeinnützigkeit, 2000, § 8 Rdnr. 15; *Reichert*, Hdb des Vereins- und Verbandsrechts, 9. Aufl. 2003, Rdnr. 3308.

177 Gemeint ist das Unternehmen als im Rechtsverkehr auftretende juristische Einheit.

178 Gesetz vom 28.10.1994, BGBl. I, S. 3210, in Kraft getreten am 01.01.1995.

gegenstände auf den neuen Vermögensträger wesentlich umständlicher[179]. Daher soll an dieser Stelle nur auf jene Formen der Umwandlung nach dem UmwG eingegangen werden, die dem Verein zudem die Möglichkeit zur Sanierung bieten.

aa) Verschmelzung/Fusion

Der eingetragene Verein kann im Wege der Verschmelzung in eine andere Gesellschaft umgewandelt werden (vgl. § 3 Abs. 1 Nr. 4 UmwG). Verschmelzung bedeutet dabei die Übertragung des gesamten Vermögens des Vereines als Rechtsträger oder auch mehrerer verschiedener Rechtsträger auf einen anderen schon bestehenden oder neu zu gründenden Rechtsträger gegen Gewährung von Mitgliedschaften oder Anteilen am neuen Rechtsträger (§ 2 UmwG i.V. mit §§ 99 ff. UmwG). Die Übertragung des Vermögens erfolgt dabei durch eine Gesamtrechtsnachfolge unter Auflösung, aber ohne Abwicklung des übertragenden Rechtsträgers (§ 2 UmwG)[180].

Die Fusion zweier eingetragener Vereine im Wege der Verschmelzung ist ein gangbarer Weg, um eine Sanierung des übertragenden Vereins zu vollziehen, solange der aufnehmende Verein wirtschaftlich gesund ist. Vorteilhaft könnte dabei die Bündelung des Sportlerpotentials sein, ohne dass etwaige Ablösezahlungen anfallen würden; des Weiteren ergibt sich die Möglichkeit der Konzentration von Sponsoren und Fans durch die Unterstützung nur noch eines (Groß-) Vereins[181]. Als nachteilig stellt sich hingegen die vollständige Übernahme der Verbindlichkeiten des übertragenden Vereins durch den übernehmenden Verein und der mit der Auflösung des übertragenden Vereins einhergehende Verlust des

[179] Anderes gilt für Kleinvereine: vgl. *Stöber*, Hdb des Vereinsrechts, 8. Aufl. 2000, Rdnr. 817 ff.

[180] Eingehend zum weiteren Verfahren der Verschmelzung nach dem UmwG: *Reichert*, Hdb des Vereins- und Verbandsrechts, 9. Aufl. 2003, Rdnrn. 2245-2261.

[181] Jüngstes Beispiel einer derartigen Fusion war das geplante Zusammengehen der Vereine VfR und Waldhof Mannheim, die allerdings nur ihre Lizenzspielerabteilungen auf eine gemeinsame Spielbetriebsgesellschaft ausgegliedern wollten. Der Verein Waldhof Mannheim, der die Mehrheit der Anteile halten sollte (51 %), sollte als Kompromiss in der Namenswahl zum SV Mannheim umbenannt werden, während der andere Stammverein VfR Mannheim weiter unverändert fortbestehen sollte, nunmehr jedoch ohne Lizenzspielabteilung, vgl. Mannheimer Morgen v. 17.06.2002, S. 4. Die Fusion scheiterte letztlich am Widerstand der Mitgliederversammlungen der Vereine.

(traditionellen) Vereinsnamens und der (traditionellen) Vereinsfarben zumindest für einen der beiden Clubs dar[182]. Das Traditionsbewusstsein vieler Vereine und deren Mitglieder steht einer derartigen Lösung oft im Wege, so dass Vereinsfusionen relativ selten durchgeführt werden.

bb) Ausgliederung der Vermarktungs- und/oder der Berufssportabteilung

Der eingetragene Verein ist auch spaltungsfähig (§ 124 Abs. 1 UmwG i.V. mit § 3 Abs. 1 UmwG)[183]. Die so genannte Ausgliederung stellt dabei einen Unterfall der Spaltung dar, bei der Teile des Vereinsvermögens abgespalten und auf einen anderen Rechtsträger im Wege der Gesamtrechtsnachfolge übertragen werden (§ 123 Abs. 3 UmwG). Als Gegenwert gelangen dann die ausgegebenen Gesellschaftsanteile des neuen Rechtsträgers in das Vermögen des Vereins als übertragender Rechtsträgers. Eine Ausgliederung von Teilen des Vereinsvermögens auf eine Kapitalgesellschaft kommt dabei am häufigsten vor.

Die Ausgliederung zum Zwecke der Sanierung bietet sich vor allem dann an, wenn der Verein über die Ausgliederung die Beteiligung eines „strategischen Partners“ erreicht. Dies geschieht häufig durch die Ausgliederung der Vermarktungsabteilung, deren Anteile dann mehrheitlich an den Wirtschaftspartner übertragen werden. Dieser verpflichtet sich im Gegenzug zunächst eine gewisse Garantiesumme, teils als Gegenleistung für die Übertragung der Anteile an der vereinseigenen Tochtergesellschaft, teils als Darlehen, in den Stammverein zu investieren, um ihn zu entschulden und um neue Investitionen im sportlichen Bereich zu ermöglichen. Ein derartiges Investment stellt für den Investor ein spekulatives Geschäft dar, da er meist erst dann mit einer Rückzahlung gegebener Darlehen bzw. einem Gewinn aus seiner Beteiligung rechnen kann, wenn der entsprechende sportliche Erfolg eintritt. Andererseits verspricht die mehrheitliche Übernahme der Anteile an der Vermarktungsabteilung hohe Gewinne, falls der sportliche Erfolg zu hohen Erträgen z.B. aus der Fernsehvermarktung führt. Da Investitionen nur mit der entsprechenden Aussicht auf mögliche

---

[182] Vgl. dazu die Fusionspläne der beiden Oberligisten Dynamo Dresden und Dresdner SC in: Die Welt v. 13.03.2000.

[183] *Reichert*, Hdb des Vereins- und Verbandsrechts, 9. Aufl. 2003, Rdnr. 2262 ff.

Gewinne getätigt werden, können nur Vereine in den medienwirksamen Sportarten (insbesondere Fußball) mit dieser Möglichkeit rechnen[184].

Eine Ausgliederung der Berufssportabteilung auf eine Kapitalgesellschaft, um dadurch auf dem freien Markt Kapital beschaffen zu können, bietet sich dagegen nicht als Sanierungsinstrument an[185]. Denn ein Börsengang bietet nur dann Aussicht auf Erfolg, wenn das Unternehmen gute Geschäftszahlen vorweisen kann und so das Interesse der Anleger zu finden vermag. Zudem muss eine Sportkapitalgesellschaft neben dem Spielbetrieb weitere Geschäftsfelder aufbieten können, um am Markt erfolgreich zu sein; die Abhängigkeit des Unternehmens allein vom (unwägbaren) sportlichen Erfolg birgt zu viele wirtschaftliche Unsicherheiten in sich, als dass Anleger auf Dauer in ein solches wirtschaftlich „eingleisig" tätiges Unternehmen investieren würden. Demzufolge kommt ein Börsengang auch nur für sehr wenige Sportvereine in Frage[186].

2. *Externe Sanierung*

Die „externe Sanierung" umfasst alle Maßnahmen der Vereinsführung, die außerhalb des Vereins wirksam werden. Während der außergerichtliche Vergleich alle Vereinsgläubiger mit einbezieht, können alle anderen Maßnahmen auch mit einzelnen Gläubigern vereinbart werden. Naturgemäß bieten sich Einzelmaßnahmen zur Sanierung des Vereins am ehesten mit den Großgläubigern des Vereins – also vor allem mit kreditgebenden Banken – an, die von vornherein ein erhebliches Eigeninteresse an der Sanierung des Vereins haben, um die bereits gewährten Kredite retten zu können.

---

[184] Eine große Anzahl von hoch verschuldeten Traditionsvereinen insbesondere aus der Fußball-Regionalliga konnte über einen entsprechenden Verkauf ihrer Vermarktungsrechte die Insolvenz zunächst vermeiden: u.a. Union Berlin; Borussia Mönchengladbach, Waldhof Mannheim, Sachsen Leipzig, 1. FC Magdeburg, Fortuna Düsseldorf, Rot-Weiß Essen, Carl-Zeiss Jena, Dynamo Dresden, Karlsruher SC (alle mit der Sportvermarktungsfirma „Sportwelt" als Partner); TeBe Berlin (Göttinger Gruppe). Aber auch renommierte Vereine haben bereits ihre Vermarktungsrechte abgetreten: u.a. der Hamburger SV, Borussia Dortmund, Bayer Leverkusen, Hertha BSC Berlin und 1. FC Nürnberg (alle an den Sportrechtevermarkter „Ufa Sports"), vgl. FAZ v. 08.06.2001, S. 40.

[185] *Segna*, ZIP 1997, 1901/ 1902; *Fuhrmann*, SpuRt 1995, 12/15; *Raupach*, SpuRt 1996, 2/ 4.

[186] Vgl. dazu die Bemühungen des FC Schalke 04, neue Geschäftsfelder zu erschließen mit dem Fernziel der Umwandlung des Vereins in die Rechtsform einer AG: FAZ vom 05.04. 2001, S. 47.

a) Außergerichtlicher Vergleich

Der außergerichtliche Vergleich stellt eine notwendige Ergänzung zum Insolvenzverfahren dar[187], da er im Einzelfall durchaus Vorteile in sich bergen kann. So hat er z.B. den Vorzug, zeitlich unabhängig von einem Insolvenztatbestand in einem schnellen, publizitätsfreien Verfahren abgewickelt werden zu können. Es fallen dabei keine Gerichtskosten an, wodurch höhere Quoten auf die Forderungen der Gläubiger ausgezahlt werden können[188].

Der außergerichtliche Vergleich ist gesetzlich nicht geregelt und wird somit vom Prinzip der Vertragsfreiheit beherrscht. Es gelten aber auch hinsichtlich des außergerichtlichen Vergleichs einige Grundregeln, die beachtet werden müssen. Dazu gehört, dass der außergerichtliche Vergleich scheitert, wenn ihm nicht alle Gläubiger zustimmen. Außerdem gilt für den außergerichtlichen Vergleich – ebenso wie im regulären Insolvenzverfahren – der Grundsatz der Gleichbehandlung aller Gläubiger[189].

Es stellt sich jedoch als nachteilig dar, dass es keine Mehrheitsentscheidungen gibt und somit einzelne Gläubiger nicht zur Zustimmung zum Vergleich gezwungen werden können[190]. Vielmehr besteht die Gefahr, dass sich einzelne Gläubiger ihre Zustimmung durch die Einräumung von Sondervorteilen bezahlen lassen, so dass eine Gläubigergleichbehandlung nicht gewährleistet ist. Zudem können die Gläubiger auch während der Vergleichsverhandlungen noch in das Vermögen des Vereins vollstrecken; eine allgemeine Vollstreckungssperre wie im Insolvenzverfahren gibt es nicht. Es besteht weiterhin die Gefahr, dass der Vereinsvorstand die wahre wirtschaftliche Situation des Vereins verschleiert und sich die Gläubiger dadurch unter Wert vergleichen[191]. Nachteilig ist letztendlich auch die Abwicklung des Vergleichs, falls sie nicht ordnungsgemäß

---

187 *Uhlenbruck*, in *K.Schmidt/Uhlenbruck*, Die GmbH in Krise, Sanierung und Insolvenz, 3. Aufl. 2003, Rdnr. 428.

188 Vgl. für die GmbH: *Uhlenbruck*, in *K.Schmidt/Uhlenbruck*, Die GmbH in Krise, Sanierung und Insolvenz, 3. Aufl. 2003, Rdnr. 429 f.

189 Vgl. unten unter E II.

190 Im Unterschied zur Mehrheitsentscheidung im Insolvenzplanverfahren: *Uhlenbruck*, in *K.Schmidt/Uhlenbruck*, Die GmbH in Krise, Sanierung und Insolvenz, 3. Aufl. 2003, Rdnr. 432.

191 Vgl. für die GmbH: *Uhlenbruck*, in *K.Schmidt/Uhlenbruck*, Die GmbH in Krise, Sanierung und Insolvenz, 3. Aufl. 2003, Rdnr. 453; *Uhlenbruck*, BB 2001, 1641/ 1645.

überwacht wird[192]. Der außergerichtliche Vergleich kann sowohl die Liquidation als auch eine Sanierung des Schuldners zum Ziel haben.

b) Maßnahmen zur Vermeidung der Insolvenzreife

Die Insolvenzauslösetatbestände der Zahlungsunfähigkeit (§ 17 InsO) und der Überschuldung (§ 19 InsO) führen zwangsläufig zu der Verpflichtung des Vereinsvorstands, den Insolvenzantrag zu stellen (vgl. § 42 Abs. 2 BGB). Soll eine Sanierung des Vereins im Vorfeld der Insolvenz bzw. außerhalb des Insolvenzverfahrens gelingen, gilt es, die Insolvenzverfahrensreife des Vereins zu vermeiden bzw. schnellstmöglich zu überwinden. Dies gelingt nur, wenn die ins Auge gefassten Sanierungsmaßnahmen einen Einfluss auf den Insolvenzstatus des Vereins haben. Die Erstellung eines Insolvenzstatus ist in unterschiedlicher Form sowohl für die Feststellung der Zahlungsunfähigkeit als auch zur Feststellung der Überschuldung notwendig und als Sonderbilanz zur Prüfung der Insolvenzverfahrensreife eines Schuldnervermögens nicht mit der normalen Handelsbilanz identisch[193].

aa) Stundung

Das einfachste Mittel zur kurzfristigen vorläufigen Verbesserung der Liquidität des Vereins stellt die Vereinbarung einer Stundung[194] mit dem Gläubiger einer Forderung dar. Mit der Stundungsvereinbarung wird lediglich die Fälligkeit seiner Forderung zeitlich nach hinten verschoben. Damit wird sich ein Gläubiger am ehesten einverstanden erklären, da die Stundung nichts am weiteren Bestand und der Erfüllbarkeit der Forderung ändert. Aufgrund der beschränkten Wirkung einer Stundungsvereinbarung, die keinen Einfluss auf den allgemeinen Vermögensstatus und damit die Überschuldung des Vereins hat, kann in ihr allerdings

---

[192] Vgl. für die GmbH: *Uhlenbruck*, in *K.Schmidt/Uhlenbruck*, Die GmbH in Krise, Sanierung und Insolvenz, 3. Aufl. 2003, Rdnr. 455.

[193] *K.Schmidt*, GmbHR 1999, 9/ 10. Zu den Insolvenzauslösetatbeständen und der Antragspflicht des Vereinsvorstands eingehend unten S. 97 ff. und S. 121 ff.

[194] BGH, NJW 00, 1401; dazu ausführlicher: *Palandt/Heinrichs*, BGB, 63. Aufl. 2004, § 271 Rdnr. 12.

nur eine begleitende Sanierungsmaßnahme gesehen werden, um einer kurzfristig drohenden oder bereits eingetretenen Zahlungsunfähigkeit zu begegnen[195].

bb) Forderungsverzicht

Eine wesentlich einschneidendere Maßnahme für den Gläubiger ist der Forderungsverzicht. Dieser erfolgt durch den Abschluss eines zweiseitigen Erlassvertrages gemäß § 397 BGB.

Mit Abschluss des Vertrages erlischt die Forderung des Gläubigers endgültig und führt auf Schuldnerseite zu einem „bilanziellen Sanierungsgewinn". Damit stellt der Forderungsverzicht ein einfaches und schnelles Mittel dar, um eine bestehende Überschuldung abzubauen oder zu verringern. Gleichzeitig hilft der Forderungsverzicht die Zahlungsunfähigkeit zu vermeiden, wenn es sich bei der erloschenen Forderung um eine bereits fällige Forderung handelt. Es ist jedoch zu beachten, dass die finanzielle Entlastung des Schuldnervermögens mittlerweile wegen des Wegfalls der Privilegierung des § 3 Nr. 66 EStG als so genannter Sanierungsgewinn gemäß § 7 KStG einkommenssteuerpflichtig ist und damit andererseits wieder eine gewisse Liquidität aufzehrt[196].

Der Forderungsverzicht hat für den Gläubiger den bedeutenden Nachteil, dass er seine Forderung endgültig und vollständig verliert. Der Erhalt der Forderung verbunden mit der Erbringung eines echten Sanierungsbeitrags kann dagegen durch die Vereinbarung eines Forderungsverzichts mit Besserungsschein erreicht werden.

Bei dieser Rechtskonstruktion handelt es sich um einen Erlassvertrag, der unter der auflösenden Bedingung steht, dass, wenn sich die Vermögenssituation des Vereins zum Besseren ändert, der Forderungserlass entfällt[197]. Das bedeutet, dass die betroffene Forderung zunächst – wie beim einfachen Forderungsverzicht – als erloschen gilt, jedoch mit Eintritt der Bedingung wiederauflebt[198]. In der Re-

---

[195] Vgl. *Wittig*, in *K.Schmidt/Uhlenbruck*, Die GmbH in Krise, Sanierung und Insolvenz, 3. Aufl. 2003, Rdnr. 500.

[196] *Wittig*, in *K.Schmidt/Uhlenbruck*, Die GmbH in Krise, Sanierung und Insolvenz, 3. Aufl. 2003, Rdnr. 509 f.; zum Ganzen vgl.: *Maus*, ZIP 2002, 589 ff.

[197] Nachweis bei *Herlinghaus*, Forderungsverzichte und Besserungsvereinbarungen zur Sanierung von Kapitalgesellschaften, 1994, S. 110; *Limmer*, in Kölner Schrift zur InsO, 2. Aufl. 2000, S. 1219/ 1234.

[198] *Wittig*, NZI 2001, 169/ 170.

gel sieht die Bedingung des Besserungsscheins vor, dass Nachzahlungen auf die erlassene Schuld zu leisten sind, sobald sich die Vermögenssituation des Schuldners verbessert hat. Das ist der Fall, wenn der Schuldner wieder Gewinne erwirtschaftet oder ein überschüssiger Liquidationserlös anfällt[199]. Allerdings hat auch der Forderungsverzicht mit Besserungsabrede den Nachteil, dass alle akzessorischen Sicherheiten mit dem (zeitweiligen) Erlöschen der Forderung zwangsläufig wegfallen.

cc) Darlehensaufnahme

Die Aufnahme von Darlehen im Sinne des § 607 BGB stellt das wichtigste und am häufigsten in Anspruch genommene Finanzierungsinstrument dar, um fehlende finanzielle Liquidität ausgleichen zu können. Es ist allerdings zu beachten, dass Darlehen den Verein nur begrenzt, im Sinne einer kurz- oder mittelfristigen Beseitigung einer Zahlungsunfähigkeit, sanieren können, da jedes gewährte Darlehen wiederum als Verbindlichkeit im Insolvenzstatus des Vereins berücksichtigt werden muss. Das bedeutet, dass bei der Feststellung des Insolvenzstatus hinsichtlich des Bestehens einer Zahlungsunfähigkeit das Darlehen ab Fälligkeit des Rückzahlungsanspruchs und im Insolvenzstatus der Überschuldung bereits mit der Auszahlung zu passivieren ist[200].

Daraus folgt, dass Kredite nur sehr vorsichtig als isoliertes Sanierungsinstrument eingesetzt werden sollten, denn jeder Kredit setzt wiederum eine eigene Ursache für die Insolvenz des Schuldners, die ohne Kredite nicht denkbar ist. Kredite stellen zudem eine Gefährdung für potentielle Neugläubiger des Vereins dar, da der Verein durch die Kreditvergabe in die Lage versetzt wird, seinen wirtschaftlichen Aktionsradius vergrößern oder beibehalten zu können, obwohl ihm dies aus eigener Kraft schon unmöglich ist. Dadurch kann der Verein neue Verbindlichkeiten eingehen und damit weitere Gläubiger mit seinem Insolvenzrisiko belasten. Zudem führt das Hinzutreten neuer Gläubiger im Falle der Insolvenz des Vereins zu einer Verschärfung des Verteilungskonflikts[201].

---

[199] *Herlinghaus*, Forderungsverzichte und Besserungsvereinbarungen zur Sanierung von Kapitalgesellschaften, 1994, S. 129 ff., *Wittig*, NZI 2001, 169/ 170.

[200] Siehe sogleich unter dd).

[201] *Haas*, NZI 2001, 1/ 2. Zu den möglichen Folgen bei Eingreifen der Regeln zum Eigenkapitalersatz vgl. unten unter K III.

Soll mit einer Darlehenshingabe hingegen bewusst eine Insolvenzauslösung verhindert und damit ein echter Sanierungsbeitrag geleistet werden, ist es notwendig, dass der Kreditgeber die Darlehenshingabe mit einer so genannten Rangrücktrittserklärung verknüpft.

dd) Rangrücktritt

(1) Sanierungswirkung zurückgetretener Forderungen durch Vermeidung der Passivierungspflicht?

Als Sanierungsinstrument eingesetzt, soll die Vereinbarung eines Rangrücktritts bewirken, dass der Insolvenzstatus des Vereins entlastet wird, ohne dass der Gläubiger seine Forderung verliert, sondern vielmehr nur deren Geltendmachung zurückstellt, bis die Sanierung des Schuldners gelungen ist[202].

Einer Ansicht nach soll dem Rangrücktritt ein dinglich wirkender Erlassvertrag zugrunde liegen[203], wohingegen nach h.M. der Rangrücktritt auf einer schuldrechtlichen Vereinbarung zwischen dem Schuldner und dem Gläubiger basiert[204]. Für die Annahme eines schuldrechtlichen Vertrages spricht der eindeutige Wortlaut des § 39 InsO, wonach der Rangrücktritt von Rechts wegen die Nachrangigkeit der fortbestehenden Forderung bewirkt. Eine derartige Regelung wäre hingegen im Falle eines dinglich wirkenden Erlasses nicht erforderlich[205].

Ein Rangrücktritt kann für alle Arten von Geldforderungen vereinbart werden, ist dabei allerdings von einem Forderungsverzicht mit Besserungsvereinbarung zu unterscheiden[206]. Der Rangrücktritt hat im Gegensatz zum Forderungsverzicht

---

[202] *Wittig*, NZI 2001, 169/ 170.

[203] *Müller*, in Kölner Schrift zur InsO, 2. Aufl. 2000, S. 97 ff.; *Eppler*, DB 1991, 195.

[204] Insoweit wird der Rangrücktritt vor allem als ein Vertrag sui generis bzw. als ein auflösend bedingtes pactum de non petendo angesehen: *Hess/Weis/Wienberg*, InsO, 2. Aufl. 2001, § 19 Rdnr. 42; *K.Schmidt*, ZIP 1999, 1241/ 1246; zu den verschiedenen Auffassungen vgl. *Wittig*, in *K.Schmidt/Uhlenbruck*, Die GmbH in Krise, Sanierung und Insolvenz, 3. Aufl. 2003, Rdnr. 513 m.w.N.

[205] *K.Schmidt*, ZIP 1999, 1241/ 1246 f.; *Hess/Weiss/Wienberg*, InsO, 2. Aufl. 2001, § 19 Rdnr. 42.

[206] Zum Teil wird von einer Identität beider Rechtskonstruktionen ausgegangen: Vgl. *Teller*, Rangrücktrittsvereinbarungen zur Vermeidung der Überschuldung einer GmbH, 1995, S. 149 ff.; *Haack*, KTS 1980, 309; zur Notwendigkeit der Abgrenzung beider Rechtsinstitute: BGH, NZI 2001, 196; *K.Schmidt*, GmbHR 1999, 9/ 13; *Wittig*, NZI 2001, 169/ 170.

mit Besserungsabrede den Vorteil, dass er den Bestand der Forderung und damit auch die mit ihr verbundenen akzessorischen Sicherheiten dem Grunde nach zu jeder Zeit unberührt lässt[207].

Die Rechtsfolge des Rangrücktritts bestand bis zur Einführung der InsO unbestritten darin, dass die zurückgetretene Verbindlichkeit nicht im Insolvenzstatus des Schuldners zu passivieren war, da unter Geltung der Konkursordnung (KO) Forderungen mit Nachrang im Konkursverfahren des Schuldners grundsätzlich unberücksichtigt blieben und damit die Notwendigkeit der Einstellung einer Forderung mit Nachrang in den Insolvenzstatus des Schuldners fehlte[208].

(2) Die Aussage des § 39 InsO

Die Vorschrift des § 39 InsO sieht nun dagegen die Begleichung aller nachrangigen Forderungen im Rahmen des Insolvenzverfahrens vor. Daraus wird teilweise gefolgert, dass unter Geltung der InsO ein Rangrücktritt nicht mehr ausreichen könne, um die Passivierung der Forderung in der Überschuldungsbilanz zu vermeiden[209]. Vielmehr sei stattdessen ein Forderungsverzicht notwendig[210].

Fraglich ist, ob sich diese Folgerung ohne weiteres aus der Vorschrift des § 39 InsO entnehmen lässt. Denn die Regelung des § 39 InsO ist in erster Linie Ausdruck des veränderten Verständnisses vom Zweck des Insolvenzverfahrens über das Vermögen juristischer Personen, der nach der InsO die Vollabwicklung des Rechtsträgers mit umfasst und damit eine Anschlussliquidation, im Gegensatz zur Rechtslage unter Geltung der KO, vermeidet. Konsequenterweise müssen

---

207 *Habersack*, ZGR 2000, 384/ 403; *Roth/Altmeppen*, GmbHG, 3. Aufl. 1997, § 42 Rdnr. 38; zur Notwendigkeit einer Abgrenzung von Rangrücktritt und Forderungsverzicht mit Besserungsabrede: *Wittig*, NZI 2001, 169/ 170; *K.Schmidt*, GmbHR 1999, 9/ 13.

208 OLG Düsseldorf, NJW 1997, 1455; *Teller*, Rangrücktrittsvereinbarungen zur Vermeidung der Überschuldung einer GmbH, 1995, S. 85/ 95; *Nerlich/Römermann/Andres*, InsO, 1999, § 39 Rdnr. 1.

209 *Kübler/Prütting/Holzer*, InsO, Stand: 10/2003, § 39 Rdnr. 22a f.

210 *Hess/Weis/Wienberg*, InsO, 2. Aufl. 2001, § 19 Rdnr. 43; *Kling*, NZG 2000, 872 ff.; so auch die Begr. zu § 23 RegE, BT-Drucks. 12/2443, S. 115.

damit aber auch sämtliche Forderungen im Rahmen des Insolvenzverfahrens mit einer bestimmten Rangstelle berücksichtigt werden[211].

(3) Sinn und Zweck der Insolvenzauslösetatbestände

Letztlich kann sich die Antwort auf die Frage nach der Behandlung nachrangiger Forderungen im Insolvenzstatus nur aus dem Sinn und Zweck der Insolvenzauslösetatbestände ergeben, denn diese machen die Erstellung eines Insolvenzstatus erst erforderlich.

Die Insolvenztatbestände legen bestimmte Zeitpunkte fest, zu denen der Schuldner einen Insolvenzantrag stellen muss, weil sich seine wirtschaftliche Situation so stark verschlechtert hat, dass ein Verteilungskonflikt unter den Gläubigern zu entstehen droht und deswegen ein regulatorisches Eingreifen zum Schutze der Gläubiger vom Gesetzgeber als notwendig angesehen wird[212].

Steht aber fest, dass eine bestimmte Forderung im Insolvenzverfahren über das Schuldnervermögen nur nachrangig – und damit in aller Regel mangels Masse gar nicht – beglichen wird, leistet sie keinerlei Beitrag zur Entstehung oder Verschärfung des Verteilungskonflikts[213]. Aus dem Sinn und Zweck der Insolvenzauslösetatbestände lässt sich folglich keine zwingende Verpflichtung zur Passivierung nachrangiger Forderungen ableiten.

Die InsO enthält vielmehr Hinweise, die in die entgegengesetzte Richtung deuten. So sieht etwa die Regelung des § 174 Abs. 3 InsO vor, dass nachrangige Forderungen nur anzumelden sind, wenn das Insolvenzgericht gesondert dazu auffordert. Die Regelung macht deutlich, dass nachrangige Forderungen der Konzeption der InsO zufolge nicht dazu dienen sollen, ein Insolvenzverfahren in Gang zu setzen[214]. Zudem wäre die Regelung des § 39 Abs. 2 InsO, die ausdrücklich die Möglichkeit eines vertraglichen Rangrücktritts vorsieht, unverständlich, wenn sich durch den Rangrücktritt keine Auswirkungen auf den In-

---

[211] *K.Schmidt*, GmbHR 1999, 9/ 11; *Lutter*, ZIP 1999, 641/ 645; *Haas*, NZI 1999, 209/ 210. *Gottwald/Haas*, Insolvenzrechts-Hdb, § 92 Rdnr. 257; a.A: *Roth/Altmeppen*, 3. Aufl. 1997, GmbHG, § 63 Rdnr. 17.

[212] *Gottwald/Haas*, Insolvenzrechts-Hdb, 2. Aufl. 2001, § 92 Rdnr. 258.

[213] *Hess/Weis/Wienberg*, InsO, 2. Aufl. 2001, § 19 Rdnr. 40; *Müller/Haas*, in Kölner Schrift zur InsO, 2. Aufl. 2000, S. 1799/ 1814; *Lutter*, ZIP 1999, 641 ff.; *Scholz/K.Schmidt*, GmbHG, 9. Aufl. 2002, § 64 Rdnr. 32.

[214] *Lutter*, ZIP 1999, 641 / 645; *Müller/Haas*, in Kölner Schrift zur InsO, 2.Aufl. 2000, S. 1799/ 1814; *Scholz/K.Schmidt*, GmbHG, 9. Aufl. 2002, § 64 Rdnr. 32.

solvenzstatus des Schuldnervermögens ergäben; andernfalls hätte die Rechtskonstruktion des Rangrücktritts im Rahmen des Insolvenzverfahren keinerlei Bedeutung mehr.

(4) Inhaltliche Anforderungen an den Rangrücktritt

Der Rangrücktritt stellt demnach auch unter Geltung der InsO ein adäquates Sanierungsinstrument dar, indem durch den Wegfall der Passivierungspflicht einer zurückgetretenen Forderung der Überschuldungsstatus des Vereins entlastet werden kann[215]. Auch bei der Feststellung der Zahlungsunfähigkeit sind an sich fällige, aber mit einem Rangrücktritt versehene Forderungen nicht im Insolvenzstatus zu berücksichtigen[216].

Voraussetzung für eine in diesem Sinne wirksame Rangrücktrittserklärung ist jedoch, dass sich aus ihrem Inhalt eindeutig ergibt, dass die betroffene Forderung einschließlich aller Zinsansprüche zum Zwecke der Abwendung einer möglichen Überschuldung im Sinne der handels- und gesellschaftsrechtlichen Vorschriften hinter die Forderungen aller anderen Gläubiger in der Weise zurücktritt, dass die zurückgetretene Forderung nur aus künftigen Jahresüberschüssen, aus einem Liquidationsüberschuss oder nach Überwindung der Krise aus einem die sonstigen Schulden übersteigenden Vermögen zu begleichen ist[217]. Eine Formulierung dahingehend, dass die zurückgetretene Forderung erst nach allen anderen Gläubigern des Vereins und in der Insolvenz nur aus einem nach der Schlussverteilung verbleibenden Überschuss und damit im Rang des § 199 Satz 2 InsO beglichen werden soll, ist dagegen nicht erforderlich[218].

---

[215] So jetzt auch BGH, NJW 2001, 1280; *Lenz*, GmbHR 1999, 283 ff.; *K.Schmidt*, GmbHR 1999, 9 ff.; *Gottwald/Uhlenbruck*, Insolvenzrechts-Hdb, 2. Aufl. 2001, § 6 Rdnr. 54; *Lutter*, ZIP 1999, 641 ff.; a.A: *Hess/Weis/Wienberg*, InsO, 2. Aufl. 2001, § 19 Rdnr. 71; zum Streitstand: vgl. *Hess/Weis/Wienberg*, InsO, 2. Aufl. 2001, § 19 Rdnr. 42 ff.

[216] *Gottwald/Haas*, Insolvenzrechts-Hdb, 2. Aufl. 2001, § 92 Rdnr. 258.

[217] Vgl. den Formulierungsvorschlag bei *Eisolt/Engler*, NZI 1999, 306/ 308.

[218] So aber BGH, ZIP 2001, 235/ 237; a.A: *Müller/Haas*, in Kölner Schrift zur InsO, S. 1799/ 1818; *Scholz/K.Schmidt*, GmbHG, 9. Aufl. 2000, § 32 a/b Rdnr. 99; *Wittig*, in *K.Schmidt/ Uhlenbruck*, Die GmbH in Krise, Sanierung und Insolvenz, 3. Aufl. 2003, Rdnr. 518; *Beintmann*, Eigenkapitalersetzende Gesellschafterdarlehen im Überschuldungsstatus, 1998, S. 162 f.; *Ehlers*, DStR 1998, 1756/ 1758 ff.

3. *Haftungsrechtliche Verantwortlichkeit im Rahmen außergerichtlicher Sanierung*

a) Haftung des Vorstands

Es gehört zu den allgemeinen Sorgfaltspflichten des Vorstands gemäß § 27 Abs. 3 BGB i.V. mit § 664 BGB im Rahmen ordnungsgemäßer Geschäftsführung, einen eventuellen Sanierungsbedarf des Vereins zu erkennen und mögliche Gegenmaßnahmen zu erarbeiten und einzuleiten[219]. Diese Pflicht obliegt grundsätzlich jedem einzelnen Vorstandsmitglied, unabhängig davon, ob die verschiedenen Geschäftsbereiche einzelnen Vorstandsmitgliedern durch Satzung oder Vorstandsbeschluss zugewiesen sind.

Grundlage dafür ist die generelle Verpflichtung des Vorstands, erkannte drohende Schäden vom Verein abzuwenden, selbst wenn die Ursache der Gefahr nicht aus seinem eigenen Aufgabenbereich herrühren sollte[220].

Verstößt der Vorstand schuldhaft gegen die genannten Geschäftsführungspflichten, macht er sich dem Verein gegenüber aus § 280 Abs. 1 BGB haftbar wegen der Verletzung des organschaftlichen Rechtsverhältnisses gemäß §§ 27 Abs. 3, 664 ff. BGB[221] und kann sich daneben zudem gemäß § 27 Abs. 3 BGB i.V. mit einer Verletzung des zugrunde liegenden Anstellungsvertrages schadensersatzpflichtig machen[222]. Die Haftung besteht allerdings nur dem Verein gegenüber, da die genannten Rechtsverhältnisse nur zwischen diesem und dem Vorstand bestehen.

Die Haftung des Vorstands gegenüber dem Verein, die grundsätzlich schon bei fahrlässigem Verhalten eintritt, kann durch Satzung oder durch vertragliche Vereinbarung zwischen Verein und Vorstand auf vorsätzliches Handeln beschränkt werden, was eine erhebliche Verminderung des Haftungsrisikos für den

---

219 *Haas*, SpuRt 1999, 1/ 2; *Uhlenbruck*, in FS Merz, 1992, S. 583; vgl. für die GmbH: *Uhlenbruck*, GmbHR 1999, 313/ 317; *K.Schmidt*, Die GmbH in Krise, Sanierung und Insolvenz, 3. Aufl. 2003, Rdnrn. 121, 685 ff.; *Altmeppen*, ZIP 1999, 878/ 882.

220 MüKo/*Reuter*, BGB, 4. Aufl. 2001, § 27 Rdnr. 40; *Soergel/Hadding*, BGB, 13. Aufl. 2000, § 27 Rdnr. 23; BGH, WM 1985, 1293.

221 *Soergel/Hadding*, BGB, 13. Aufl. 2000, § 27 Rdnr. 23; BGH, NJW-RR 1988, 745; *Palandt/Heinrichs*, BGB, 63. Aufl. 2004, § 27 Rdnr. 4.

222 BGH, NJW 1987, 1077; *Palandt/Putzo*, BGB, 63. Aufl. 2004, § 611 Rdnr. 15 (Dienstvertrag); *Soergel/Hadding*, BGB, 13. Aufl. 2000, § 27 Rdnr. 23.

Vorstand bedeutet[223]. Die Haftung wegen vorsätzlichen Handelns kann hingegen nicht im Voraus erlassen werden (§ 276 Abs. 3 BGB).

b) Haftung des einzelnen Vereinsmitgliedes

Die dargestellten außergerichtlichen Sanierungsmaßnahmen setzen teilweise eine Zustimmung durch die Mitgliederversammlung voraus. Eine solche ist etwa notwendig bei geplanten Satzungsänderungen (z.B. zur Erhöhung der Mitgliedsbeiträge[224] oder zur Erhebung einer Umlage[225]) oder wenn der Verein in seinem Bestand verändert werden soll (Fusion, Ausgliederung[226]). Damit entscheidet letztlich die Mitgliederversammlung über das „Ob" und das „Wie" einer freien Sanierung.

Es stellt sich demnach die Frage, ob die Mitglieder eines Vereins für ihr Stimmverhalten in der Mitgliederversammlung haftungsrechtlich zur Verantwortung gezogen werden können, wenn nur durch ihre Mitwirkung eine bestimmte Sanierungsmaßnahmen hätte getroffen werden können und der Verein aufgrund der Ablehnung dieser Maßnahme durch das Verfehlen der notwendigen qualifizierten Mehrheit in der Mitgliederversammlung insolvent wird.

aa) Treuepflichtverstoß als Haftungsgrund

Eine Haftung des einzelnen Vereinsmitgliedes wegen seines Stimmverhaltens in der Mitgliederversammlung kommt nur dann in Frage, wenn eine Verhaltenspflicht besteht, die dem einzelnen Vereinsmitglied eine bestimmte Stimmentscheidung vorschreibt.

Die Grundlage einer derartigen Verhaltenspflicht bildet die so genannte gesellschaftsrechtliche Treuepflicht[227]. Derzufolge unterliegt jeder Gesellschafter,

---

223 *Sauter/Schweyer/Waldner*, Der eingetragene Verein, 17. Aufl. 2001, Rdnr. 278; *Reichert*, Hdb des Vereins- und Verbandsrechts, 9. Aufl. 2003 Rdnr. 1966 ff.

224 Vgl. oben unter D III. 1. a) aa); vgl. *Reichert*, Hdb des Vereins- und Verbandsrechts, 9. Aufl. 2003, Rdnr. 586 f.

225 Wenn die Satzung die Möglichkeit der Erhebung von Umlagen nicht vorsieht, vgl. *Reichert*, Hdb des Vereins- und Verbandsrechts, 9. Aufl. 2003, Rdnr. 595 ff.

226 Vgl. die Regelungen des § 13 Abs. 1 Satz 2 UmwG, der sowohl für Verschmelzungen als auch für Abspaltungen gilt.

227 MüKo/*Reuter*, BGB, 4. Aufl. 2001, § 38 Rdnr. 41; *Stöber*, Hdb zum Vereinsrecht, 8. Aufl. 2000, Rdnr. 128; *Sauter/Schweyer/Waldner*, Der eingetragene Verein, 17. Aufl. 2001,

gleich in welcher Verbandsform er Mitglied ist, sowohl im Verhältnis zur Gesellschaft wie zu seinen Mitgesellschaftern einer Förder- und Loyalitätspflicht, die besagt, dass jedes Mitglied grundsätzlich der Verpflichtung unterfällt, den Verbandszweck zu fördern, Schäden für die Gesellschaft zu vermeiden sowie die Interessen der anderen Vereinsmitglieder zu berücksichtigen[228].

Die Treuepflicht besteht rechtsformübergreifend und gilt dementsprechend auch für den Verein. Im Ergebnis bedeutet die Treuepflicht eine Beschränkung in der Ausübung mitgliedschaftlicher Rechte im Hinblick auf das Gebot der Rücksichtnahme auf die Belange des Vereins und der anderen Mitglieder. Die Treuepflicht kommt also dann zur Geltung, wenn die einzelnen Vereinsmitglieder Individualrechte – also in erster Linie in Form von Stimmrechten in der Mitgliederversammlung – zum Schaden des Vereins wahrnehmen.

Die Entscheidung für oder gegen die Einleitung einer bestimmten Sanierungsmaßnahme kann unter Umständen für den Verein eine existenzielle Bedeutung erlangen, wenn abzusehen ist, dass ohne eine Sanierung der Verein mit großer Wahrscheinlichkeit in die Insolvenz abgleiten und damit (zunächst) aufgelöst werden würde[229]. Die Auflösung des Vereins würde aber in jedem Fall den Vereinszweck (vorübergehend) aufheben und damit nicht nur dem Verein schaden, sondern auch die Interessen der Vereinsmitglieder an der Ausübung des Vereinszwecks berühren. Folglich ist die Bindung der Vereinsmitglieder an die Treuepflicht im Rahmen der Ausübung ihres Stimmrechts in der Mitgliederversammlung bei Entscheidungen über die Sanierung des Vereins zu beachten.

Wann sich die Treuepflicht der Vereinsmitglieder aber zu einer Zustimmungspflicht zu bestimmten Sanierungsmaßnahmen verdichtet, kann nur anhand einer umfassenden Interessenabwägung bestimmt werden. Diese umfasst vor allem

---

Rdnr. 348; *Reichert*, Hdb des Vereins- und Verbandsrechts, 9. Aufl. 2003, Rdnr. 608 ff.; vgl für die GmbH: BGH, NJW 1987, 189/ 190; BGH, NJW 1988, 1579/ 1581; BGHZ 65, 15/ 18; OLG Stuttgart, NZG, 2000, 490/ 494; *Scholz/K.Schmidt*, GmbHG, 9. Aufl. 2002, § 47 Rdnr. 29; *Baumbach/Hueck/Fastrich*, GmbHG, 17. Aufl. 2000, § 13 Rdnr. 21, *Lutter/Hommelhoff*, GmbHG, 15. Aufl. 2000, § 14 Rdnr. 18 ff. und § 47 Rdnr. 26; a.A: *Flume*, ZIP 1996, 161/ 163 ff.; *Roth/Altmeppen*, GmbHG, 3. Aufl. 1997, § 13 Rdnr. 48, die die genannten Pflichten aus dem Wesen der Mitgliedschaft herleiten.

228 *Reichert*, Hdb des Vereins- und Verbandsrechts, 9. Aufl. 2003, Rdnr. 608; vgl. für die GmbH: *Scholz/K.Schmidt*, GmbHG, 9. Aufl. 2002, § 47 Rdnr. 30. *Baumbach/Hueck/ Fastrich*, GmbHG, 17. Aufl. 2000, § 13 Rdnr. 22; *Lutter*, AcP 1980, 84/ 102 ff.; für die AG: *Lutter*, JZ 1995, 1053/ 1054.

229 Vgl. unten J IV.

Aspekte des Vereinszwecks, der Struktur des Vereins und der Nähe der zu beschließenden Maßnahme zur Zweckverfolgung sowie die Einzelinteressen des handelnden Mitglieds und die mitgliedschaftlichen Interessen der übrigen Mitglieder[230].

Das Ausmaß der Treuebindung richtet sich also nach den Anforderungen, die eine funktionsgerechte Rollenausübung an das Mitglied stellt. Dabei ist zu beachten, dass das Vereinsmitglied, im Gegensatz z.B. zum Aktionär bzw. zum GmbH-Gesellschafter, nicht unternehmerisch am Verein beteiligt ist. Daraus folgt, dass die Treuepflicht des Vereinsmitgliedes nie soweit gehen kann, dass es sich zu hohen persönlichen Belastungen wie etwa zur Zahlung wesentlich erhöhter Mitgliedsbeiträge oder Umlagen allein zur Sanierung des Vereins verpflichten müsste. Abgesichert wird diese Einschränkung der Treuebindung durch das Recht zur ordentlichen bzw. außerordentlichen Kündigung der Mitgliedschaft, falls die Mitgliederversammlung Derartiges gegen den Willen einzelner Mitglieder beschließen sollte[231].

Das bedeutet, dass eine Treuebindung des Vereinsmitgliedes allenfalls bei externen Sanierungsmaßnahmen – z.B. bei der Entscheidung über die Auslagerung einer Profisportabteilung oder der Fusion mit einem anderen Verein – in Betracht kommen kann. Generell ist allerdings auch dann von einem weiten Beurteilungsspielraum des Vereinsmitgliedes bei der Stimmabgabe auszugehen. Allein die Tatsache, dass eine bestimmte Stimmentscheidung als unzweckmäßig bzw. unvernünftig einzuordnen ist, führt nicht sogleich zur Annahme eines Treuepflichtverstoßes[232]. Dieser Aspekt gilt verstärkt im Hinblick auf Sanierungsmaßnahmen, die vornehmlich einem unternehmerischen Kalkül unterworfen sind. Aufgrund der fehlenden unternehmerischen Beteiligung kann eine rein wirtschaftliche Entscheidungskomponente keine Bindung des Vereinsmitgliedes über die Treuepflicht begründen. Auch muss unter diesem Gesichtspunkt die Bindung eines Vereinsmitgliedes über die Treuepflicht als weniger intensiv im

---

230 MüKo/*Reuter*, BGB 4. Aufl. 2001, Rdnr. 41; BGHZ 65, 15/ 18; BGH, NJW 1987, 189/ 190 f.; *Scholz/K.Schmidt*, GmbHG, 9. Aufl. 2002, § 47 Rdnr. 30.

231 Zum Kündigungsrecht in diesen Fällen vgl. oben D III. 1. a) aa) / bb).

232 Vgl. für die GmbH: BGH, NJW 1970, 1165 f.; *Scholz/K.Schmidt*, GmbHG, 9. Aufl. 2002, § 47 Rdnr. 30; *Lutter/Hommelhoff*, GmbHG, 15. Aufl. 2000, Anh. § 47 Rdnr. 53; a.A: *Baumbach/Hueck/ Zöllner*, GmbHG, 17. Aufl. 2000, Anh § 47 Rdnr. 49.

Vergleich zu jener des Aktionärs oder eines GmbH-Gesellschafters eingestuft werden.

Im Einzelfall kann aber, auf der Basis der Interessenabwägung, der Beurteilungsspielraum des Vereinsmitgliedes gegen Null tendieren, was seine Zustimmungspflicht zu einem bestimmten Sanierungskonzept begründen würde. Das Bestehen einer Zustimmungspflicht wird allerdings nur in seltenen Ausnahmefällen angenommen werden können[233]. Voraussetzung dafür wäre, dass tatsächlich nur eine Entscheidungsmöglichkeit verbleibt, um das Überleben und damit die Zweckverfolgung durch den Verein zu sichern, und dass die entsprechende Entscheidungsalternative für das einzelne Vereinsmitglied zumutbar ist[234].

Aber auch in diesem Falle steht die Annahme einer Zustimmungspflicht letztlich unter dem Vorbehalt, dass nicht eine ausreichende Mehrheit der Mitglieder für die Auflösung des Vereins eintritt. Denn ein Erhalt des Vereins um jeden Preis kann der Treuepflicht nicht entnommen werden. Diese Folgerung ergibt sich aus der Möglichkeit der Mitgliederversammlung gemäß § 43 BGB, die Auflösung des Vereins auch selbst beschließen zu können.

bb) Rechtsfolgen eines Verstoßes gegen die Treuepflicht

Liegen die Voraussetzungen für die Bindung des Vereinsmitgliedes an eine bestimmte Entscheidung bei der Ausübung seines Stimmrechts vor, so stellt ein Verstoß gegen die gesellschaftsrechtliche Treuepflicht gleichzeitig eine Pflichtverletzung dar. Die Stimmabgabe des einzelnen Vereinsmitgliedes muss somit als pflichtwidrig und ein darauf beruhender inhaltlich treuwidriger Beschluss der Mitgliederversammlung als fehlerhaft angesehen werden[235].

Hinsichtlich des Vereinsmitgliedes kommt als Konsequenz aus dem treuwidrigen Verhalten eine Schadensersatzpflicht gegenüber dem Verein wegen einer

---

[233] Vgl. MüKo/*Reuter*, BGB, 4. Aufl. 2001, § 34 Rdnr. 23; für die GmbH: *Roth/Altmeppen*, GmbHG, 3. Aufl. 1997, § 47 Rdnr. 38.

[234] Vgl. für die GmbH: *Lutter*, JZ 1995, 1053/ 1055; a.A: *Sauter/Schweyer/Waldner*, Der eingetragene Verein, 17. Aufl. 2001, Rdnr. 201.

[235] Zu den Rechtsfolgen eines fehlerhaften Beschlusses im Hinblick auf seine Gültigkeit vgl.: *Sauter/Schweyer/Waldner*, Der eingetragene Verein, 17. Aufl. 2001, Rdnr. 212 ff. *Reichert*, Hdb des Vereins- und Verbandsrechts, 9. Aufl. 2003, Rdnr. 618 f.; MüKo/*Reuter*, BGB, 4. Aufl. 2001, § 34 Rdnr. 22, *Soergel/Hadding*, BGB, 13 Aufl. 2000, § 32 Rdnr. 37 ff.

positiven Vertragsverletzung des Mitgliedschaftsverhältnisses oder wegen vorsätzlicher sittenwidriger Schädigung gemäß § 826 BGB in Betracht, wenn seine treuwidrig getroffene Stimmentscheidung ein Beschlussergebnis ermöglicht, welches eine Sanierung des Vereins verhindert[236].

Das Vereinmitglied muss demnach gegenüber dem Verein denjenigen Schaden ersetzen, der dem Verein durch das treuwidrig zustande gekommene Beschlussergebnis entsteht. Die Berechnung des Schadens kann sich dabei im Einzelfall als sehr schwierig erweisen, wenn man berücksichtigt, dass Sanierungschancen – zumindest nach dem gesetzlichen Leitbild – mit Hilfe eines Insolvenzplanes ebenso gut in einem späteren Insolvenzverfahren nachgeholt werden könnten[237].

cc) Haftungsbeschränkung auf vorsätzliche Treuepflichtverstöße

Die Pflicht zum Schadensersatz setzt im Allgemeinen ein Verschulden und damit Vorsatz oder Fahrlässigkeit (§ 276 BGB) des Handelnden voraus. Im Recht der Kapitalgesellschaften gilt bei pflichtwidriger Ausübung des Stimmrechts (analog) § 117 Abs. 1 AktG ein auf die vorsätzliche Begehung begrenzter Verschuldensmaßstab[238].

Begründet wird diese Einschränkung unter anderem damit, dass von einem einzelnen Aktionär nicht verlangt werden könne, dass er in jedem Fall und trotz ausführlicher Informationen das notwendige Wissen habe, um die wirtschaftliche Tragweite und damit die Bedeutung einer Entscheidung für die weitere Existenz der Gesellschaft im Einzelnen vollständig beurteilen zu können[239]. Er wird sich also in der Regel auf die Meinungsführer verlassen müssen. Hätte der Aktionär aber bereits bei fahrlässig begangener Treuepflichtverletzung das Risiko zu tragen, zur Schadensersatzleistung herangezogen zu werden, bestünde die

---

236 MüKo/*Reuter*, BGB, 4. Aufl. 2001, § 38 Rdnr. 43; *Reichert*, Hdb des Vereins- und Verbandsrechts, 9. Aufl. 2003, Rdnr. 619; BGH, WM 1977, 1166; für die GmbH: BGH, NJW 1995, 1739/ 1745; OLG Stuttgart, NZG 2000, 490/ 494; OLG Düsseldorf, ZIP 1996, 1211/ 1216 ff.; *Gottwald/Haas*, Insolvenzrechts-Hdb, 2. Aufl. 2001, § 92 Rdnr. 21; *Scholz/K.Schmidt*, GmbHG, 9. Aufl. 2002, § 47 Rdnr. 33; *Roth/Altmeppen*, GmbHG, 3. Aufl. 1997, § 47 Rdnr. 47.

237 *Gottwald/Haas*, Insolvenzrechts-Hdb, 2. Aufl. 2001, § 92 Rdnr. 21.

238 Vgl. für die GmbH: BGH, NJW 1995, 1739/1746; OLG Düsseldorf, ZIP 1996, 1211/1212.

239 BGH, ZIP 1995, 819 / 828 f

Gefahr, dass einzelne Aktionäre ganz von der Stimmabgabe Abstand nehmen würden, mit der Folge, dass eine weitgehend freie Stimmrechtausübung nicht mehr gewährleistet wäre[240]. Folglich sei die Beschränkung der Haftung auf vorsätzliches Handeln geboten[241].

Bei der Frage der Übertragbarkeit der Haftungsbeschränkung des § 117 Abs. 1 AktG auf die Vereinsmitglieder ist zu berücksichtigen, dass die mitgliedschaftliche Bindung zwischen Verein und Mitglied einerseits und zwischen Aktionär und Aktiengesellschaft andererseits eine unterschiedliche Qualität haben; insbesondere handelt es sich bei der Vereinsmitgliedschaft nicht um eine kapitalistische Beteiligung.

Der allgemeine Grundsatz der Gewährleistung einer freien Stimmrechtsausübung gilt jedoch gleichermaßen für den Verein; das Vereinsmitglied hat dabei weder dem Verein noch den anderen Mitgliedern gegenüber Rechenschaft hinsichtlich eines bestimmten Stimmverhaltens abzugeben[242]. Hätte das Vereinsmitglied aber schon bei fahrlässiger Stimmrechtsausübung Schadensersatzansprüche des Vereins zu befürchten, bestünde die Gefahr, dass es auf eine Ausübung des Stimmrechts ganz verzichten würde.

Eine Beschränkung der Haftung des Vereinsmitgliedes auf einen vorsätzlichen Treuepflichtverstoß im Rahmen der Ausübung des Stimmrechts ist deshalb auch hier geboten, um die freie Ausübung des Stimmrechts für die einzelnen Mitglieder zu gewährleisten[243].

---

240 BGH, ZIP 1995, 819 / 828 f.

241 BGH, ZIP 1995, 819 / 828 f.

242 *Sauter/Schweyer/Waldner*, Der eingetragene Verein, 17. Aufl. 2001, Rdnr. 201.

243 Vgl. für die AG: *Lutter*, JZ 1995, 1053/ 1054.

E Das Insolvenzverfahren und seine Beteiligten

I. Insolvenzhäufigkeit bei Sportvereinen

Über die Häufigkeit von Insolvenzverfahren bei Sportvereinen gibt es keine exakten Zahlen, da weder die Statistischen Landesämter noch das Statistische Bundesamt eine eigene Insolvenzstatistik für Idealvereine führt. Diese fallen vielmehr unter die Rubrik „Sonstige Rechtsformen".

Unter dieser Kategorie wurden im Erhebungszeitraum 2001 329 Insolvenzen gezählt[244], wobei in 154 Fällen ein Insolvenzverfahren eröffnet und 170-mal ein Insolvenzverfahren mangels Masse abgelehnt wurde[245]. Das bedeutete im Vergleich zum Erhebungszeitraum 2000 zwar eine Verringerung der Verfahren um 10, 6 %; der Vergleich mit dem Jahr 1999, in dem es insgesamt nur 184 Insolvenzverfahren gegeben hatte[246], zeigt aber, dass es im Jahr 2000 zu einer signifikanten Häufung der Verfahren kam und dieses Niveau auch im Jahr 2001 gehalten wurde. Im Jahr 2002 kam es dann erneut zu einem deutlichen Ansteigen der Insolvenzen in Bereich sonstiger Rechtsformen, und zwar auf eine Zahl von 430. Dabei wurde in 235 Fällen das Insolvenzverfahren eröffnet und in 195 Fällen das Insolvenzverfahren mangels Masse abgelehnt[247]. Da jene Rechtsformen, die neben dem Idealverein in der Kategorie „Sonstige Rechtsformen" geführt werden, wenig insolvenzgefährdet sind[248], kann davon ausgegangen, dass der Großteil der Insolvenzen dieser Rubrik tatsächlich auf den Idealverein entfällt.

Die statistischen Zahlen belegen, dass im Verhältnis zur Gesamtzahl von rund 87.000 eingetragenen Vereinen die Zahl der Insolvenzen sehr gering ist. Trotzdem haben die wenigen Insolvenzen bzw. einige „Beinahe"-Insolvenzen in der Vergangenheit hohe Aufmerksamkeit erregt, da vor allem Traditionsvereine in wirtschaftliche Schwierigkeiten geraten waren.

---

244 Im Vergleich dazu waren im gleichen Zeitraum bei der GmbH 17.857 und bei der AG 442 Insolvenzen zu verzeichnen: Mitteilung des Statistischen Bundesamtes Wiesbaden, abgedruckt in: NZI 2002, 196.

245 Mitteilung des Statistischen Bundesamtes Wiesbaden, abgedruckt in: NZI 2002, 196.

246 Vgl. Statistisches Bundesamt Wiesbaden, Jahrbuch des Statistischen Bundesamtes 1999, S. 132.

247 Quelle: Auskunft des Statistisches Bundesamtes in Wiesbaden.

248 Es handelt sich dabei u.a. um Stiftungen.

Traditionsvereine haben regelmäßig eine große Anhängerschaft und sind von breiten Teilen der regionalen Bevölkerung aus dem Sportgeschehen nicht wegzudenken. Kommt es trotz aller Sanierungsbemühungen dazu, dass ein solcher Verein nach dem Insolvenzfall durch die Vermögensabwicklung und anschliessender Löschung im Vereinsregister ganz von der sportlichen Bildfläche verschwindet, entsteht ein nicht nur wirtschaftlich, sondern ebenso gesellschaftspolitisch spürbarer Schaden für die Region[249].

II. Begriff und Zweck des Insolvenzverfahrens

Die Insolvenz eines Schuldners bedeutet, dass dieser nicht mehr in der Lage ist, alle Forderungen seiner Gläubiger zu begleichen. Das Insolvenzverfahren dient dazu, die Gläubiger zum Schutz ihrer Rechtsansprüche im Rahmen eines staatlich geordneten und überwachten Verfahrens gemeinschaftlich zu befriedigen, indem das Vermögen des Schuldners verwertet und der Erlös verteilt oder in einem Insolvenzplan vor allem zum Erhalt des Unternehmens eine andere Regelung getroffen wird (§ 1 InsO). Sanierung und Abwicklung des Schuldnervermögens stehen als Mittel zum Zweck der gemeinschaftlichen Gläubigerbefriedigung gleichberechtigt nebeneinander[250].

Im Insolvenzverfahren tritt die Gesamtvollstreckung an die Stelle der Einzelzwangsvollstreckung. Dadurch wird der Zugriff Einzelner auf das Vermögen des Schuldners ausgeschlossen; ein „Wettlauf der Gläubiger" auf das verbliebene Vermögen des Schuldners wird zugunsten einer gemeinsamen Befriedigung verhindert. In aller Regel reicht das Vermögen des Insolvenzgläubigers nicht (mehr) aus, um die bestehenden Forderungen der Gläubiger vollständig erfüllen zu können. In diesem Fall werden die Gläubiger nur anteilig befriedigt.

Die Höhe der anteiligen Befriedigung richtet sich nach einer vorher festgelegten prozentualen Quote, die sich nach der Höhe des noch vorhandenen Schuldnervermögens bemisst. Im Insolvenzverfahren gilt der Grundsatz der Gleichbe-

---

[249] F.C. Hessen Kassel e.V. wurde z.B. 1997 im Vereinregister gelöscht, nachdem ein Insolvenzverfahren mangels Masse nicht eröffnet werden konnte: vgl. SZ v. 11.12.1997 und 17.02.2000; der F.C. Gütersloh e.V. wurde ebenso im Vereinsregister gelöscht wie der Mannheimer Eishockey-Club e.V. (MERC).

[250] Vgl. *Gottwald/Haas*, Insolvenzrechts-Hdb, 2. Aufl. 2001, § 91 Rdnr. 20; MüKoInsO/*Ganter*, 2001, § 1 Rdnr. 45; *Smid/Smid*, InsO, 2. Aufl. 2002, § 1 Rdnr. 47.

handlung aller Gläubiger (par conditio creditorum)[251], d.h., alle Gläubiger erhalten im Rahmen der Verteilung des Schuldnervermögens denselben Prozentsatz ihrer Forderung, es sei denn, dass besondere Umstände eine Ungleichbehandlung zulassen[252].

Das Insolvenzverfahren ist ein streng vermögensorientiertes Verfahren, welches dazu dient, die materiell-rechtliche Haftung des Schuldnervermögens für dessen Verbindlichkeiten zu realisieren, ohne dass es dabei zu Eingriffen in die gesellschaftsrechtlichen Organisationsstrukturen kommt[253]. Die Realisierung der Haftung erfolgt durch die Verwertung des verwertbaren Schuldnervermögens (= Insolvenzmasse, § 35 InsO[254]).

Die Verwertung des Schuldnervermögens kann auf zwei Wegen erfolgen. Zum einen kann das Vermögen des Vereins liquidiert, d.h. zu Geld gemacht und im Anschluss daran der Erlös an die Gläubiger verteilt werden; zum anderen kann der Verein saniert werden, so dass davon ausgegangen werden kann, dass er durch seine Aktivitäten wieder Erlöse erwirtschaftet, die dann zur Befriedigung der Gläubiger eingesetzt werden können. Beide Verwertungsarten können nach den gesetzlichen Vorgaben der Insolvenzordnung im Regelinsolvenzverfahren abgewickelt werden oder auch privatautonom durch die Erstellung und Durchführung eines Insolvenzplans (vgl. § 1 InsO)[255].

III. Beteiligte am Insolvenzverfahren

1. Schuldner

Im Insolvenzverfahren über das Vermögen eines Vereins ist der Verein als Rechtsträger des Vereinsvermögens der Verfahrensschuldner[256]. Der Verein ist, als vom Verfahren unmittelbar Betroffener, Verfahrensbeteiligter und damit

---

251 MüKoInsO/*Ganter*, 2001, § 1 Rdnr. 52; *Smid/Smid*, InsO, 2. Aufl. 2002, § 1 Rdnr. 32; *Bork*, Einführung in das neue Insolvenzrecht, 3. Aufl. 2002, Rdnr. 2.

252 MüKoInsO/*Ganter*, 2001, § 1 Rdnr. 52; zur Unterscheidung der Gläubigergruppen unten S. 59 f.

253 *Kübler/Prütting/Noack*, InsO, Sonderband 1: Gesellschaftsrecht, 1999, Rdnr. 29; *Gottwald/Gottwald*, Insolvenzrechts-Hdb, 2. Aufl. 2001, § 1 Rdnr. 47

254 Zur Insolvenzmasse vgl. unten unter K

255 Zum Insolvenzplan vgl. unten unter L.

256 *Kübler/Prütting/Noack*, InsO, Sonderband 1: Gesellschaftsrecht, 1999, Rdnr. 36.

Adressat der Verfahrensrechte und -pflichten[257]. Da der Verein als juristische Person nicht selbst handlungsfähig ist, werden die Rechte und Pflichten, die sich aus dem Insolvenzverfahren für den Schuldner ergeben, vom Vorstand des Vereins als dessen Vertretungsorgan wahrgenommen[258].

Mit Eröffnung des Insolvenzverfahrens verliert der Schuldner grundsätzlich die Verwaltungs- und Verfügungsbefugnis über sein Vermögen (§ 80 InsO). Darüber hinaus ändert sich die Rechtsstellung des Schuldners bzgl. seines Vermögens jedoch nicht; er bleibt weiterhin Inhaber der Rechte und Eigentümer der zur Insolvenzmasse gehörenden Gegenstände[259]. Das Insolvenzverfahren hat weder Einfluss auf die Rechts- und Geschäftsfähigkeit des Schuldners noch auf seine Prozessfähigkeit; er verliert jedoch die Prozessführungsbefugnis hinsichtlich der Insolvenzmasse[260].

2. *Organe der Gläubigerselbstverwaltung*

Das Insolvenzverfahren soll den Gläubigern zugute kommen, indem ihre noch offenen Forderungen gegen den Schuldner bestmöglich befriedigt werden. Dabei erfahren die Gläubiger im Insolvenzverfahren allerdings zunächst einen Verlust an Rechtsmacht, indem sie ihre Forderungen gemäß § 87 InsO nur noch nach den Regelungen der InsO geltend machen können[261] und indem die Einzelzwangsvollstreckung in das Schuldnervermögen während der Dauer des Insolvenzverfahrens unzulässig ist (§ 89 Abs. 1 InsO).

Der Verlust an Rechtsmacht wird dadurch kompensiert, dass die Gläubiger in angemessener Form am Insolvenzverfahren beteiligt werden und ihnen dadurch die Gelegenheit gegeben wird, die Wahrnehmung ihrer Rechte zu kontrollieren, ihren Sachverstand in die Entscheidungsfindung einzubringen und die Chancen

---

257 *Häsemeyer*, Insolvenzrecht, 3. Aufl. 2003, Rdnr. 6.16.

258 Vgl. HK-*Kirchhof*, InsO, 3. Aufl. 2003, § 11 Rdnr. 4; *Scholz/K.Schmidt*, GmbHG, 9. Aufl. 2002, Vor § 64 Rdnr. 5.

259 *Gottwald/Klopp/Kluth*, Insolvenzrechts-Hdb, 2. Aufl. 2001, § 18 Rdnr. 3.

260 *Gottwald/Klopp/Kluth*, Insolvenzrechts-Hdb, 2. Aufl. 2001, § 18 Rdnr. 3; zur Organisationsverfassung des Vereins im Insolvenzverfahren vgl. unten J V.

261 Nämlich im Anmeldungs- und Feststellungsverfahren (§§ 174 ff. InsO) und im Verteilungsverfahren (§§ 187 ff InsO).

der Rechtsverwirklichung selbst einzuschätzen[262]. Die Mitwirkungsrechte stehen den Gläubigern zumeist gemeinschaftlich in ihrer organisatorischen Verbundenheit durch Teilnahme an der Gläubigerversammlung oder dem Gläubigerausschuss zu[263].

Ausnahmsweise bestehen auch Individualrechte der Gläubiger wie z.B. das Recht zur Stellung des Insolvenzantrages (§ 13 Abs. 1 Satz 2 InsO), das Verlangen nach gerichtlicher Überprüfung des Insolvenzplans (§ 251 InsO) und das Recht, die Aufhebung der Anordnung der Eigenverwaltung zu beantragen (§ 272 Abs. 1 Nr. 2 InsO)[264].

a) Gläubigerversammlung

Die Eröffnung des Insolvenzverfahrens über das Vermögen des Vereins führt dazu, dass das Schuldnervermögen haftungsrechtlich der Gemeinschaft der Insolvenzgläubiger zugewiesen wird[265]. Die Gläubigergemeinschaft kann dann in erster Linie durch die Gläubigerversammlung als ihr oberstes Selbstverwaltungsorgan Einfluss auf den Gang des Verfahrens nehmen[266]. Die Rechtsstellung der Gläubigerversammlung ergibt sich aus den §§ 74-79 InsO.

Teilnahmeberechtigt an der Gläubigerversammlung sind auf Gläubigerseite alle Insolvenzgläubiger und alle absonderungsberechtigten Gläubiger (§ 74 Abs. 1 Satz 2 InsO), der Insolvenzverwalter und der Schuldner bzw. sein Vertretungsorgan.

Unter die Gruppe der teilnahmeberechtigten Insolvenzgläubiger, deren Forderungen im Falle der Abwicklung aus der Insolvenzmasse befriedigt werden, fallen sowohl die „einfachen" persönlichen Insolvenzgläubiger, die einen zur Zeit der Eröffnung des Insolvenzverfahrens begründeten Vermögensanspruch gegen

---

[262] *Häsemeyer*, Insolvenzrecht, 3. Aufl. 2003, Rdnr. 2.05; *Gottwald/Klopp/Kluth*, Insolvenzrechts-Hdb, 2. Aufl. 2001, § 19 Rdnr. 2; MüKoInsO/*Ehricke*, 2001, § 74 Rdnr. 4; FK-*Kind*, InsO, 3. Aufl. 2002, § 74 Rdnr. 1.

[263] *Häsemeyer*, Insolvenzrecht, 3. Aufl. 2003, Rdnr. 6.09 b.

[264] Zur Rechtsstellung der Insolvenzgläubiger vgl.: *Gottwald/Klopp/Kluth*, Insolvenzrechts-Hdb, 2. Aufl. 2001, § 19 Rdnr. 1

[265] *Smid*, Grundzüge des neuen Insolvenzrechts, 4. Aufl. 2002, § 13 Rdnr. 1.

[266] *Haarmeyer/Wutzke/Förster*, Hdb zur InsO, 3. Aufl. 2001, Kap. 6 Rdnr. 58; *Gottwald/Klopp/Kluth*, Insolvenzrechts-Hdb, 2. Aufl. 2001, § 20 Rdnr. 2; vgl. zur Stellung und Bedeutung der Gläubigerversammlung: MüKoInsO/*Ehricke*, 2001, § 74 Rdnr. 1 ff; *Pape*, ZInsO 1999, 305 ff.

den Schuldner haben (§ 38 InsO), als auch die nachrangigen Insolvenzgläubiger. Deren Forderungen werden allerdings erst nach vollständiger Befriedigung aller anderen Insolvenzgläubiger aus einem verbliebenen Überschuss beglichen (§ 39 InsO). Zudem haben sie kein Stimmrecht in der Gläubigerversammlung (§ 77 Abs. 1 Satz 2 InsO).

Die andere teilnahmeberechtigte Gläubigergruppe bilden die so genannten absonderungsberechtigten Gläubiger (§§ 49-51 InsO), deren Forderungen ausschließlich durch die Verwertung eines bestimmten zum Schuldnervermögen gehörenden Gegenstandes befriedigt werden (vgl. §§ 165 ff. InsO).

Als Massegläubiger werden schließlich die Inhaber jener Forderungen bezeichnet, die erst nach Eröffnung des Insolvenzverfahrens begründet oder durch das Verfahren selbst veranlasst werden. Massegläubiger werden vor der Verteilung des Schuldnervermögens an die Insolvenzgläubiger vorweg aus der Insolvenzmasse befriedigt (vgl. § 53 InsO) und haben somit auch kein Recht zur aktiven Teilnahme an der Gläubigerversammlung.

Aufgabe der Gläubigerversammlung ist es, allgemeine Entscheidungen von zentraler Bedeutung zu fällen. Die Gläubigerversammlung beschließt etwa im Berichtstermin (§ 156 InsO) darüber, ob das Unternehmen des Schuldners fortgeführt und saniert oder stillgelegt werden soll und legt damit die zentrale Weichenstellung für den weiteren Gang des Verfahrens fest (vgl. § 157 InsO)[267].

b) Gläubigerausschuss

Der Gläubigerausschuss (§§ 67 ff. InsO)[268] ist ein fakultatives Organ, das vom Insolvenzgericht nach pflichtgemäßem Ermessen[269] schon vor der ersten Gläubigerversammlung vorläufig eingesetzt werden kann (§ 67 Abs. 1 InsO). Über die tatsächliche Einsetzung oder Beibehaltung bzw. die Zusammensetzung des Gläubigerausschusses beschließt letztendlich aber immer die Gläubigerversammlung, § 68 InsO. Letztere delegiert mit der Einsetzung bzw. Beibehaltung des Gläubigerausschusses einen Teil ihrer Selbstverwaltungsbefugnis auf ein

---

[267] *Gottwald/Klopp/Kluth*, Insolvenzrechts-Hdb, 2. Aufl. 2001, § 20 Rdnr. 2.

[268] Eingehend zum Gläubigerausschuss: *Heidland*, in Kölner Schrift zur InsO, 2. Aufl. 2000, S. 711 ff.; *Uhlenbruck*, ZIP 2002, 1373 ff.; *Pape*, ZInsO 1999, 675 ff.

[269] MüKoInsO/*Gößmann*, 2001, § 67 Rdnr. 6; HK-*Eickmann*, InsO, 3. Aufl. 2003; § 67 Rdnr. 2; *Kübler/Prütting/Kübler*, InsO, Stand: 10/2003, § 67 Rdnr. 9; *Frege*, NZG 1999, 478/486.

weiteres Gläubigerorgan, welches sich insofern als Exekutivorgan der Gläubigerversammlung darstellt[270]. Der Gläubigerausschuss dient dabei der Unterstützung und Überwachung des Insolvenzverwalters (§ 68 Satz 1 InsO) und soll die ständige Möglichkeit der Einflussnahme auf das Verfahren durch die Gläubiger als eine Art „Aufsichtsrat des Konkurses"[271] gewährleisten[272].

Der Gläubigerausschuss dient im Gegensatz zur Gläubigerversammlung der Mitwirkung bei Einzelfragen[273], wodurch die hinsichtlich ihrer Einberufung und Durchführung in der Regel schwerfälligere Gläubigerversammlung entlastet und das Mitwirkungs- und Kontrollrecht der Gläubiger effektiv gestaltet wird. Die Einsetzung eines Gläubigerausschusses bietet sich folglich in erster Linie bei größeren Insolvenzen oder komplexen Sachverhalten an, wo sich die Mitwirkung der Gläubiger über die Gläubigerversammlung als zu schwerfällig und uneffizient erweist. Bei Kleininsolvenzen oder überschaubaren Verfahren erweist sich die Einsetzung schon aus Kostengründen als nicht sinnvoll (vgl. § 73 InsO)[274].

3. *Insolvenzverwalter*

Der Insolvenzverwalter ist die Zentralfigur des Insolvenzverfahrens[275]. Ihm werden die für das Insolvenzverfahren wichtigsten Aufgaben übertragen[276]. Die überragende Stellung des Insolvenzverwalters im Insolvenzverfahren führt dazu, dass der Benennung des Insolvenzverwalters durch das Insolvenzgericht eine

---

[270] *Haarmeyer/Wutzke/Förster*, Hdb zur InsO, 3. Aufl. 2001, Kap. 6 Rdnr. 4; *Gottwald/Klopp/Kluth*, Insolvenzrechts-Hdb, 2. Aufl. 2001, § 20 Rdnr. 2 und § 21 Rdnr. 1.

[271] *Jaeger/Weber*, KO, 9. Aufl. 1997, § 87 Rdnr. 1.

[272] Begr. zu § 78 RegE, BR-Drucks. 1/92, S. 131; *Uhlenbruck*, Das neue Insolvenzrecht, 1994, S. 378 f.; *Gottwald/Klopp/Kluth*, Insolvenzrechts-Hdb, 2. Aufl. 2001, § 21 Rdnr. 1.

[273] Vgl. z.B.: §§ 66 Abs. 2, 158, 160 InsO.

[274] *Smid*, Grundzüge des neuen Insolvenzrechts, 4. Aufl. 2002, § 9 Rdnr. 24; *Haarmeyer/Wutzke/Förster*, Hdb zur InsO, 3. Aufl. 2001, Kap. 6 Rdnr. 7.

[275] *Braun/Uhlenbruck*, Unternehmensinsolvenz, 1997, S. 185; *Bork*, Einführung in das neue Insolvenzrecht, 3. Aufl. 2002, Rdnr. 50.

[276] Vgl. nachfolgend unter b).

entscheidende Bedeutung zukommt. Denn letztlich bestimmt die Qualifikation der Person des Insolvenzverwalters das Schicksal des gesamten Verfahrens[277]. Das Gesetz sieht ungeachtet seiner Bedeutung für das Verfahren lediglich vor, dass es sich bei der Person des Insolvenzverwalters um eine geschäftskundige, vom Schuldner und seinen Gläubigern unabhängige Person[278] handeln soll (§ 56 InsO)[279].

a) Rechtsstellung des Insolvenzverwalters

In welcher Eigenschaft der Insolvenzverwalter für die Insolvenzmasse tätig wird, ist umstritten[280]. Nach der Organtheorie ist der Verwalter Organ oder Repräsentant der rechtlich verselbständigten Insolvenzmasse[281], wohingegen nach der modifizierten Organ- bzw. Vertretertheorie der Insolvenzverwalter als Organ der insolventen Gesellschaft fungiert[282]. Wiederum anderer Ansicht nach ist der Insolvenzverwalter lediglich Verwalter eines fremden Vermögens, wobei er diesbezüglich nicht in eigenem Interesse, sondern in „auferlegter Verwaltung" objektbezogen und neutral handelt[283].

Die herrschende Lehre und die Rechtsprechung vertreten dagegen die so genannte Amtstheorie, wonach der Insolvenzverwalter für die Insolvenzmasse im

---

[277] *Smid/Smid*, InsO, 2. Aufl. 2002, § 56 Rdnr. 5; *Haarmeyer/Wutzke/Förster*, Hdb zur InsO, 3. Aufl. 2001, Kap. 5 Rdnr. 2; *Mönning*, in Kölner Schrift zur InsO, 2. Aufl. 2000, S. 375 ff.; *Häsemeyer*, Insolvenzrecht, 3. Aufl. 2003, Rdnr. 6.27, S. 92; *Jaeger/Weber*, KO, 9. Aufl. 1997, § 78 Rdnr. 7.

[278] Zum Kriterium der Unabhängigkeit vgl. *Graeber*, NZI 2002, 345 ff.; *Riggert*, NZI 2002, 352 ff.

[279] Allgemein zur Problematik der Bestellung eines Insolvenzverwalters: FK-*Kind*, 3. Aufl. 2002, § 56 Rdnr. 40 ff.

[280] Umfassend zum Theorienstreit: *Jaeger/Henckel*, KO, 9. Aufl. 1997, § 6 Rdnr. 4 –186.

[281] *Bötticher*, JZ 1963, 582; *Erdmann*, KTS 1967, 87 ff.

[282] *K.Schmidt*, Wege zum Insolvenzrecht der Unternehmen, 1990, S. 107ff.; *ders.*, NJW 1995, 911/ 913; *Kilger/K.Schmidt*, KO, 17. Aufl. 1997, § 6 Anm. 2 b m.w.N.; *Thomas/Putzo*, ZPO, 25. Aufl. 2003, § 51 Rdnr. 29.

[283] Theorie des neutralen Handelns: *Dölle*, FS für Fritz Schulz, S. 268/ 273.

eigenen Namen als Inhaber eines privaten Amtes handelt[284]. Im Prozess führt der Insolvenzverwalter die Bezeichnung „Partei kraft Amtes“[285], wobei seine Handlungen für und gegen den Gemeinschuldner wirken und seine Tätigkeit unabhängig vom Willen des Gemeinschuldners aufgrund eigenen Rechts ausgeübt wird[286].

Die Amtstheorie bringt zum Ausdruck, dass der Insolvenzverwalter als Amtswalter nicht im ausschließlichen Interesse bestimmter Beteiligter – also weder im alleinigen Interesse der Insolvenzgläubiger noch im alleinigen Interesse des Gemeinschuldners – handelt, sondern seine Befugnisse fremdnützig ausübt und dabei die objektiven Anforderungen, die sich aus der Stellung als Insolvenzverwalter ergeben, zu erfüllen hat[287]. Die Amtstheorie nötigt dazu, „in einem Schritt die Regelungen und Regelungsziele des Insolvenzrechts in einem stimmigen System zusammenzufassen und erst in einem zweiten Schritt die Rechtsstellung des Verwalters so zu bestimmen, dass er die ihm vorgegebenen Pflichten gegenüber allen Beteiligten zu erfüllen vermag“[288].

Der h.M. soll auch hier gefolgt werden[289]. Ein näheres Eingehen auf den Streitstand ist vorliegend nicht notwendig[290], da der Streit allenfalls Auswirkungen auf die Parteistellung des Insolvenzverwalters im Prozess hat[291], die dogmatische

---

[284] St. Rspr. seit RGZ 29/ 29 ff.; vgl. auch BGHZ 100, 346/ 351; BGHZ 88,331/ 334; BGH, NJW 1986, 3206/ 3207; *Häsemeyer*, Insolvenzrecht, 3. Aufl. 2003, Rdnr. 15.07 ff.; *Henckel*, ZIP 1991, 133/ 134; *Jaeger/Henckel*, KO, 9. Aufl. 1997, § 6 Rdnr. 168; *Kuhn/ Uhlenbruck*, KO, 11. Aufl. 1994, § 6 Rdnr. 17; *Bork*, Einführung in das neue Insolvenzrecht, 3. Aufl. 2002, Rdnr. 68; *Smid*, Grundzüge des neuen Insolvenzrechts, 4. Aufl. 2002, § 7 Rdnr. 38.

[285] Vgl. § 116 Satz 1 Nr. 1 ZPO.

[286] *Smid/Smid*, InsO, 2. Aufl. 2002, § 80 Rdnr. 27, 44; MüKoInsO/*Graeber*, 2001, § 56 Rdnr. 107; *Jaeger/Henckel*, KO, 9. Aufl. 1997, § 6 Rdnr. 7.

[287] RGZ 29, 29/36; MüKoInsO/*Ott*, 2001, § 80 Rdnr. 27; MüKoInsO/*Ehricke*, 2001, § 56 Rdnr. 107; *Haarmeyer/Wutzke/Förster*, Hdb zur InsO, 3. Aufl. 2001, Kap. 5 Rdnr. 22; *Häsemeyer*, Insolvenzrecht, 3. Aufl. 2003, Rdnr. 15.06.

[288] *Häsemeyer*, Insolvenzrecht, 3. Aufl. 2003, Rdnr. 15.06 f.; inhaltlich übereinstimmend: *Haarmeyer/Wutzke/Förster*, Hdb zur InsO, 3. Aufl. 2001, Kap. 5 Rdnr. 21.

[289] A.A: *K.Schmidt*, KTS 1984, 345 ff.

[290] Teilweise wird dem Theorienstreit nach Inkrafttreten der InsO jegliche weitere Relevanz abgesprochen: *Gottwald/Klopp/Kluth*, Insolvenzrechts-Hdb, 2. Aufl. 2001, § 22 Rdnr. 20 ff.

[291] *Braun/Uhlenbruck*, Unternehmensinsolvenz, 1997, S. 185; *Bork*, Einführung in das neue Insolvenzrecht, 3. Aufl. 2002, Rdnr. 64.

Einordnung der Rechtsstellung des Insolvenzverwalters jedoch keinerlei Aussagekraft hinsichtlich der hier allein interessierenden Rechte und Pflichten des Insolvenzverwalters im Insolvenzverfahren selbst hat.

b) Aufgaben des Insolvenzverwalters

Mit Eröffnung des Insolvenzverfahrens geht die Verwaltungs- und Verfügungsbefugnis über das zur Insolvenzmasse gehörende Vermögen vom Schuldner auf den Insolvenzverwalter über. Dieser hat das Schuldnervermögen umgehend in Besitz und Verwaltung zu nehmen (§ 148 Abs. 1 InsO).

Daraufhin hat sich der Insolvenzverwalter einen Überblick über die Vermögenssituation des Schuldners zu verschaffen, indem er ein Verzeichnis der einzelnen Gegenstände der Insolvenzmasse (§ 151 InsO), ein Gläubigerverzeichnis (§ 152 InsO) und eine Vermögensübersicht (§ 153 InsO) anfertigt. Auf der Basis seiner Ergebnisse hat der Insolvenzverwalter im ersten Berichtstermin der Gläubigerversammlung Auskunft über die wirtschaftliche Situation und deren Ursachen zu geben. Des Weiteren legt er dar, ob Aussichten bestehen, das Unternehmen des Schuldners im Ganzen oder in Teilen zu erhalten, welche Möglichkeiten für einen Insolvenzplan bestehen und welche Auswirkungen jeweils für die Befriedigung der Gläubiger eintreten würden (§ 156 InsO).

Dem Ergebnis der Entscheidung der Gläubigerversammlung zum Fortgang des Verfahrens folgend, beginnt der Insolvenzverwalter im Anschluss an den Berichtstermin umgehend damit, das Vermögen des Schuldners zu verwerten bzw. Sanierungsmaßnahmen einzuleiten. Verwertungserlöse hat er im Verlauf des Verfahrens an die Gläubiger zu verteilen (§ 187 Abs. 3 Satz 1 InsO)[292].

4. *Das Insolvenzgericht*

a) Aufgaben

Aufgabe des Insolvenzgerichts ist es, zunächst die Eröffnung des Insolvenzverfahrens (§§ 13 ff. InsO) vorzubereiten, um damit den prozeduralen Rahmen für die Verwertung des Vermögens des Insolvenzschuldners zu schaffen[293].

---

[292] Zu den Aufgaben des Insolvenzverwalters im Einzelnen vgl.: *Gottwald/Klopp/Kluth*, Insolvenzrechts-Hdb, 2. Aufl. 2001, § 22 Rdnr. 26 ff.

[293] *Bork*, Einführung in das neue Insolvenzrecht, 3. Aufl. 2002, Rdnr. 40 f.

Nach Eröffnung des Insolvenzverfahrens durch den Eröffnungsbeschluss und nach der Ernennung des Insolvenzverwalters (§§ 27, 56 ff. InsO) beschränkt sich die Aufgabe des Insolvenzgerichts weitestgehend auf die Kontrolle des Insolvenzverwalters (§§ 58 ff. InsO), die Einsetzung des Gläubigerausschusses und die Einberufung und Leitung der Gläubigerversammlung (§§ 74, 76 Abs. 1 InsO); es bestimmt zudem den Zeitpunkt des Berichts- und des Prüfungstermins (§§ 29 i.V. mit 156, 176 InsO).

Gegenüber den Organen der Gläubigerselbstverwaltung beschränkt sich das Insolvenzgericht im Wesentlichen auf die Rolle der Verfahrensleitung und der Rechtsaufsicht, verbunden mit den genannten Einzelkompetenzen[294]. Das Insolvenzgericht stellt sich insoweit als Hüter der Rechtmäßigkeit des Verfahrens dar[295].

Die Beendigung des Insolvenzverfahrens durch Aufhebung (§§ 200, 258 InsO) und Einstellung (§§ 207, 211 ff. InsO) liegt dann wiederum ausschließlich im Zuständigkeitsbereich des Insolvenzgerichts. Zudem ist das Insolvenzgericht, soweit hier von Interesse, zuständig für die Anordnung und Aufhebung der Eigenverwaltung (§§ 270 ff. InsO) und die Bestätigung des Insolvenzplans, der erst im Anschluss daran in Kraft treten kann.

b) Zuständigkeiten

aa) Sachliche Zuständigkeit

Für das Insolvenzverfahren ist das Amtsgericht, in dessen Bezirk ein Landgericht seinen Sitz hat, als Insolvenzgericht für den gesamten Bezirk dieses Landgerichts ausschließlich zuständig, § 2 Abs.1 InsO. Sinn und Zweck dieser Regelung ist es, durch die Konzentration der Insolvenzverfahren bei einem einzigen Amtsgericht eine höhere Sachkunde der Richter und Rechtspfleger und eine bessere technische Ausstattung der Gerichte zu erreichen[296].

Andererseits ist es den Landesregierungen aber belassen, durch Rechtsverordnung zum einen auch andere oder zusätzliche Amtsgerichte als Insolvenzge-

---

[294] *Gottwald/Klopp/Kluth*, Insolvenzrechts-Hdb, 2. Aufl. 2001, § 17 Rdnr.18; *Haarmeyer/Wutzke/Förster*, Hdb zur InsO, 3. Aufl. 2001, Rdnr. Kap.6 Rdnr. 2.

[295] *Braun/Uhlenbruck*, Unternehmensinsolvenz, 1997, S. 327.

[296] Vgl. Begründung zu § 2 RegE InsO, BT-Drucks. 12/2443, S. 109 f., abgedruckt in: *Kübler/Prütting*, RWS-Dok. 18, 2. Aufl. 2000, S. 155 f.

richte festzulegen oder zum anderen die Bezirke der Amtsgerichte abweichend festzulegen (§ 2 Abs. 2 Satz 1 InsO). Ein derartiges Vorgehen kann notwendig sein, um eine schnellere oder effizientere Abwicklung der Insolvenzverfahren zu ermöglichen.

bb) Örtliche Zuständigkeit

Örtlich ausschließlich zuständig ist das Insolvenzgericht, in dessen Bezirk der Verein seinen Satzungssitz und damit seinen allgemeinen Gerichtsstand hat, § 3 Abs. 1 Satz 1 InsO, § 17 Abs. 1 Satz 1 ZPO; fehlt ein solcher, so ist das Amtsgericht zuständig, in dessen Bezirk die Vereinsverwaltung geführt wird, §3 Abs. 1 Satz 2 InsO, § 17 Abs. 1 Satz 2 ZPO. Fallen Satzungssitz und Sitz der Verwaltung örtlich auseinander, so ist der Satzungssitz als Rechtssitz zur Bestimmung des allgemeinen Rechtsstandes ausschlaggebend[297]. Liegt allerdings der Mittelpunkt einer selbständigen wirtschaftlichen Betätigung des Vereins an einem anderen Ort, so ist ausschließlich das Insolvenzgericht zuständig, in dessen Bezirk dieser Ort liegt, § 3 Abs. 1 Satz 2 InsO.

cc) Funktionale Zuständigkeit

Die funktionelle Zuständigkeit in Insolvenzsachen am Insolvenzgericht richtet sich nach § 3 Nr. 2 e RPflG. Danach gehört das Verfahren nach der Insolvenzordnung in den Bereich der so genannten Vorbehaltsübertragungen. Damit ist vorbehaltlich der Regelung des § 18 RPflG, wonach der Amtsrichter zuständig ist, der Rechtspfleger zuständig für die Bearbeitung eines Insolvenzverfahrens.

---

[297] RG, JW 1918, 305; *Sauter/Schweyer/Waldner*, Der eingetragene Verein, 17. Aufl. 2001, Rdnr. 65.

F Eröffnungsvoraussetzungen für das Insolvenzverfahren

I. Insolvenzfähigkeit

Die Insolvenzfähigkeit stellt eine zwingende formelle Voraussetzung für die Durchführung eines Insolvenzverfahrens über das Vermögen eines Schuldners dar[298]. Die Insolvenzfähigkeit wird den Bestimmungen der §§ 11, 12 InsO entnommen und bezeichnet die Fähigkeit eines Schuldners oder Schuldnerunternehmens, mit seinem Vermögen als Sach- und Rechtsgesamtheit Gegenstand eines Insolvenzverfahrens sein zu können[299]. Die Insolvenzfähigkeit entspricht damit der passiven Parteifähigkeit im Zivilprozess (vgl. § 50 ZPO)[300].

1. Der eingetragene Verein und seine Vorläufer

a) Die Vorgründungsgesellschaft

Als zeitlich erster Vorläufer des eingetragenen Vereins kann eine Vorgründungsgesellschaft entstehen, die dann existent wird, wenn sich mehrere interessierte Personen vertraglich dazu verpflichten, die Gründung eines Vereines vorzubereiten und zu betreiben[301]. Die Vorgründungsgesellschaft stellt eine Gesellschaft bürgerlichen Rechts (§§ 705 ff. BGB) dar[302], deren Vermögen nach § 11 Abs. 2 Nr. 1 InsO insolvenzfähig ist.

b) Der Vorverein

Eine andere Entwicklungsstufe des Vereins ist erreicht, wenn der neue Verein gegründet wurde und laut Satzung die Rechtsfähigkeit durch Eintragung in das Vereinsregister anstrebt. Der so genannte Vorverein besteht bis zu seiner Eintra-

---

298 *Gottwald/Uhenbruck*, Insolvenzrechts-Hdb, 2. Aufl. 2001, § 5 Rdnr. 1.

299 *Nerlich/Römermann/Mönning*, InsO, 1999, § 11 Rdnr. 7; *Gottwald/Uhenbruck*, Insolvenzrechts-Hdb, 2. Aufl. 2001, § 5 Rdnr. 1; FK-*Schmerbach*, 3. Aufl. 2002, § 11 Rdnr. 1.

300 *Kübler/Prütting/Pape*, InsO, Stand: 10/2003, § 11 Rdnr. 7; *Braun/Kind*, InsO, 2002, § 11 Rdnr. 3; MüKoInsO/*Ott*, 2001, § 11 Rdnr. 1; *Gottwald/Uhenbruck*, Insolvenzrechts-Hdb, 2. Aufl. 2001, § 5 Rdnr. 1.

301 Vgl. BGH, NJW 1984, 2164; BGH, NJW 1985, 1828; *Reichert*, Hdb des Vereins- und Verbandsrechts, 9. Aufl. 2003, Rdnr. 51.

302 Vgl. BGH, NJW 1984, 2164; 1985, 1828; *Soergel/Hadding*, BGB, 13. Aufl. 2000, Vor § 21 Rdnr. 61.

gung ins Vereinsregister als nicht rechtsfähiger Verein[303]. Dieser wird nach § 11 Abs. 1 Satz 2 InsO einer juristischen Person gleichgestellt und ist damit insolvenzfähig (§ 11 Abs. 1 Satz 1 InsO).

c) Der eingetragene Verein

Nach § 11 Abs.1 Satz 1 InsO kann das Insolvenzverfahren über das Vermögen eines eingetragenen Vereins eröffnet werden. Als juristische Person ist der eingetragene Verein Rechtsträger des Vereinsvermögens und damit möglicher Gesamtschuldner eines gegen ihn verhängten Insolvenzverfahrens.

Der eingetragene Verein bleibt auch dann noch insolvenzfähig, wenn er sich im Stadium der Abwicklung befindet, und zwar solange das Restvermögen noch nicht an die Anfallberechtigten verteilt und damit die Verfahrensfähigkeit (§ 4 Abs. 1 InsO, § 50 Abs. 1 ZPO) noch Bestand hat (§ 11 Abs. InsO).

2. Besondere Fallgestaltungen

a) Der „fehlerhafte" Verein

Ein Verein wird als fehlerhafter Verein bezeichnet, wenn Teile der Vereinssatzung oder die Vereinsatzung als Ganzes bzw. die Beitrittserklärungen einzelner Gründungsmitglieder nichtig oder anfechtbar sind.

Ist der fehlerhaft gegründete (Vor-)Verein erst einmal in Vollzug gesetzt worden, hat er also eine Tätigkeit im Rechtsverkehr nach außen entfaltet, können eventuelle Gründungs- und Beitrittsmängel nicht mehr rückwirkend zur Nichtigkeit des Gründungsaktes selbst führen. Die Gründungsmängel wirken nur als späterer Auflösungsgrund, der den Verein in die Liquidation führt. Bis dahin gelten für den fehlerhaften Verein die Regeln über die fehlerhafte Gesellschaft

---

[303] Vgl. BayObLGZ 1972, 29/ 32; BGH, WM 1978, 115; *Reichert*, Hdb des Vereins- und Verbandsrechts, 9. Aufl. 2003, Rdnr. 78; *Soergel/Hadding*, BGB, 13. Aufl. 2000, Vor § 21 Rdnr. 64; *Flume*, Allgemeiner Teil des Bürgerlichen Rechts, Die juristische Person, Band I/2, S. 153.

entsprechend[304]. Der fehlerhafte Verein ist folglich, ebenso wie die fehlerhafte Gesellschaft[305], insolvenzfähig gemäß § 11 Abs. 1 Satz 2 InsO.

Erlangt der fehlerhafte Verein später versehentlich auch die Rechtsfähigkeit durch Eintragung ins Vereinsregister, können Gründungsmängel aus Gründen der Rechtssicherheit die Entstehung der juristischen Person nicht hindern. Die Eintragung des Vereins hat insofern konstitutive Bedeutung[306]. Somit ist auch der fehlerhafte eingetragene Verein nach § 11 Abs. 1 Satz 1 InsO insolvenzfähig.

b) Der aufgelöste Verein

aa) Die Auflösungsgründe der §§ 41 ff. BGB

Der eingetragene Verein kann aus verschiedenen Gründen aufgelöst werden[307]. Die Auflösung eines eingetragenen Vereins schließt seine Insolvenzfähigkeit nicht aus. Sie geht laut § 11 Abs. 3 InsO erst mit der Vollbeendigung des eingetragenen Vereins, also mit dem Vollzug der Verteilung des Vermögens des Vereins an die Anfallberechtigten und Löschung des Vereins im Vereinsregister, unter[308].

---

[304] *Soergel/Hadding*, BGB, 13. Aufl. 2000, § 25 Rdnr. 30; zur fehlerhaften Gesellschaft vgl. *Soergel/Hadding*, BGB, 11. Aufl. 1985, § 705 Rdnr. 70 ff.; MüKo/*Reuter*, BGB, 4. Aufl. 2001, §§ 21, 22 Rdnr. 60.

[305] Vgl. FK-*Schmerbach*, InsO, 3. Aufl. 2002, § 11 Rdnr. 20; *Braun/Uhlenbruck*, Unternehmensinsolvenz, 1997, S. 69; vgl. zum alten Recht *Kuhn/Uhlenbruck*, KO, 11. Aufl. 1994, Vor § 207 Rdnr. 2.

[306] *Reichert*, Hdb des Vereins- und Verbandsrechts, 9. Aufl. 2003, Rdnr. 199; MüKo/*Reuter*, BGB, 4. Aufl. 2001, §§ 21, 22 Rdnr. 64.

[307] Vgl. dazu *Sauter/Schweyer/Waldner*, Der eingetragene Verein, 17. Aufl. 2001, Rdnr. 386 ff.; *K.Schmidt*, Gesellschaftsrecht, 4. Aufl. 2002, § 24 VII 3.

[308] MüKo/*Reuter*, BGB, 4. Aufl. 2001, § 49 Rdnr. 17 und § 41 Rdnr. 13; *K.Schmidt*, Gesellschaftsrecht, 4. Aufl. 2002, § 11 V. 6; vgl. *Braun/Uhlenbruck*, Unternehmensinsolvenz, 1997, S. 70 f.

bb) Auflösung durch Wegfall sämtlicher Mitglieder

Umstritten ist die Frage der Insolvenzfähigkeit des Vereins jedoch für den Fall, dass er wegen des Fortfalls sämtlicher Mitglieder durch Tod, Austritt oder aus anderen Gründen aufgelöst wird[309].

Kommt es zum Fortfall sämtlicher Mitglieder des Vereins, fällt das vereinsrechtliche Personengefüge in sich zusammen, so dass die Verbandsverfassung ihrer Grundlage beraubt wird. Eine dauerhafte Fortsetzung des Vereins ohne diese Grundlage ist ausgeschlossen, so dass dieser Tatbestand jedenfalls einen Auflösungsgrund darstellt und folglich einen bisher nicht in Auflösung begriffenen Verein zumindest in das Stadium der Auflösung überführt. Dieser Auflösungsgrund wird zwar nicht in den §§ 41 ff. BGB erwähnt, ist aber insoweit unstreitig[310].

Die h.M. nimmt allerdings für diesen (Auflösungs-)Fall an, dass mit dem Wegfall sämtlicher Mitglieder auch die automatische Vollbeendigung des Vereins einhergeht[311] mit der Folge, dass die Insolvenzfähigkeit des derart aufgelösten Vereins verloren ginge.

Dies gelte nur dann nicht, wenn sich der Verein schon in der Liquidation befinde. Dann käme es wegen der Regelung des § 49 Abs. 2 BGB nicht zur sofortigen Vollbeendigung des Vereins, sondern es bestünde der Verein als Liquidationsverein bis zur Beendigung des Liquidationsverfahrens fort[312] und wäre somit auch noch einem Insolvenzverfahren zugänglich (vgl. § 11 Abs. 3 InsO).

Dagegen soll im Falle eines bis zum Austritt seiner Mitglieder in werbender Form existierenden Vereins eine Liquidation nicht stattfinden. Begründet wird diese Ansicht damit, dass ein Verein ohne Mitglieder schon begrifflich nicht vorstellbar sei. Ein solcher Verein sei als Personenvereinigung nicht mehr vorhanden, so dass keine Beschlüsse gefasst, keine Organe mehr gewählt und auch

---

309 BGHZ 19, 51/ 57; BGH, WM 1976, 686; KG, WM 1957, BAG, NJW 1967, 1437; BGH, ZIP 1986, 1483 f.; BVerwG, NJW 1997, 474; *Soergel/Hadding*, BGB, 13. Aufl. 2000, Vor § 41 Rdnr. 11; *Stöber*, Hdb zum Vereinsrecht, 8. Aufl. 2000, Rdnr. 868; a.A: *Böttcher*, Rpfleger 1988, 169/ 173; *K.Schmidt*, JZ 1987, 394/ 396.

310 BGHZ 19, 52; BAG, JZ 1987, 420; *Böttcher*, RPfleger 1988, 169/ 172; *K. Schmidt*, JZ 1987, 394/ 398.

311 BGHZ 19, 51/ 57; BGH, WM 1976, 686; KG, WM 1957, 1108; BAG, NJW 1967, 1437; BGH, ZIP 1986, 1483 f.; BVerwG, NJW 1997, 474; *Soergel/Hadding*, BGB, 13. Aufl. 2000, Vor § 41 Rdnr. 11; *Stöber*, Hdb zum Vereinsrecht, 8. Aufl. 2000, Rdnr. 868.

312 KG, OLGZ 1968, 201; a.A: RGRK-*Steffen*, BGB, 12. Aufl. 1982, § 49 Rdnr. 6.

keine Liquidatoren mehr bestellt werden könnten[313]. Folglich sei – auch bei vorhandenem Vereinsvermögen – eine Liquidation nach den §§ 47 ff. BGB nicht möglich. Stattdessen habe bei Bedarf eine Abwicklung des Vermögens des Vereins durch einen entsprechend § 1913 BGB zu bestellenden Pfleger zu erfolgen. Dieser soll jedoch nicht den erloschenen Verein vertreten, sondern nur die anderen an der Abwicklung Beteiligten, was in der Konsequenz dazu führt, dass Aktivprozesse des nun inexistenten Vereins automatisch enden und auch keine Passivprozesse gegen den Verein geführt werden könnten.

Schon aus letzterem Grund stößt diese Lösung der herrschenden Meinung auf Bedenken. Auch ist die Unterscheidung hinsichtlich der Vollbeendigung zwischen einem eingetragenen Verein und einem e.V. in Liquidation nicht nachvollziehbar. Der e.V. in Liquidation würde im Gegensatz zum gewöhnlichen e.V. nicht sofort, sondern erst nach Vollzug der Liquidation die Vollbeendigung erfahren. Dass jedoch der Verein durch Eintritt in das Liquidationsstadium an Stabilität als Rechtssubjekt gegenüber einem werbenden Verein gewinnt, ist widersprüchlich und auch nicht mit dem Hinweis auf die Regelung des § 49 Abs. 2 BGB zu rechtfertigen, denn letztere will nur klarstellen, dass auch der Verein im Rahmen des Liquidationsverfahrens seine Rechtsfähigkeit behält[314].

Ausschlaggebend ist vielmehr, dass der Verein durch den Staatsakt der Eintragung eine juristische Personifikation erfahren hat, die nicht einfach automatisch mit dem Verlust der Vereinsmitglieder erlischt. Zwar ist der Verein damit als Personenverband entfallen, nicht jedoch als Rechtssubjekt und als rechtsfähiger Träger einer sonderungsfähigen Liquidationsmasse[315]. Ein derartiges Ergebnis wird bezüglich der mitgliedslosen Kapitalgesellschaft („Keinmann-GmbH"), die bis zur endgültigen Vermögensabwicklung als GmbH in Liquidation fortexistiert, von der h.M. ohne weiteres unter dem Blickwinkel vertreten, dass die Existenz eines subjektlosen Vermögens unzuträglich sei[316]. Dieser Punkt trifft jedoch genauso auf den eingetragenen Verein zu. Die von der h.M. zur Überwin-

---

313 BGHZ 19, 51/ 57.

314 *Böttcher*, Rpfleger 1988, 169/ 173; *K.Schmidt*, JZ 1987, 394/ 396.

315 *Beitzke*, in FS Wilburg, 1965, S. 24; *ders.*, in FS Ballerstedt, 1975, S. 185/ 192 ff.; ähnlich *Flume*, Allgemeiner Teil des Bürgerlichen Rechts, Die juristische Person, Band I/2, 1983, § 6 II; *Erman/Westermann*, BGB, 10. Aufl. 2000, § 41 Rdnr. 3; MüKo/*Reuter*, BGB, 4. Aufl. 2001, § 41 BGB Rdnr. 5.

316 *K.Schmidt*, Gesellschaftsrecht, 4. Aufl. 2002, § 11 V. 4; *Flume*, Allgemeiner Teil des Bürgerlichen Rechts, Die juristische Person, Band I/2, 1983, S. 187.

dung der Unzuträglichkeit ins Feld geführte Rechtskonstruktion einer fürsorglichen gesetzlichen Vertretung durch entsprechende Anwendung des §1913 BGB stellt sich als inhaltlich unpassend und damit in diesem Zusammenhang als entbehrlich dar[317].

Nur unter der Annahme der Fortexistenz des mitgliederlosen Vereins als Rechtssubjekt kommt man zu sachgerechten Ergebnissen, die dem Sinn der §§ 47 und 49 Abs. 2 BGB (und dem des § 11 Abs. 3 InsO)entspricht, nämlich der Verhinderung des Anfalls des Vereinsvermögens an andere Rechtssubjekte als den Fiskus, ohne dass vorher eine Auseinandersetzung erfolgt wäre. Der Verein tritt demnach mit Wegfall aller Mitglieder in das Abwicklungsstadium über, ohne dass damit dessen automatische Vollbeendigung einhergeht, so dass die Insolvenzfähigkeit des Vereins erhalten bleibt. Der Verein in Liquidation wird dabei weiterhin durch den „alten" Vorstand vertreten, der damit der Insolvenzantragspflicht des § 42 Abs. 2 Satz 1 BGB unterliegt. Mit der h.M. käme man dagegen zu der absurden Feststellung, dass es die Mitglieder eines insolventen Vereins im Einzelfall selbst in der Hand hätten, die Insolvenzantragspflicht des Vorstands durch einen allseitigen Austritt zu umgehen und die Eröffnung des Insolvenzverfahrens zu verhindern, wodurch dem Rechtsmissbrauch Vorschub geleistet würde[318].

c) Der eingetragene Verein in der Umwandlung

Befindet sich der eingetragene Verein im Prozess der Umwandlung nach dem Umwandlungsgesetz (UmwG), ergeben sich hinsichtlich seiner Insolvenzfähigkeit keine Besonderheiten. Erst nach Abschluss der Umwandlung durch Eintragung derselben in die entsprechenden Register kommt es zu Änderungen.

In den Fällen der Verschmelzung des Vereins durch Aufnahme oder Neugründung (§§ 2-122 UmwG) endet mit der Verschmelzung die Insolvenzfähigkeit des Vereins, sofern dessen Vermögen auf einen anderen oder neu gegründeten Rechtsträger übertragen wurde und der Verein damit ohne Abwicklung als erloschen gilt.

Dasselbe gilt für den Fall, dass sich der Verein durch Übertragung des Vereinsvermögens auf mindestens zwei unterschiedliche Rechtsträger vollständig auf-

---

317 *Reuter*, ZHR 151 (1987), 355/ 391.

318 *K.Schmidt*, Gesellschaftsrecht, 4. Aufl. 2002, § 24 VII 3 d).

spaltet (§ 123 UmwG). Erfolgt die Spaltung im Wege der Abspaltung[319] oder der Ausgliederung, bleibt der übertragende Verein hingegen als Rechtsträger bestehen und bleibt damit weiter insolvenzfähig.

Des Weiteren kann der eingetragene Verein durch Formwechsel eine andere Rechtsform erhalten, § 190 Abs. 1 UmwG. Dadurch wird seine Vermögensordnung nicht verändert, allein die korporative Struktur nimmt eine neue Form an. Mit der Eintragung der neuen Rechtsform, die in jedem Fall die einer Kapitalgesellschaft sein muss (vgl. § 258 Abs. 1 UmwG), erlischt die Insolvenzfähigkeit des (früheren) Vereins; maßgeblich ist dann die Insolvenzfähigkeit der neuen Rechtsform.

II. Prozessfähigkeit

Die Prozessfähigkeit des Schuldners im Insolvenzverfahren ist von der Insolvenzfähigkeit abzugrenzen.

Die Vorschrift des § 4 InsO verweist hinsichtlich des Insolvenzverfahrens auf eine entsprechende Anwendung der Vorschriften der ZPO und damit unter anderem auch auf die Vorschriften zur Prozessfähigkeit gemäß §§ 51 ff. ZPO. Eine juristische Person ist demnach erst dann prozessfähig, wenn sie durch selbst bestellte Vertreter wirksam Prozesshandlungen vor- und entgegennehmen kann[320].

1. Zulässigkeit des Insolvenzantrages eines Gläubigers trotz fehlender gesetzlicher Vertretung des Vereins

Gerade im Vorfeld der Insolvenz kommt es vor, dass die Vorstandsmitglieder des Vereins ihr Amt niederlegen oder durch die Mitgliederversammlung abberufen werden, so dass der Verein zum Zeitpunkt eines Insolvenzantrages seitens eines Gläubigers keine organschaftliche Vertretung vorweisen kann.

Daraus ergibt sich die Frage, ob sich die wirksame Amtsniederlegung[321] bzw. eine wirksame Abberufung des Vorstands mit der Folge eines Fehlens der gesetzlichen Vertretung des Vereins wegen der Verweisung des § 4 InsO auf die

---

[319] Z.B.: Abtrennung von Berufssportabteilungen, vgl. *Reichert*, Hdb des Vereins- und Verbandsrechts, 9. Aufl. 2003, Rdnr. 2262.

[320] *Zöller/Vollkommer*, ZPO, 24. Aufl. 2004, § 52 Rdnr. 1.

[321] Vgl. *Khalib-Shahidi/Bögner*, BB 1997, 1161.

§§ 51 ff. ZPO auch auf die Zulässigkeit eines durch einen Gläubiger gestellten Insolvenzantrages auswirken kann.

Nach der h.M. ändert das Fehlen einer gesetzlichen Vertretung nichts an der Insolvenzfähigkeit der Gesellschaft[322]. Wegen der Verweisung des § 4 InsO soll allerdings die Prozessfähigkeit des Schuldners gemäß §§ 51 ff. ZPO zwingende formelle Voraussetzung für die Zulässigkeit eines Insolvenzantrages gegen die Gesellschaft sein, da letztere mangels gesetzlicher Vertretung im Verfahren nicht wirksam handeln könne[323].

Nach dieser Auffassung wäre ein Antrag auf Eröffnung des Insolvenzverfahrens gegen den Verein wegen dessen fehlender Prozessfähigkeit unzulässig, solange der Verein keine gesetzliche Vertretung hat. Die Durchführung eines Insolvenzverfahrens könnte damit zunächst an einem vereinsinternen Organisationsmangel scheitern, mit der Folge, dass den außenstehenden Gläubigern aus der daraus resultierenden Verzögerung der Verfahrenseinleitung weiterer Schaden entstehen könnte.

Dem Gläubiger verbliebe nach dieser Auffassung lediglich die Möglichkeit, beim zuständigen Registergericht gemäß § 29 BGB einen Antrag auf Bestellung eines Notorgans zu stellen[324]. Die Notbestellung eines Vertretungsorgans würde aber aufgrund der damit verbundenen Schwierigkeiten[325] eine schnelle Einleitung des Insolvenzeröffnungsverfahrens verhindern und damit auch dessen Zweck, nämlich die vorläufige Sicherung des Schuldnervermögens bis zur Entscheidung über die endgültige Eröffnung des Insolvenzverfahrens, vereiteln.

Fraglich ist, ob es unter diesen Umständen tatsächlich auf die anfängliche Prozessfähigkeit des Schuldners bei Einleitung des Insolvenzeröffnungsverfahrens durch einen Gläubigerantrag ankommen kann.

Die Prozessfähigkeit des Schuldners ist grundsätzlich dann vorauszusetzen, wenn der Schuldner auch tatsächlich am Verfahren mitwirken muss[326]. Eine derartige Mitwirkungspflicht ergibt sich für das Eröffnungsverfahren aus

---

[322] OLG Köln, ZIP 2000, 280/ 282.

[323] OLG Köln, ZIP 2000, 280; FK-*Schmerbach*, InsO, 3. Aufl. 2002, § 14 Rdnr. 15.

[324] Vgl. OLG Köln, ZIP 2000, 280; OLG Dresden, NZI 2000, 136/ 137; OLG Zweibrücken, ZInsO 2001, 472; *Helmschrott*, ZIP 2001, 636 ff.

[325] Zur Problematik der Bestellung eines Notorgans vgl. *Helmschrott*, ZIP 2001, 636 ff; *Kutzer*, ZIP 2000, 654/ 655; *Haas*, NZI aktuell 2000, Heft 4.

[326] *Haas*, NZI aktuell 2000, Heft 4.

§ 14 Abs. 2 InsO, der bei Zulässigkeit des Insolvenzantrages des Gläubigers – also wenn das Insolvenzgericht gemäß § 14 Abs. 1 InsO das rechtliche Interesse des Gläubigers an der Eröffnung des Insolvenzverfahrens festgestellt hat und dieser seine Forderung und den Eröffnungsgrund glaubhaft machen konnte – die generelle Pflicht zur Anhörung des Schuldners vorsieht. Das bedeutet, dass der Schuldner jedenfalls im Laufe des Eröffnungsverfahrens und damit vor Eröffnung des Insolvenzverfahrens anzuhören ist[327].

Dass das Anhörungsrecht jedoch gewissen Beschränkungen unterliegt, ergibt sich aus der Regelung des § 10 Abs. 1 InsO, wonach eine Anhörung des Schuldners unterbleiben kann, wenn sich der Schuldner im Ausland befindet und die Anhörung das Verfahren übermäßig verzögern würde oder wenn der Aufenthalt des Schuldners unbekannt ist. Die Regelung findet über § 10 Abs. 2 entsprechende Anwendung auf Personen, die zur gesetzlichen Vertretung einer juristischen Person berufen sind.

Geregelt ist damit zwar nicht explizit der Fall, dass Vertretungsorgane gänzlich fehlen; allerdings ist der Regelung der Grundgedanke zu entnehmen, dass tatsächliche Hindernisse, die der Sphäre des Schuldners zuzurechnen sind und die eine Mitwirkung des Schuldners verhindern, nicht zu Lasten des Gläubigers gehen dürfen[328]. Dasselbe muss für den Fall gelten, dass rechtliche Gründe, die im Verantwortungsbereich des Schuldners liegen, eine Mitwirkung verhindern[329]. Das bedeutet, dass der Insolvenzantrag nicht von vornherein zulasten der Gläubiger als unzulässig abgewiesen werden darf, wenn der Verein keinen Vorstand hat[330]. Zu demselben Ergebnis gelangt man durch eine am Zweck und am zeitlichen Ablauf des Eröffnungsverfahrens ausgerichtete Auslegung der Verweisung des § 4 InsO[331].

Denn zu Beginn des Eröffnungsverfahrens geht es zunächst nur darum, durch die Einsetzung eines Gutachters schnellstmöglich Feststellungen dazu zu treffen, welche vorläufigen Maßnahmen seitens des Insolvenzgerichts ergriffen werden müssen, um das Schuldnervermögen vor gläubigerbenachteiligenden Verände-

---

327 *Henckel*, ZIP 2000, 2045 / 2047.

328 *Haas*, NZI aktuell 2001, Heft 4; *Kutzer*, ZIP 2000, 654; HK-*Kirchof*, 3. Aufl. 2003, § 10 Rdnr. 10.

329 *Haas*, NZI aktuell 2001, Heft 4.

330 Vgl. HK-*Kirchhof*, InsO, 3. Aufl. 2003, § 14 Rdnr. 34; *Haas*, NZI aktuell 2000, Heft 4.

331 *Henckel*, ZIP 2000, 2045 / 2046.

rungen zu schützen. In dieser Phase des Eröffnungsverfahrens ist die Mitwirkung des Schuldners nicht zwingend notwendig.

Auch die aufgrund des Gutachtens am häufigsten vorzunehmenden vorläufigen Sicherungsmaßnahmen wie die Einsetzung eines vorläufigen Insolvenzverwalters gemäß § 21 Abs. 2 Nr. 1 InsO oder die Verhängung eines allgemeinen Verfügungsverbots mit Zustimmungsvorbehalt gemäß § 21 Abs. 2 Nr. 2 InsO richten sich ausschließlich gegen das Vermögen des Rechtsträgers und erfordern, jedenfalls bei Gefahr im Verzug, keine Prozessfähigkeit des Schuldners. Folglich ist auch unter diesem Aspekt die anfängliche Prozessfähigkeit des Schuldners keine zwingende Voraussetzung für die Zulässigkeit des Insolvenzantrages[332].

2. Wiederherstellung der Prozessfähigkeit des gesetzlich nicht vertretenen Vereins durch Bestellung eines Prozesspflegers gemäß § 4 InsO i. V. mit § 57 ZPO

Das Eröffnungsverfahren muss damit aber nicht zwangsläufig ohne einen organschaftlichen Vertreter des Schuldners auskommen. Vielmehr besteht die Möglichkeit, dass das Gericht auf Antrag des Gläubigers[333] – eventuell auf entsprechenden richterlichen Hinweis[334] – die Bestellung eines Prozesspflegers gemäß §§ 4 InsO, 57 ZPO vornimmt und damit die gesetzliche Vertretung des Schuldners wiederherstellt[335].

Die Voraussetzungen des § 57 ZPO[336] liegen in der Regel vor, wenn der Insolvenzantrag im Übrigen zulässig ist[337]. Das insoweit erforderliche Tatbestands-

---

[332] *Henckel*, ZIP 2000, 2045/ 2046; *Braun/Kießner*, InsO, 2002, § 10 Rdnr. 9; vgl. auch die ausdrückliche Regelung des § 99 Abs. 1 Satz 2 InsO die Postsperre betreffend.

[333] *Thomas/Putzo*, ZPO, 25. Aufl. 2003, § 57 Rdnr. 6; *Zöller/Vollkommer*, 24. Aufl. 2004, § 57 Rdnr. 5; MüKoZPO/*Lindacher*, 2. Aufl. 2000, § 57 Rdnr. 12; für die Möglichkeit einer Bestellung von Amts wegen i.V. mit § 5 InsO: MüKoInsO/*Schmahl*, 2001, § 13 Rdnr. 68.

[334] *Kutzer*, ZIP 2000, 654/ 655 f.; *Henckel*, ZIP 2000, 2045/ 2047; vgl. auch OLG Zweibrükken, ZIP 2001, 934.

[335] So auch *Kübler/Prütting/Pape*, InsO, Stand: 10/2003, § 14 Rdnr. 3; s. auch OLG Zweibrücken, ZinsO 2001, 472; LG Berlin, NZI 2002, 163.

[336] Zu den Voraussetzungen im Einzelnen vgl.: *Thomas/Putzo*, ZPO, 25. Aufl. 2003, § 57 Rdnr. 1 ff; MüKoZPO/*Lindacher*, 2. Aufl. 2000, § 57 Rdnr. 6 ff.

[337] MüKoInsO/*Schmahl*, 2001, § 13 Rdnr. 68.

merkmal der „Gefahr in Verzug" ergibt sich dabei aus der Befürchtung, dass bei Verzögerung des Verfahrens die Gefahr der Masseschmälerung und damit für den Gläubiger der Eintritt eines Schadens droht[338].

Die Bestellung eines Prozesspflegers gestaltet sich im Vergleich zur Bestellung eines Notvorstands gemäß § 29 BGB als wesentlich schneller und unkomplizierter. Das liegt zum einen daran, dass die Bestellung des Prozesspflegers im Stattgebensfall durch die unanfechtbare Verfügung des Vorsitzenden des Insolvenzgerichts[339] erfolgt und somit keine Entscheidung des Registergerichts abzuwarten ist[340]. Zum anderen muss die Vergütung eines Prozesspflegers nicht unbedingt vom zahlungsunfähigen Schuldner geleistet werden, sondern kann ebenso vom Antrag stellenden Gläubiger aufgebracht werden (§ 50 GKG)[341], so dass ein Verfahrenspfleger schneller zu finden sein wird.

Der Prozesspfleger nimmt im Unterschied zum Notvorstand lediglich die Rechtsstellung des gesetzlichen Vertreters ein, soweit das jeweilige Verfahren dies erfordert[342]. Damit erlangt der Prozesspfleger nicht die organschaftliche Stellung eines Notvorstands, der als „normaler" Vorstand grundsätzlich mit Rechten und Pflichten in einem derartigen Umfang ausgestattet ist, dass die Vertretung des Vereins wiederhergestellt, der Mangel also behoben ist[343].

Die Bestellung eines Prozesspflegers ist grundsätzlich subsidiär zur Bestellung eines Notvorstands gemäß § 29 BGB[344]; ist bereits ein Prozesspfleger bestellt, so steht dies dem Bestehen eines dringenden Grundes für den Antrag auf Bestel-

---

338 *Kutzer*, ZIP 2000, 654/ 655; MüKoInsO/*Schmahl*, 2001, § 13 Rdnr. 68.

339 *Thomas/Putzo*, ZPO, 25. Aufl. 2003, § 57 Rdnr. 6; MüKoZPO/*Lindacher*, 2. Aufl. 2000, § 57 Rdnr. 15.

340 *Helmschrott*, ZIP 2001, 636/ 637.

341 *Zöller/Vollkommer*, ZPO, 24. Aufl. 2004, § 57 Rdnr. 8; MüKoZPO/*Lindacher*, 2. Aufl. 2000, § 57 Rdnr. 24; *Thomas/Putzo*, ZPO, 25. Aufl. 2003, § 57 Rdnr. 6.

342 LG Hamburg, FamRZ 1996, 173; MüKoZPO/*Lindacher*, 2. Aufl. 2000, § 57 Rdnr. 19; *Zöller/Vollkommer*, ZPO, 24. Aufl. 2004, § 57 Rdnr. 9.

343 Vgl. OLG Zweibrücken, ZIP 2001, 973/ 974 f.; *Palandt/Heinrichs*, 63. Aufl. 2004, § 29 Rdnr. 7; *Soergel/Hadding*, 13. Aufl. 2000, § 29 Rdnr. 13.

344 OLG Celle, NJW 1965, 504; BayObLG, NJW-RR 1999, 1259/ 1261; KG, BB 2000, 998/ 999; OLG Zweibrücken, ZIP 2001, 973/ 974.

lung eines Notgeschäftsführers nicht entgegenstehen[345]. Das Amt des Prozesspflegers endet mit Eintritt des wirksam bestellten gesetzlichen Vertreters[346].

III. Insolvenzeröffnungsgründe

Das Insolvenzverfahren führt zu gravierenden Eingriffen in verfassungsrechtlich geschützte Rechtspositionen des Gemeinschuldners und der Gläubiger[347]. Der Schuldner auf der einen Seite verliert durch die Verfahrenseröffnung sein privatautonomes Recht, seine Vermögens- und Haftungsverhältnisse eigenverantwortlich zu steuern, indem das Prinzip der Privatautonomie im Insolvenzverfahren durch eine amtliche Haftungsabwicklung ersetzt wird[348]. Die Rechtsposition der Gläubiger wird andererseits dadurch beeinträchtigt, dass es ihnen im Insolvenzverfahren z.B. untersagt ist, Einzelzwangsvollstreckungen in das Vermögen des Schuldners zu betreiben (vgl. § 89 InsO) oder Prozesse fortzusetzen (§ 240 ZPO, §§ 85, 86 InsO). Das Insolvenzverfahren zwingt die Gläubiger in eine Verlustgemeinschaft, die sich mit einer Quote auf ihre Forderungen zufrieden zu geben hat[349].

Eingriffe in das Eigentumsrecht einer Person bedürfen aber gemäß Art 14 GG zwingend einer Rechtfertigung. Diese besteht in der materiellen Insolvenz des Schuldners, die durch die gesetzlich festgelegten Insolvenztatbestände der §§ 17 - 19 InsO umschrieben wird[350].

Die Eröffnungstatbestände orientieren sich an einem Zeitpunkt, zu dem das Not leidende Unternehmen ganz aus dem Markt ausscheiden soll oder einer Sanierung bedarf, weil das unternehmerische Risiko zu stark auf die Gläubiger verlagert wird. Denn die Gläubiger tragen das Risiko, dass ihre Forderungen wegen der Insolvenz des Schuldners nicht erfüllt werden können. Der Insol-

---

345 BayObLG, NJW-RR 1999, 1259; *Palandt/Heinrichs*, 63. Aufl. 2004, § 29 Rdnr. 3; a.A: OLG Zweibrücken, ZIP 2001, 973; *Kutzer*, ZIP 2000, 654.

346 *Zöller/Vollkommer*, ZPO, 24. Aufl. 2004, § 57 Rdnr. 9; MüKoZPO/*Lindacher*, 2. Aufl. 2000, § 57 Rdnr. 20.

347 *Braun/Kind*, InsO, 2002, § 16 Rdnr. 1.

348 *Kübler/Prütting/Pape*, InsO, Stand: 10/2003, § 16 Rdnr. 4; *Smid/Smid*, InsO, 2. Aufl. 2002, § 16 Rdnr. 1; *Häsemeyer*, Insolvenzrecht, 3. Aufl. 2003, Rdnr. 7.16.

349 *Gottwald/Klopp/Kluth*, Insolvenzrechts-Hdb, 2. Aufl. 2001, § 6 Rdnr. 1.

350 *Gottwald/Klopp/Kluth*, Insolvenzrechts-Hdb, 2. Aufl. 2001, § 6 Rdnr. 1; HK-*Kirchhof*, § 16 Rdnr. 3; *Kübler/Prütting/Pape*, InsO, Stand: 10/2003, § 16 Rdnr. 1.

venztatbestand sollte idealerweise so konzipiert sein, dass Schuldner- und Gläubigerinteressen in Einklang zu bringen sind[351].

Die maßgeblichen Regelungen der §§ 17-19 InsO sehen vor, dass bei juristischen Personen Zahlungsunfähigkeit und Überschuldung, bei einem Eigenantrag des Schuldners auch die drohende Zahlungsunfähigkeit Eröffnungstatbestände für ein einzuleitendes Insolvenzverfahren sind. Ohne einen Eröffnungsgrund gibt es dagegen kein Insolvenzverfahren (§ 16 InsO).

1. Insolvenzeröffnungsgründe beim eingetragenen Verein

a) Zahlungsunfähigkeit

Die Insolvenzordnung definiert in § 17 Abs. 2 Satz 1 InsO die Zahlungsunfähigkeit als einen Zeitpunkt, in dem der Schuldner nicht mehr in der Lage ist, seine fälligen Verbindlichkeiten zu begleichen.

Die Feststellung der Zahlungsunfähigkeit bedarf der Erstellung eines Insolvenzstatus, dem eine Gegenüberstellung der zum Stichtag fälligen Verbindlichkeiten des Schuldners auf der Passivseite und der vorhandenen bzw. präsenten Zahlungsmittel auf der Aktivseite zugrunde liegt; errechnet sich daraus eine Unterdeckung, so liegt Zahlungsunfähigkeit vor (Zeitpunkt-Illiquidität)[352]. Die Zahlungsunfähigkeit beruht dabei auf einer Geldilliquidität[353], d.h. auf einem Mangel an Bar- und Buchgeld. Die rein theoretische Liquidierbarkeit von anderen vorhandenen Güterbeständen ist hingegen nicht zu berücksichtigen[354].

Abzugrenzen ist die Zahlungsunfähigkeit von einer vorübergehenden Zahlungsstockung, die keinen Insolvenzgrund darstellt[355]. Lediglich eine Zahlungs-

---

[351] *Gottwald/Uhlenbruck*, Insolvenzrechts-Hdb, 2. Aufl. 2001, § 6 Rdnr. 3.

[352] FK-*Schmerbach*, InsO, 3. Aufl. 2002, § 17 Rdnr. 8; HK-*Kirchhof*, InsO, 3. Aufl. 2003, § 17 Rdnr. 24; *Haas*, SpuRt 1999, 1/ 2; a.A: *Kübler/Prütting/Pape*, InsO, Stand: 10/2003, § 17 Rdnr. 9.

[353] FK-*Schmerbach*, InsO, 3. Aufl. 2002, § 17 Rdnr. 15; HK-*Kirchhof*, InsO, 3. Aufl. 2003, § 17 Rdnr. 15; *Gottwald/Uhlenbruck*, Insolvenzrechts-Hdb, 2. Aufl. 2001, § 6 Rdnr. 5; *Kübler/Prütting/Pape*, InsO, Stand: 10/2003, § 17 Rdnr. 2; *Uhlenbruck*, in *K.Schmidt/Uhlenbruck*, Die GmbH in Krise, Sanierung und Insolvenz, 3. Aufl. 2003, Rdnr. 829.

[354] BGH, ZInsO 1999, 107/ 109; OLG Köln, ZIP 2000, 151/ 153; FK-*Schmerbach*, InsO, 3. Aufl. 2002, § 17 Rdnr. 15; *Uhlenbruck*, in *K.Schmidt/Uhlenbruck*, Die GmbH in Krise, Sanierung und Insolvenz, Rdnr. 829 f.

[355] HK-*Kirchhof*, InsO, 3. Aufl. 2003, § 17 Rdnr. 42; *Smid/Smid*, InsO, 2. Aufl. 2002, § 17 Rdnr. 10.

stockung liegt vor, wenn nach der Anschauung der jeweiligen Verkehrskreise die ausbleibende Zahlung als nur vorübergehend anzusehen ist und konkrete Aussichten bestehen, dass dem Schuldner durch den Eingang von Außenständen die Begleichung der Forderungen gelingt[356].

Bei der Beurteilung einer Zahlungsunfähigkeit kommt es grundsätzlich auch nicht auf den Umfang der nicht erfüllten Verbindlichkeit an. Auch wer schon kleinere Schulden nicht begleichen kann, ist als zahlungsunfähig anzusehen[357].

Die letzten beiden Punkte sind im Sinne des Ziels des Reformgesetzgebers, die rechtzeitige Verfahrenseröffnung nicht zu gefährden[358], eng auszulegen. Jüngste Gerichtsentscheidungen untermauern diese Zielvorgabe. Danach darf eine Zahlungsstockung höchstens zwei Wochen andauern und der Umfang des „unwesentlichen" Teils der Schulden, die nach der Regierungsbegründung zur InsO noch keine Zahlungsunfähigkeit auslösen soll[359], höchstens 5 % der fälligen Gesamtverbindlichkeiten erreichen[360].

Die Regelung des § 17 Abs. 2 Satz 2 InsO beinhaltet eine widerlegliche gesetzliche Vermutung[361], wonach der Zustand der Zahlungsunfähigkeit vorliegt, wenn der Schuldner seine Zahlungen eingestellt hat. Die Zahlungseinstellung stellt damit aber keinen selbständigen Eröffnungsgrund dar; liegt eine bloße Zahlungsunwilligkeit vor und kann der Schuldner dies beweisen, ist der Tatbestand

356 BGH, WM 1975, 6 f.; OLG Nürnberg, KTS 1996, 109 f.; *Smid/Smid*, InsO, 2. Aufl. 2002, § 17 Rdnr. 10; *Kirchhof*, in Kölner Schrift zur InsO, 2. Aufl. 2000, S. 285/ 290; *Smid*, Grundzüge des neuen Insolvenzrechts, 4. Aufl. 2002, § 3 Rdnr. 27.

357 *Kübler/Prütting/Pape*, InsO, Stand: 10/2003, § 17 Rdnr. 13.

358 *Drukarczyk/Schüler*, in Kölner Schrift zur InsO, 2. Aufl. 2000, S. 95/ 107; vgl. amtl. Begr. zu § 21 RegE / § 17 InsO), abgedruckt in *Kübler/Prütting*, RWS-Dok. 18, 2. Aufl. 2000, S. 171.

359 Dem RegE (BT-Drucks. 12/2443, S. 114 zu §§ 20, 21, abgedruckt in *Kübler/Prütting*, RWS-Dok. 18, 2. Aufl. 2000, S. 171) zufolge sind „ganz geringfügige Liquiditätslücken" unschädlich.

360 AG Köln, NZI 2000, 89 ff.; AG Köln, ZIP 1999, 1889/ 1891; LG Bonn, ZIP 2001, 342/ 346; FK-*Schmerbach*, InsO, 3. Aufl. 2002, § 17 Rdnr. 17; vgl. auch *Kirchhof*, ZinsO 2001, 1/ 4 f.; ausführlich dazu: MüKoInsO/*Schmahl*, 2001, § 17 Rdnr. 15 ff.

361 Vgl. Begründung zu § 21 RegE InsO/§ 17 InsO, BT-Drucks. 12/2443, S. 114, abgedruckt in *Kübler/Prütting*, RWS-Dok. 18, 2. Aufl. 2000, S. 171; *Hess/Pape*, InsO und EGInsO, 1995, Rdnr. 99; *Kübler/Prütting/Pape*, InsO, Stand: 10/2003, § 17 Rdnr. 19; HK-*Kirchhof*, 3. Aufl. 2003, § 17 Rdnr. 25 *Smid/Smid*, InsO, 2. Aufl. 2002, § 17 Rdnr. 11; MüKoInsO/*Schmahl*, 2001, § 17 Rdnr. 27.

der Zahlungsunfähigkeit nicht erfüllt[362]. Hinter einer Zahlungseinstellung muss sich eine Zahlungsunfähigkeit verbergen, damit der Insolvenztatbestand des § 17 Abs. 2 Satz 1 InsO vorliegt[363].

b) Überschuldung

Bei juristischen Personen wie dem eingetragenen Verein bildet nach § 19 InsO auch die Überschuldung einen Insolvenztatbestand. Der Eröffnungsgrund der Überschuldung führt dazu, dass der Zeitpunkt der Eröffnung des Insolvenzverfahrens über den Gemeinschuldner vorverlagert wird, insofern, als auch bei aktueller Zahlungsfähigkeit des Schuldners der Überschuldungstatbestand vorliegen kann[364].

Der Schuldner gilt als überschuldet, wenn sein Vermögen die bestehenden Verbindlichkeiten nicht mehr deckt (§ 19 Abs. 2 Satz 1 InsO). Einzubeziehen in die Bewertung seines Vermögens ist gemäß § 19 Abs. 2 Satz 2 InsO eine Fortführungsprognose für den Fall, dass die Fortführung des Vereins überwiegend wahrscheinlich ist. Das bedeutet, dass zur Feststellung des Überschuldungsstatus eine zweistufige Betrachtung[365] erforderlich ist.

Dabei ist zunächst eine Prognose über die wirtschaftliche Überlebensfähigkeit des Vereins anhand eines Finanzplans zu erstellen, der über die künftige, mittelfristige[366] Zahlungsfähigkeit Aufschluss gibt. Anschließend ist dann auf einer zweiten Stufe eine Überschuldungsbilanz zu erstellen, in der das verwertbare Vermögen des Vereins unter Berücksichtigung der negativen oder positiven

---

362 HK-*Kirchhof*, InsO, 3. Aufl. 2003, § 17 Rdnr. 45; *Kübler/Prütting/Pape*, InsO, Stand: 10/2003, § 17 Rdnr. 14; *Smid/Smid*, InsO, 2. Aufl. 2002, § 17 Rdnr. 14; FK-*Schmerbach*, InsO, 3. Aufl. 2002, § 17 Rdnr. 6.

363 *Kübler/Prütting/Noack*, InsO, Sonderband 1: Gesellschaftsrecht, 1999, Rdnr. 67; *Hess/Pape*, InsO und EGInsO, Rdnr. 98; BGH, WM 1957, 67/ 69.

364 *Gottwald/Uhenbruck*, Insolvenzrechts-Hdb, 2. Aufl. 2001, § 6 Rdnr. 20; FK-*Schmerbach*, InsO, 3. Aufl. 2002, § 19 Rdnr. 4; *Smid*, Grundzüge des neuen Insolvenzrechts, 4. Aufl. 2002, § 3 Rdnr. 35.

365 *Kübler/Prütting/Pape*, InsO, Stand: 10/2003, § 19 Rdnr. 7; *Smid/Smid*, InsO, 2. Aufl. 2002, § 19 Rdnr. 18; FK-*Schmerbach*, InsO, 3. Aufl. 2002, § 19 Rdnr. 4; *Gottwald/Uhlenbruck*, Insolvenzrechts-Hdb, § 6 Rdnr. 5; *Haas*, SpuRt 1999, 1/ 2; a.A: *Roth/Altmeppen*, GmbHG, 3. Aufl. 1997, § 63 Rdnr. 11.

366 Bis maximal zwei Jahre: Vgl. FK-*Schmerbach*, InsO, 3. Aufl. 2002, § 19 Rdnr. 20; *Hachenburg/Ulmer*, GmbHG, 8. Aufl. 1997, § 63 Rdnr. 37; *Müller/Haas*, in Kölner Schrift zur InsO, 2. Aufl. 2000, S. 1799/ 1806; BGH, ZIP 1997, 1648.

Prognose zur Fortführbarkeit des Vereins den Passiven gegenübergestellt wird[367]. Ergibt sich eine Unterdeckung, so ist der Verein überschuldet. Entscheidend bei der Gegenüberstellung der Vermögenswerte und der Verbindlichkeiten ist, wie die Aktiva bewertet werden. Das vorhandene Vermögen ist möglichst realistisch zu bewerten, damit das Ziel der rechtzeitigen Verfahrenseröffnung nicht verfehlt wird. Folglich ist das vorhandene Vermögen des Schuldners bei negativer Fortführungsprognose mit seinem Zerschlagungswert zu beziffern[368]; ist dagegen die Fortführung des Unternehmens nach den Umständen überwiegend wahrscheinlich (§ 19 Abs. 2 Satz 2 InsO), sind Fortführungswerte anzusetzen, die in aller Regel höher ausfallen dürften als die Liquidationswerte[369].

Die Erstellung einer Fortführungsprognose stellt sich bei einem Sportverein als besonders schwierig dar. Die Beurteilung des sportlichen Erfolges, der letztlich ausschlaggebend für mögliche Einkünfte aus Fernsehübertragungen oder Sponsoren- sowie Zuschauereinnahmen sein wird, oder die Einschätzung hinsichtlich der Erzielung von Transfererlösen bei Spielerverkäufen etc. lassen dem Vorstand erhebliche Beurteilungsspielräume[370], die die Gefahr begründen, dass diese Punkte zu positiv eingeschätzt werden. In Anbetracht der Haftung des Vorstands bei Insolvenzverschleppung[371] und der Unwägbarkeiten bei der Vorhersage sportlicher Erfolge scheint es notwendig, die genannten Punkte eher zurückhaltend in die Fortführungsprognose einfließen zu lassen.

---

[367] Vgl. bei teilweise unterschiedlicher Prüfungsreihenfolge: MüKoInsO/*Drukarczyk/Schüler*, 2001, § 19 Rdnr. 42/ 84 ff.; *Smid/Smid*, InsO, 2. Aufl. 2002, § 19 Rdnr. 19; FK-*Schmerbach*, InsO, 3. Aufl. 2002, § 19 Rdnr. 10.; HK-*Kirchhof*, InsO, 3. Aufl. 2003, § 19 Rdnr. 17; a.A: *K.Schmidt*, ZIP 1990, 37 ff.

[368] Begründung zu § 191 RegE/§166 InsO, BT-Drucks. 12/2443, S. 178 f., abgedruckt in *Kübler/Prütting*, RWS-Dok. 18, 2. Aufl. 2000, S. 392 f.; *Kübler/Prütting/Pape*, InsO, Stand: 10/2003, § 19 Rdnr. 9; *Müller/Haas*, in Kölner Schrift zur InsO, 2000, S. 1799/ 1803 f.

[369] FK-*Schmerbach*, InsO, 3. Aufl. 2002, § 19 Rdnr. 19; *Kübler/Prütting/Noack*, Sonderband 1: Gesellschaftsrecht, 1999, Rdnr. 75.

[370] Vgl. *Reichert*, in *Grunsky*, Der Sportverein in der wirtschaftlichen Krise, 1990, S. 6; *Uhlenbruck*, in FS Merz, 1992, S. 581/ 582.

[371] Vgl. unten unter G IV.

c) Drohende Zahlungsunfähigkeit

Stellt der Schuldner den Antrag auf Eröffnung des Insolvenzverfahrens selbst, stellt auch die drohende Zahlungsunfähigkeit einen Eröffnungsgrund dar (§ 18 Abs. 1 InsO).

Der Insolvenztatbestand der drohenden Zahlungsunfähigkeit dient dem Ziel, schon im Vorfeld einer sich abzeichnenden Insolvenz verfahrensrechtliche Gegenmaßnahmen einleiten zu können[372], um damit die Zahl masseloser Insolvenzen zu verringern und die Wahrscheinlichkeit einer erfolgreichen Sanierung im Insolvenzverfahren zu erhöhen[373].

Der Schuldner droht zahlungsunfähig zu werden, wenn er voraussichtlich nicht in der Lage sein wird, seine bestehenden Zahlungsverpflichtungen im Zeitpunkt ihrer Fälligkeit zu erfüllen (§ 18 Abs. 2 InsO). Der Tatbestand der drohenden Zahlungsunfähigkeit beschreibt eine Zeitraum-Illiquidität[374], d.h., dass der Schuldner, um seine drohende Zahlungsunfähigkeit nachweisen zu können, einen Finanzplan[375] erstellen muss, in dem die zukünftig zu erwartenden Einnahmen und die vorhandene Liquidität den fälligen und künftig fällig werdenden Verbindlichkeiten gegenübergestellt werden[376]. Aus dieser Gegenüberstellung muss sich ergeben, dass der Eintritt der Zahlungsunfähigkeit wahrscheinlicher ist als deren Vermeidung[377].

---

[372] MüKoInsO/*Drukarczyk*, 2001, § 18 Rdnr. 6; *Nerlich/Römermann/Mönning*, InsO, 1999, § 18 Rdnr. 5; *Braun/Kind*, InsO, 2002, § 18 Rdnr. 2.

[373] *Kübler/Prütting/Pape*, InsO, Stand: 10/2003, § 18 Rdnr. 1; *Nerlich/Römermann/Mönning*, InsO, 1999, § 18 Rdnr. 46; *Braun/Kind*, InsO, 2002, § 18 Rdnr. 2; *Gottwald/Uhlenbruck*, Insolvenzrechts-Hdb, 2. Aufl. 2001, § 6 Rdnr. 10.

[374] FK-*Schmerbach*, InsO, 3. Aufl. 2002, § 18 Rdnr. 4; *Kübler/Prütting/Pape*, InsO, Stand: 10/2003, § 18 Rdnr. 5; *Braun/Kind*, InsO, 2002, § 18 Rdnr. 6; *Smid/Smid*, InsO, 2. Aufl. 2002, § 18 Rdnr. 6; *K.Schmidt*, in: Kölner Schrift zur InsO, 2. Aufl. 2000, S. 1199 Rdnr. 11; *Uhlenbruck*, KTS 1994, 169/ 171; *Burger/Schellberg*, BB 1995, 261.

[375] Vgl. zu den Anforderungen an den Finanzplan, *Drukarcyk/Schüler*, in Kölner Schrift zur InsO, 2. Aufl. 2000, S. 108/ 109 ff.

[376] Vgl. *Kübler/Prütting/Pape*, InsO, Stand: 10/2003, § 18 Rdnr. 6 ff.; HK-*Kirchhof*, InsO, 3. Aufl. 2003, § 18 Rdnr. 7 ff.

[377] *Kübler/Prütting/Pape*, InsO, Stand: 10/2003, § 18 Rdnr. 9; HK-*Kirchhof*, InsO, 3. Aufl. 2003, § 18 Rdnr. 13; FK-*Schmerbach*, InsO, 3. Aufl. 2002, § 18 Rdnr. 13; *Drukarczyk/ Schüler*, in: Kölner Schrift zur InsO, 2. Aufl. 2000, S. 57/ 72.

Erst dann ist die Schutzbedürftigkeit der Gläubiger hinreichend hoch, um den Insolvenzantrag rechtfertigen zu können[378]. Der Insolvenzgrund der drohenden Zahlungsfähigkeit will dem Schuldner also nicht die Möglichkeit verschaffen, sich unberechtigterweise in die Insolvenz zu flüchten, sondern er dient als Anreiz für eine frühzeitige, berechtigte Insolvenzantragstellung zum Zwecke einer Verbesserung der Sanierungschancen bzw. einer besseren Befriedigung der Gläubigerforderungen.

Nur der Schuldner hat das Recht, den Antrag wegen drohender Zahlungsunfähigkeit selbst zu stellen; eine Antragspflicht des Vereinsvorstandes besteht demgegenüber nicht (vgl. § 42 Abs. 2 InsO)[379]. Die Begrenzung der Antragsbefugnis soll einerseits verhindern, dass die Gläubiger schon frühzeitig ein Druckmittel gegen den Schuldner in die Hand bekommen; andererseits soll eine außergerichtliche Sanierung möglich bleiben, weshalb keine Antragspflicht besteht[380].

2. *Insolvenzeröffnungsgründe der Vorgesellschaften*

Die dargestellten Insolvenzauslösetatbestände für den Verein gelten nicht übereinstimmend für alle Vorstadien des eingetragenen Vereins.

a) Vorgründungsgesellschaft

Die Überschuldung (§ 19 InsO) stellt – im Gegensatz zum späteren e.V. – bei der Vorgründungsgesellschaft als Gesellschaft ohne Rechtspersönlichkeit keinen Insolvenzauslösetatbestand dar. Begründet wird dieser Unterschied mit der persönlichen Haftung natürlicher Personen bei der Gesellschaft bürgerlichen Rechts, deren privates Vermögen zum Verlustausgleich zur Verfügung steht und somit den Auslösetatbestand der Überschuldung entbehrlich macht[381].

---

378 *Kübler/Prütting/Noack*, Sonderband 1: Gesellschaftsrecht, 1999, InsO, Rdnr. 68 f.; *Braun/ Uhlenbruck*, Unternehmensinsolvenz, 1997, S. 286; *K.Schmidt*, in *K.Schmidt/ Uhlenbruck*, Die GmbH in Krise, Sanierung und Insolvenz, 3. Aufl. 2003, Rdnr. 847.

379 Vgl. FK-*Schmerbach*, InsO, 3. Aufl. 2002, § 18 Rdnr. 20.

380 *Uhlenbruck*, in *K.Schmidt/Uhlenbruck*, Die GmbH in Krise, Sanierung und Insolvenz, 3. Aufl. 2003, Rdnr. 845.

381 *Kübler/Prütting/Noack*, InsO, Sonderband 1: Gesellschaftsrecht, Rdnr. 457; FK-*Schmerbach*, 3. Aufl. 2002, § 15 Rdnr. 24.

Etwas anderes gilt allerdings für Vorgründungsgesellschaften, die als reine Innengesellschaften fungieren, d.h., wenn die Gesellschaft nicht in Rechtsbeziehungen zu Dritten tritt. In diesem Fall ist die Gesellschaft generell von der Regelung des § 11 Abs. 2 Nr. 1 InsO ausgenommen, da bei ihr ein Insolvenztatbestand mangels Außenbeziehungen nicht eintreten kann[382].

b) Vorverein

Beim nichtrechtsfähigen Vorverein wiederum, der laut seiner Satzung die Eintragung in das Vereinsregister anstrebt, ist umstritten, ob - wie beim eingetragenen Verein - die Überschuldung neben dem Insolvenzgrund der Zahlungsunfähigkeit zum Tragen kommt[383].

Für die Anwendbarkeit sämtlicher Insolvenzgründe auf den Vorverein spricht die Regelung des § 11 Abs. 1 Satz 2 InsO, durch die der nichtrechtsfähige Verein ausdrücklich hinsichtlich der Insolvenzfähigkeit einer juristischen Person gleichgestellt wird. Der eigentliche Grund für die gesetzlich normierte Gleichstellung von nichtrechtsfähigem Verein und juristischer Person ist allerdings die Bestimmung des § 54 BGB, die für nichtrechtsfähige Vereine auf das insoweit „unpassende Gesellschaftsrecht"[384] verweist. Der Gesetzgeber wollte durch die Gleichstellung des nichtrechtsfähigen Vereins mit einer juristischen Person hinsichtlich der Insolvenzfähigkeit verhindern, dass trotz der Vorzüge des Rechts der eingetragenen Vereine und dem damit verbundenen mittelbaren Zwang zur Rechtsfähigkeit aus der Verweisung des § 54 BGB zu Ungunsten der Gläubiger ein Anreiz zum Verzicht auf die Rechtsfähigkeit bei der Gründung eines Vereins erwachsen könnte[385].

Zum Teil wird vertreten, dass die genannte Zielsetzung des Gesetzgebers für den echten Vorverein, der satzungsgemäß die Rechtsfähigkeit anstrebt, nicht relevant sei. Die Anwendung des Insolvenzgrundes der Überschuldung auf den echten Vorverein bedeute vielmehr, dass schon im Gründungsstadium die wirtschaftliche Selbständigkeit des Vorvereins vorausgesetzt werde, obgleich diese

---

[382] Vgl. Begr. zu § 13 RegE zu § 11 InsO, BT-Drucks. 12/2443, S. 112, abgedruckt in: *Kübler/Prütting*, RWS-Dok. 18, 2. Aufl. 2000, S.165 f.; *Kübler/Prütting/Noack*, InsO, Sonderband 1: Gesellschaftsrecht, 1999, Rdnr. 47.

[383] Vgl. MüKo/*Reuter*, BGB, 4. Aufl. 2001, §§ 21, 22 Rdnr. 98.

[384] *Achilles/Gebhard/Spahn*, Protokolle II, 1898, S. 458.

[385] MüKo/*Reuter*, BGB, 4. Aufl. 2001, §§ 21, 22 Rdnr. 98.

erst das Ziel des Aufbaus zum eingetragenen Verein sei. Demzufolge passe der Insolvenzauslösegrund der Überschuldung nicht für den echten Vorverein und sei damit auf diesen auch nicht anzuwenden[386].

Dieser Ansicht kann nicht gefolgt werden, da sie dem klaren Wortlaut des § 11 Abs. 1 Satz 2 BGB widerspricht. Darüber hinaus berücksichtigt sie nicht den Sinn und Zweck der Bestimmung des § 19 Abs. 1 und 3 InsO. Die Intention des Gesetzgebers zielte darauf, den Gläubigerschutz durch die Schaffung des Insolvenztatbestands der Überschuldung zu stärken, indem dieser die Insolvenzreife jener Gesellschaften, bei denen keine natürliche Person unbeschränkt mit ihrem Vermögen für die Gesellschaftsschulden haftet, zeitlich vorverlagert[387]. Da dieser Schutzzweck auch den nur beschränkt haftenden nichtrechtsfähigen Vorverein betrifft, muss der Insolvenztatbestand der Überschuldung auch für den Vorverein gelten.

IV. Verfahrenseinleitung durch Insolvenzantrag

Das Insolvenzverfahren wird gemäß § 13 Abs. 1 InsO nur auf Antrag eröffnet. Das bedeutet, dass das Insolvenzgericht nicht von Amts wegen tätig werden kann. Das Antragsprinzip folgt dem privatrechtlichen Grundsatz der Dispositionsfreiheit und gewährleistet, dass es der Entscheidungsfreiheit der Gläubiger unterfällt, ob sie zunächst auf dem Wege der Einzelzwangsvollstreckung die Haftung des Vereins zu verwirklichen versuchen oder ob durch die Einleitung des Insolvenzverfahrens die Gesamtvollstreckung und damit die Abwicklung des gesamten Vermögens des Schuldners erzwungen werden soll[388]. Zum anderen ermöglicht das Antragsprinzip den Beteiligten, im Vorfeld der Insolvenz und damit außerhalb eines staatlich geordneten Verfahrens eigenverantwortlich eine Sanierung zu tätigen oder eine stille Liquidation vorzunehmen[389].

---

[386] MüKo/*Reuter*, BGB, 4. Aufl. 2001, §§ 21, 22 Rdnr. 98; *Kuhn*, WM 1956, Sonderbeilage 5, S. 8; a.A: *Soergel/Hadding*, BGB, 13. Aufl. 2000, Vor § 21 Rdnr. 67.

[387] Vgl. oben unter F III. 1. b).

[388] Vgl. Begr. des RegE zu § 13 InsO, BR-Drucks. 12/2443, abgedruckt in *Kübler/Prütting*, RWS-Dok. 18, 2. Aufl. 2000, S. 168; *Nerlich/Römermann/Mönning*, InsO, 1999, § 13 Rdnr. 4.

[389] MüKoInsO/*Schmahl*, 2001, § 13 Rdnr. 3; *Gottwald/Uhlenbruck*, Insolvenzrechts-Hdb, 2. Aufl. 2001, § 4 Rdnr. 1.

Der Insolvenzantrag ist grundsätzlich schriftlich beim Insolvenzgericht einzureichen, kann aber auch zu Protokoll der Geschäftsstelle bei jedem Amtsgericht gestellt werden[390]. Im Falle einer erforderlichen Glaubhaftmachung (vgl. §§ 14 Abs. 1, 15 Abs. 2 InsO) sind dem Antrag in aller Regel diejenigen Schriftstücke im Original vorzulegen, die der Glaubhaftmachung dienen sollen[391]. Es besteht kein Anwaltszwang.

1. Recht zur Antragstellung

Ausgangspunkt für die Bestimmung der Antragsberechtigung ist die Regelung des § 13 Abs. 1 Satz 2 InsO, wonach sowohl der Schuldner als auch der Gläubiger einen Insolvenzantrag stellen kann.

a) Antragsrecht des Vorstands

Der Verein ist als juristische Person nicht selbst handlungsfähig und muss sich daher bei der Antragstellung vertreten lassen. Antragsberechtigtes Vertretungsorgan ist im Falle des Vereins dessen Vorstand (§ 15 Abs. 1 Satz 1 InsO i.V. mit § 26 Abs. 2 BGB).

§ 15 Abs. 1 InsO räumt jedem einzelnen Mitglied eines Vertretungsorgans einer juristischen Person – hier also allen Mitgliedern des Vereinsvorstandes – ein eigenes Recht zur Antragsstellung ein. Eine möglicherweise bestehende Gesamtvertretung kommt somit nicht zum Tragen[392]. Das Antragsrecht steht einem Vorstandsmitglied auch dann zu, wenn dessen Vertretungsmacht gemäß § 26 Abs. 2 Satz 2 BGB beschränkt ist[393]. Wird der Insolvenzantrag nicht von allen Mitgliedern eines Vorstands gestellt, so ist der Antrag zum Schutze der anderen Berechtigten nur zulässig, wenn der Eröffnungsgrund glaubhaft ge-

---

390 HK-*Kirchhof*, InsO, 3. Aufl. 2003, § 13 Rdnr. 5; MüKoInsO/*Schmahl*, 2001, § 13 Rdnr. 73; *Delhaes*, in Kölner Schrift zur InsO, 2. Aufl. 2000, S. 141/ 144.

391 MüKoInsO/*Schmahl*, 2001, § 13 Rdnr. 73.

392 MüKoInsO/*Schmahl*, 2001, § 15 Rdnr. 72; HK-*Kirchhof*, InsO, 3. Aufl. 2003, § 15 Rdnr. 4; *Braun/Kind*, InsO, 2002, § 15 Rdnr. 3; *Smid/Smid*, InsO, 2. Aufl. 2002, § 15 Rdnr. 4; *Smid*, Grundzüge des neuen Insolvenzrechts, 4. Aufl. 2002, § 3 Rdnr. 8.

393 *Haas*, SpuRt 1999, 1/ 2; MüKoInsO/*Schmahl*, 2001, § 15 Rdnr. 72; HK-*Kirchhof*, InsO, 3. Aufl. 2003, § 15 Rdnr. 4; *Braun/Kind*, InsO, 2002, § 15 Rdnr. 2; *Smid/Smid*, InsO, 2. Aufl. 2002, § 15 Rdnr. 4.

macht wird (§ 15 Abs. 2 Satz 1 InsO). Zudem hat das Insolvenzgericht die übrigen Vorstandsmitglieder zu hören (§ 15 Abs. 2 Satz 2 InsO).

Wird der Antrag auf Eröffnung des Insolvenzverfahrens mit dem Insolvenztatbestand der drohenden Zahlungsunfähigkeit begründet, ist der Antrag nur zulässig, wenn die Antragsteller in vertretungsberechtigter Zahl tätig geworden sind (§ 18 Abs. 3 InsO). Ein einzelnes Vorstandsmitglied kann demnach im Falle des Bestehens eines mehrköpfigen Vorstands den Antrag nur stellen, wenn ihm Alleinvertretungsbefugnis eingeräumt ist[394].

b) Antragsrecht des faktischen Vorstands

Fraglich ist, ob sich der Normadressatenkreis der §§ 15 Abs. 1 Satz 1, 18 Abs. 3 InsO über den rechtswirksam bestellten Vorstand hinaus auch auf sonstige Personen, die nicht dem Vorstand im Sinne des Gesetzes angehören und vorliegend auch allgemein als *Nichtvorstände* bezeichnet werden, erweitern lässt. Diese Fragestellung wird relevant für den Fall, dass wesentliche oder alle Geschäftsführungstätigkeiten des Vereins von Personen wahrgenommen werden, die entweder nicht ordnungsgemäß zum Vorstand bestellt wurden oder sogar ganz ohne Legitimation und damit rein tatsächlich die Geschicke des Vereins lenken[395].

Die h.M. gelangt zu einer Ausweitung des Normadressatenkreises, indem sie über die Rechtsfigur des so genannten „faktischen Organs" den Eintritt eines Nichtvorstandes in den Rechte- und Pflichtenkreis des wirksam bestellten Vertretungsorgans begründet[396]. Dabei wird ausgehend von der Feststellung eines faktischen Organverhältnisses im Einzelfall und unter Berücksichtigung des jeweiligen Normzwecks die Einbeziehung des Nichtvorstands in den Rechte- und Pflichtenkatalog eines ordnungsgemäß bestellten Organs angenommen[397]. Diese

---

[394] *Braun/Kind*, InsO, 2002, § 18 Rdnr. 16; *Smid/Smid*, InsO, 2. Aufl. 2002, § 18 Rdnr. 13; HK-*Kirchhof*, InsO, 3. Aufl. 2003, § 18 Rdnr. 17; MüKoInsO/*Drukarczyk*, 2001, § 18 Rdnr. 50; FK-*Schmerbach*, InsO, 3. Aufl. 2002, § 18 Rdnr. 16.

[395] Vgl. FK-*Schmerbach*, InsO, 3. Aufl. 2002, § 15 Rdnr. 11 ff.; *Braun/Kind*, InsO, 2002, § 15 Rdnr. 11 ff.; MüKoInsO/*Schmahl*, 2001, § 15 Rdnr. 42 ff.

[396] *Reichert*, Hdb des Vereins- und Verbandsrechts, 9. Aufl. 2003, Rdnrn. 1288 ff., 1594, 1548; vgl. auch die Diskussion zur analogen Problematik im Rahmen des „faktischen Geschäftsführers" einer GmbH: *Haas*, DStR 1998, 1359 ff.; *Weimar*, GmbHR 1997, 473 ff.; *Stein*, ZHR 148 (1984), 207 ff.

[397] BGH, BB 1983, 788; BGH, ZIP 1988, 771; *Haas*, DStR 1998, 1359; *Weimar*, GmbHR 1997, 473/ 477; *Stein*, ZHR 1984, 207/ 221 ff.

Vorgehensweise ist deshalb problematisch, weil über die Kriterien der faktischen Organstellung im Einzelnen erhebliche Unklarheiten herrschen[398].

aa) Begriff und Voraussetzungen der faktischen Organstellung

Ein Nichtvorstand wird allgemein als faktischer Vorstand bezeichnet, wenn er die Geschäfte des Vereins *wie ein Vorstand* führt, ohne jedoch dazu förmlich wirksam bestellt worden zu sein[399]. Über die Voraussetzungen des Bestehens eines faktischen Organverhältnisses herrscht im Einzelnen jedoch Uneinigkeit.

Übereinstimmung besteht nur insofern, als zumindest derjenige, der aufgrund eines fehlerhaften Bestellungsaktes die Vorstandsaufgaben tatsächlich übernommen hat, als faktischer Vorstand einzustufen ist (formale Betrachtungsweise)[400]. Die h.M. nimmt sogar unter Verzicht auf das Erfordernis eines förmlichen Bestellungsaktes das Vorliegen einer faktischen Organstellung und damit auch die Gleichstellung mit einem ordnungsgemäß bestellten Vorstand an, wenn eine Person die Geschäfte des Vereins nur rein tatsächlich wie ein Vorstand erledigt und dabei typischerweise mit Wissen und Wollen der Mitgliederversammlung oder anderer maßgeblicher Vereinsorgane[401] handelt (materielle Betrachtungsweise)[402].

Schwierigkeiten bereitet dieser materielle Maßstab („Handeln wie ein Vorstand"), da er sich durch das gesetzliche Organisationsmodell des Vereins nicht hinreichend konkretisieren lässt. Der Aufgabenkreis eines Vorstands – und damit die Festlegung dessen, wie bzw. in welchem Umfang ein Vorstandsmitglied im Einzelfall die Geschäftsführung übernehmen soll – wird im Wesentlichen

---

398 Vgl. *Stein*, Das Faktische Organ 1984, S. 97; *dies.*, ZHR 1984, 207, 216/ 217; *Weimar*, GmbHR 1997, 473/ 474,

399 Vgl. BGH, NJW 1991, 1727; BGH NJW 2000, 2983; *Reichert*, Hdb des Vereins- und Verbandsrechts, 9. Aufl. 2003, Rdnr. 1288.

400 Vgl. BGHZ 41, 282/ 287 f.; BGH, NJW 1991, 1727; *Reichert*, Hdb des Vereins- und Verbandsrechts, 9. Aufl. 2003, Rdnr. 1288; *Scholz/K.Schmidt*, GmbHG, 9. Aufl. 2002, § 64 Rdnr. 7; *Stein*, ZHR 148 (1984), 207/ 221 ff.

401 Vgl. für den GmbH-GF: BGHSt, BB 1983, 788/ 789; BGH, GmbHR 1990, 173; BayObLG, NJW 1997, 1936; OLG Düsseldorf, GmbHR 1994, 317/ 318.

402 Vgl. für den GmbH-GF: BGH, NJW 1988, 1789; OLG Naumburg, GmbHR 2002, 112/ 113; *Lutter/Hommelhoff*, GmbHG, 15. Aufl. 2000, § 64 Rdnr. 49; *Hachenburg/Ulmer*, GmbHG, 8. Aufl. 1997, § 63 Rdnr. 53; *Weimar*, GmbHR 1997, 473/ 477; *Baumbach/Hueck/Schulze-Osterloh*, GmbHG, 17. Aufl. 2000, § 64 Rdnr. 40; a.A: *Scholz/ K.Schmidt*, GmbHG, 9. Aufl. 2002, § 64 Rdnr. 7.

erst durch die Satzung des Vereins bestimmt[403]. Diese kann aber auch die Übertragung der gesamten Geschäftsführung oder Teilen davon auf einen separaten Geschäftsführer oder ein anderes Vereinsorgan vorsehen, so dass das „Handeln wie ein Vorstand“ nicht einheitlich beurteilt werden kann[404].

Es wird daher darauf abgestellt, ob der faktische Vorstand die Geschäftsführung des Vereins in einem Ausmaß und einer Intensität übernommen hat, wodurch er gegenüber dem formellen Vorstand, aber auch gegenüber einem eventuell vorhandenen legitimen Geschäftsführungsorgan eine überragende Stellung einnimmt, welche sich zudem in seinem äußeren Auftreten für den Verein widerspiegeln muss[405]. Hinsichtlich des Ausmaßes und der Intensität der Geschäftsführung des Nichtvorstands bestehen allerdings viele Unklarheiten; insbesondere gibt es unterschiedliche Auffassungen darüber, welche einzelnen Geschäftsführungstätigkeiten vom faktischen Vorstand übernommen worden sein müssen[406], so dass eine allgemein anerkannte Begriffsdefinition eines faktischen Vertretungsorgans bislang nicht existiert[407].

bb) Sinn und Zweck des Antragsrechts

Aufgrund der unklaren Kontur der Rechtsfigur des faktischen Organs stellt sich die Frage, ob sich das Antragsrecht eines faktischen Vorstands materieller Lesart überhaupt mit dem Sinn und Zweck der §§ 15 Abs. 1 Satz 1, 18 Abs. 3 InsO vereinbaren lässt.

Dabei ist zu berücksichtigen, dass der Insolvenzantrag zunächst zur Einleitung des Eröffnungsverfahrens führt. Dieses dient dazu, die rechtlichen Voraussetzungen der Eröffnung des Insolvenzverfahrens über das Schuldnervermögen zu klären und bis zu dieser Entscheidung vorläufige Maßnahmen zur Sicherung des

---

403 Vgl.: *Reichert*, Hdb des Vereins- und Verbandsrechts, 9. Aufl. 2003, Rdnr. 1390 ff. und Rdnr. 1486

404 Vgl. für den GmbH-GF: *Haas*, DStR 1998, 1359.

405 Vgl. für die GmbH: BGHSt, BB 1983, 788/ 789; BGHSt, NJW 2000, 2285 f.; zum Kriterium des Ausmaßes und der Intensität für den GmbH-Geschäftsführer: BGH, WM 1988, 756/ 757 f.; *Baumbach/Hueck/Schulze-Osterloh*, GmbHG, 17. Aufl. 2000, § 64 Rdnr. 40.

406 Vgl. *Haas*, DStR 1998, 1359/ 1360; *Weimar*, GmbHR 1997, 473/ 475 f.; *Stein*, ZHR 148 (1984), 213 f.

407 *Weimar*, GmbHR 1997, 473/ 474; *K.Schmidt*, Gesellschaftsrecht, 4. Aufl. 2002, § 14 III 4; *Haas*, DStR 1998, 1359.

Schuldnervermögens treffen zu können, soweit diese zum Schutz der Gläubiger erforderlich sein sollten[408].

Häufig wird der Insolvenzantrag vom Schuldner zum letztmöglichen Zeitpunkt gestellt; aber auch unabhängig davon indiziert die Stellung des Insolvenzantrages, dass die Erfüllung der Gläubigerforderungen mangels Solvenz des Schuldners unmittelbar in Gefahr ist und damit Eile geboten ist[409]. Das bedeutet, dass das insoweit zuständige Insolvenzgericht im Eröffnungsverfahren möglichst schnell alle notwendigen Maßnahmen einleiten muss, um das Schuldnervermögen effektiv zu sichern und damit die Gläubigergesamtheit zu schützen.

Das Insolvenzgericht kann allerdings nur aufgrund eines nach vorläufiger Prüfung zulässigen Antrages tätig werden[410]. Dabei ist das Antragsrecht des Antragstellers von diesem darzulegen und vom Insolvenzgericht von Amts wegen zu prüfen[411]. Wollte man das Antragsrecht auf den faktischen Vorstand ausdehnen, würde dies bedeuten, dass der den Antrag stellende Nichtvorstand sein tatsächliches Handeln für den Verein, welches der Intensität einer faktischen Organstellung genügen müsste, nachzuweisen hätte. Ein derartiger Nachweis könnte aber kaum zufrieden stellend geführt werden, da zum einen keine klaren Kriterien existieren, welche Machtposition ein faktischer Vorstand tatsächlich innehaben muss, und zum anderen könnte das Insolvenzgericht diese Angaben nicht in der zur Verfügung stehenden kurzen Zeit hinreichend genau überprüfen[412]. Da ein derartiges Prozedere dem Erfordernis der Schnelligkeit der Entscheidung zur Einleitung des Eröffnungsverfahrens zuwider laufen würde, ist unter Berücksichtigung des Normzwecks der §§ 15 Abs. 1 Satz 1, 18 Abs. 3 InsO ein Antragsrecht des faktischen Vorstands materieller Lesart abzulehnen[413].

---

[408] Dazu vgl. unten unter H I.

[409] MüKoInsO/*Schmahl*, 2001, § 16 Rdnr. 21.

[410] Vgl. OLG Köln, ZIP 1988, 664; LG Göttingen, ZIP 1993, 447; *Uhlenbruck*, in Kölner Schrift zur InsO, 2. Aufl. 2000, S. 325/ 327; MüKoInsO/*Haarmeyer*, 2001, § 21 Rdnr. 2.

[411] Vgl. *Haarmeyer/Wutzke/Förster*, Hdb zur InsO, 3. Aufl. 2001, Kap. 3 Rdnr. 14; *Uhlenbruck*, GmbHR 1995, 195/ 199.

[412] MüKoInsO/*Schmahl*, 2001, § 15 Rdnr. 44; *Vallender*, MDR 1999, 280/ 282; *Haas*, DStR 1998, 1359/ 1360.

[413] Vgl. für den GmbH-GF: *Haas*, DStR 1998, 1359/ 1360, MüKoInsO/*Schmahl*, 2001, § 15 Rdnr. 44; *Vallender*, MDR 1999, 280/ 282; a.A: BGH, ZIP 1988, 771; OLG Brandenburg, ZInsO 2001, 76; FK-*Schmerbach*, InsO, 3. Aufl. 2002, § 15 Rdnr. 11; *Nerlich/ Römermann/ Mönning*, InsO, 1999, § 13 Rdnr. 78 ff.

cc) *Beschränkung des Antragsrechts auf den fehlerhaft bestellten faktischen Vorstand*

Die Rechtsfigur des faktischen Organs und die darauf basierende Einbeziehung eines Nichtvorstands in den Rechte- und Pflichtenkatalog eines ordnungsgemäß bestellten Vorstands ist allerdings dann anzuerkennen, wenn sie klar abgrenzbar ist. Das ist jedenfalls dann der Fall, wenn man die formale Betrachtungsweise heranzieht[414], wonach immer dann ein faktisches Organverhältnis vorliegt, wenn eine Person aufgrund eines existierenden, aber fehlerhaften Bestellungsaktes die Aufgaben des Organs wahrnimmt.

Die praktische Gebotenheit der Anerkennung derartiger faktischer Organverhältnisse nach formaler Lesart erschließt sich bereits aus der Tatsache, dass andernfalls Besetzungsmängel im Vorstand des Vereins zu erheblichen Folgen für die Wirksamkeit von Beschlüssen des Vorstands oder der Mitgliederversammlung und sogar zur völligen Handlungsunfähigkeit des Vorstands und damit des Vereins führen könnten[415].

Die Einbeziehung des faktischen Vorstands formaler Lesart in die Rechtsstellung eines ordnungsgemäß bestellten Vorstands lässt sich zudem auch gegenüber den Beteiligten rechtfertigen, da der fehlerhaft bestellte Vorstand einerseits vom Bestellungsorgan (in der Regel der Mitgliederversammlung) als Vertretungsorgan des Vereins gewollt war und sich der Vorstand seinerseits durch die Annahme der Bestellung auf die Übernahme von Organrechten und -pflichten einstellen konnte und sich dadurch auch bewusst auf die entsprechende Rechtsposition im Verein eingelassen hat[416].

Daher ist im Falle eines fehlerhaft bestellten Vorstands sogar von einer uneingeschränkten, von den einzelnen Organvorschriften und deren Normzweck unabhängigen Ausdehnung der Rechtsposition eines ordnungsgemäß bestellten Vorstands auf das faktische Vertretungsorgan auszugehen. Denn nur der automatische Eintritt eines fehlerhaft bestellten Organs in die Rechtsposition des ordnungsgemäß gewählten Geschäftsführungsorgans kann die interne Funktionsfähigkeit des Vereins gewährleisten und die vereinsrechtlichen Verantwort-

---

414 *Haas*, SpuRt 1999, 1/ 2 f.; vgl. *Stein*, ZHR 148 (1984), 207/ 221 f.; so im Ergebnis auch *Haas*, DStR 1998, S. 1359/ 1360.

415 Vgl. *Palandt/Heinrichs*, BGB, 63. Aufl. 2004, § 32 Rdnr. 9.

416 Vgl. eingehend *Stein*, Das faktische Organ, 1984, S. 97 ff und S. 118.

lichkeitsverhältnisse nach innen, vor allem aber im Rechtsverkehr nach außen sicherstellen[417]. Folglich ist der fehlerhaft bestellte organschaftliche Vertreter unter anderem auch dazu berechtigt, den Insolvenzantrag für den Verein zu stellen[418].

Ist allerdings die Fehlerhaftigkeit der Bestellung evident oder wurde dieselbe bereits widerrufen, ist der Eintritt des faktischen Vorstands in die Rechte- und Pflichtenkreis eines ordnungsgemäß bestellten Organs ausgeschlossen. In diesen Fällen fehlt es an einem schützenswerten Interesse der Beteiligten an einer Anerkennung der fehlerhaften Organstellung, da einerseits das Vertrauen der Beteiligten in die Wirksamkeit der Bestellung nicht gegeben ist, andererseits für beide Parteien die Möglichkeit besteht, das Rechtsverhältnis auf eine wirksame Rechtsgrundlage zu stellen[419].

c) Antragsrecht des Insolvenzgläubigers

Die Zulässigkeit des Gläubigerantrags ist an Voraussetzungen gebunden, die sich der Regelung des § 14 Abs. 1 InsO entnehmen lassen. Danach muss der Gläubiger ein rechtliches Interesse an der Eröffnung des Insolvenzverfahrens haben und den Eröffnungsgrund glaubhaft machen können (vgl. § 294 ZPO).

Diese im Vergleich zum Schuldnerantrag strengeren Voraussetzungen dienen der Vermeidung eines Missbrauchs des Insolvenzantrages seitens des Gläubigers, etwa um durch den Insolvenzantrag Druck auf den solventen Schuldner auszuüben mit dem Ziel, ihn zum Bezahlen offener Forderungen zu bewegen[420].

Der Kreis der antragsbefugten Gläubiger erschließt sich in erster Linie aus § 38 InsO. Die Regelung definiert den Insolvenzgläubiger als persönlichen Gläubiger, der einen zur Zeit der Insolvenzeröffnung begründeten Vermögensanspruch gegen den Schuldner hat.

---

[417] Vgl. für den GmbH-GF: mit eingehender Begründung *Stein*, ZHR 148 (1984), 207/ 222.

[418] Vgl. für den GmbH-GF: *Haas*, DStR 1998, 1359/ 1360; MüKoInsO/*Schmahl,* 2001, § 15 Rdnr. 42.

[419] *Stein*, Das faktische Organ, 1984, S. 115 f. /125/ 136.

[420] *Smid/Smid*, InsO, 2. Aufl. 2002, § 14 Rdnr. 1; FK-*Schmerbach*, InsO, 3. Aufl. 2002, § 14 Rdnr. 26; MüKoInsO/*Schmahl*, 2001, § 14 Rdnr. 2; *Hess/Weiss/Wienberg*, InsO, 2. Aufl. 2001, § 14 Rdnr. 2; *Hess/Pape*, InsO und EGInsO, 1995, Rdnr. 116.

Dem Wortlaut des § 13 Abs. 1 Satz 2 InsO zufolge steht aber auch den nachrangigen Gläubigern im Sinne des § 39 InsO sowie den aus- und absonderungsberechtigten Gläubigern das Recht zur Stellung des Insolvenzantrags zu[421]. Allerdings fehlt diesen Gläubigern meist das erforderliche Rechtsschutzinteresse (vgl. § 14 Abs. 1 Halbsatz 1 InsO). Wer entweder keine begründete Aussicht hat, auf seine (nachrangige) Forderung im Insolvenzverfahren eine Quote zu erhalten[422], oder für den Fall des Ausfalls mit seiner Forderung aufgrund eines Aus- oder Absonderungsrechts schon hinreichend (dinglich) gesichert ist, so dass eine vollständige Befriedigung zu erwarten ist[423], dem fehlt in der Regel das Rechtsschutzinteresse[424].

2. Rücknahme des Insolvenzantrags

Der Insolvenzantrag kann zurückgenommen werden, bis das Insolvenzverfahren eröffnet oder der Antrag rechtskräftig abgewiesen worden ist (§ 13 Abs. 2 InsO). Umstritten ist jedoch, wem das Rücknahmerecht im Falle des Bestehens eines mehrköpfigen Vertretungsorgans zusteht, da die InsO diesbezüglich keine Regelung trifft.

Der h.M. zufolge steht bei einer Mehrzahl von Mitgliedern im Vertretungsorgan einer juristischen Person dem jeweiligen Antragsteller allein, unabhängig von der internen Regelung der Vertretungsbefugnis[425], oder zusammen mit den anderen Vorstandsmitgliedern das Recht zur Antragsrücknahme zu[426]. Anderer Ansicht nach kann dagegen die Rücknahme unabhängig vom jeweiligen Antrag-

---

[421] *Delhaes*, in Kölner Schrift zur InsO, 2. Aufl. 2000, S. 141/ 142; *Smid/Smid*, InsO, 2. Aufl. 2002, § 14 Rdnr. 4 ff.

[422] *Kübler/Prütting/Pape*, InsO, Stand: 10/2003, § 14 Rdnr. 13; FK-*Schmerbach*, InsO, 3. Aufl. 2002, § 14 Rdnr. 49a; HK-*Kirchhof*, InsO, 3. Aufl. 2003, § 14 Rdnr. 20; a.A: MüKoInsO/*Schmahl*, 2001, § 14 Rdnr. 46.

[423] HK-*Kirchhof*, InsO, 3. Aufl. 2003, § 14 Rdnr. 19; *Kübler/Prütting/Pape*, InsO, Stand: 10/2003, § 14 Rdnr. 11; *Braun/Kind*, InsO, 2002, § 14 Rdnr. 11 *Smid/Smid*, InsO, 2. Aufl. 2002, § 14 Rdnr. 7.

[424] *Gottwald/Uhlenbruck*, Insolvenzrechts-Hdb, 2. Aufl. 2001, § 8 Rdnr. 13 ff.; vgl. Begründung zu § 15 des RegE, § 13 InsO, BR-Drucks 1/92, abgedruckt in *Kübler/ Prütting*, RWS-Dok. 18, 2. Aufl. 2000, S. 170; *Uhlenbruck*, Das neue Insolvenzrecht, 1994, S. 313.

[425] LG Tübingen, KTS 1961, 158/ 159; AG Potsdam, NZI 2000, 328; HK-*Kirchhof*, InsO, 3. Aufl. 2003, § 13 Rdnr. 15; *Hess/Weiss/Wienberg*, InsO, 2. Aufl. 2001, § 13 Rdnr. 26; *Scholz/K.Schmidt*, GmbHG, 9. Aufl. 2002, Vor § 64 Rdnr. 48.

[426] Vgl. für die GmbH: AG Duisburg, ZIP 1995, 582/ 583.

steller durch andere Vorstandsmitglieder erfolgen, wenn sie in vertretungsberechtigter Zahl handeln[427].

Für die Ansicht der h.M. spricht, dass sie den Zusammenhang zwischen Antragsrecht und Antragspflicht angemessen berücksichtigt. Der Gläubigerschutz, der durch die Antragspflicht vermittelt wird, darf nicht dadurch vereitelt werden können, dass ein alleinvertretungsberechtigtes Vorstandsmitglied den Antrag des Mitvorstands ohne Weiteres wieder zurücknehmen kann[428]. Darüber hinaus gebieten auch die Anforderungen an die Rechtssicherheit und Rechtsklarheit eine Einschränkung des in § 13 Abs. 2 InsO zum Ausdruck kommenden Dispositionsgrundsatzes[429].

Dem steht auch nicht die Gefahr entgegen, dass die übrigen Vorstände bei dieser Entscheidung übergangen werden könnten oder dass der antragstellende Vorstand womöglich leichtfertig einen unbegründeten Insolvenzantrag stellt. Denn insoweit bietet das Gesetz bereits einen ausreichenden Schutz. Zum einen hat der antragstellende Vorstand den Insolvenzgrund gegenüber dem Insolvenzgericht glaubhaft zu machen (§ 15 Abs. 2 Satz 1 InsO) und zum anderen obliegt dem Insolvenzgericht darüber hinaus gemäß § 15 Abs. 2 Satz 2 InsO die Pflicht, die übrigen Mitglieder des Vorstands zu hören. Des Weiteren ist die interne Haftung des antragstellenden Vorstandsmitgliedes bei pflichtwidriger Antragstellung hinreichend gewahrt[430].

Problematisch ist zudem, wer den Insolvenzantrag zurücknehmen kann, wenn – was häufig geschieht – der antragstellende Vorstand unmittelbar nach Antragstellung sein Amt wirksam niederlegt oder wirksam von seinem Amt abberufen wurde.

In diesen Fällen wird zum Teil vertreten, dass der Nachfolger im Vorstandsamt dazu berechtigt sein soll, den Antrag in den Grenzen des § 13 Abs. 2 InsO zu-

---

[427] *Delhaes*, in Kölner Schrift zur InsO, 2. Aufl. 2000, S. 141/ 150 ff.; *Frenski*, BB 1988, 2265/ 2266 f; *Kübler/Prütting/Noack*, InsO, Sonderband 1: Gesellschaftsrecht, 1999, Rdnr. 443; differenzierend: HK-*Kirchhof*, InsO, 3. Aufl. 2003, § 13 Rdnr. 15; *Scholz/ K.Schmidt*, GmbHG, 9. Aufl. 2002, Vor § 64 Rdnr. 48.

[428] LG Tübingen, KTS 1961, 158/ 159; LG Dortmund, NJW-RR 1986, 258; AG Potsdam, NZI 2000, 328; MüKoInsO/*Schmahl*, 2001, § 15 Rdnr. 58; *Haas*, DStR 1998, 1359/ 1360 f.

[429] FK-InsO/*Schmerbach*, 3. Aufl. 2002, § 15 Rdnr. 20.

[430] *Haas*, DStR 1998, 1359/ 1361; *Uhlenbruck/Uhlenbruck*, InsO, 12. Aufl. 2003, § 13 Rdnr. 83; zur Haftung vgl. unten G VI.

rücknehmen zu können[431]. Dieser Ansicht kann jedoch mit der h.M. nicht gefolgt werden[432], da sich die Interessenabwägung im Vergleich zur Situation, dass ein amtierender Vorstand gegen den Willen der anderen amtierenden Vorstände einen Insolvenzantrag stellt, kaum unterscheidet. Auch hier besteht die Gefahr, dass der Neuvorstand das Recht zur Antragsrücknahme missbraucht und damit den durch die Antragspflicht bezweckten Gläubigerschutz vereiteln könnte. Andererseits wächst der Neuvorstand in dieselbe Verantwortungsposition dem Verein gegenüber hinein mit der Folge, dass er die Interessen des Vereins zu schützen hat. Dem widerspräche es, wenn er sehenden Auges einen offensichtlich unbegründeten Insolvenzantrag zum Schaden des Vereins ohne Weiteres hinzunehmen hätte. Daher ist in diesen Fällen auch einem Neuvorstand ein Recht zur Anhörung gemäß § 15 Abs. 2 InsO analog einzuräumen. Dadurch hat der Neuvorstand die hinreichende Gelegenheit, den Insolvenzantrag seines Vorgängers zu entkräften und die Interessen des Vereins zu schützen.

---

431 LG Berlin, KTS 1974, 184; HK-*Kirchhof*, InsO, 3. Aufl. 2003; § 13 Rdnr. 15; *Uhlenbruck/Uhlenbruck*, InsO, 12. Aufl. 2003, § 13 Rdnr. 83;

432 Vgl. LG Dortmund, ZIP 1985, 1341; AG Duisburg, NZI 2002, 209; AG Duisburg, ZIP 1995, 582; AG Magdeburg, ZinsO 1998, 43; *Kübler/Prütting/Pape*, InsO, Stand: 10/2003, § 13 Rdnrn. 20 f.

G Die Insolvenzantragspflicht des Vereinsvorstands gemäß § 42 Abs. 2 Satz 1 BGB

Dem Antrags*recht* des Vereinsvorstands bzw. dessen einzelner Vorstandsmitglieder steht eine Antrags*pflicht* gegenüber, wenn der Verein zahlungsunfähig oder überschuldet ist. Die Antragspflicht ergibt sich jedoch nicht aus der Insolvenzordnung, sondern aus § 42 Abs. 2 Satz 1 BGB.

Danach hat der Vereinsvorstand im Falle der Zahlungsunfähigkeit oder der Überschuldung die Eröffnung des Insolvenzverfahrens zu beantragen. Die Antragspflicht dient dem Schutz der Gläubiger und soll verhindern, dass sich das Vermögen des insolventen Schuldners weiter zuungunsten der Gläubiger schmälert[433]. Zudem soll die Teilnahme des insolventen Vereins am Rechtsverkehr nur noch unter der Bedingung möglich sein, dass das Vereinsvermögen gesondert saniert oder liquidiert wird[434].

I. Adressat der Insolvenzantragspflicht

1. Der Vorstand

Adressat der Antragspflicht nach § 42 Abs. 2 Satz 1 BGB ist der Vorstand des Vereins in seiner Funktion als gesetzliches Vertretungsorgan. Vorstandsmitglieder in diesem Sinne sind ausschließlich jene Organpersonen, die auch zur Vertretung des Vereins befugt sind, vgl. § 26 Abs. 2 Satz 1 BGB.

Folglich unterliegen die Mitglieder aller anderen Verwaltungsgremien des Vereins, die häufig sogar missverständlich als erweiterter Vorstand oder Gesamtvorstand, aber auch als Aufsichtsrat oder Präsidium bezeichnet werden[435], nicht der Antragspflicht des § 42 Abs. 2 BGB. Dies gilt selbst dann, wenn diesen Gremien, abweichend von § 27 Abs. 3 BGB, durch die Vereinssatzung die gesamte Geschäftsführung oder Teilbereiche übertragen sein sollten. Mitglieder dieser Gremien sind keine Vorstandsmitglieder im Sinne des Gesetzes, sondern nur Mitglieder eines neben dem Vorstand gebildeten zusätzlichen Vereinsor-

---

[433] *Smid/Smid*, InsO, 2. Aufl. 2002, § 15 Rdnr. 3; *Scholz/K.Schmidt*, GmbHG, 9. Aufl. 2002, § 64 Rdnr. 7; a.A: *Haas*, Geschäftsführerhaftung und Gläubigerschutz, 1997, S. 22 ff.; 95 ff.

[434] MüKoInsO/*Schmahl*, 2001, § 15 Rdnr. 66.

[435] Vgl. die Aufstellung sonstiger Vereinsgremien bei *Sauter/Schweyer/Waldner*, Der eingetragene Verein, 17. Aufl. 2001, Rdnr. 308.

gans. Auch der besondere Vertreter gemäß § 30 BGB ist kein Vorstandsmitglied in diesem Sinne[436].

Die Antragspflicht besteht innerhalb des Vorstands für jedes einzelne Mitglied, unabhängig von einer vorab festgelegten Ressortverteilung innerhalb der Vereinsführung oder von der Delegation an untergeordnete Mitarbeiter[437]. Die Antragspflicht des Vorstands ist also grundsätzlich nicht disponibel[438].Selbst wenn die Mitgliederversammlung des Vereins den Vorstand gemäß §§ 32, 665 BGB rechtswidrig dazu anweisen sollte, den Insolvenzantrag nicht zu stellen, entbindet diese Weisung den Vorstand nicht von seiner Pflicht zur Antragstellung[439].

2. Der faktische Vorstand

Der fehlerhaft bestellte faktische Vorstand tritt wie bereits dargelegt vollständig in den Rechte- und Pflichtenkreis eines ordnungsgemäß bestellten Vorstands ein und unterliegt damit auch der Pflicht zur rechtzeitigen Stellung des Insolvenzantrags.

Im Übrigen kommt die Auferlegung einer Insolvenzantragspflicht zu Lasten eines faktischen Vorstands, der die Geschäftsführung des Vereins nur rein tatsächlich übernommen hat, nur dann in Betracht, wenn seiner Antrags*pflicht* auch ein entsprechendes *Recht* zur Einleitung des Insolvenzverfahrens korrespondiert[440]. Da aber ein Antragsrecht des faktischen Vorstands materieller Lesart aus den oben genannten Gründen abzulehnen ist, kommt auch die Annahme einer Antragspflicht gemäß § 42 Abs. 2 Satz 1 BGB in diesem Fall nicht in Betracht[441].

---

436 *Sauter/Schweyer/Waldner*, Der eingetragene Verein, 17. Aufl. 2001, Rdnr. 280; *Soergel/Hadding*, BGB, 13. Aufl. 2000, § 30 Rdnr. 8; *Palandt/Heinrichs*, 63. Aufl. 2004, § 30 Rdnr. 1.

437 *Reichert*, Hdb des Vereins- und Verbandsrechts, 9. Aufl. 2003, Rdnr. 1488; *Haas*, SpuRt 1999, 1/ 2; für die GmbH vgl.: *Goette*, ZInsO 2001, 529.

438 *Soergel/Hadding*, BGB, 13. Aufl. 2000, § 42 Rdnr. 11; *Haas*, SpuRt 1999, 1/ 2; vgl. auch *Stöber*, Hdb zum Vereinsrecht, 8. Aufl. 2000, Rdnr. 291.

439 *Haas*, SpuRt 1999, 1/ 2; *Stöber*, Hdb zum Vereinsrecht, 8. Aufl. 2000, Rdnr. 291; vgl. für den GmbH-GF: *Scholz/K.Schmidt*, GmbHG, 9. Aufl. 2002, § 64 Rdnr. 21; *Gottwald/Haas*, Insolvenzrechts-Hdb, 2. Aufl. 2001, Rdnr. 41; LG Dortmund, ZIP 1985, 1341/ 1342.

440 *Haas*, DStR 1998, 1359/ 1362; *Stein*, ZHR 148 (1984), 207/ 230 f.; *Weimar*, GmbHR 1997, 473/ 477; *Scholz/K.Schmidt*, GmbHG, 9. Aufl. 2002, § 64 Rdnr. 7.

441 Zum Antragsrecht des Nichtvorstands vgl. oben unter F IV. 1. b).

II. Vorwirkungen der Antragspflicht

Aus der Verknüpfung der Antragspflicht mit den Insolvenzauslösetatbeständen der Zahlungsunfähigkeit und der Überschuldung ergeben sich bestimmte Vorwirkungen auf den Pflichtenkreis des Vereinsvorstands im Hinblick auf die Geschäftsführung des Vereins.

1. Notwendigkeit eines vereinsrechtlichen Frühwarnsystems

Die Insolvenzantragspflicht zieht die Notwendigkeit nach sich, dass die Vorstandsmitglieder jederzeit über die wirtschaftliche Lage und die Solvenz des Vereins unterrichtet sein müssen, da andernfalls der Eintritt der Insolvenzauslösetatbestände nicht rechtzeitig festgestellt werden kann[442].

In diesem Zusammenhang ist der Vorstand dazu verpflichtet, geeignete Organisationsstrukturen einzuführen, die jedem einzelnen Vorstandsmitglied die Möglichkeit eröffnen, sich über die finanzielle Situation des Vereins jederzeit informieren zu können[443]. Wie diese Strukturen im Einzelnen aussehen, richtet sich nach der jeweiligen Größe des Vereins und der Komplexität der Geschäftsführung[444], die im Einzelfall auch zur Verpflichtung führen kann, ein institutionalisiertes Risikokontrollsystem zu installieren[445].

2. Wahl der richtigen Handlungsalternative

Hat die Vereinsführung erkannt, dass sich der Verein in einer finanziellen Krise befindet[446], so steht der Vorstand zunächst vor der Wahl der richtigen Handlungsalternative. Der Vorstand hat im Rahmen ordnungsgemäßer Geschäftsfüh-

---

442 *Reichert*, Hdb des Vereins- und Verbandsrechts, 9. Aufl. 2003, Rdnr. 1547; für die GmbH: BGH, GmbHR 1994, 539/ 545; OLG Celle, GmbHR 1997, 127/ 128; OLG Düsseldorf, GmbHR 1993, 159/ 160; *Goette*, ZInsO 2001, 529.

443 *Haas*, SpuRt 1999, S. 1/ 3; vgl. für die GmbH: *Lutter/Hommelhoff*, GmbHG, 15. Aufl. 2000, § 43 Rdnr. 7; zur mittelbaren unternehmerischen Selbstkontrolle vgl. bereits oben unter D II. 1. b).

444 Vgl. für die GmbH: *Goette*, ZInsO 2001, 529; für die AG: *Hüffer*, AktG, 5. Aufl. 2002, § 91 Rdnr. 1 und 9.

445 Zum Risikokontrollsystem vgl. ausführlich oben unter D II. 1. a).

446 Zum Begriff der Krise vgl. oben D I.

rung zu prüfen, ob entweder geeignete außergerichtliche Möglichkeiten zur Sanierung des Vereins bestehen oder ob er den Insolvenzantrag stellen muss[447].

III. Zeitpunkt der Entstehung der Antragspflicht

Entschließt sich der Vorstand zunächst zur Einleitung eigener außergerichtlicher Sanierungsbemühungen, besteht die Gefahr, dass er den Haftungstatbestand des § 42 Abs. 2 BGB erfüllt, sobald er trotz Zahlungsunfähigkeit oder Überschuldung des Vereins den Insolvenzantrag schuldhaft nicht rechtzeitig stellt.

Das wirft die Frage nach dem genauen Entstehungszeitpunkt der Insolvenzantragspflicht auf. Fraglich ist insbesondere, ob dem Vereinsvorstand auch noch nach Eintritt eines Insolvenzauslösetatbestandes eine Frist verbleibt, um die Möglichkeit einer außergerichtlichen Sanierung des Vereins prüfen zu können oder ob er unverzüglich nach Eintritt der Insolvenz auch den Insolvenzantrag gemäß § 42 Abs. 2 Satz 1 BGB zu stellen hat.

1. Antragsfrist analog §§ 64 Abs. 1 GmbHG, 92 Abs. 2 AktG, § 130 a Abs. 1 HGB?

Das Bestehen einer Antragsfrist lässt sich dem Wortlaut des § 42 Abs. 2 BGB nicht entnehmen. Allerdings sieht das Gesetz in sämtlichen Parallelvorschriften zur Antragspflicht bei den Kapitalgesellschaften bzw. der kapitalisierten KG/OHG eine Dreiwochenfrist zur Stellung des Insolvenzantrags *nach* Eintritt des Tatbestandes der Zahlungsunfähigkeit oder der Überschuldung vor (vgl. § 64 Abs. 1 GmbHG, § 92 Abs. 2 AktG, 130 a Abs. 1 HGB).

Fraglich ist im vorliegenden Zusammenhang, ob eine analoge Anwendung dieser Vorschriften auf den Vereinsvorstand unter Berücksichtigung des Sinns und Zwecks der Antragsfrist in Betracht kommt.

2. Sinn und Zweck der Antragsfrist

Die im Bereich der Parallelvorschriften vorgesehene dreiwöchige Frist zur Stellung des Insolvenzantrags ist keineswegs als eine Überlegungsfrist des Lei-

---

[447] *Haas*, SpuRt 1999 S. 1/ 3; *Uhlenbruck*, in FS Merz, 1992, S. 583; vgl. für die GmbH: *Hachenburg/Ulmer*, GmbHG, 8. Aufl. 1997, § 64 Rdnr. 8; *Scholz/K.Schmidt*, GmbHG, 9. Aufl. 2002, § 64 Rdnr. 13.

tungsorgans zu verstehen, die auf jeden Fall ausgeschöpft werden darf; vielmehr handelt es sich um eine *Höchstfrist*, die nur insoweit ausgenutzt werden darf, als das Zuwarten kein schuldhaftes Zögern darstellt[448]. Das heißt, dass z.B. auch das Leitungsorgan einer GmbH oder einer AG dazu verpflichtet ist, den Insolvenzantrag sofort zu stellen, wenn es zu der Erkenntnis kommt, dass das Unternehmen nicht sanierungsfähig ist[449].

Die dreiwöchige Überlegungsfrist kommt also nur dann zum Tragen, wenn die Gesellschaft aus der Sicht eines ordentlichen Geschäftsführers sanierungsfähig ist. Dahinter steht der Gedanke, dass, wenn es gelingt, die Überlegungsfrist zur Einleitung von Sanierungsmaßnahmen für die Gesellschaft effektiv auszunutzen, die Gläubiger im Regelfall besser gestellt sein werden als bei einer Liquidation im Rahmen des Insolvenzverfahrens[450]. Denn zum einen entstehen bei einer außergerichtlichen Sanierung keine zusätzlichen Kosten wie für eine Insolvenzverwaltung, und zum anderen wird ein erheblicher Zeitgewinn dadurch erzielt, dass Sanierungsmaßnahmen sofort greifen können, ohne dass erst ein Eröffnungsverfahren und das Einarbeiten einer unternehmensfremden dritten Person (Insolvenzverwalter) abgewartet werden müsste. Folglich dient die Dreiwochenfrist in erster Linie den Interessen der Gläubiger, indem der zeitliche Rahmen für erste Sanierungsbemühungen gewährleistet wird[451].

Da die Interessen der Vereinsgläubiger ebenso schützenswert sind, ist es geboten, auch im Rahmen des § 42 Abs. 2 BGB diese zu berücksichtigen, mit der Maßgabe, dass der Vorstand den Insolvenzantrag nur dann unverzüglich zu stellen hat, wenn aus Sicht eines ordentlichen Vereinsvorstands der Verein nicht mehr sanierungsfähig ist[452]. Sind dagegen Sanierungsmöglichkeiten objektiv ge-

---

[448] *Haas*, SpuRt 1999, 1/ 3; für die GmbH: *Scholz/K.Schmidt*, GmbHG, 9. Aufl. 2002, § 64 Rdnr. 16; *Baumbach/Hueck/Schulze-Osterloh*, GmbHG, 17. Aufl. 2000, § 64 Rdnr. 44; *Gottwald/Haas*, Insolvenzrechts-Hdb, 2. Aufl. 2001, § 92 Rdnr. 45; *Röhricht/Graf v. Westphalen/v.Gerkan*, HGB, 2. Aufl. 2001, § 130 a Rdnr. 7; *Fleck*, GmbHR 1974, 230.

[449] Vgl. für die GmbH: BGHZ 75, 96/ 111; *Gottwald/Haas*, Insolvenzrechts-Hdb, 2. Aufl. 2001, § 92 Rdnr. 45; *Scholz/K.Schmidt*, GmbHG, 9. Aufl. 2002, § 64 Rdnr. 16.

[450] Vgl. dazu bereits oben unter D III. 2. a).

[451] *Scholz/K.Schmidt*, GmbHG, 9. Aufl. 2002, § 64 Rdnr. 16 *Baumbach/Hueck/Schulze-Osterloh*, GmbHG, 17. Aufl. 2000, § 64 Rdnr. 44.

[452] *Haas*, SpuRt 1999, 1/ 3; vgl. auch *Soergel/Hadding*, BGB, 13. Aufl. 2000, § 42 Rdnr. 12; eine allgemeine Überlegungsfrist hatte der BGH auch schon dem Vereinsvorstand eingeräumt: vgl. BGH, NJW 1979, 182.

geben, so ist dem Vorstand ein Handlungsspielraum einzuräumen, wobei ein Zeitraum von maximal drei Wochen entsprechend §§ 92 AktG, 64 GmbHG, 130 a Abs. 1 HGB, 99 Abs. 1GenG nicht überschritten werden darf[453].

3. *Fristbeginn*

Daran anschließend stellt sich die Frage, ab wann die Antragsfrist zu laufen beginnt. Teilweise wird dabei auf die positive Kenntnis des Antragspflichtigen vom Eintritt der Insolvenzreife abgestellt, damit in jedem Fall Sanierungsmöglichkeiten genutzt werden können[454]. Diese Ansicht käme einem unachtsamen Vorstand entgegen und ließe damit den Eintritt eines Schadens für die Gläubiger durch weitere Masseschmälerungen befürchten[455].

Daher ist es sachgerechter, auf den Zeitpunkt abzustellen, zu dem ein sorgfältiger und gewissenhafter Vorstand den Insolvenztatbestand hätte erkennen können[456]. Für den Fall der Zahlungsunfähigkeit kommt es unter Berücksichtigung beider Auffassungen zu keinen wesentlichen Unterschieden, da die Zahlungsunfähigkeit in der Regel sofort und auch für einen unaufmerksamen Vorstand unmittelbar zu erkennen ist[457]. Bei einer Antragstellung wegen Überschuldung kann es dagegen nach der hier vertretenen Auffassung zu einem früheren Fristbeginn kommen, was dann zwar den Zeitraum für mögliche Sanierungsversuche verkürzt, den Vorstand jedoch dazu zwingt, die Vermögenssituation beständig zu überprüfen[458].

---

[453] *Haas*, SpuRt 1999, 1/ 3; so wohl auch *Reichert*, Hdb des Vereins- und Verbandsrechts, 9. Aufl. 2003 Rdnr. 1944.

[454] Vgl. für die GmbH: BGHZ 75, 96/ 110; *Hachenburg/Ulmer*, GmbHG, 8. Aufl. 1997, § 64 Rdnr. 25; *Baumbach/Hueck/Schulze-Osterloh*, GmbHG, 17. Aufl. 2000, § 64 Rdnr. 43; ablehnend: *Scholz/Schmidt*, GmbHG, 9. Aufl. 2002, § 64 Rdnr. 18.

[455] *Gottwald/Haas*, Insolvenzrechts-Hdb, 2. Aufl. 2001, § 92 Rdnr. 47; *Lutter/Hommelhoff*, GmbHG, 15. Aufl. 2000, § 64 Rdnr. 26.

[456] Vgl. für den GmbH-GF: *Gottwald/Haas*, Insolvenzrechts-Hdb, 2. Aufl. 2001, § 92 Rdnr. 47 f.; BGH, GmbHR 1994, 539/ 545; ähnlich: *Lutter/Hommelhoff*, GmbHG, 15. Aufl. 2000, § 64 Rdnr. 26.

[457] *Gottwald/Haas*, Insolvenzrechts-Hdb, 2. Aufl. 2001, § 92 Rdnr. 47.

[458] Vgl. *Lutter/Hommelhoff*, GmbHG, 15. Aufl. 2000, § 64 Rdnr. 26.

4. *Entfallen der Antragspflicht*

Die Pflicht des Vereinsvorstandes zur Stellung des Insolvenzantrages entfällt mit dem objektiven Fortfall der Insolvenzreife[459]. Haben sich die Mitglieder des Vorstandes bis zum Wegfall der Insolvenzreife des Vereines keines Verstoßes gegen § 42 Abs. 2 Satz 1 BGB schuldig gemacht, so steht keine Sanktion mehr im Raum. Eine bereits eingetretene Insolvenzverschleppung wird dagegen nicht geheilt.

Des Weiteren endet die Antragspflicht regelmäßig mit der Niederlegung des Amtes als Vorstandsmitglied, soweit diese vor Eintritt der Antragspflicht erfolgt war[460]. Etwas anderes gilt jedoch dann, wenn die Amtsniederlegung des Vorstands als rechtsmissbräuchlich zu beurteilen ist. In diesem Fall ist die Amtsniederlegung des Vorstands unwirksam, so dass dessen Pflichten ohne weiteres fortbestehen[461].

Eine evidente Masselosigkeit, die zur Abweisung des Eröffnungsantrags führen würde, befreit den Vereinsvorstand dagegen nicht von seiner Antragspflicht. Die Feststellung der fehlenden Masse steht allein dem vorläufigen Insolvenzverwalter und nicht dem Vereinsvorstand zu[462].

Ebenso wenig befreit der Insolvenzantrag eines Gläubigers den Vorstand von seiner Antragspflicht. Diese endet erst mit der Eröffnung des Insolvenzverfahrens oder der Abweisung mangels Masse[463]. Insbesondere dürfen mögliche Zulässigkeitsmängel des Gläubigerantrags bzw. die Möglichkeit der Rücknahme des Gläubigerantrags die Haftung des Vorstandes nicht vereiteln bzw. hinauszö-

---

459 Vgl. für die GmbH: BGH, NJW 1961, 740; *Hachenburg/Ulmer*, GmbHG, 8. Aufl. 1997, § 64 Rdnr. 31; *Lutter/Hommelhoff*, GmbHG, 15. Aufl. 2000, § 64 Rdnr. 27; *Baumbach/Hueck/Schulze-Osterloh*, GmbHG, 17. Aufl. 2000, § 64 Rdnr. 45.

460 Vgl. für die GmbH: BGHZ 78, 82/ 93; FK-*Schmerbach*, InsO, 3. Aufl. 2002, § 15 Rdnr. 36; *Scholz/K.Schmidt*, GmbHG, 9. Aufl. 2002, § 64 Rdnr. 22.

461 Vgl. *Uhlenbruck/Uhlenbruck*, InsO, 12. Aufl. 2003, § 13 Rdnrn.37, 67 m.w.N.

462 Vgl. für den GmbH-GF: OLG Bamberg, ZIP 1983, 200; *Scholz/K.Schmidt*, GmbHG, 9. Aufl. 2002, § 64 Rdnr. 15; MüKoInsO/*Schmahl*, 2001, § 15 Rdnr. 85; *Jaeger/Weber*, KO, 9. Aufl. 1997, § 103 Rdnr. 11.

463 Vgl. für die GmbH: BGHSt, BB 57, 273; *Baumbach/Hueck/Schulze-Osterloh*, GmbHG, 17. Aufl. 2000, § 64 Rdnr. 45; *Kübler/Prütting/Pape*, InsO, Stand: 10/2003, § 15 Rdnr. 7; a.A: *Scholz/K.Schmidt*, GmbHG, 9. Aufl. 2002, § 64, Rdnr. 19.

gern. Hat dagegen eines von mehreren Vorstandsmitgliedern bereits den Insolvenzantrag gestellt, ruht die Antragspflicht der übrigen Vorstandsmitglieder[464].

IV. Haftung des Vorstands wegen Verstoßes gegen die Antragspflicht

Wird die Stellung des Insolvenzantrags verzögert, so haften nach dem Wortlaut des § 42 Abs. 2 Satz 2 BGB sämtliche Vorstandsmitglieder, denen ein Verschulden zur Last fällt, den Gläubigern für den daraus entstandenen Schaden gesamtschuldnerisch.

1. *Haftungsgrundlage*

Auf welche materielle Anspruchsgrundlage der Schadensersatzanspruch der Gläubiger letztlich gestützt werden kann, ist streitig. Teilweise wird vertreten, dass der Vereinsvorstand unmittelbar aus der Vorschrift des § 42 Abs. 2 Satz 2 BGB auf Schadensersatz hafte[465]. Die h.M. ordnet hingegen die Vorschrift des § 42 Abs. 2 BGB als Schutzgesetz zugunsten der Gläubiger ein, mit der Konsequenz, dass sich ein Anspruch der Gläubiger gegen den Vorstand lediglich mittelbar über § 823 Abs. 2 BGB herleitet[466]. Welche der beiden Normen tatsächlich als Anspruchsgrundlage heranzuziehen ist, richtet sich nach der rechtlichen Einordnung der jeweiligen Vorschrift und danach, in welchem Verhältnis beide Vorschriften zueinander stehen.

a) Spezialgesetzliche Haftungsgrundlage des § 42 Abs. 2 Satz 2 BGB

Nach dem Wortlaut des § 42 Abs. 2 Satz 2 BGB wird ausdrücklich die Haftung des Vorstands gegenüber den Gläubigern bestimmt, soweit diesen durch die Antragsverzögerung ein Schaden entstanden ist. Die Vorschrift stellt sich damit

---

[464] Vgl. für die GmbH: BGH, NJW 1979, 1823/ 1826; *Baumbach/Hueck/Schulze-Osterloh*, GmbHG, 17. Aufl. 2000, § 64 Rdnr. 45; *Scholz/K.Schmidt*, GmbHG, 9. Aufl. 2002, § 64 Rdnr. 19.

[465] AG Bergisch-Gladbach, NZI 2001, 493; *Palandt/Heinrichs*, BGB, 63. Aufl. 2004, § 42 Rdnr. 4; *Stöber*, Hdb des Vereinsrechts, 8. Aufl. 2000, Rdnr. 293 und 746; *Uhlenbruck* in: FS Merz, 1992, S. 581/ 582; *Reichert*, Hdb des Vereins- und Verbandsrechts, 9. Aufl. 2003, Rdnr. 1944.

[466] *Soergel/Hadding*, BGB, 13. Aufl. 2000, § 42 Rdnr. 12; MüKo/*Reuter*, BGB, 4. Aufl. 2001, § 42 Rdnr. 13; *Haas*, SpuRt 1999, 1/ 4; vgl. auch: *Scholz/K.Schmidt*, GmbHG, 9. Aufl. 2002, § 64 Rdnr. 37; a.A.: *Altmeppen*, ZIP 2001, 2201 ff.

inhaltlich als eine eigene spezialgesetzliche Anspruchsgrundlage dar[467], mit der Folge, dass es eines generellen Rückgriffs auf § 823 Abs. 2 BGB i.V. mit § 42 Abs. 2 Satz 1 BGB zur Begründung eines Ersatzanspruchs der Gläubiger im Vereinsrecht nicht bedarf.

Dem steht auch die herrschende Rechtsprechung und Literaturmeinung zum rechtlichen Verständnis der Parallelvorschriften der §§ 64 Abs. 1 GmbHG, 92 Abs. 2 AktG und 130 a Abs. 1, 3 HGB nicht entgegen. Denn im Anwendungsbereich dieser Vorschriften wird nur in den Fällen, in denen es an einer ausdrücklichen gesetzlichen Regelung der Haftung des antragspflichtigen Organs für eine Antragsverzögerung gegenüber den Gesellschaftsgläubigern fehlt (vgl. §§ 64 Abs. 1 GmbHG, 92 Abs. 2 AktG), generell zur Begründung eines Ersatzanspruch der Gläubiger auf § 823 Abs. 2 BGB zurückgegriffen[468]. Ergibt sich dagegen ein Anspruch der Gläubiger bereits unmittelbar aus einer Spezialvorschrift wie der Bestimmung des § 130 a Abs. 3 i.V. mit Abs. 1 HGB, ist auch nach der Rechtsprechung ein Rückgriff auf die Anspruchsgrundlage des § 823 Abs. 2 BGB entbehrlich, soweit der Anwendungsbereich der Spezialnorm reicht[469].

b) Deliktische Haftungsgrundlage aus § 823 Abs. 2 BGB i.V. mit § 42 Abs. 2 Satz 1 BGB als Schutzgesetz

Die Antragspflicht des § 42 Abs. 2 Satz 1 BGB dient dem Gläubigerschutz und gilt nach h.M. als Schutzgesetz im Sinne des § 823 Abs. 2 BGB[470]. Ansprüche einzelner Gläubiger könnten daher grundsätzlich auch auf § 823 Abs. 2 BGB i.V. mit einem Verstoß gegen die Antragspflicht des § 42 Abs. 2 Satz 1 BGB als Schutzgesetz gestützt werden.

---

[467] Vgl. *Palandt/Heinrichs*, BGB, 63. Aufl. 2004, § 42 Rdnr. 4.

[468] Zu § 92 Abs. 2 AktG vgl.: *Hüffer*, AktG, 5. Aufl. 2002, § 92 Rdnr. 16; *Geßler/Hefermehl/Hefermehl*, AktG, Aufl. § 92 Rdnr. 24; zu § 64 Abs. 1 GmbHG vgl.: BGHZ 29, 100/ 103; BGHZ 75, 96/ 106; *Lutter/Hommelhoff*, GmbHG, 15. Aufl. 2000, § 64 Rdnr. 36; a.A. *Altmeppen/Wilhelm*, NJW 1999, 673/679.

[469] *Ebenroth/Boujong/Joost/Hillmann*, HGB, § 130 a Rdnr. 32; *Röhricht/Graf von Westphalen/von Gerkan*, HGB, 2. Aufl. 2001, § 130 a Rdnr. 20; *Schleglberger/K.Schmidt*, 5. Aufl. 1992, § 130 a Rdnr. 41; *Staub/Habersack*, HGB, 4. Aufl. 1997, § 130 a Rdnr. 35.

[470] *Soergel/Hadding*, BGB, 13. Aufl. 2000, § 42 Rdnr. 12; MüKo/*Reuter*, BGB, 4. Aufl. 2001, § 42 Rdnr. 13; *Haas*, SpuRt 1999, 1/ 4; *Reichert*, Hdb des Vereins- und Verbandsrechts, 9. Aufl. 2003, Rdnr. 1944, a.A: *Altmeppen*, ZIP 2001, 2201, ff.

c) Konkurrenzverhältnis

Aufgrund derselben Voraussetzungen, was die Erfüllung des Haftungstatbestandes betrifft, stellt sich die Frage, ob der Parallelanspruch aus § 823 Abs. 2 BGB überhaupt eigenständige Anwendungsbereiche hat oder sogar von § 42 Abs. 2 Satz 2 BGB vollständig verdrängt wird.

aa) Das Haftungskonzept des § 42 Abs. 2 Satz 2 BGB

Um das Konkurrenzverhältnis beider Anspruchsgrundlagen klären zu können, stellt sich zunächst die Frage nach dem Haftungskonzept des § 42 Abs. 2 Satz 2 BGB bzw. wie der Schadensersatzanspruch im Rahmen des § 42 Abs. 2 Satz 2 BGB konkret ausgestaltet ist.

In Betracht kommt die Ausgestaltung des Schadensersatzanspruchs als Individualanspruch des einzelnen Gläubigers unmittelbar gegenüber dem Vorstand oder aber als Anspruch des Vereins gegenüber dem Vorstand, wobei dann der Schaden aller Gläubiger analog § 130 a Abs. 3 Satz 1 HGB als Gesamtschaden durch Zahlung in die Masse liquidiert wird.

Nach dem insoweit unergiebigen Wortlaut des § 42 Abs. 2 Satz 2 BGB erscheint sowohl die Annahme eines Individualanspruchs der Gläubiger als auch die Annahme eines Anspruchs der Gesellschaft zur Regulierung des Gesamtgläubigerschadens möglich (vgl. § 42 Abs. 2 Satz 2 BGB: „..., so sind die Vorstandsmitglieder den – einzelnen[471] – Gläubigern ... verantwortlich“ oder „..., so sind die Vorstandsmitglieder den Gläubigern – in ihrer Gesamtheit[472] – ... verantwortlich.“).

Fraglich ist daher, wie die Vorschrift des § 42 Abs. 2 Satz 2 BGB auszulegen ist. Anhaltspunkte dafür könnten sich aufgrund derselben Schutzrichtung in erster Linie aus den Parallelvorschriften zur Antragspflicht aus dem Recht der Kapital- und Handelsgesellschaften ergeben. Bei der Auslegung des § 42 Abs. 2 Satz 2 BGB ist dabei vor allem die Vorschrift des § 130 a Abs. 3 Satz 1 HGB von Interesse, da sie neben § 42 Abs. 2 Satz 2 BGB die einzige Bestimmung ist, die ihrem Inhalt nach unmittelbar eine spezielle Anspruchsgrundlage der Gläubiger

---

[471] Durch Verfasser eingefügt.

[472] Durch Verfasser eingefügt.

wegen der Verzögerung des Insolvenzantrages begründet und damit eine gewisse strukturelle Ähnlichkeit zur Norm des § 42 Abs. 2 Satz 2 BGB aufweist.

Im Vergleich zur Bestimmung des § 42 Abs. 2 Satz 2 BGB formuliert § 130 a Abs. 3 HGB allerdings ein eindeutiges Haftungskonzept, wonach die Geschäftsführer als Vertretungsorgane der Gesellschaft wegen eines Verstoßes gegen die Antragspflicht gegenüber der Gesellschaft zum Ausgleich des daraus entstandenen Schadens verpflichtet sind. Obgleich die Zuweisung des Schadensersatzanspruchs an die Gesellschaft erfolgt, handelt es sich nach ganz h.M. auch hier – dem Schutzzweck der Norm entsprechend – nicht um eine Haftung der Vertretungsorgane für einen Schaden der Gesellschaft, sondern vielmehr der Sache nach um eine Haftung gegenüber der Gläubigergesamtheit[473]. Dabei wird lediglich der Schadensausgleich zugunsten der Gläubiger durch ein Auffüllen des Gesellschaftsvermögens bzw. der Insolvenzmasse durch Ersatzleistung seitens des antragsverpflichteten Gesellschaftsorgans erreicht.

Darüber hinaus ist das Haftungskonzept aber auch im Hinblick auf das folgende Insolvenzverfahren stimmig, da es den Gedanken der gleichmäßigen Gläubigerbefriedigung im Insolvenzverfahren stärkt. Denn die Gläubiger des Vereins sind durch die Verpflichtung des antragsverpflichteten Gesellschaftsorgans zur Leistung in die Insolvenzmasse nicht auf die Erhebung individueller Schadensersatzklagen verwiesen mit der Gefahr, dass sich einzelne Gläubiger auf diesem Wege durch gesonderten Zugriff auf die Insolvenzmasse Vorteile verschaffen könnten, sondern es wird vielmehr von Anfang an die gleichmäßige Befriedigung der Interessen aller Gläubiger sichergestellt[474].

Dieses Haftungskonzept muss auch für den Verein gelten. Dafür spricht, dass der Gesetzgeber mit dieser jüngsten, durch Gesetz zur Bekämpfung der Wirtschaftskriminalität vom 29.07.1976 eingeführten Norm des § 130 a HGB letztlich ein eindeutiges Haftungskonzept vorgegeben hat[475], an dem sich im Hinblick auf die einheitliche Schutzrichtung der Antragspflichten und dem Grundgedan-

---

[473] Vgl.: *Ebenroth/Boujong/Joost/Hillmann*, HGB, § 130 a Rdnr. 24; *Baumbach/Hopt*, HGB, 30. Aufl. 2000, § 130 a Rdnr. 11; *v.Gerkan* in *Röhricht/Graf v.Westphalen*, HGB, 2. Aufl. 2001, § 130 Rdnr. 13; *Schlegelberger/K.Schmidt*, HGB, § 130 a Rdnr. 35; *Scholz/K.Schmidt*, GmbHG, 9. Aufl. 2002, § 64 Rdnr. 83.

[474] *K.Schmidt*, JZ 1978, 661/ 662; *Ebenroth/Boujong/Joost/Hillmann*, HGB, § 130 a Rdnr. 24.

[475] Vgl. auch *Altmeppen*, ZIP 2001, 2201/ 2206.

ken der Einheitlichkeit der Rechtsordnung auch die Auslegung des § 42 Abs. 2 BGB zu orientieren hat[476].

bb) *Anwendungsbereich der Haftung aus § 823 Abs. 2, 42 Abs. 2 Satz 1 BGB*

(1) Subsidiäre deliktische Haftung bzgl. des Quotenschadens

Der Grundkonzeption nach ist der (Quoten-)Schaden der Vereinsgläubiger, der durch Verminderung der Insolvenzmasse eintritt, immer als Gesamtschaden zu liquidieren. Im Hinblick auf den damit bezweckten Gläubigerschutz durch die Sicherstellung einer gleichmäßigen Gläubigerbefriedigung scheidet ein parallel dazu bestehender individueller Ersatzanspruch aus § 823 Abs. 2 BGB grundsätzlich aus. Denn ansonsten könnten die Gläubiger den Anspruch der Gesellschaft über den ihnen an sich zustehenden Anteil am Gesamtgläubigerschaden hinaus einzeln pfänden, wodurch das durch die Zuweisung des Gesamtschadensersatzanspruchs an die Gesellschaft zum Ausdruck gebrachte Prinzip der gleichmäßigen Gläubigerbefriedigung durchbrochen würde[477]. Folglich wird § 823 Abs. 2 BGB grundsätzlich als subsidiäre Anspruchsgrundlage von der spezialgesetzlichen Anspruchsgrundlage des § 42 Abs. 2 Satz 2 BGB verdrängt[478].

Die Zulässigkeit eines subsidiären Rückgriffs der Gläubiger gegen den Vorstand aus §§ 823 Abs. 2 BGB i.V. mit § 42 Abs. 2 Satz 1 BGB als Schutzgesetz kommt aber dann in Betracht, wenn sowohl die tatsächliche Geltendmachung des Gesamtgläubigerschadens durch die Gesellschaft als auch die gleichmäßige Gläubigerbefriedigung an sich gefährdet ist[479]. Das ist namentlich dann der Fall, wenn das Insolvenzverfahren mangels Masse nicht eröffnet werden kann. Das hat zur Folge, dass die Geltendmachung des Gesamtgläubigerschadens durch

---

[476] Vgl. für den Einfluss des § 130 a Abs. 3 HGB auf die Auslegung des § 64 Abs. 1 GmbHG: *Scholz/K.Schmidt*, GmbHG, 9. Aufl. 2002, § 64 Rdnr. 32.

[477] *Staub/Habersack*, HGB, 4. Aufl. 1997, § 130 a Rdnr. 33; *Ebenroth/Boujong/Joost/Hillmann*, HGB, § 130 a Rdnr. 30.

[478] Vgl. *Staub/Habersack*, HGB, 4. Aufl. 1997, § 130 a Rdnr. 35; *Röhricht/Graf von Westphalen/von Gerkan*, HGB 2. Aufl. 2001, § 130 a Rdnr. 20; *Ebenroth/Boujong/Joost/Hillmann*, HGB, § 130 a Rdnr. 32; *Schleglberger/K.Schmidt*, 5. Aufl. 1992, § 130 a Rdnr. 41.

[479] Vgl. *Scholz/K.Schmidt*, GmbHG, 9. Aufl. 2002, § 64 Rdnr. 84; *Staub/Habersack*, HGB, 4. Aufl. 1997, § 130 a Rdnr. 33.

den Insolvenzverwalter (vgl. § 92 InsO) entfällt und die mit der Abweisung einhergehende Überleitung der Gesellschaft ins Liquidationsverfahren nach Gesellschaftsrecht eine gleichmäßige Gläubigerbefriedigung praktisch ausschließt. In diesen Fällen ist der durch das Haftungskonzept bezweckte Gläubigerschutz nicht mehr gewährleistet, womit der Anspruch der Gesellschaft hinter dem Individualanspruch der Gläubiger aus §§ 823 Abs. 2 BGB zurücktritt. Der Vereinsgläubiger kann dann seinen Anspruch, beschränkt auf den ihm zustehenden Quotenschaden[480], direkt gegenüber dem Vorstand geltend machen.

(2) Ersatz des Vertrauensschadens

Nachdem bislang sämtlichen Gläubigern, die durch die Insolvenzverschleppung betroffen waren, unterschiedslos der Ersatz ihres Quotenschadens gewährt wurde, hat der BGH im Urteil vom 06.06.1994 den so genannten Neugläubigern[481] einer GmbH über §§ 64 Abs. 1, 823 Abs. 2 BGB einen individuellen Anspruch auf Ersatz desjenigen Schadens zuerkannt, der ihnen dadurch entstanden war, dass sie in Rechtsbeziehungen zu der bereits insolventen Gesellschaft getreten waren (Vertrauensschaden oder negatives Interesse) und ihr einen Kredit gegeben haben[482]. Die Rechtsprechungsänderung beruhte auf der Annahme, dass der Schutzbereich der Antragspflicht nicht nur die Erhaltung des Schuldnervermögens umfasst, sondern zudem den Schutz zukünftiger Gläubiger vor der Begründung von Rechtsbeziehungen zu einer insolventen Gesellschaft.

Für die Ansicht der h.M. spricht, dass sowohl die frühere KO als auch die nunmehr geltende InsO eine Vielzahl von Bestimmungen enthalten, die dazu dienen, die Insolvenz eines Rechtsträgers bereits mit Eröffnung des Vorverfahrens öffentlich zu machen, um dadurch den allgemeinen Rechtsverkehr von der Insolvenz des Rechtsträgers zu informieren und ihn vor der Eingehung von Rechtsbeziehungen mit dem insolvenzreifen Rechtsträger zu warnen[483]. Zu nen-

---

[480] *Staub/Habersack*, HGB, 4. Aufl. 1997, § 130 a Rdnr. 33; *Ebenroth/Boujong/Joost/ Hillmann*, HGB, § 130 a Rdnr. 30; *Röhricht/Graf von Westphalen/von Gerkan*, HGB 2. Aufl. 2001, § 130 a Rdnr. 20; a.A: *Scholz/K.Schmidt*, GmbHG, 9. Aufl. 2002, § 64 Rdnr. 86.

[481] Zum Begriff des Neugläubigers vgl. unten unter G IV. 3. a).

[482] BGH, NJW 1994, 2220; bestätigt in: BGH, DStR 1997, 1613; BGH, DStR 1998, 651; OLG Köln, DStR 2001, 1534.

[483] Vgl. LG Meiningen, ZIP 1999, 1451/ 1452; *Dempewolf*, ZIP 1981, 953/ 955 ff.; *Gottwald/Haas*, Insolvenzrechts-Hdb, 2. Aufl. 2001, § 92 Rdnr. 58; *Haas*, Geschäftsführerhaftung, 1997, S. 95.

nen sind in dieser Hinsicht die §§ 30 ff. InsO, die eine Bekanntmachung des Eröffnungsbeschlusses bezwecken. Darüber hinaus sind bereits vor Insolvenzeröffnung bestimmte Anordnungen des Insolvenzgerichts öffentlich zu machen (vgl. § 23 Abs. 1 Satz 1 InsO) und im Falle der Verfahrensabweisung dient die Eintragung des Schuldners ins Schuldnerverzeichnis ebenso der Information des Rechtsverkehrs.

Aufgrund der übereinstimmenden Schutzrichtung der Antragspflicht aus § 64 Abs. 1 GmbHG mit derjenigen aus § 42 Abs. 2 Satz 1 BGB ist die Rechtsprechungsänderung ebenso relevant für die Beurteilung eines Verstoßes gegen die vereinsrechtliche Antragspflicht und daher im Ergebnis auf den Verein übertragbar[484].

Die Ansprüche der Neugläubiger auf Ersatz ihres negativen Interesses finden allerdings im Haftungskonzept der § 130 a Abs. 3 Satz 1 HGB, 42 Abs. 2 Satz 1 BGB keine Stütze. Dies folgt aus der Tatsache, dass die das Haftungskonzept begründende Norm des § 130 a Abs. 3 Satz 1 HGB auf Grundlage der alten Rechtsprechung, wonach Neu- als auch Altgläubigern lediglich der Quotenschaden zu ersetzen ist, verfasst wurde. Die Rechtsprechungsänderung im Hinblick auf eine umfassendere Schutzfunktion der Antragspflicht war zu diesem Zeitpunkt aber überhaupt noch nicht absehbar. Daraus folgt, auch nach Ansicht der Rechtsprechung[485], dass der Individualanspruch der Gläubiger auf Ersatz ihres Vertrauensschadens nicht mit dem Anspruch der Gesellschaft auf Ersatz des Gesamtgläubigerschadens konkurriert, sondern vielmehr neben diesem selbständig über § 823 Abs. 2 BGB geltend zu machen ist.

Die Berücksichtigung von Individualansprüchen passt aber auch offensichtlich nicht in das auf Liquidation eines Gesamtschadens ausgerichtete Haftungskonzept des § 42 Abs. 2 BGB. Individualansprüche der Gläubiger wegen ihres Vertrauensschadens können im Gegensatz zu dem an der Masse entstandenen Gesamtgläubigerschaden gerade nicht durch Ersatzleistung des Vorstands in die Masse beglichen werden, da sie ansonsten der Gläubigergesamtheit zugute kä-

---

[484] Vgl. OLG Köln, NJW 1998, 686; *Uhlenbruck/Uhlenbruck*, InsO, 12. Aufl. 2003, § 13 Rdnr. 57; MüKo/*Reuter*, BGB, 4. Aufl. 2001, § 42 Rdnr. 14; *Soergel/Hadding*, BGB, 13. Aufl. 2000, § 42 Rdnr. 12; *Reichert*, Hdb des Vereins- und Verbandsrechts, Rdnr. 1943.

[485] Zu § 130 a Abs. 3 HGB: BGH, NJW 1994, 2220/ 2224.

men. Individualansprüche müssen daher grundsätzlich gesondert vom Gläubiger selbst gegenüber dem Vorstand geltend gemacht werden können[486].

2. *Voraussetzungen*

Die Haftung des Vorstandes setzt hinsichtlich beider Anspruchsgrundlagen die schuldhafte Verletzung der Pflicht zur rechtzeitigen Stellung des Insolvenzantrages voraus[487].

a) Pflichtverletzung

Die Pflichtverletzung tritt in dem Moment ein, in dem der Vereinsvorstand die Antragstellung verzögert, obwohl entweder der Insolvenzauslösetatbestand der Überschuldung oder jener der Zahlungsunfähigkeit gegeben und eine im Einzelfall zu gewährende Überlegungsfrist abgelaufen ist[488].

b) Verschulden

Für die Annahme eines Verschuldens ist einfache Fahrlässigkeit (§ 276 BGB) ausreichend[489]. Maßstab ist insoweit die Sorgfalt eines ordentlichen, gewissenhaften Sachwalters. Fehlendes Interesse oder mangelnde Sachkenntnis lässt die Verantwortung unberührt[490], denn jedes Vorstandsmitglied hat für die Kenntnisse und Fähigkeiten einzustehen, die das Amt erfordert[491].

Im Falle mangelnder eigener Sachkunde kann von einem Vorstand verlangt werden, dass er entweder von seinem Amt zurücktritt oder sich professioneller Hilfe bedient. Im letzteren Fall kann ein Verschulden des Vereinsvorstands ausnahmsweise dann entfallen, wenn dieser externen Rat zu Hilfe nimmt und sich

---

[486] Für § 64 GmbHG: BGH, NJW 1994, 2220; für § 130 a HGB: *Staub/Habersack*, HGB, 4. Aufl. 1997, § 130 a Rdnr. 37; *Ebenroth/Boujong/Joost/Hillmann*, HGB, § 130 a Rdnr. 35.

[487] Vgl. *Haas*, SpuRt 1999, 1/ 4.

[488] Zur Überlegungsfrist vgl. oben G III.

[489] *Soergel/Hadding*, BGB, 13. Aufl. 2000, § 42 Rdnr. 12; vgl. für die GmbH: BGHZ 75, 96/ 111; OLG Stuttgart, NZG 1998, 232.

[490] Vgl. RG, LZ 1928, Sp. 1339; *Reichert*, Hdb des Vereins- und Verbandsrechts, 9. Aufl. 2003, Rdnr. 1944.

[491] Vgl. GmbH: BGH, GmbHR 1981, 191; *Hachenburg/Mertens*, GmbHG, 8. Aufl. 1997, § 43 Rdnr. 55.

nur infolge der falschen Beratung in einem Rechtsirrtum über das tatsächliche Bestehen der Antragspflicht befindet[492]. Im Hinblick auf die Bejahung eines haftungsausschließenden Rechtsirrtums ist jedoch ein strenger Maßstab anzulegen[493]. Insbesondere kann sich der Vorstand dann nicht auf einen derartigen Irrtum berufen, wenn das Vorliegen des Insolvenztatbestandes auch ohne besondere Sachkenntnis festzustellen ist, was vor allem im Falle der Zahlungsunfähigkeit anzunehmen ist.

c) Haftungsmilderungen

Die Haftung des Vorstandes wegen verspäteter Insolvenzantragstellung kann für diesen ein existentielles Haftungsrisiko bedeuten[494]. Aufgrund der Tatsache, dass die Mehrzahl der Vereinsvorstände trotz dieses erheblichen Haftungsrisikos lediglich ehrenamtlich tätig ist, stellt sich die Frage, ob jedenfalls für den ehrenamtlich tätigen Vereinsvorstand in Bezug auf die Insolvenzantragspflicht Haftungserleichterungen gelten, die zumindest seine Fahrlässigkeitshaftung einschränken[495].

aa) Unmittelbare Haftungsbeschränkung gegenüber den Vereins-gläubigern

Die Ehrenamtlichkeit des Vorstandsamtes allein ist kein tauglicher Anknüpfungspunkt für die Rechtfertigung einer Haftungsmilderung im Rechtsverkehr nach außen, da es sich hierbei lediglich um eine besondere Ausgestaltung eines vereinsinternen Rechtsverhältnisses handelt.

Bislang wurden Haftungserleichterungen für ehrenamtlich tätige Vereinsmitglieder lediglich *unmittelbar gegenüber dem Verein* und unter entsprechender Anwendung der für Arbeitnehmer geltenden arbeitsrechtlichen Haftungsmilderungen[496] bejaht, soweit dem Vereinsmitglied eine schadensträchtige Arbeit

---

[492] Vgl. für die GmbH: OLG Stuttgart, NZG 1998, 232 f., vgl. auch *Altmeppen*, ZIP 1997, 1173/ 1177.

[493] BGH, NJW 1984, 1028/ 1030; BGH, NJW 1994, 2754/ 2755.

[494] Vgl. *Haas*, SpuRt 1999, 1; zum Umfang der Haftung vgl. unten G IV. 3.

[495] *Eisele*, Haftungsfreistellung von Vereinsmitgliedern und Vereinsorganen in nichtwirtschaftlichen Vereinen, 1998, S. 106/ 109 ff.; *Haas*, SpuRt 1999, 1/ 3.

[496] Vgl. dazu: *Palandt/Putzo*, BGB, 63. Auflage 2004, § 611 Rdnr. 156.

übertragen worden war[497]. Anknüpfungspunkt für eine arbeitsrechtliche Haftungsmilderung ist allerdings die besondere Ausgestaltung der Rechtsbeziehung zwischen Arbeitnehmer und Arbeitgeber, die auf Seiten des Arbeitgebers durch dessen Betriebs- und Organisationsrisiko und dem Gedanken der Treue- und Fürsorgepflicht gegenüber dem Arbeitnehmer geprägt ist[498].

Auf ein entsprechendes Näheverhältnis in der Rechtsbeziehung zwischen Verein und Vorstand kommt es dagegen im Rahmen eines Verstoßes gegen die Antragspflicht nicht an. Die Antragspflicht dient allein dem Gläubigerschutz[499], so dass in diesem Fall auf das Rechtsverhältnis des Vorstands zu den Gläubigern des Vereins abzustellen wäre. Dieser Rechtsbeziehung liegt jedoch kein besonderes Näheverhältnis zugrunde, welches eine unmittelbare Haftungsmilderung zugunsten des Vereinsvorstands rechtfertigen könnte[500].

Alle sonstigen vereinsinternen Regelungen wie Satzungsbestimmungen oder einzelvertragliche Vereinbarungen zwischen Vorstand und Verein, die eine Haftungsmilderung zum Inhalt haben könnten, haben keinerlei unmittelbare Außenwirkung und können den ehrenamtlich tätigen Vorstand nicht von seiner Haftung gegenüber den Gläubigern befreien[501].

bb) Vereinsinterne Haftungsfreistellung

Denkbar wäre allerdings das Bestehen eines mittelbaren Schutzes des Vorstands gegenüber den Ansprüchen der Gläubiger im Rahmen eines Freistellungsanspruchs des Vorstands gegenüber dem Verein.

Ein derartiger Freistellungsanspruch könnte sich aus einer analogen Anwendung der arbeitsrechtlichen Grundsätze zum innerbetrieblichen Schadensausgleich

---

497 Vgl. z.B. BGHZ 89, 153/ 158; OLG Saarbrücken, VersR 1995, 832; *Palandt/Heinrichs*, BGB, 63. Aufl. 2004, § 27 Rdnr. 4c; eingehend *Eisele*, Haftungsfreistellung von Vereinsmitgliedern in nichtwirtschaftlichen Vereinen, 1998, S. 109 ff; a.A: MünchArbR/ *Blomeyer*, 2. Aufl. 2000, § 59 Rdnr. 67; zum Begriff der gefahrgeneigten Arbeit vgl.: *Schaub*, Arbeitsrechts-Hdb, 9. Aufl. 2000, § 52 Rdnr. 73 ff.

498 *Haas*, SpuRt 1999, 1/ 3; MünchArbR/*Blomeyer*, 2. Aufl. 2000, § 59 Rdnr. 25.

499 Vgl. für die Antragspflicht aus § 64 GmbHG: BGH, GmbHR, 539/ 543; *Baumbach/ Hueck/Schulze-Osterloh*, GmbHG, 17. Aufl. 2000, § 64 Rdnr. 82; *Scholz/K.Schmidt*, GmbHG, 9. Aufl. 2002, § 64 Rdnr. 37; a.A: *Ulmer*, ZIP 1993, 771 (Urteilsanmerkung).

500 *Haas*, SpuRt 1999, 1/ 3.

501 *Reichert*, Hdb des Vereins- und Verbandsrechts, 9. Aufl. 2003, Rdnr. 1944, 1967 a.

ergeben[502]. Danach haftet ein Arbeitnehmer zwar im Außenverhältnis gegenüber einem geschädigten Dritten voll, hat aber bei eigenem nur leicht fahrlässigen Fehlverhalten einen Freistellungsanspruch gegen den Arbeitgeber ebenfalls in voller Höhe[503]. Voraussetzung ist jedoch, dass es sich bei der schädigenden Tätigkeit – in diesem Fall bei der Verletzung der Antragspflicht – um eine betrieblich veranlasste Tätigkeit handelt, die der Vorstand im Interesse des Vereins ausführt[504].

Schon an dieser Voraussetzung scheitert ein möglicher Freistellungsanspruch, da es sich bei der Insolvenzantragspflicht nicht um eine betrieblich veranlasste Tätigkeit, sondern vielmehr um eine gesetzlich festgeschriebene organschaftliche Pflicht zum Schutze der Gläubiger handelt. Die Erfüllung dieser Pflicht steht zudem nicht in erster Linie im Interesse des Vereins, sondern im eigenen Interesse des Vorstands, der sich im Falle eines schuldhaften Verstoßes den Gläubigern gegenüber persönlich verantworten muss.

Werden pauschale Haftungsbeschränkungen des Vorstands gegenüber dem Verein einzelvertraglich vereinbart oder ergeben sich solche unmittelbar aus der Vereinssatzung, so sind auch diese nicht geeignet, Grundlage eines Freistellungsanspruchs zu sein. Solche pauschalen Haftungsbeschränkungen beziehen sich lediglich auf die organschaftlichen Pflichten des Vorstands gegenüber dem Verein bzw. gegenüber seinen Mitgliedern, wohingegen die Antragspflicht des Vorstands unabhängig von der jeweiligen Ausgestaltung des vereinsinternen Rechtsverhältnisse als eine an das Amt geknüpfte Pflicht gegenüber den Vereinsgläubigern besteht. Daraus folgt, dass der Vereinsvorstand unabhängig von der Ausgestaltung seines Rechtsverhältnisses zum Verein gegenüber den Gläubigern im vollen Umfang für die Verzögerung der Antragstellung haftet.

---

502 BAG NZA 1994, 1083; MünchArbR/*Blomeyer*, 2. Aufl. 2000, § 60 Rdnr. 15 *Schaub*, Arbeitsrechts-Hdb, 9. Aufl. 2000, § 52 Rdnr. 48

503 BAG DB 1985, 2526; BGH, NJW 1964, 1272; MünchArbR/*Blomeyer*, 2. Aufl. 2000, § 59 Rdnr. 45 und § 60 Rdnr. 15 ff.; *Schaub*, Arbeitsrechts-Hdb, 9. Aufl. 2000, § 52 Rdnr. 89 ff.

504 BAG, NZA 1993, 547; *Schaub*, Arbeitsrechts-Hdb, 9. Aufl. 2000, § 52 Rdnr. 51 ff.; *Ahrens*, DB 1996, 934.

3. *Umfang der Schadensersatzpflicht bei Insolvenzverschleppung*

Die Haftung des Vorstands gegenüber einem Vereinsgläubiger wegen Insolvenzverschleppung hängt davon ab, ob der Gläubiger mit seiner Schadensersatzforderung dem Schutzzweck der Haftungsnormen der §§ 42 Abs. 2 Satz 2, 823 Abs. 2 BGB unterfällt. Da beide Haftungsnormen auf einen Verstoß gegen die Antragspflicht aus § 42 Abs. 2 Satz 2 BGB abstellen, stellt sich die Frage nach dem persönlichen und sachlichen Schutzbereich der Antragspflicht.

a) Persönlicher und sachlicher Schutzbereich der Antragspflicht

Die Insolvenzantragspflicht dient dazu, das im Zeitpunkt des Eintritts des Insolvenzauslösetatbestandes vorhandene Vereinsvermögen zugunsten einer ungeschmälerten Gläubigerbefriedigung zu erhalten[505] und einen insolventen Rechtsträger vom Rechtsverkehr fernzuhalten[506]. Der Schutzbereich der Antragspflicht aus § 42 Abs. 2 Satz 1 BGB umfasst folglich sämtliche Vereinsgläubiger, die bis zur Eröffnung des Insolvenzverfahrens Forderungen gegen den Verein begründet haben, unabhängig davon, auf welchem Rechtsgrund sie beruhen[507].

Gläubiger, die ihre Forderungen erst mit oder nach Eröffnung des Insolvenzverfahrens begründet haben, fallen dagegen nicht mehr in den Schutzbereich der Antragspflicht[508].

b) Abgrenzung der sachlichen Schutzbereiche

Der Ersatzanspruch der Gläubiger besteht nur in jenem Umfang, in dem die Erstattung des konkret erlittenen Schadens durch den Schutzzweck der Antragspflicht gerechtfertigt ist[509]. Dabei ist zwischen dem generellen Schutz vor Masseschmälerung und dem Schutz vor der Eingehung von Geschäftsbeziehungen zur

---

505 BGHZ 29, 100/ 102; 75, 96/ 106.

506 BGH, NJW 1994, 2220.

507 Vgl. BGH, NJW 1994, 2220/ 2222; *Uhlenbruck/Uhlenbruck*, InsO, 12. Aufl. 2003, § 13 Rdnr. 57; *Lutter/Hommelhoff*, GmbHG, 15. Aufl. 2000, § 64 Rdnr. 36; *Scholz/K.Schmidt*, GmbHG, 9. Aufl. 2002, § 64 Rdnr. 37; *Gottwald/Haas*, InsolvenzR-Hdb, 2. Aufl. 2001, § 92 Rdnr. 50; *Haas*, NZG 1999, 373/ 381; a.A: *Ulmer*, ZIP 1993, 771.

508 BGHZ 110, 342/ 360 f.; BGH, NJW 1990, 1725/ 1730; BGH, NZG 1999, 718/ 719.

509 *Gottwald/Haas*, Insolvenzrechts-Hdb, 2. Aufl. 2000, § 92 Rdnr. 52.

insolventen Gesellschaft zeitlich nach Entstehung der Insolvenzantragspflicht zu unterscheiden, da ersterer nur den Ersatz eines Quotenschadens, letzterer dagegen den Ersatz des Vertrauensschadens rechtfertigt und somit die Antragspflicht unterschiedlich geeignet ist, die unterschiedlichen Vereinsgläubiger zu schützen.

aa) Abrenzung nach dem Zeitpunkt des Vertragsschlusses

Dem Schutz vor Masseschmälerungen unterliegen sämtliche Gläubiger des Vereins, soweit sie dem persönlichen Schutzbereich der Antragspflicht unterfallen[510]. Nach dem BGH kann sich dagegen nur der so genannte Neugläubiger zusätzlich auch auf den Vertrauensschutz berufen, der infolge des Unterbleibens des Konkursantrags mit der Gesellschaft in Geschäftsbeziehungen tritt und ihr Kredit gewährt[511].

Nach vorwiegender Ansicht ist die Abgrenzung der Altgläubiger, die ihre Forderungen gegen den Verein bereits zum Zeitpunkt der Entstehung der Antragspflicht begründet hatten und lediglich ihren Quotenschaden geltend machen können, von den weitergehend geschützten Neugläubigern nach dem Zeitpunkt des Vertragsschlusses zu treffen[512]. Dies wird durch die Formulierung der Rechtsprechung, dass (Neu-) Gläubiger, die nach Entstehung der Antragspflicht „in Geschäftsbeziehung (mit der insolventen Gesellschaft) treten“[513], geschützt werden, bestätigt. Demnach können grundsätzlich jedenfalls jene Gläubiger ihren Vertrauensschaden gegenüber dem Vorstand geltend machen, die den Vertrag mit dem Verein nach dem Zeitpunkt der Entstehung der Insolvenzantragspflicht geschlossen haben.

bb) Abgrenzung nach dem Zeitpunkt der Leistungserbringung

Andererseits stellt der BGH aber auch auf eine Kreditgewährung seitens des Gläubigers ab, denn diese bildet letztlich den Schaden, wenn der Kreditgewährung keine Gegenleistung seitens des Vereins folgt. Fraglich ist insoweit, auf welchen Zeitpunkt abzustellen ist, wenn der Vertragsschluss *vor* Entstehung der

---

[510] BGHZ 29, 100 = NJW 1959, 623.

[511] BGH, NJW 1994, 2220/ 2222.

[512] So z.B.: *Gottwald/Haas*, InsolvenzR-Hdb, 2. Aufl. 2000, § 92 Rdnr. 53; *Kübler/Prütting/ Noack*, InsO, Sonderband 1: Gesellschaftsrecht, 1999, Rdnr. 313.

[513] Vgl. Leitsatz in BGH, NJW 1994, 2220.

Insolvenzantragsfrist erfolgt ist, die zum Schaden führende vertraglich geschuldete Leistung des Gläubigers aber erst *nach* Eintritt der Antragsfrist erbracht wird.

(1) ... beim gegenseitigen Vertrag

Entscheidend muss auch hier der genaue Inhalt des Schutzzwecks der Antragspflicht sein. Laut BGH dient die Antragspflicht dazu, den Gläubiger davor zu schützen, zu einer insolventen Gesellschaft in Geschäftsbeziehungen zu treten und ihr Kredit zu gewähren. Wenn man den Eintritt in Geschäftsbeziehungen mit dem Vertragsschluss gleichsetzt, führt dieser jedoch auf Seiten des Gläubigers im Hinblick auf seine eigene Vertragsverpflichtung noch nicht zwangsläufig zu einem Nachteil, vor dessen Eintritt er zu schützen wäre. Ein gegenseitiger Vertrag belastet den vorleistungspflichtigen Gläubiger nämlich zumeist erst dann, wenn er seine Leistung erbringt.

Dies folgt aus der Regelung des § 321 BGB, wonach dem Gläubiger ein Leistungsverweigerungsrecht zusteht, wenn sich die Vermögenslage des Vertragspartners wesentlich verschlechtert, wozu auch der Eintritt der Insolvenzreife gehört. Damit aber ist der Gläubiger bis zum Zeitpunkt der Leistungserbringung hinreichend vor Nachteilen geschützt.

Erst in dem Moment, indem der Gläubiger seine Leistung erbringt und dem Verein damit einen Kredit gewährt, beginnt die Schutzwürdigkeit des Gläubigers[514]. Wollte man in diesen Fällen auf den Vertragsschluss abstellen, hätte der Gläubiger lediglich einen Anspruch auf Ersatz des Quotenschadens. Dies aber würde den Schutzzweck der Antragspflicht unzulässig verkürzen, denn die Antragspflicht will gerade auch davor schützen, dass der Gläubiger in Unkenntnis der Insolvenz der Gesellschaft einen Kredit gewährt, der auch in einer Vorleistung bestehen kann. Daraus folgt, dass in dem Fall, in dem der Schaden erst durch Leistung entsteht, auf den Zeitpunkt der Leistungserbringung (Kreditgewährung) abzustellen ist. Bestand zu diesem Zeitpunkt bereits die Antragspflicht, kann der Gläubiger auch dann den Vertrauensschaden geltend machen, wenn der Vertragschluss selbst vor dem Zeitpunkt des Entstehens der Antragspflicht liegt[515].

---

[514] OLG Celle, NZG 2002, 731/ 732.

[515] OLG Celle, NZG 2002, 731/ 732.

(2) ... beim Dauerschuldverhältnis

Derselbe Ansatz gilt unabhängig von der Gegenseitigkeit des Vertrages, wenn es sich um wiederkehrende Leistungen aus Dauerschuldverhältnissen handelt. Bei diesen ist hinsichtlich der Einstufung der Forderung als Alt- oder als Neuverbindlichkeit darauf abzustellen, ob sich aus dem Eintritt der Insolvenz im Einzelfall ein Leistungsverweigerungsrecht, ein ordentliches oder außerordentliches Kündigungsrecht des Gläubigers ergeben würde[516]. Besteht ein derartiges Recht zur Leistungsverweigerung oder zur Vertragsbeendigung, so sind jene Forderungen, die nach dem hypothetischen Zeitpunkt der Vertragsbeendigung bzw. Leistungseinstellung bei rechtzeitiger Insolvenzantragsstellung entstehen, wie Forderungen eines Neugläubigers zu behandeln, selbst wenn der Vertragsschluss vor Eintritt der Insolvenzreife erfolgte[517].

Hier gilt die widerlegliche Vermutung, dass der Gläubiger bei Kenntnis der (rechtzeitigen) Antragstellung die Möglichkeit zur Zurückbehaltung seiner Leistung bzw. zur Kündigung des Dauerschuldverhältnisses genutzt hätte[518]. Dann aber wären weitere Forderungen nach Wirksamwerden dieser Rechte (Ablauf der Kündigungsfrist) gar nicht mehr entstanden. Weitere Forderungen entstehen also nur deshalb, weil der insolvente Verein weiter am Rechtsverkehr teilnimmt. Da die Situation des Gläubigers eines Dauerschuldverhältnisses damit derjenigen eines Neugläubigers entspricht, sind diese entsprechend zu behandeln.

cc) Abgrenzung nach der Art des Rechtsverhältnisses

Umstritten ist zudem, ob der Umfang der Schutzwürdigkeit eines Neugläubigers nach Art des Rechtsverhältnisses unterschiedlich ist. Fraglich ist, ob die Geltendmachung eines Vertrauensschadens auch einem gesetzlichen Neugläubiger (z.B.: Deliktsgläubiger) möglich sein kann. Gegen die Anerkennung eines Vertrauensschadens der Deliktsgläubiger spricht, dass die deliktische Anspruchsbegründung naturgemäß ohne das Hinzutreten eines etwaigen Vertrauens in die

---

[516] *Gottwald/Haas*, Insolvenzrechts-Hdb, 2. Aufl. 2001, § 92 Rdnr. 53.

[517] *Haas*, SpuRt 1999, 1/ 4; *Gottwald/Haas*, Insolvenzrechts-Hdb, 2. Aufl. 2001, § 92 Rdnr. 53; a. A.: LG Mainz, NJW RR 1998, 473.

[518] Vgl. für den Vertragsschluss: BGH, NJW-RR 1995, 289/ 290.

Solvenz des Schuldners entsteht[519]. Zugunsten einer Einbeziehung des Deliktsgläubigers könnte man dagegen anführen, dass die Antragspflicht laut BGH generell dazu dienen soll, insolvente Gesellschaften vom Rechtsverkehr fernzuhalten[520]. Letzterem ist allerdings entgegenzuhalten, dass es an der Kausalität zwischen verspäteter Antragstellung und Schadenseintritt fehlen wird, da auch ein rechtzeitig gestellte Insolvenzantrag nicht unmittelbar zu einer vollständigen Entfernung der Gesellschaft aus dem Rechtsverkehr führt und somit letztendlich nicht dazu geeignet ist, Deliktsschäden generell zu verhindern[521].

Deliktische Neugläubiger werden aber zumindest insoweit vom Schutzzweck der Antragspflicht umfasst, als diese darauf abzielt, das Vermögen des Schuldners den Gläubigern zu erhalten[522]. Insoweit besteht der Schaden der Neugläubiger ebenso wie bei Altgläubigern in einer Quotenminderung[523].

4. *Schadensberechnung*

a) Gesamtgläubigerschaden

Der seitens des Vereins zugunsten sämtlicher Gläubiger geltend zu machende Gesamtgläubigerschaden besteht in dem Schaden, der den Gläubigern dadurch entsteht, dass sich das verteilungsfähige Vereinsvermögen aufgrund masseschmälernder Zahlungen, das Hinzutreten neuer Verbindlichkeiten oder aus sonstigen Umständen (z.B. Wertverlust durch Preisverfall) während des Zeitraums zwischen Insolvenzreife und Insolvenzantrag vermindert[524].

Zur Berechnung des Gesamtschadens ist auf das im Zeitpunkt des Eintritts der Antragspflicht effektiv verfügbare, also verteilungsfähige und werthaltige Vermögen des Vereins abzüglich aller fälligen Forderungen abzustellen und mit

---

[519] Vgl. *Lutter/Hommelhoff*, GmbHG, 15. Aufl. 2000, § 64 Rdnr. 41; *Baumbach/Hueck/ Schulze-Osterloh*, GmbHG, § 64 Rdnr. 84.

[520] BGH, GmbHR 1994, 539/ 543; unter diesem Aspekt die Haftung in voller Höhe bejahend: *Altmeppen*, ZIP 1995, 881/ 890; *B.Kübler*, ZGR 1995, 481/ 496.

[521] *Gottwald/Haas*, Insolvenzrechts-Hdb, 2. Aufl. 2001, § 92 Rdnr. 61.

[522] BGHZ 29, 100/ 102; 75, 96/ 106.

[523] *Gottwald/Haas*, Insolvenzrechts-Hdb, 2. Aufl. 2001, § 92 Rdnr. 63; *Roth/Altmeppen*, GmbHG, 3. Aufl. 1997, § 64 Rdnr. 16, 20.

[524] *Ebenroth/Boujong/Joost/Hillmann*, HGB, § 130 a Rdnr. 24; *Baumbach/Hopt*, HGB, 30. Aufl. 2000, § 130 a Rdnr. 11; *Schlegelberger/K.Schmidt*, HGB, § 130 a Rdnr. 35; *Scholz/K.Schmidt*, GmbHG, 9. Aufl. 2002, § 64 Rdnr. 32 und 83.

denjenigen Vermögenswerten zu vergleichen, die der Verein im Zeitpunkt der tatsächlichen Antragstellung vorweist[525]. Der sich aus der Berechnung ergebende Differenzbetrag ist im Rahmen des Insolvenzverfahrens seitens des Vorstands in die Masse zu leisten, wodurch sichergestellt wird, dass eine gleichmäßige Befriedigung aller Gläubiger erfolgt und ein gesonderter Zugriff seitens einzelner Gläubiger nicht möglich ist[526].

Die daraus auf den einzelnen Altgläubiger entfallende Quote errechnet sich aus der Differenz zwischen der Quote, die dem Altgläubiger zugestanden hätte, wenn der Vorstand den Antrag rechtzeitig gestellt hätte, und der im (verspäteten) Insolvenzverfahren tatsächlich erzielten Quote[527].

Der Insolvenzverwalter ist gemäß § 92 InsO ausschließlich dafür zuständig, den Gesamtgläubigerschaden während des Insolvenzverfahrens zu liquidieren, indem er vom Vorstand den Schadensersatz zur Zahlung in die Masse fordert[528].

b) Individualschaden

aa) Quotenschaden

Der Individualanspruch der Altgläubiger entspricht seiner Berechnung und Höhe nach der Quote, die der Altgläubiger bei Geltendmachung des Gesamtschadens ausgezahlt erhielte.

bb) Vertrauensschaden vertraglicher Neugläubiger

Wie bereits dargestellt bezweckt die Antragspflicht ebenfalls potentielle Neugläubiger vor der Insolvenz eines Rechtsträgers zu warnen und den Eintritt von Rechtsbeziehungen bzw. eine Kreditgewährung zu verhindern. Der Schutzzweck der §§ 823 Abs. 2, 42 Abs. 2 BGB umfasst damit den Kontrahierungsschaden der Neugläubiger.

---

[525] Vgl. für die GmbH: BGH, GmbHR 1997, 889/ 899; *Dauner-Lieb*, ZGR 1998, 623 ff.

[526] Vgl. für die OHG *Ebenroth/Boujong/Joost/Hillmann*, HGB, § 130 a Rdnr. 24, für die GmbH: *Hachenburg/Ulmer*, GmbHG, 8. Aufl. 1997, § 64 Rdnr. 57 und 84.

[527] Vgl. für die GmbH: BGHZ 29, 100/ 102 ff.; BGH, ZIP 1993, 763/ 766; BGHZ 100, 19/ 24; BGH 138, 211/ 221; *Dauner-Lieb*, ZGR 1998, 617, 626; *K.Schmidt*, NZI 1998, 9/ 13; *Baumbach/Hueck/Schulze-Osterloh*, GmbHG, 17. Aufl. 2000, § 64 Rdnr. 85.

[528] *Reichert*, Hdb des Vereins- und Verbandsrechts, 9. Aufl. 2003, Rdnr. 1944; für die GmbH vgl. BGH, WM 1998, 944/ 946; *Scholz/K.Schmidt*, GmbHG, 9. Aufl. 2002, § 64 Rdnr. 85.

Ein Neugläubiger hat entsprechend einen Anspruch auf Ersatz seines negativen Interesses, d.h., er ist bezüglich seines Vermögens so zu stellen, wie er stünde, falls der Insolvenzantrag rechtzeitig gestellt worden wäre[529]. Dann hätte der Gläubiger in jedem Fall von der Insolvenz des Vereins Kenntnis erlangt und wäre in aller Regel nicht mit diesem in Rechtsbeziehungen getreten und hätte die geschuldete Leistung an den Verein nicht erbracht[530]. Im Falle einer bereits erbrachten Dienst- oder Arbeitsleistung, die naturgemäß nicht mehr zurückerstattet werden kann, besteht der Schaden in Höhe des objektiven Wertes der Leistung (§§ 249, 346 Satz 2 BGB analog). Dabei ist der Wert der Leistung, soweit keine anderweitigen Anhaltspunkte vorhanden sind, mindestens mit dem Wert der vereinbarten Vergütung anzusetzen[531].

Auf den Anspruch auf Schadensersatz ist die im Insolvenzverfahren erzielte Quote anzurechnen[532]. Der Ersatz des Vertrauensschadens entfällt, wenn der Vertrag auch bei rechtzeitiger Stellung des Insolvenzantrages geschlossen worden wäre. Die Beweislast dafür trägt jedoch der Vorstand[533]. Ein etwaiges Mitverschulden des Neugläubigers, so z.B., wenn er die Gefährdung seiner Forderung gegenüber dem Verein erkennen musste, wird über § 254 BGB berücksichtigt[534].

Der Schaden der vertraglichen Neugläubiger kann von diesen selbst bei eröffnetem Insolvenzverfahren in voller Höhe selbständig geltend gemacht werden[535]. Der Vertrauensschaden stellt sich als Individualschaden dar, der nicht im Zusammenhang mit der Verkürzung der Haftmasse steht und insofern nicht von

---

529 Vgl. *Palandt/Heinrichs*, BGB, 63. Aufl. 2004, § 249 Rdnr. 17.

530 Vgl. BGH, NJW-RR 1995, 289/ 290; *Gottwald/Haas*, Insolvenzrechts-Hdb, 2. Aufl. 2001, § 92 Rdnr. 58 f.; *Soergel/Hadding*, BGB, 13. Aufl. 2000, § 42 Rdnr. 12.

531 BGH, NJW-RR 1998, 686/ 687.

532 Vgl. für die GmbH: BGH, ZIP 1998, 776/ 778; *Emde*, GmbHR 1995, 558/ 560; BGH, NJW-RR 1989, 472; *Uhlenbruck*, ZIP 1996, 1641/ 1644 f.

533 *Haas*, SpuRt 1999, 1/ 5.

534 Vgl. für die GmbH: OLG Celle, NZG 1999, 1064/ 1065 f.; *Sommer/Maser*, BB 1996, 65/ 70; *Staub/Habersack*, HGB, 4. Aufl. 1997, § 130 a Rdnr. 37; *Ebenroth/Boujong/Joost/ Hillmann*, HGB, § 130 a Rdnr. 34.

535 BGH, NJW 1998, 2667; *Haas*, SpuRt 1999, 1/ 5; *ders.* NZG 1999, 376; *Baumbach/Hueck/ Schulze-Osterloh*, GmbHG, 17. Aufl. 2000, § 64 Rdnr. 88; *Lutter/Hommelhoff*, GmbHG, 15. Aufl. 2000, § 64 Rdnr. 45; *Kübler/Prütting/Noack*, InsO; Sonderband 1: Gesellschaftsrecht, 1999, Rdnr. 320.

§ 92 InsO erfasst wird[536]. Macht der Gläubiger seinen Schaden noch während des laufenden Insolvenzverfahrens geltend, muss er im Gegenzug seine durch die Insolvenz entwertete Forderung gemäß § 255 BGB an den Vorstand abtreten[537].

V. Haftung Dritter wegen Verletzung der Antragspflicht

Neben der Haftung des Vereinsvorstands kommt eine Haftung Dritter unter dem Aspekt des Verbots der Insolvenzverschleppung in Betracht.

Dem liegt der Gedanke zugrunde, dass die Regelung des § 42 Abs. 2 Satz 1 BGB nicht nur als isoliertes Gebot zur rechtzeitigen Stellung eines Insolvenzantrages aufgefasst werden kann, sondern dass die Norm zudem als Ausdruck eines generellen Verbots der Insolvenzverschleppung zu verstehen ist, welches sich als Reflex der Antragspflicht darstellt[538]. Aus einem Verstoß gegen das Gebot, die Insolvenzverschleppung zu vermeiden, resultiert dann ebenso ein Schadensersatzanspruch der Gläubiger aus §§ 823 Abs. 2, 42 Abs. 2 Satz 1 BGB[539].

1. Voraussetzungen

Voraussetzung eines Schadensersatzanspruchs wegen des Verbots der Insolvenzverschleppung ist ein schuldhaftes Verhalten, das nicht darauf beruht, dass der Nichtvorstand den Insolvenzantrag nicht in eigener Person gestellt hat, sondern darauf, dass er durch sein sonstiges Verhalten kausal zur Insolvenzverschleppung beiträgt[540].

2. Adressatenkreis

Der Kreis derjenigen Personen, die einem so verstandenen Insolvenzverschleppungsverbot unterfallen, kann wiederum nur unter Bezugnahme auf

---

[536] BGH, ZIP 1998, 776/ 778; *Kübler/Prütting/Noack*, InsO, Sonderband 1: Gesellschaftsrecht, InsO, Rdnr. 320; *Gottwald/Haas*, Insolvenzrechts-Hdb, 2. Aufl. 2001, § 92 Rdnr. 73; *Ebenroth/Boujong/Joost/Hillmann*, HGB, § 130 a Rdnr. 35; a.A: *Hachenburg/Ulmer*, GmbHG, 8. Aufl. 1997, § 64 Rdnr. 83 f.; *Wilhelm*, ZIP 1993, 1833, 1836; *Hasselbach*, DB 1996, 2213/2215.

[537] *Gottwald/Haas*, Insolvenzrechts-Hdb, 2. Aufl. 2001, § 92 Rdnr. 75.

[538] Vgl. für die GmbH: *Scholz/K.Schmidt*, GmbHG, 9. Aufl. 2002, § 64 Rdnr. 13.

[539] Vgl. für die GmbH: *Scholz/K.Schmidt*, GmbHG, 9. Aufl. 2002, § 64 Rdnr. 54; *Haas*, DStR 1998, 1359/ 1362.

[540] *Scholz/K.Schmidt*, GmbHG, 9. Aufl. 2002, § 64 Rdnr. 8.

den Grund der Haftung des Vereinsvorstands wegen Verletzung der Antragspflicht aus § 42 Abs. 2 BGB zu bestimmen sein.

Nach dem Sinn und dem Zweck der Regelung des § 42 Abs. 2 Satz 1 BGB sollen die Gläubiger des Vereins durch eine rechtzeitige Antragstellung vor einem weiteren Verfall des Vereinsvermögens geschützt und eine staatlich geordnete Gläubigerbefriedigung sichergestellt werden. Die Antragspflicht obliegt dabei dem Vorstand des Vereins, da dieser aufgrund seiner gesetzlich festgelegten Kompetenzen als Leitungsorgan den Verein nach außen hin führt. Nur wer den Verein führt und die Kompetenzen wie ein Vorstand nach innen und außen wahrnimmt, ist dazu in der Lage, eine Insolvenzverschleppung tatsächlich zu begehen[541].

Die Haftung wegen Insolvenzverschleppung lässt sich dementsprechend nur unter der Voraussetzung begründen, dass der Nichtvorstand eine Position innehat, die ihm erstens umfassende Kenntnisse von den Vereinsfinanzen und zweitens umfassende Entscheidungsmacht innerhalb des Vereins verschafft. Andernfalls ist eine auf dem Verhalten eines Nichtvorstands beruhende schuldhafte und kausale Insolvenzverschleppung nicht denkbar[542].

Diese Voraussetzung erfordert, dass der Nichtvorstand nicht nur Zugang zu allen Informationen hat, die auch dem Vorstand zur Verfügung stehen, um die wirtschaftliche Lage des Vereins vollständig beurteilen zu können, sondern dass er auch die Macht besitzt, um etwa eigene Sanierungsverhandlungen für den Verein zu führen oder den legitimen Vorstand des Vereins bei der Frage der Stellung eines Insolvenzantrags entscheidend beeinflussen zu können[543].

Über entsprechende Kenntnisse und Entscheidungsbefugnisse verfügen im Allgemeinen nur Mitglieder eines Kontrollorgans des Vereins (Aufsichtsrat, Verwaltungsrat, o.ä.) oder ein Großsponsor, der wegen seines finanziellen Engagements einen entsprechenden persönlichen Einfluss auf den legitimen Vereinsvorstand auszuüben in der Lage ist. Liegt eine derartige Machtposition vor, unterfällt der Nichtvorstand ebenso den Verkehrspflichten gegenüber dem Rechtsverkehr wie ein Vorstand. Damit ist der Nichtvorstand dazu verpflichtet, die In-

---

541 *Scholz/K.Schmidt*, GmbHG, 9. Aufl. 2002, § 64 Rdnr. 7.

542 Vgl. *Stein*, ZHR 148 (1984), 207/ 231.

543 *Stein*, ZHR 148, (1984), 207/ 230 ff.

solvenzverschleppung zu vermeiden, widrigenfalls er gemäß §§ 823 Abs. 2, 42 Abs. 2 Satz 1 BGB haftet[544].

VI. Haftung des Vorstands wegen „verfrühter" Antragstellung

Der Vorstand hat im Rahmen seiner Tätigkeit für den Verein mit der Sorgfalt eines ordentlichen Sachwalters zu handeln. Dazu gehört, dass er die Interessen des Vereins wahrnimmt und nach außen vertritt sowie Schäden für den Verein vermeidet. Befindet sich der Verein in einer wirtschaftlichen Krise, obliegt es dem Vereinsvorstand im Rahmen seiner Sorgfaltspflicht, die Vermögenssituation des Vereins genau zu prüfen und mögliche Sanierungsmaßnahmen in Erwägung zu ziehen, *bevor* er den Insolvenzantrag stellt.

Kommt der Vorstand diesen Anforderungen nicht nach, so stellt sich die Frage, inwieweit der Vorstand dafür zur Verantwortung gezogen werden kann. Dabei sind zwei Fallkonstellationen zu unterscheiden. Zum einen besteht die Gefahr, dass der Vorstand den Insolvenzantrag stellt, ohne im Rahmen der üblichen Überlegungsfrist hinreichend Sanierungsmöglichkeiten geprüft zu haben; zum anderen, dass der Vorstand einen „Panikantrag" stellt, ohne dass der Verein überhaupt insolvenzreif, d.h. überschuldet oder zahlungsunfähig ist[545].

Eine Haftung des Vorstands gegenüber dem Verein kommt allerdings nicht in Betracht, wenn der Vorstand auf ausdrückliche Weisung der Mitgliederversammlung handelt[546].

1. Unzureichende Prüfung von Sanierungschancen

Gegen die haftungsrechtliche Verantwortlichkeit des Vorstands wegen unzureichender Prüfung von Sanierungsmaßnahmen im Stadium der Zahlungsunfähigkeit oder Überschuldung des Vereins lässt sich einwenden, dass die InsO

---

[544] Vgl. *Scholz/K.Schmidt*, GmbHG, 9. Aufl. 2002, § 64 Rdnr. 8; *ders.*, ZIP 1980, 328 ff.; *Haas*, DStR 1998, 1357/ 1362.

[545] Vgl. für den GmbH-GF: *Gottwald/Haas*, Insolvenzrechts-Hdb, 2. Aufl. 2001, § 92 Rdnr. 82; *Baumbach/Hueck/Schulze-Osterloh*, GmbHG, 17. Aufl. 2000, § 64 Rdnr. 81; *Scholz/K.Schmidt*, GmbHG, 9. Aufl. 2002, § 64 Rdnr. 12 und 36; *Kübler/Prütting/Noack*, InsO, Sonderband 1: Gesellschaftsrecht, 1999, Rdnr. 332 f.

[546] Vgl. für die GmbH: BGH GmbHR 1974, 131; BGH, NJW 1960, 285/ 289; *Baumbach/Hueck/Schulze-Osterloh*, GmbHG, 17. Aufl. 2000, § 64 Rdnr. 80; *Scholz/K.Schmidt*, GmbHG, 9. Aufl. 2002, § 64 Rdnr. 36; *Fleck*, GmbHR 1974, 224/ 232.

mit dem Insolvenzplan (§§ 217 InsO)[547] ein besonderes Instrumentarium zur Verfügung stellt, mit dessen Hilfe gerade Sanierungsmaßnahmen auch innerhalb des Insolvenzverfahrens durchgeführt bzw. nachgeholt werden können.

Dabei ist jedoch zu beachten, dass jede verfrühte Antragstellung auch bedeutende Nachteile mit sich bringt, deren Auswirkungen nicht zu unterschätzen sind. Sportvereine stehen generell unter einer größeren Beobachtung der Medien, so dass die Wahrscheinlichkeit, dass die Insolvenzantragstellung frühzeitig an die Öffentlichkeit gerät, sehr hoch ist. Daneben kann aber auch die Anordnung von Sicherungsmaßnahmen (§ 21 InsO) zur unerwünschten Publizität des Insolvenzantrags beitragen. In der Folge könnten sich Sponsoren oder Kreditgeber genötigt sehen, ihr Engagement zurückzuziehen bzw. keine weiteren Darlehen zu stellen, was den Erfolg einer geplanten Sanierung wiederum in Frage stellen würde.

Zudem führt die Einleitung des Insolvenzverfahrens wegen des vorgeschalteten Eröffnungsverfahrens zwangsläufig einen Zeitverlust im Vergleich zur außergerichtlichen Sanierung, die sofort eingeleitet werden kann. Aufgrund der genannten Nachteile erwächst aus der verfrühten Antragstellung ohne eine hinreichende Würdigung von Sanierungschancen in der Regel ein Schaden für den Verein, für den der Vorstand wegen Verstoßes gegen die Sorgfaltspflicht haftbar ist[548].

2. *Unbegründete Antragstellung (Panikantrag)*

Es kommt zudem eine Haftung für den Fall in Betracht, dass der Vorstand den Insolvenzantrag stellt, ohne dass die zwingenden Insolvenzauslösegründe der Zahlungsunfähigkeit bzw. der Überschuldung tatsächlich vorliegen. Auch in diesem Fall ist die haftungsrechtliche Verantwortlichkeit des Vorstands auf den ersten Blick nicht zwingend[549], da die Regelung des § 18 InsO vorsieht, dass jeder vertretungsberechtigte Vorstand auch im Falle drohender Zahlungsunfähig-

---

[547] Zum Insolvenzplan vgl. unten unter L.

[548] Für die GmbH vgl.: *Scholz/K.Schmidt*, GmbHG, 9. Aufl. 2002, § 64 Rdnr. 12 und 36; *ders.*, ZIP 1980, 328/ 330; *Uhlenbruck*, WiB 1996, 409/413; *Haas*, DStR 1998, 1359/ 1362.

[549] Vgl. für die GmbH: *Gottwald/Haas*, Insolvenzrechts-Hdb, 2. Aufl. 2001, § 92 Rdnr. 84.

keit des Vereins und damit im Vorstadium der Insolvenzreife dazu berechtigt ist, den Insolvenzantrag stellen zu können.

Fraglich ist, ob der Vorstand unter bestimmten Voraussetzungen im Rahmen seiner Sorgfaltspflicht für den Verein die Stellung des Insolvenzantrags trotz eines bestehenden Rechts zur Antragstellung gemäß § 18 InsO zu unterlassen hat.

Der Ansatz für eine derartige Pflicht ergibt sich aus dem gesetzlichen Leitbild der Mitgliederversammlung als jenem Gremium, welchem die Zuständigkeit zukommt, über die wesentlichen Fragen des Vereins entscheiden zu können[550]. Ob der Verein ohne zwingenden Grund in das Insolvenzverfahren, das zunächst die Auflösung des Vereins mit sich bringen würde, geführt werden soll oder ob nicht eine außergerichtliche Sanierung zu versuchen ist, stellt eine wichtige Angelegenheit des Vereins in diesem Sinne dar[551]. Folglich darf der Insolvenzantrag bei drohender Zahlungsunfähigkeit nicht ohne die Mitwirkung der Mitgliederversammlung beschlossen werden[552]. Der einzelne Vorstand handelt demgemäß pflichtwidrig, wenn er ohne die Weisung der Mitgliederversammlung und außerhalb der Insolvenzreife des Vereins den Insolvenzantrag stellt, und haftet entsprechend für Schäden, die dem Verein dadurch entstehen[553].

---

[550] *Sauter/Schweyer/Waldner*, Der eingetragene Verein, 17. Aufl. 2001, Rdnr. 156.

[551] Ebenso wie der Auflösungsbeschluss gemäß § 41 BGB, vgl. *Sauter/Schweyer/Waldner*, Der eingetragene Verein, 17. Aufl. 2001, Rdnr. 156.

[552] Vgl. für die GmbH: *Gottwald/Haas*, Insolvenzrechts-Hdb, 2. Aufl. 2001, § 92 Rdnr. 84; *Scholz/K.Schmidt*, GmbHG, 9. Aufl. 2002, § 64 Rdnr. 12; *Kübler/Prütting/Noack*, InsO, Sonderband 1: Gesellschaftsrecht, 1999, Rdnr. 332; *Baumbach/Hueck/Schulze-Osterloh*, GmbHG, 17. Aufl. 2000, § 64 Rdnr. 81.

[553] Vgl. für den GmbH-GF: *Gottwald/Haas*, Insolvenzrechts-Hdb, 2. Aufl. 2001, § 92 Rdnr. 84.

H Rechtslage nach Antragstellung

Das Insolvenzeröffnungsverfahren beginnt mit der Antragstellung durch den Verein oder dessen Gläubiger. Bis zur endgültigen Entscheidung über die Eröffnung des Insolvenzverfahrens über das Vermögen des Vereins durch das Insolvenzgericht (§ 27 InsO) liegt in der Regel eine nicht unerhebliche Zeitspanne. In dieser Zeit ist das Vermögen des Vereins oftmals besonderen Gefährdungen ausgesetzt[554]. Insbesondere kann es dazu kommen, dass Gläubiger des Vereins, die vom Insolvenzantrag Kenntnis erlangt haben, versuchen werden, sich vor der Eröffnung des Verfahrens Sondervorteile zu verschaffen, oder dass der Schuldner seinerseits versucht, Teile des eigenen Vermögens dem drohenden Insolvenzbeschlag zu entziehen[555]. Daher sind massesichernde Maßnahmen notwendig, die die Sicherung des Schuldnervermögens und damit die Vermeidung massearmer Insolvenzen gewährleisten.

I. Anordnung von Sicherungsmaßnahmen

Die Vorschrift des § 21 Abs. 1 InsO sieht vor, dass das Insolvenzgericht alle Maßnahmen zu treffen hat, die erforderlich erscheinen, um bis zur Entscheidung über den Antrag eine für die Gläubiger nachteilige Veränderung in der Vermögenslage des Schuldners zu verhüten. Die Entscheidung über das „Ob" und das „Wie" der Anordnung von Sicherungsmaßnahmen fällt das Insolvenzgericht von Amts wegen und nach pflichtgemäßem Ermessen[556]. Voraussetzung einer jeden Sicherungsmaßnahme ist, dass der Insolvenzantrag zugelassen worden ist[557]. Das ist der Fall, wenn das Insolvenzgericht nach überschlägiger vorläufiger Prüfung des Insolvenzantrags zu dem Ergebnis kommt, dass jedenfalls

---

[554] FK-*Schmerbach*, InsO, 3. Aufl. 2002, § 21 Rdnr. 1; HK-*Kirchhof*, InsO, 3. Aufl. 2003, § 21 Rdnr. 2; MüKoInsO/*Haarmeyer*, 2001, § 21 Rdnr. 1; *Wellensiek*, in *K.Schmidt/ Uhlenbruck*, Die GmbH in Krise, Sanierung und Insolvenz, 3. Aufl. 2003, Rdnr. 953.

[555] FK-*Schmerbach*, InsO, 3. Aufl. 2002, § 21 Rdnr. 1; HK-*Kirchhof*, InsO, 3. Aufl. 2003, § 21 Rdnr. 2; MüKoInsO/*Haarmeyer*, 2001, § 21 Rdnr. 1; *Wellensiek*, in *K.Schmidt/ Uhlenbruck*, Die GmbH in Krise, Sanierung und Insolvenz, 3. Aufl. 2003, Rdnr. 953.

[556] BGH, NJW-RR 1986, 1188 f.; *Gerhardt*, in Kölner Schrift zur InsO, 2. Aufl. 2000, S. 193/ 205; MüKoInsO/*Haarmeyer*, 2001, § 21 Rdnr. 2.

[557] Vgl. OLG Köln, ZIP 1988, 664; LG Göttingen, ZIP 1993, 447; *Uhlenbruck*, in Kölner Schrift zur InsO, 2. Aufl. 2000, S. 325/ 327; MüKoInsO/*Haarmeyer*, 2001, § 21 Rdnr. 2.

ein erkennbar unzulässiger oder missbräuchlicher Antrag nicht vorliegt[558]. Eine abschließende Entscheidung des Insolvenzgerichts über die Zulässigkeit des Antrags ist dagegen nicht zu verlangen, da eine entsprechende umfangreichere Prüfung aufgrund des damit verbundenen Zeitverlusts nicht mit den Charakteristika sichernder Maßnahmen und dem Anreiz einer frühzeitigen Antragstellung (vgl. § 18 InsO) vereinbar ist[559]

Zu beachten ist aber, dass während des Eröffnungsverfahrens erst noch festgestellt werden muss, ob der Insolvenzantrag begründet ist. Da noch ungewiss ist, ob das Insolvenzverfahren überhaupt eröffnet wird oder mangels Masse oder wegen Unbegründetheit des Antrages abgewiesen werden wird[560], müssen in dieser Verfahrensphase irreversible Schäden des Schuldners möglichst vermieden werden. Die Anordnung von Sicherungsmaßnahmen, die immer auch einen möglichen Eingriff in grundrechtlich geschützte Rechtspositionen des Schuldners darstellen, dürfen folglich nur unter strenger Berücksichtigung des Verhältnismäßigkeitsgrundsatzes erfolgen[561]. Sind bestimmte Sicherungsmaßnahmen zur Sicherung des Schuldnervermögens nicht mehr notwendig, so sind diese sofort aufzuheben, § 25 InsO[562]. Dem Schuldner steht gegen die Anordnung einer sichernden Maßnahme das Recht zur sofortigen Beschwerde gemäß § 21 Abs. 1 Satz 2 InsO zu.

Eine Beteiligung der Gläubiger in diesem Verfahrensstadium ist dagegen nicht vorgesehen[563]; ihre Interessen sind in erster Linie vom Insolvenzgericht bei der

---

558 AG Göttingen, EWiR 1997, 181; HK-*Kirchhof*, InsO, 3. Aufl. 2003, § 21 Rdnr. 4; FK-*Schmerbach*, InsO, 3. Aufl. 2002, § 21 Rdnr. 16; *Pohlmann*, Befugnisse und Funktionen des vorläufigen Insolvenzverwalters, 1998, Rdnr. 19;

559 MüKoInsO/*Haarmeyer*, 2001, § 21 Rdnr. 16; HK-*Kirchhof*, InsO, 3. Aufl. 2003, § 21 Rdnr. 4; *Haarmeyer*, ZInsO 2001, 203/ 204 f./ 207 f.

560 Dazu vgl. unten unter H V.

561 BGH, NJW-RR 1986, 1188; *Kübler/Prütting/Pape*, InsO, Stand: 10/2003, § 21 Rdnr. 17; MüKoInsO/*Haarmeyer*, 2001, § 21 Rdnr. 23 ff.; HK-*Kirchhof*, InsO, 3. Aufl. 2003, § 21 Rdnr. 9; *Nerlich/Römermann/Mönning*, InsO, 1999, § 21, 68 ff.; *Gerhardt*, in Kölner Schrift zur InsO, 2. Aufl. 2000, S. 193/ 205.

562 FK-*Schmerbach*, InsO, 3. Aufl. 2002, § 25 Rdnr. 2; *Kübler/Prütting/Pape*, InsO, Stand: 10/2003, § 25 Rdnr. 3; *Wellensieck*, in *K.Schmidt/Uhlenbruck*, Die GmbH in Krise, Sanierung und Insolvenz, 3. Aufl. 2003, Rdnr. 959.

563 Vgl. *Kübler/Prütting/Pape*, InsO, Stand: 10/2003, § 22 Rdnr. 39.

Anordnung von Sicherungsmaßnahmen bzw. vom vorläufigen Insolvenzverwalter zu beachten[564].

II. Vorläufige Insolvenzverwaltung

Das Insolvenzgericht kann zum Schutz der Gläubiger das Vermögen des Vereins einer vorläufigen Insolvenzverwaltung unterstellen. Dazu bestellt es gemäß § 21 Abs. 2 Nr.1 InsO einen vorläufigen Insolvenzverwalter – entsprechend den Regeln für die Bestellung eines endgültigen Insolvenzverwalters (§§ 31 Abs. 2 InsO i.V. mit §§ 56, 58, 66 InsO analog). Nach § 56 Abs. 1 InsO analog ist zum vorläufigen Insolvenzverwalter eine für den jeweiligen Einzelfall geeignete, insbesondere geschäftskundige und von den Gläubigern und dem Schuldner unabhängige natürliche Person zu bestellen.

Da der vorläufige Insolvenzverwalter in der Regel auch zum endgültigen ernannt wird[565], kommt schon der Bestellung des vorläufigen Insolvenzverwalters eine für den weiteren Verlauf des Verfahrens entscheidende Rolle zu. Denn die Qualität des Insolvenzverwalters bestimmt das Schicksal des Verfahrens[566]. Die Tragweite der Entscheidung über die Bestellung des vorläufigen Insolvenzverwalters wird auch daran deutlich, dass dieser regelmäßig gleichzeitig als Gutachter hinsichtlich der Prüfung des Insolvenzgrundes, der voraussichtlichen Kostendeckung sowie der Aussicht auf eine Fortführung des Schuldnerunternehmens bestellt wird (vgl. § 22 Abs. 1 Satz 2 Nr. 3 InsO)[567]. Vordringlichster Zweck der vorläufigen Insolvenzverwaltung bleiben aber die Sicherung und Er-

---

[564] Vgl. FK-*Schmerbach*, InsO, 3. Aufl. 2002, § 21 Rdnr. 26e; *Kübler/Prütting/Pape*, InsO, Stand: 10/2003, § 21 Rdnr. 15; *Pohlmann*, Befugnisse und Funktionen des vorläufigen Insolvenzverwalters, 1998, Rdnr. 298 ff.

[565] *Kübler/Prütting/Lüke*, InsO, Stand: 10/2003, § 56 Rdnr. 3; FK-*Schmerbach*, InsO, 3. Aufl. 2002, § 21 Rdnr. 38; *Mönning*, in Kölner Schrift zur InsO, 2. Aufl. 2000, S. 375/ 378.

[566] *Smid/Smid*, InsO, 2. Aufl. 2002, § 56 Rdnr. 5; *Haarmeyer/Wutzke/Förster*, Hdb zur InsO, 3. Aufl. 2001, Kap. 5 Rdnr. 2; *Häsemeyer*, Insolvenzrecht, 3. Aufl. 2003, Rdnr. 6.27; *Jaeger/Weber*, KO, 9. Aufl. 1997, § 78 Rdnr. 7; *Kübler/Prütting/Lüke*, InsO, Stand: 10/2003, § 56 Rdnr. 3; zu diesem Problemkreis: *Mönning*, in Kölner Schrift zur InsO, 2. Aufl. 2000, S. 375 ff.

[567] *Mönning*, in Kölner Schrift zur InsO, 2. Aufl. 2000, S. 375/ 378 f.

haltung der künftigenInsolvenzmasse[568]. Die Wirkungen der Bestellung einer vorläufigen Insolvenzverwaltung treten mit Übernahme des Amtes durch den vorläufigen Insolvenzverwalter ein[569].

1. Der „schwache" vorläufige Insolvenzverwalter ohne Verwaltungs- und Verfügungsbefugnis

Die Bestellung eines „schwachen" Insolvenzverwalters ohne allgemeine oder besondere Verwaltungs- und Verfügungsbefugnis stellt die mildeste Form der Insolvenzverwaltung im Eröffnungsverfahren dar[570].

Das Insolvenzgericht kann den schwachen vorläufigen Insolvenzverwalter aber auch mit besonderen Befugnissen ausstatten und ihm besondere Pflichten auferlegen, die dann im Anordnungsbeschluss festgelegt werden müssen, § 22 Abs. 2 InsO. Allerdings dürfen die festgelegten Pflichten nicht über diejenigen des vorläufigen Insolvenzverwalters mit Verwaltungs- und Verfügungsbefugnis hinausgehen, § 22 Abs. 2 Satz 2 InsO. Die Aufgaben des vorläufigen Insolvenzverwalters ohne Verwaltungs- und Verfügungsbefugnis beschränken sich grundsätzlich auf die Sicherung der künftigen Insolvenzmasse und die Kontrolle der Vereinsführung, die Prüfung des Eröffnungsgrundes und die Massekostendekkung[571].

Der Verein bleibt berechtigt, Verträge abzuschließen und Verbindlichkeiten einzugehen. Allerdings kann der vorläufige Insolvenzverwalter bei entsprechender Anordnung eines Zustimmungsvorbehalts diesen Maßnahmen widersprechen[572]. Das Insolvenzgericht kann des Weiteren vorsehen, dass bestimmte Verfügungen des Schuldners hinsichtlich bestimmter Teile seines Vermögens in ihrer Wirksamkeit von der Zustimmung des vorläufigen Insolvenzverwalters abhängen.

---

[568] *Kübler/Prütting/Pape*, InsO, Stand: 10/2003, § 22 Rdnr. 2; *Bork*, Einführung in das neue Insolvenzrecht, 3. Aufl. 2002, Rdnr. 104; MüKoInsO/*Haameyer*, 2001, § 22 Rdnr. 2; *Smid*, WM 1995, 785/ 787; *Uhlenbruck*, in: Kölner Schrift zur InsO, 2. Aufl. 2000, S. 239 Rdnr. 15.

[569] OLG Düsseldorf, KTS 1973, 279/ 272; HK-*Kirchhof*, InsO, 3. Aufl. 2003, § 22 Rdnr. 67; MüKoInsO/*Haarmeyer*, 2001, § 22 Rdnr. 21.

[570] MüKoInsO/*Haarmeyer*, 2001, § 22 Rdnr. 30.

[571] Vgl. FK-*Schmerbach*, InsO, 3. Aufl. 2002, § 22 Rdnr. 61 ff.

[572] *Smid/Thiemann*, InsO, 2. Aufl. 2002, § 22 Rdnr. 62.

Verfügt der Schuldner ohne die erforderliche Zustimmung, so ist diese Verfügung entsprechend §§ 24 Abs. 1, 81 Abs. 1 Satz 1 InsO absolut unwirksam[573].

Darüber hinaus kann das Insolvenzgericht anordnen, dass der schwache vorläufige Insolvenzverwalter einzelne im Voraus genau festgelegte Verpflichtungen zu Lasten der späteren Insolvenzmasse eingehen kann, wenn dies für die erfolgreiche Verwaltung des Schuldnervermögens notwendig ist[574]. Im Übrigen bleiben jedoch sämtliche Verbindlichkeiten, die der schwache Insolvenzverwalter im Eröffnungsverfahren begründet, gemäß § 108 Abs. 2 InsO einfache Insolvenzforderungen. Die Regelung des § 55 Abs. 2 InsO betrifft nur den speziellen Fall, dass die Insolvenzverwaltung einem starken vorläufigen Insolvenzverwalter obliegt und ist grundsätzlich weder unmittelbar noch entsprechend auf Rechtshandlungen eines vorläufigen Insolvenzverwalters anzuwenden, auf den die Verfügungsbefugnis über das Vermögen des Schuldners nicht übergegangen ist[575].

2. *Der „starke" vorläufige Insolvenzverwalter mit Verwaltungs- und Verfügungsbefugnis*

Ordnet das Insolvenzgericht ein allgemeines absolutes Verfügungsverbot nach § 21 Abs. 2 Nr. 2 InsO an, geht die Verwaltungs- und Verfügungsbefugnis über das der Zwangsvollstreckung unterliegende Schuldnervermögen einschließlich der Prozessführungsbefugnis auf den „starken" Insolvenzverwalter über[576]. Der umfassende Übergang der Verwaltungs- und Verfügungsbefugnis nimmt die Rechtswirkungen des eröffneten Verfahrens (§ 80 InsO) weitestgehend vor-

---

[573] MüKoInsO/*Haarmeyer*, 2001, § 22 Rdnr. 32; HK-*Kirchhof*, InsO, 3. Aufl. 2003, § 24 Rdnr. 5; *Kübler/Prütting/Pape*, InsO, Stand: 10/2003, § 24 Rdnr. 1.

[574] BGH, NZI 2002, 543 / 546; MüKoInsO/*Hefermehl*, § 55 Rdnr. 219; *Pohlmann*, Befugnisse und Funktionen des vorläufigen Insolvenzverwalters, 1998, Rdnr. 335 ff.; *Nerlich/ Römermann/Mönning*, InsO, § 22 Rdnr. 223; HK-*Kirchhof*, InsO, 3. Aufl. 2003, § 22 Rdnr. 78; a.A.: FK-*Schmerbach*, InsO, 3. Aufl. 2002, § 22 Rdnr. 61 k; *Kübler/Prütting/Pape*, InsO, Stand: 10/2003, § 55 Rdnr. 72.

[575] BGH, NZI 2002, 534 ff.

[576] MüKoInsO/*Haarmeyer*, 2001, § 22 Rdnr. 23; *Wellensieck*, in *K.Schmidt/Uhlenbruck*, Die GmbH in der Krise, Sanierung und Insolvenz, 3. Aufl. 2003, Rdnr. 666; *Kübler/Prütting/Pape*, InsO, Stand: 10/2003, § 22 Rdnr. 33; FK-*Schmerbach*, InsO, 3. Aufl. 2002, § 22 Rdnr. 5 ff.

weg[577]. Die Figur des vorläufigen Insolvenzverwalters mit begleitendem Verfügungsverbot ist nicht kraft Gesetzes als Regelfall ausgestaltet, sondern sie soll es dem Insolvenzgericht vielmehr im Einzelfall bei Bedarf ermöglichen, bereits während des Eröffnungsverfahrens einen Insolvenzverwalter einsetzen zu können, der aufgrund seiner Befugnisse dazu in der Lage ist, umfassende Aufgaben bis hin zur Unternehmensfortführung wahrzunehmen[578].

Zunächst war jedoch zweifelhaft, ob die Möglichkeit der Anordnung einer starken vorläufigen Insolvenzverwaltung in der Praxis genutzt werden würde. Dem stand insbesondere die Regelung des § 55 Abs. 2 Satz 2 InsO entgegen, die für den Fall der Inanspruchnahme von Leistungen aus einem Dauerschuldverhältnis (insbesondere aus Arbeitsverträgen) von Seiten des starken vorläufigen Insolvenzverwalters uneingeschränkt die Begründung von *Masseverbindlichkeiten* vorsah[579]. Mittlerweile ist die Vorschrift des § 55 Abs. 2 Satz 2 InsO allerdings dadurch entschärft worden, dass der neu eingeführte § 55 Abs. 3 InsO für die auf die Bundesanstalt für Arbeit übergegangenen Ansprüche auf Arbeitsentgelt bestimmt, dass diese nur als Insolvenzforderungen gemäß §38 InsO im Insolvenzverfahren geltend gemacht werden können.

Die Personalkosten bilden gerade beim Sportverein den Großteil seiner laufenden Verbindlichkeiten, so dass es im Einzelfall sinnvoller sein wird, zur Schonung der Insolvenzmasse die Bestellung eines schwachen vorläufigen Insolvenzverwalters unter Anordnung weitgehender Befugnisse – etwa der Anordnung eines allgemeinen Zustimmungsvorbehalts – vorzunehmen, da für diesen eine entsprechende Regelung fehlt. Es gelten vielmehr die Vorschriften der §§ 108 Abs. 2, 38 InsO, wonach die Ansprüche, die aus einem Dauerschuldver-

---

577 MüKoInsO/*Haarmeyer*, 2001, § 22 Rdnr. 36; FK-*Schmerbach*, InsO, 3. Aufl. 2002, § 22 Rdnr. 5a; *Uhlenbruck*, in Kölner Schrift zur InsO, 2. Aufl. 2000, S. 325/ 331.

578 BGH, NZI 2002, 543 / 547; *Smid/Thiemann*, InsO, 2. Aufl. 2002, § 22 Rdnr. 59 und 63; *Braun/Kind*, InsO, § 22 Rdnr. 29; (Vgl. Begr. RegE, BT-Drucks. 12/2443, S. 115 f., abgedruckt in: RWS-Dok. 18, 2. Aufl. S. 177 ff.;) a.A.: *Kübler/Prütting/Pape*, InsO, Stand: 10/2003, § 21 Rdnr. 23; *Pohlmann*, Befugnisse und Funktionen des vorläufigen Insolvenzverwalters, 1998, Rdnr. 28 ff;.

579 *Smid/Thiemann*, InsO, 2. Aufl. 2002, § 22 Rdnr. 82; *Kübler/Prütting/Pape*, InsO, Stand: 10/2003, § 21 Rdnr. 23; *Kirchhof*, ZInsO 2001, 1.

hältnis vor Eröffnung des Insolvenzverfahrens entstehen, als einfache Insolvenzforderungen geltend zu machen sind[580].

III. Arbeitgeberstellung des vorläufigen Insolvenzverwalters

Der „schwache" vorläufige Insolvenzverwalter tritt grundsätzlich nicht in die Stellung des Vereins als Arbeitgeber ein[581]. Dieser Schritt vollzieht sich automatisch erst mit Eröffnung des Insolvenzverfahrens und dem Übergang der Verwaltungs- und Verfügungsrechte auf den Insolvenzverwalter (vgl. § 80 InsO). Im Eröffnungsverfahren bleibt der Verein Arbeitgeber und übt die Arbeitgeberfunktionen aus. Allerdings hat der Verein dabei in Abstimmung mit dem vorläufigen Insolvenzverwalter zu handeln[582].

Der vorläufige Insolvenzverwalter tritt nur dann in die Stellung des Vereins als Arbeitgeber ein, wenn er mit Verwaltungs- und Verfügungsbefugnis ausgestattet wird (§ 22 Abs. 1 Satz 1 InsO) oder das Insolvenzgericht eine entsprechende Anordnung trifft (§ 22 Abs. 2 Alt. 1 InsO)[583]. In diesem Falle ist der vorläufige Insolvenzverwalter dazu befugt, arbeitsrechtliche Erklärungen aller Art abzugeben oder sonstige arbeitsrechtliche Maßnahmen zu ergreifen, ohne dass es einer Zustimmung seitens des Vereins bedarf[584].

Der vorläufige Insolvenzverwalter ist demnach auch dazu befugt, Kündigungen im Rahmen der allgemeinen arbeitsrechtlichen Kündigungsvorschriften auszusprechen[585]. Dem Kündigungsrecht kann im Einzelfall eine wichtige Funktion

---

580 Vgl. FK-*Schmerbach*, InsO, 3. Aufl. 2002, § 22 Rdnr. 59; *Kübler/Prütting/Pape*, InsO, Stand: 10/2003, § 108 Rdnr. 28 ff.; zu den diesbezüglichen Haftungsrisiken des vorläufigen Insolvenzverwalters vgl. *Haarmeyer*, ZInsO 1998, 157 ff.; *Wiester*, ZInsO 1998, 99 ff.

581 BAG, ZInsO 1999, 361; *Berscheid*, NZI 2000, 1/ 3; *Delhaes*, NZI 1998, 102 ff.; *Uhlenbruck*, in Kölner Schrift zur InsO, 2. Aufl. 2000, S. 325/ 342 Rdnr. 15; FK-*Schmerbach*, InsO, 3. Aufl. 2002, § 22 Rdnr. 61g; *Smid/Thiemann*, InsO, 2. Aufl. 2002, § 22 Rdnr. 75.

582 Vgl. *Willemsen/Tiesler*, Interessenausgleich und Sozialplan in der Insolvenz, 1995, Rdnr. 171/ 172; *Schrader*, ZinsO 2000, 196/ 197.

583 Vgl. MüKoInsO/*Haarmeyer*, 2001, § 22 Rdnr. 62; *Kübler/Prütting/Moll*, InsO, Stand: 10/2003, § 113 Rdnr. 15; *Berscheid*, in Kölner Schrift zur InsO, 2. Aufl. 2000, S. 1361/ 1368 f.; *Berscheid*, ZInsO 1998, 9/ 11.

584 *Pohlmann*, Befugnisse und Funktionen des vorläufigen Insolvenzverwalters, 1998, Rdnr. 504.

585 MüKoInsO/*Haarmeyer*, 2001, § 22 Rdnr. 24.

zukommen, wenn die Sicherung des schuldnerischen Vermögens eine Masseentlastung durch Personalabbau erfordert. Im Insolvenzverfahren über das Vermögen des Vereins kommt dem Kündigungsrecht des vorläufigen Insolvenzverwalters dagegen nur eine untergeordnete Rolle zu. Sportler und Trainer als Arbeitnehmer in Vereinen haben in aller Regel zeitlich befristete Verträge, bei denen eine ordentliche Kündigung ausgeschlossen ist. Das bedeutet, dass auch keine Änderungskündigungen, die z.B. ein geringeres Grundgehalt oder Prämienkürzungen in Spielerverträgen vorsehen könnten, möglich sind, da es sich dabei ebenfalls um eine Form der ordentlichen Kündigung handelt[586].

Gerade für diesen Fall des Bestehens von Kündigungsbeschränkungen sieht die InsO für das eröffnete Insolvenzverfahren in § 113 InsO eine Privilegierung vor, die die Kündigung von Dienstverträgen mit einer Frist von drei Monaten zulässt[587]. Teilweise wird unter Verweis auf den Normzweck der §§ 22, 113 InsO im Interesse einer Masseentlastung und Vermögenssicherung eine analoge oder sogar direkte Anwendung des § 113 Abs. 1 Satz 1 und 2 InsO auch im Eröffnungsverfahren vertreten[588].

Dem steht jedoch die eindeutige systematische Stellung des § 113 InsO im dritten Teil der InsO, der mit „Wirkung und Eröffnung des Insolvenzverfahrens" überschrieben ist, entgegen. Zudem bestünde die Gefahr, dass mit der Anwendung des § 113 InsO im Eröffnungsverfahren Abwicklungshandlungen in dieses Stadium vorverlagert werden würden[589]. Daher kommt eine Anwendung des

---

586 BAG, BB 1994, 855; *Palandt/Putzo*, BGB, 63. Aufl. 2004, § 622 Rdnr. 5.

587 Weitere Privilegierungen enthalten die §§ 120 ff. InsO.

588 Für eine direkte Anwendung: *Kübler/Prütting/Moll*, InsO, Stand: 10/2003, § 113 Rdnr. 24-26; für eine analoge Anwendung: *Caspers*, Personalabbau und Betriebsänderung im Insolvenzverfahren, Rdnr. 520-524; FK-*Eisenbeis*, InsO, 3. Aufl. 2002, § 113 Rdnr. 11; *Heinze* bejaht die Anwendung der §§ 113, 122 ff. nur für den starken Insolvenzverwalter unter Hinweis auf dessen Möglichkeit zur Stilllegung des Schuldnerunternehmens nach § 22 Abs. 1 Nr. 2 InsO: *Gottwald/Heinze*, Insolvenzrechts-Hdb, 2. Aufl. 2001, § 102 Rdnr. 22.

589 *Uhlenbruck*, in Kölner Schrift zur InsO, 2. Aufl. 2000, S. 325/ 348 f.

§ 113 InsO nur unter der Voraussetzung der Eröffnung des Insolvenzverfahrens in Frage[590].

Im Falle des Bestehens befristeter Dienst- oder Arbeitsverträge verbleibt dem Insolvenzverwalter demnach allein die Möglichkeit, über einvernehmliche beidseitige Einigungen mit den Trainern und Sportlern eine Änderung des Dienst- oder Arbeitsvertrages z.B. durch deren Verzicht auf bestimmte Geldleistungen zu erreichen[591].

IV. Vorfinanzierung von Insolvenzgeld

Wie schon dargestellt wurde, hat der vorläufige Insolvenzverwalter das Vermögen des Insolvenzschuldners zu sichern und zu erhalten. Insbesondere hat er das Unternehmen[592] des Schuldners fortzuführen, § 22 Abs. 2 Nr. 2 InsO.

Der Spiel- bzw. Wettkampfbetrieb des Vereins, der *als Unternehmen* geführt wird, lässt sich aber insbesondere in den Mannschaftssportarten nur mit einem Stamm von wichtigen Spielern und genügend Ersatzspielern überhaupt aufrechterhalten. Die Fortführung des Spiel- bzw. Wettkampfbetriebs ist zudem im Hinblick auf eine mögliche Sanierung des Vereins besonders wichtig. Nur durch den Spielbetrieb und dem damit möglicherweise einhergehenden sportlichen Erfolg kann der vorläufige Insolvenzverwalter weitere Einnahmen (Zuschauereinnahmen, Sponsoren- und Fernsehgelder) erwarten und auf die Akquirierung etwaiger neuer Geldgeber hoffen, um den Verein aus der finanziellen Misere zu befreien.

Die Fortführung des Unternehmens stellt sich für den vorläufigen Insolvenzverwalter insofern als problematisch dar, als diese nur unter Entstehung hoher Personalkosten durchgeführt werden kann, was die Liquidität des Vereins schmälert und die zu erhaltende Insolvenzmasse belastet. An dieser Stelle steht

---

[590] MüKoInsO/*Haarmeyer*, 2001, § 22 Rdnr. 110; *Berscheid*, in Kölner Schrift zur InsO, 2. Aufl. 2000, S. 1378, Rdnr. 41; *Braun/Uhlenbruck*, Unternehmensinsolvenz, 1997, S. 241; FK-*Schmerbach*, InsO, 3. Aufl. 2002, § 22 Rdnr. 23; *Kübler/Prütting/Pape*, InsO, Stand: 10/2003, § 22 Rdnr. 66; HK-*Kirchof*, InsO, 3. Aufl. 2003, § 22 Rdnr. 38; *Lakies*, BB 1998, 2638/2639 f.; *Pohlmann*, Befugnisse und Funktionen des vorläufigen Insolvenzverwalters, 1998, Rdnr. 499; *Smid/Thiemann*, InsO, 2. Aufl. 2002, § 22 Rdnr. 87; *Uhlenbruck*, in Kölner Schrift zur InsO, 2. Aufl. 2000, 325/ 348 f.

[591] Dazu eingehend unten unter J V. 3. c) bb).

[592] Zum Begriff des Unternehmens im insolvenzrechtlichen Sinne vgl unten unter K II. 4.

dem vorläufigen Insolvenzverwalter die Möglichkeit der Vorfinanzierung des Insolvenzgeldes zur Verfügung[593].

1. Das Insolvenzgeld nach SGB III[594]

Das Insolvenzgeld, das auf dem Abschluss einer Insolvenzgeldversicherung beruht, sichert die Entgeltforderungen von *Arbeitnehmern* für die letzten drei Monate vor der Eröffnung des Insolvenzverfahrens, § 183 Abs. 1 SGB III. Der Anspruch auf Zahlung des Insolvenzgeldes gegenüber der *Bundesanstalt für Arbeit (BfA)* entsteht grundsätzlich mit dem Eintritt des Insolvenzereignisses, also mit der Eröffnung des Insolvenzverfahrens bzw. dessen Abweisung mangels Masse, wenn dadurch das Arbeitsentgelt des Arbeitnehmers ausfällt und ein Antrag rechtzeitig gestellt wird[595].

Allerdings ist auch eine so genannte Vorfinanzierung des Insolvenzgeldes[596] möglich, um eine arbeitsplatzerhaltende Sanierung des Insolvenzschuldners zu unterstützen. Die Vorfinanzierung von Insolvenzgeld stellt das wichtigste und gebräuchlichste Mittel zur Schaffung von Anlaufliquidität und zur Anreicherung der Masse dar und wird über die Zwischenfinanzierung der Entgeltansprüche der Arbeitnehmer des Vereins durch einen externen Geldgeber erreicht.

Dementsprechend sieht die Regelung des § 188 Abs. 1 und 2 SGB III vor, dass Dritte den Anspruch auf Insolvenzgeld geltend machen können, soweit ihnen entweder der rückständige Anspruch des Arbeitnehmers auf Arbeitsentgelt vor Stellung des Insolvenzgeldantrages übertragen worden war (§ 188 Abs. 1 SGB III) oder sie an diesem ein Pfandrecht erworben haben, welches zur Ein-

---

593 Vgl. FK-*Mues*, InsO, 3. Aufl. 2002, § 113 Rdnr. 49; *Smid/Thiemann*, 2. Aufl. 2001, § 22 Rdnr. 47.

594 Eingehend dazu vgl. die Kommentierung in: HK-*Irschlinger*, InsO, 3.Aufl. 2003, §§ 183 ff. SGB III; vgl. auch *Schaub*, NZI 1999, 215.

595 Vgl. *Gottwald/Heinze*, Insolvenzrechts-Hdb, 2. Aufl. 2001, § 108 Rdnr. 11 ff.; HK-*Irschlinger*, InsO, 3.Aufl. 2003, § 183 SGB III Rdnr. 13 ff.; FK-*Mues*, InsO, 3. Aufl. 2002, § 113 Rdnr. 65 ff.

596 MünchArbR/*Peters-Lange*, § 77 Rdnr. 39; FK-*Mues*, InsO, 3. Aufl. 2002, § 113 Rdnr. 49 ff.; HK-*Irschlinger*, InsO, 3. Aufl. 2003, §§ 188 SGB III Rdnr. 10 ff.; *Smid/Thiemann*, 2. Aufl. 2001, § 22 Rdnr. 47 ff.

ziehung des gepfändeten Teils des Insolvenzgeldanspruchs berechtigt (§ 188 Abs. 2 SGB III)[597].

Allerdings gilt dies nur unter der Voraussetzung, dass das Arbeitsamt der Übertragung oder Verpfändung der Entgeltansprüche der Arbeitnehmer *vor* Eintritt des Insolvenzereignisses zugestimmt hat, § 188 Abs. 4 Satz 1 SGB III[598]. Diese Vorschrift soll eine missbräuchliche Inanspruchnahme der Insolvenzgeldversicherung verhindern. Das Arbeitsamt stimmt einer Vorfinanzierung des Insolvenzgeldes dann zu, wenn die Prognose hinsichtlich des Erhalts einer erheblichen Zahl von Arbeitsplätzen im Rahmen eines Sanierungsversuches positiv ausfällt (§ 188 Abs. 4 Satz 1 SGB III)[599]. Die Bedingung des Erhalts einer erheblichen Anzahl von Arbeitsplätzen dürfte bei Sportvereinen in der Regel gegeben sein, da die sinnvolle Fortführung des Wettkampfbetriebes nur mit einer ausreichenden Anzahl von Sportlern sowie Trainern und Betreuern zu gewährleisten ist und somit die Zahl der Beschäftigten nur unerheblich sinken würde[600].

Die Vorfinanzierung des Insolvenzgeldes übernimmt meist ein finanzierungsbereites Kreditinstitut, welches die Nettolöhne der Arbeitnehmer für drei Monate zahlt[601]. Dafür werden dem Kreditinstitut im Gegenzug die Lohn- und Gehaltsansprüche der Arbeitnehmer, die gegenüber dem Verein als Arbeitgeber bestehen, abgetreten (§ 398 BGB) oder verpfändet (§§ 1273, 1274, 1279 BGB). Diesen *Verfügungsgeschäften* liegt als *Verpflichtungsgeschäft* entweder ein Forderungskaufvertrag (§§ 433, 437 BGB) oder ein Darlehensvertrag (§ 607 BGB) zugrunde.

Mit Eröffnung des Insolvenzverfahrens und der damit verbundenen Entstehung des Anspruchs der Arbeitnehmer auf Zahlung des Insolvenzausfallgeldes gegenüber der Bundesanstalt für Arbeit (BfA) werden diese Ansprüche nun statt-

---

597 MünchArbR/*Peters-Lange*, § 77 Rdnr. 41; *Gottwald/Heinze*, Insolvenzrechts-Hdb, 2. Aufl. 2001, § 108 Rdnr. 63; FK-*Mues*, InsO, 3. Aufl. 2002, § 113 Rdnr. 45; vgl. auch BAG DB 2000, 2431.

598 FK-*Mues*, InsO, 3. Aufl. 2002, § 113 Rdnr. 50-51; HK-*Irschlinger*, InsO, 3. Aufl. 2003, §§ 188 SGB III Rdnr. 10.

599 MünchArbR/*Peters-Lange*, § 77 Rdnr. 40; *Smid/Thiemann*, 2. Aufl. 2001, § 22 Rdnr. 52; FK-*Mues*, InsO, 3. Aufl. 2002, § 113 Rdnr. 53.

600 Vgl. zu den Kriterien des Erhalts eines erheblichen Teils der Arbeitskräfte: *Berscheid*, DZWIR 2000, 133/ 135 f.; *Wiester*, ZInsO 1998, 99/ 104 f.

601 *Gottwald/Heinze*, Insolvenzrechts-Hdb, 2. Aufl. 2001, § 108 Rdnr. 63; vgl. HK-*Irschlinger*, InsO, 3. Aufl. 2003, §§ 188 SGB III Rdnr. 10; BSGE 76, 67/ 76.

dessen von dem Kreditinstitut geltend gemacht. Dadurch kann der Spiel- bzw. Wettkampfbetrieb im Vorfeld des Insolvenzverfahrens maximal drei Monate lang personalkostenfrei betrieben werden.

2. *Rang der auf die BfA übergegangenen Entgeltansprüche*

a) Übergegangene Ansprüche gemäß § 55 Abs. 2 InsO n.F.

Durch das Insolvenzrechtsänderungsgesetz vom 26.10.2001 wurde der Abs. 3 dem § 55 InsO neu angefügt. Diese neue Regelung stellt klar, dass die nach § 55 Abs. 2 InsO vom „starken" vorläufigen Insolvenzverwalter begründeten Ansprüche von Arbeitnehmern nach ihrem Übergang auf die Bundesanstalt für Arbeit gemäß § 187 Abs. 3 SGB III von dieser nicht als Masseforderungen nach § 55 Abs. 2 Satz 2 InsO, sondern vielmehr nur als bloße Insolvenzforderungen geltend gemacht werden können.

Durch § 55 Abs. 3 Satz 2 InsO wird des Weiteren der von der Insolvenzgeldversicherung abgedeckte Gesamtsozialversicherungsbeitrag erfasst, welcher nun auch nur als Insolvenzforderung geltend gemacht werden kann. Da nach § 208 Abs. 2 Satz 1 SGB III diese Beiträge nicht auf die BfA übergehen, sondern die Einzugsstelle weiterhin zur Einziehung der Beiträge berechtigt bleibt, war auch insoweit eine Sonderregelung notwendig geworden[602].

b) Übergegangene Ansprüche in „Altverfahren"

Die nun durch § 55 Abs. 3 InsO geklärte Rechtslage ist für das frühere Recht, welches gemäß Art.103 a EGInsO noch auf Altverfahren Anwendung findet, stark umstritten.

Nach Einführung der Insolvenzordnung[603] wurde der masseanreichernde Effekt des früheren Konkursausfallgeldes, welches nun als Insolvenzgeld bezeichnet wird, zunächst teilweise in Frage gestellt. Es wurde die Auffassung vertreten, dass die auf die BfA übergegangenen Entgeltansprüche gemäß § 55 Abs. 2 Satz 2 InsO als Masseforderungen einzuordnen seien, da es an einer dem § 59 Abs. 2 KO entsprechenden ausdrücklichen Regelung in der InsO fehle, wonach die auf die Bundesanstalt für Arbeit übergegangenen Ansprüche auf Ar-

---

602 BT-Ducks.14/5680 S. 26.

603 Am 01.01.1999.

beitsentgelt eine Rangrückstufung erführen und damit lediglich als Konkursforderungen (jetzt: Insolvenzforderungen gemäß § 38 InsO) anzusehen seien[604].

Diese Folgerung hätte allerdings zu deutlichen Wertungswidersprüchen in der gesetzgeberischen Gesamtkonzeption der neuen InsO geführt[605], welche im Bereich der Unternehmensinsolvenzen gerade auf eine Stärkung der Möglichkeiten zur Sanierung erhaltenswerter Unternehmen abzielte[606]. Ein Vorrang der Forderungen der BfA würde in einer überwiegenden Anzahl von Fällen die vorhandene Masse in großem Umfang aufzehren und damit eine Unternehmenssanierung erheblich erschweren. Zudem würde die Gefahr einer Verfahrensabweisung mangels Masse ohne den masseschöpfenden Effekt der Insolvenzgeldvorfinanzierung deutlich steigen, so dass die den Arbeitnehmern an sich dienende Vorschrift des § 55 InsO in ihr Gegenteil verkehrt würde[607].

Folglich klassifiziert die h.M. die auf die BfA übergegangenen Entgeltansprüche auch nach altem Recht als Insolvenzforderungen. Begründet wird dieses Ergebnis nach einer Auffassung damit, dass die Vorschrift des § 108 Abs. 2 InsO bezogen auf bestimmte Dauerschuldverhältnisse wie den Dienstvertrag als lex specialis zu § 55 Abs. 2 InsO anzusehen sei[608]; nach anderer Meinung wird die Herabstufung der auf die BfA übergegangenen Entgeltansprüche zu Insolvenzforderungen über eine teleologische Reduktion des § 55 Abs. 2 Satz 2 InsO erreicht[609]. Letzterer Auffassung hat sich mittlerweile auch das BAG angeschlossen[610] und damit Rechtssicherheit auch für Altverfahren hergestellt[611].

---

604 HK-*Eickmann*, InsO, 2. Aufl. 2001, § 55 Rdnr. 27 f.; *Nerlich/Römermann/Andres*, InsO, 1999, § 55 Rdnr. 135; *Berscheid*, ZInsO 1998, 9/ 12; *Bork*, ZIP 1999, 781/ 783; *Peters-Lange*, ZIP 1999, 421/ 422 f.

605 LAG Köln, ZinsO 2000, 237/ 238; LAG Hamm, NZI 2000, 189; *Hess/Weis/Wienberg*, InsO, 2. Aufl. 2001, § 55 Rdnr. 212; *Schrader*, ZInsO 2000, 196.

606 *Smid*, NZA 2000, 113/ 114; *Kübler/Prütting/Pape*, InsO, Stand: 10/2003, § 55 Rdnr. 81.

607 *Berscheid*, NZI 2000, 1/ 8.

608 ArbG Bielefeld, NZI 1999, 424; *Lakies*, BB 1998, 2638; *Berscheid*, ZinsO 1998, 259.

609 LAG Köln, ZInsO 2000, 237 f.; LAG Hamm, DZWIR 2000, 106 ff. mit Anmerkung *Lakies*; MüKoInsO/*Hefermehl*, 2001, § 55 Rdnr. 232; *Smid*, NZA 2000, 113/ 116; *Berscheid*, ZInsO 1999, 697/ 700; *Schrader*, ZInsO 2000, 196/ 199 ff.

610 9 AZR 143/00 und 9 AZR 301/00.

611 FK-*Schumacher*, InsO, 3. Aufl. 2002, § 55 Rdnr. 40.

V. Abschluss des Eröffnungsverfahrens

Das Insolvenzeröffnungsverfahren findet seinen Abschluss in der endgültigen Entscheidung des Insolvenzgerichts über die Eröffnung des Insolvenzverfahrens.

1. Eröffnungsbeschluss

Das Insolvenzverfahren wird eröffnet, wenn der Antrag zulässig und begründet sowie zumindest genug Masse vorhanden ist, um die Kosten des Verfahrens zu decken.

2. Abweisung des Insolvenzantrags mangels Masse

Das Insolvenzgericht weist den Antrag auf Eröffnung des Insolvenzverfahrens ab, wenn der Antrag zwar begründet ist, das Vermögen des Schuldners voraussichtlich aber nicht ausreicht, um die Kosten des Verfahrens zu decken und auch kein ausreichender Geldbetrag vorgeschossen wird, § 26 Abs. 1 InsO.

Die Gefahr der Abweisung mangels Masse ist bei Sportvereinen besonders groß, da diese oftmals keine größeren Vermögenswerte besitzen. Grund dafür ist, dass die Sportanlagen und Sportgeräte in der Regel den Städten und Gemeinden gehören und die liquiden Finanzmittel durch die laufenden Kosten aufgezehrt werden.

a) Wirkung der Abweisung auf den Bestand des Vereins

Eine ausdrückliche Regelung wie bei den Kapitalgesellschaften, den kapitalistischen Personengesellschaften und der Genossenschaft, dass die Gesellschaft nach Verfahrensabweisung mangels Masse aufgelöst und damit zwangsläufig in das gesellschaftsrechtliche Liquidationsverfahren überführt wird[612], existiert hinsichtlich des Vereins nicht. Umstritten ist daher, was in diesem Fall für den Verein gilt.

Nach der wohl vorherrschenden Ansicht besteht der Verein nach der Verfahrensabweisung mangels Masse zunächst als eingetragener und werbender Verein

---

612 Vgl. § 262 Abs. 1 Nr.4 AktG; § 60 Abs. 1 Nr. 5 GmbHG; § 81a Nr. 1 GenG; § 131 Abs. 2 Nr. 1 HGB.

weiter fort[613]. Ein Liquidationsverfahren nach vereinsrechtlichen Vorschriften findet folglich allenfalls dann statt, wenn die Mitgliederversammlung gemäß § 41 BGB die Auflösung des Vereins beschließt und sich damit die Möglichkeit zur Liquidation des Vereins im Verfahren nach den Vorschriften der §§ 47 ff. BGB eröffnet[614]. Begründet wird diese Ansicht zum einen damit, dass eine für diesen Fall die Auflösung des Vereins vorsehende Regelung im Rahmen des § 42 Abs. 1 BGB fehlt; zum anderen wird darauf hingewiesen, dass der die Löschung vermögensloser Gesellschaften regelnde § 141 a FGG nicht auf den Verein anwendbar ist[615]. Eine automatische Auflösung wie bei den Kapitalgesellschaften und der Genossenschaft erfolge somit nicht.

Folgte man dieser Auffassung, wonach in dieser Situation ein Auflösungsbeschluss der Mitgliederversammlung zur Liquidation zwingend notwendig wäre, bliebe es dem insolventen Verein letztlich selbst überlassen, ob eine geordnete Vermögensabwicklung und damit wenigstens ein rudimentärer Gläubigerschutz erzielt wird oder nicht. Damit würde aber das Antragsrecht der Gläubiger und die Antragspflicht des Vereinsvorstands ad absurdum geführt, denn der Insolvenzantrag hätte damit trotz des Bestehens der Insolvenzreife beim Verein nach der Abweisung der Eröffnung des Insolvenzverfahrens keinerlei unmittelbare Auswirkung auf die Betätigung des Vereins im Rechtsverkehr.

Die h.M., die bei ihrer Auffassung auf rein formale Kriterien abstellt, überzeugt indes nicht. Die Vorschriften der §§ 60 Abs.1 Nr. 5 GmbHG, 262 Abs. 1 Nr. 4 AktG, 131 Abs. 2 Nr. 1 sowie 81a Nr. 1 GenG zeigen, dass das Gesetz die Antragsabweisung mangels Masse bei Gesellschaften, bei denen keine natürliche Person unbeschränkt persönlich haftet, vorgesehen hat. Dabei ist der gesetzlich normierte Zwang zum geordneten Austritt aus dem Rechtsverkehr durch die Liquidation des Gesellschaftsvermögens als Gegenstück zum Insolvenztatbestand der Überschuldung aufzufassen.

Der Gesetzgeber ist der Auffassung, dass bei juristischen Personen ohne persönlich haftende natürliche Person die Gefährdung der Gläubiger durch eine

---

613 *Sauter/Schweyer/Waldner*, Der eingetragene Verein, 17. Aufl. 2001, Rdnr. 400; *Stöber*, Hdb des Vereinsrechts, 8. Aufl. 2000, Rdnr. 861; *Reichert*, Hdb des Vereins- und Verbandsrechts, 9. Aufl. 2003, Rdnr. 2024, 2052 und 2078.

614 *Reichert*, Hdb des Vereins- und Verbandsrechts, 9. Aufl. 2003, Rdnr. 2118.

615 *Stöber*, Hdb des Vereinsrechts, 8. Aufl. 2000, Rdnr. 861; *Reichert*, Hdb des Vereins- und Verbandsrechts, 9. Aufl. 2003, Rdnr. 2078.

fortgesetzte Betätigung der Gesellschaft im Rechtsverkehr besonders groß ist. Daher wird bei den „Beschränkthaftern“ die Insolvenzreife durch den Tatbestand der Überschuldung vorverlegt, um damit eine möglichst frühzeitige Antragstellung zu erreichen[616]. Entsprechend wird durch die zwangsweise Auflösung der Gesellschaft bei der Abweisung des Insolvenzantrages mangels Masse sichergestellt, dass die Gesellschaft aus dem Rechtsverkehr entfernt wird. Denn gerade im Falle der Nichtdurchführbarkeit des Insolvenzverfahrens muss sichergestellt sein, dass im Interesse der Sicherheit des Rechtsverkehrs ein Mindestmaß an Gläubigerschutz gewährleistet ist. Ein Minimalschutz kann nur dadurch erreicht werden, dass die Gesellschaft auch im Falle der Verfahrensabweisung mangels Masse automatisch aufgelöst und damit zwingend die Abwicklung des Restvermögens der Gesellschaft in Form des gesellschaftsrechtlichen Liquidationsverfahrens eingeleitet wird.

Diese Rechtsfolge muss nach der Gesetzessystematik auch für den Verein gelten, da auch dieser nur beschränkt haftet und auch der Verein bei Überschuldung insolvent ist. Die Interessenlage der Gläubiger ist insofern gleich. Der Verein ist folglich nach der hier vertretenen Ansicht in Gesamtanalogie zu den Vorschriften der Kapitalgesellschaften (§§ 262 Abs. 1 Nr. 4 AktG; 60 Abs. 1 Nr. 5 GmbHG; 81 a Nr. 1 GenG; 131 Abs. 2 Nr. 1 HGB analog) auch im Falle der Verfahrensabweisung nach § 26 Abs. 1 InsO aufgelöst[617].

Die Auflösung ist entsprechend von Amts wegen in das Vereinsregister einzutragen. Dazu übermittelt die Geschäftsstelle des Insolvenzgerichts gemäß § 31 Nr. 2 InsO eine Ausfertigung des abweisenden Beschlusses an das zuständige Registergericht[618].

b) Liquidierung des aufgelösten Vereins nach §§ 47 ff. BGB

Die Auflösung des Vereins führt zur Abwicklung im vereinsrechtlichen Liquidationsverfahren gemäß der §§ 45 Abs. 1, 47 ff. BGB.

Die Verfahrensabweisung mangels Masse bedeutet nicht zwangsläufig, dass der Verein vermögenslos geworden ist und daher keiner vereinsrechtlichen Vermö-

---

616 Vgl. *Kübler/Prütting/Pape*, InsO, Stand: 10/2003, § 19 Rdnr. 3 f.

617 Im Ergebnis ebenso: *Kübler/Prütting/Noack*, InsO, Sonderband 1: Gesellschaftsrecht, 1999, Rdnr. 691.

618 FK-*Schmerbach*, InsO, 3. Aufl. 2002, § 31 Rdnr. 5.

gensabwicklung bedarf[619]. Vielmehr hat der Verein in der Regel noch ein gewisses Aktivvermögen, welches im Hinblick auf die bestehenden Schulden des Vereins eine vereinsrechtliche Liquidation (§§ 48 ff. BGB) notwendig macht.

Das vereinsrechtliche Liquidationsverfahren birgt im Vergleich zum staatlich geordneten Insolvenzverfahren nach der InsO vielerlei Nachteile für die Gläubiger. Die Regierungsbegründung zur InsO[620] verweist insoweit auf den großen Reformbedarf an der Schnittstelle zwischen Konkurs- und Gesellschaftsrecht. Es wird auf die Tatsache hingewiesen, dass schon unter Geltung der KO zu viele Verfahren mangels Masse nicht aufgenommen werden konnten, mit der Folge, dass keine staatlich überwachte Vermögensabwicklung stattfinden konnte.

Eine gesellschaftsrechtliche Vermögensabwicklung birgt insbesondere die Gefahr der Nichtrealisierung von Haftungsansprüchen der Gesellschaft gegenüber den Gesellschaftsorganen sowie der Nichtahndung von Vermögensmanipulationen zu Lasten der Gläubiger in sich. Diese Gefahr folgt daraus, dass im gesellschaftsrechtlichen Liquidationsverfahren eine Kompetenzverschiebung hinsichtlich der Verwaltung des Vereinsvermögens auf den Insolvenzverwalter nicht stattfindet. Stattdessen fällt die Liquidation des Restvermögens in der Regel dem „alten" Vorstand zu (§ 48 Abs. 1 Satz 1 BGB), der nun den Verein als Liquidator abwickelt. Ihm bleibt es überlassen, welche Forderungen – es können auch die eigenen sein – befriedigt werden. Zudem besteht die Gefahr, dass mögliche (Haftungs-) Ansprüche des Vereins gegenüber dem Vorstand nicht realisiert werden.

Im Rahmen einer Liquidation nach den Regeln des Vereinsrechts haben nach h.M. wichtige insolvenzrechtliche Grundsätze keine Geltung mehr[621]. Vor allem findet eine Gläubigergleichbehandlung nicht statt[622]. Gleichzeitig bleibt die Einzelzwangsvollstreckung in das Schuldnervermögen zulässig[623]. Im Ergebnis bie-

---

619 Vgl. für die GmbH: BayObLG, NJW 1994, 594/ 595; ZIP 1984, 175/ 176; *Vallender*, NZG 1998, 249/ 250.

620 BT-Drucks. 12/2443, S. 72/73.

621 *Baumbach/Hueck/Schulze-Osterloh*, GmbHG, 17. Aufl. 2000, Anh. nach § 60 Rdnr. 3; *Kübler/Prütting/Noack*, InsO, Sonderband 1: Gesellschaftsrecht, 1999, Rdnr. 94 f.

622 BGH, NJW 1970, 469/ 470; RGZ 149, 293/ 298 f.; a.A: *K.Schmidt*, in *K.Schmidt/ Uhlenbruck*, Die GmbH in Krise, Sanierung und Insolvenz, 3. Aufl. 2003, Rdnr. 1171.

623 Vgl. für die GmbH: BGH, NJW 1992, 2229/ 2230; *Kübler/Prütting/Noack*, InsO, Sonderband 1: Gesellschaftsrecht, 1999, Rdnr. 92; *Uhlenbruck*, ZIP 1996, 1641/1647 ff.

tet daher das vereinsrechtliche Liquidationsverfahren nur einen sehr schwachen Gläubigerschutz.

c) Fortsetzung des aufgelösten Vereins

Fraglich ist, ob und wenn ja unter welchen Voraussetzungen der wegen der Abweisung des Insolvenzantrags aufgelöste Verein fortgesetzt werden kann.

aa) Fortsetzung in rechtsfähiger Form

Mit Ausnahme der Regelung des § 42 Abs. 1 Satz 2, 3 BGB finden sich im Vereinsrecht keine weiteren ausdrücklichen Bestimmungen zur Fortsetzung eines eingetragenen Vereins im Falle seiner Auflösung.

Allerdings kann bereits aus der Tatsache, dass der infolge der Eröffnung des Insolvenzverfahrens aufgelöste Verein fortgesetzt werden kann, gefolgert werden, dass diese Möglichkeit auch für den aufgrund der Abweisung des Insolvenzverfahrens aufgelösten Verein nicht von vornherein ausgeschlossen sein kann[624]. Dafür spricht zum einen, dass das vereinsrechtliche Liquidationsverfahren einen ähnlichen Zweck wie das Insolvenzverfahren – nämlich die Sicherstellung des Gläubigerschutzes durch Aufteilung des Restvermögens des Vereins zur Befriedigung der Gläubiger[625] – erfüllen soll[626]; andererseits kann schon nach h.M. eine aufgelöste Gesellschaft grundsätzlich fortgesetzt werden[627] – das gilt auch für den Verein und unabhängig vom jeweiligen Grund der Auflösung[628].

Fraglich ist jedoch, unter welchen Voraussetzungen der aufgelöste Verein seine Fortsetzung beschließen kann. Grundsätzlich muss jedenfalls der Grund der

---

[624] Für die GmbH: *Gottwald/Haas*, Insolvenzrechts-Hdb, 2. Aufl. 2001, § 92 Rdnr. 136; a.A: KG, DB 1993, 1918; BayObLG, NJW 1994, 594/ 595.

[625] *Palandt/Heinrichs*, BGB, 63. Aufl. 2004, § 47 Rdnr. 5 sowie § 49 Rdnr. 2.

[626] Vgl. BGH, NJW 1970, 469/ 470.

[627] Zu den Möglichkeiten der Fortsetzung des Vereins vgl. unten O; *Soergel/Hadding*, BGB, 13. Aufl. 2000, Vor § 41 Rdnr. 22; vgl. allgemein *K.Schmidt*, Gesellschaftsrecht, 4. Aufl. 2002, § 11 V 5; für die GmbH vgl.: RGZ 118, 337/ 339 f.; *Gottwald/Haas*, Insolvenzrechts-Hdb, 2. Aufl. 2001, § 92 Rdnr. 136; *Hachenburg/Ulmer*, GmbHG, 8. Aufl. 1997, § 60 Rdnr. 78 ff.; *Hennrichs*, ZHR 1995, 593/ 595 f.; LG Berlin, BB 1971, 759/ 760.

[628] *Reichert*, Hdb des Vereins- und Verbandsrechts, 9. Aufl. 2003, Rdnr. 2222 f.; *Sauter/Schweyer/Waldner*, Der eingetragene Verein, 17. Aufl. 2001, Rdnr. 394; MüKo/ *Reuter*, BGB, 4. Aufl. 2001, § 49 Rdnr. 14.

Auflösung beseitigt worden sein[629]. Aufgrund der ähnlichen Zweckrichtung von Liquidations- und Insolvenzverfahren sind dabei an die Voraussetzungen für die Zulässigkeit eines Fortsetzungsbeschlusses im Liquidationsverfahren gleichwertige Anforderungen zu stellen wie an einen Fortsetzungsbeschluss im Insolvenzverfahren[630].

Im Rahmen des § 42 Abs. 1 Satz 2 BGB ist der Fortsetzungsbeschluss nur möglich, wenn das Insolvenzverfahren aufgrund eines Antrags des Schuldners aufgehoben wurde (vgl. §§ 212, 213 InsO) oder wenn nach der Bestätigung eines Insolvenzplans durch die Gläubiger (vgl. §§ 217 ff., 248, 254, 258 InsO), dieser die Fortsetzung des Vereins vorsieht. Der Gläubigerschutz wird in diesen Fällen durch verfahrensrechtliche Mitwirkungsechte der Gläubiger realisiert, die in dieser Form bei einer vereinsrechtlichen Liquidation nicht stattfinden kann.

Um den Gläubigern auch im Liquidationsverfahren einen vergleichbaren Schutz zu bieten, ist ihnen ein inhaltlicher Schutz dadurch zu gewähren, dass auf Vereinsseite eine nachhaltige Beseitigung des Insolvenztatbestandes erreicht worden sein muss[631]. Zur Realisierung des Gläubigerschutzes obliegt es dem Registergericht, die nachhaltige Beseitigung des Insolvenztatbestandes zu prüfen, sobald der Verein die Wiederaufnahme seiner werbenden Tätigkeit und damit die Eintragung des Vereins als rechtsfähiger werbender Verein beim Registergericht beantragt[632].

Der Fortsetzungsbeschluss erfolgt in der Regel durch mehrheitlichen Beschluss der Mitgliederversammlung (vgl. § 32 Abs. 1 Satz 3 BGB)[633]. Mit Wirksamwerden des Beschlusses und Eintragung ins Vereinsregister wird der aufgelöste Verein als identischer, nun wieder werbender rechtsfähiger Verein fortgesetzt; die Liquidation ist mit Wirkung ex nunc beendet und die Liquidatoren sind durch einen Vorstand zu ersetzen[634].

---

629 MüKo/*Reuter*, BGB, 4. Aufl. 2001, § 49 Rdnr. 14; *Reichert*, Hdb des Vereins- und Verbandsrechts, 9. Aufl. 2003, Rdnr. 2227.

630 Für die GmbH vgl.: *Gottwald/Haas*, Insolvenzrechts-Hdb, 2. Aufl. 2001, § 92 Rdnr. 136 f.

631 Für die GmbH vgl.: *Gottwald/Haas*, Insolvenzrechts-Hdb, 2. Aufl. 2001, § 92 Rdnr. 137.

632 Vgl. für die GmbH: *Hennrichs*, ZHR 1995, 593/ 595 f. *Gottwald/Haas*, Insolvenzrechts-Hdb, 2. Aufl. 2001, § 92 Rdnr. 137.

633 Näher zu den Anforderungen an den Fortsetzungsbeschluss unten unter O I. 1. b).

634 *Soergel/Hadding*, BGB, 13. Aufl. 2000, Vor § 41 Rdnr. 24; *Reichert*, Hdb des Vereins- und Verbandsrechts, 9. Aufl. 2003, Rdnr. 2231.

bb) *Fortsetzung in nichtrechtsfähiger Form*

Die Bestimmung des § 42 Abs. 1 Satz 3 BGB sieht für den aufgrund der Eröffnung des Insolvenzverfahrens aufgelösten Verein neben der Möglichkeit seiner Fortsetzung in rechtsfähiger Form durch Beschluss der Mitgliederversammlung den Fortbestand des Vereins in nichtrechtsfähiger Form für den Fall vor, dass eine entsprechende Satzungsbestimmung besteht.

Die Vorschrift des § 42 Abs. 1 BGB a.F. umfasste zwar keine derartige Bestimmung; die Rechtsprechung des BGH gestand dem Verein jedoch schon unter Geltung der alten Rechtslage die Fortsetzung als nichtrechtsfähigen Verein zu[635]. Ob diese Möglichkeit auch entsprechend für den aufgrund der Abweisung des Insolvenzantrags aufgelösten Verein in Betracht kommt, hängt vom Sinn und Zweck der Bestimmung ab.

Der Sinn dieser besonderen Fortsetzungsmöglichkeit beim Verein erschließt sich in erster Linie unter Berücksichtigung des Verfahrenszwecks der bestmöglichen Gläubigerbefriedigung, die im Rahmen der bis zum Schluss des Jahres 1998 geltenden Konkursordnung (KO) einseitig durch Zerschlagung, Verwertung und Verteilung des Schuldnervermögens realisiert wurde. Die Sanierung eines Rechtsträgers erfolgte hingegen - wenn überhaupt – im Wege eines Vergleichs infolge der Durchführung eines separaten Verfahrens nach der Vergleichsordnung (VglO)[636].

Die Eröffnung des Konkursverfahrens führte dagegen zwangsläufig zur Abwicklung des Vereinsvermögens und zum Verlust der Rechtsfähigkeit auf Seiten des Vereins, der gemäß § 49 Abs. 2 BGB analog nur noch insoweit als rechtsfähig anerkannt wurde, als dies der eng ausgelegte (Liquidations-) Konkurszweck erforderte. Dem unflexiblen Verfahren nach der KO stand das Bedürfnis der Vereine entgegen, ihre Traditionen, insbesondere ihre ideelle Zweckverfolgung, trotz Eröffnung des Konkursverfahrens aufrechterhalten zu können. Mit der Möglichkeit der Fortexistenz des Vereins in nichtrechtsfähiger werbender Form neben dem Konkursverein wurde diesem Anliegen der Vereine entsprochen[637].

---

[635] BGHZ 64, 72/ 74; BGHZ 96, 254/ 257, RGRK-*Steffen*, BGB, 12. Aufl. 1982, § 42 Rdnr. 3.

[636] *Kübler/Prütting/Pape*, InsO, Stand: 10/2003, § 217 Rdnr. 2; vgl. auch *Hess/Weis/ Wienberg*, InsO, 2. Aufl. 2001, Vor § 1 Rdnr. 3; FK-*Schmerbach*, InsO, 3. Aufl. 2002, § 1 Rdnr. 9 ff.; vgl. auch *Kilger/Schmidt*, KO/VglO/GesO, 17. Aufl. 1997, Einleitung VglO I.

[637] *Soergel/Hadding*, BGB, 13. Aufl. 2000, § 42 Rdnr. 10 c.

Mittlerweile sieht die InsO ein eingleisiges Insolvenzverfahren vor, welches zum Zwecke der bestmöglichen Gläubigerbefriedigung ausdrücklich neben der Liquidation des Schuldnervermögens auch die Sanierung des Vermögensträgers zulässt[638], wobei die Sanierung insbesondere durch die Aufstellung eines Insolvenzplans (vgl. § 1 InsO) realisiert werden kann. Bereits damit ist die Möglichkeit eines Aufrechterhaltens der Vereinstraditionen an sich hinreichend sichergestellt. Zudem ist die Notwendigkeit der besonderen Fortsetzungsmöglichkeit des Vereins in nichtrechtsfähiger Form auch deshalb fraglich geworden, weil der Verein nunmehr durch die Eröffnung des Insolvenzverfahrens aufgelöst wird, nicht aber seine Rechtsfähigkeit, die er im Rahmen des flexibleren Verfahrenszweck der Insolvenzordnung weiter beibehält, verliert[639].

Mit der neu eingeführten Bestimmung des § 42 Abs. 1 Satz 3 BGB hat der Gesetzgeber die bereits durch die Rechtsprechung zur alten Rechtslage anerkannte Fortsetzungsmöglichkeit gesetzlich geregelt. Trotz der veränderten Zielrichtung des Insolvenzverfahrens wird die Sicherung der Vereinstraditionen für den Fall der Vollabwicklung des eingetragenen Vereins durch die Fortsetzungsmöglichkeit in nichtrechtsfähiger Form beibehalten. Da dieser Zweck an sich unabhängig von dem jeweiligen Grund der „zwangsweisen" Auflösung des eingetragenen Vereins besteht, wäre konsequenterweise auch an die Fortsetzungsmöglichkeit des aufgrund der Abweisung des Insolvenzantrages mangels Masse aufgelösten Vereins in analoger Anwendung des § 42 Abs. 1 Satz 2 BGB zu denken.

Gegen eine entsprechende Anwendung des § 42 Abs. 1 Satz 2 BGB sprechen allerdings zwei gewichtige Gesichtspunkte. Zum einen stellt sich bereits die grundlegende Frage, ob aufgrund der veränderten Gesetzeslage die Regelung des § 42 Abs. 1 Satz 2 BGB überhaupt noch in das insolvenzrechtliche Konzept passt und nicht grundlegend überdacht werden sollte[640]; zum anderen dient die automatische Auflösung des Vereins bei Abweisung des Insolvenzantrags mangels Masse dem vorrangigen Zweck, den Insolvenzverein dem Rechtsverkehr zu entziehen und damit potentielle Neugläubiger zu schützen. Dieser Zielrichtung widerspräche es aber, wenn auch der masselose Verein seine Fortsetzung in nichtrechtsfähiger Form beschließen könnte. Insoweit muss dem Gläubiger-

---

[638] *Hess/Weis/Wienberg*, InsO, 2. Aufl. 2001, § 19 Rdnr. 41.

[639] MüKo/*Reuter*, BGB, 4. Aufl. 2001, § 42 Rdnr. 9.

[640] Vgl. auch *Haas*, NZI 2003, 177/ 181.

schutz gegenüber dem Interesse des Vereins an der Fortsetzung seiner Traditionen Vorrang eingeräumt werden.

Folglich kommt auch bei entsprechender Satzungsbestimmung nach Aufhebung des Liquidationsverfahrens und mit Löschung des Liquidationsvereins als e.V. im Vereinsregister eine Fortsetzung als nunmehr wieder werbender nichtrechtsfähiger Verein nicht in Betracht.

d) Beendigung des eingetragenen Vereins

Wird der Verein nicht fortgesetzt, endet dessen Existenz spätestens nach Ablauf der einjährigen Sperrfrist. Voraussetzung dafür ist die erfolgte Ausantwortung des Restvermögens des Vereins an den Anfallberechtigten (vgl. § 49 Abs. 1 BGB) sowie die Löschung des Vereins im Vereinsregister (sog. Lehre vom Doppeltatbestand)[641].

[641] MüKo/*Reuter*, BGB, 4. Aufl. 2001, § 49 Rdnr. 17 und § 41 Rdnr. 13; *K.Schmidt*, Gesellschaftsrecht, 4. Aufl. 2002, § 11 V 6 b).

J Der Verein im eröffneten Insolvenzverfahren

I. Beginn des Insolvenzverfahrens

Das Insolvenzverfahren beginnt zu der im Eröffnungsbeschluss angegebenen Stunde der Eröffnung (§ 27 Abs. 2 InsO). Zu diesem Zeitpunkt treten die Wirkungen der Insolvenzeröffnung ein. Ferner enthält der Eröffnungsbeschluss den Namen des Vereins, die Namen seiner gesetzlichen Vertreter, die Anschrift der Geschäftsstelle und auch den Namen und die Anschrift des vom Gericht gemäß § 27 Abs. 1 Satz 1 InsO zu bestellenden Insolvenzverwalters (§ 27 Abs. 2 InsO).

Die Bekanntmachung des Eröffnungsbeschlusses erfolgt in dem vom Insolvenzgericht für amtliche Bekanntmachungen bestimmten Blatt sowie auszugsweise im Bundesanzeiger (§ 30 Abs. 1 InsO i.V. mit § 9 InsO). Die Gläubiger und Schuldner des Vereins erhalten den Beschluss durch besondere Zustellung (§ 30 Abs. 2 InsO). Die Eröffnung des Insolvenzverfahrens wird dem Registergericht gemäß § 31 Nr. 1 InsO mitgeteilt und von Amts wegen ins Vereinsregister eingetragen (§ 75 Satz 1 BGB i.V. mit § 31 Nr.1 InsO).

Dem Verein steht gegen die Eröffnung des Insolvenzverfahrens das Rechtsmittel der sofortigen Beschwerde zu (§ 34 Abs. 2 InsO). Erfolgt daraufhin die Aufhebung des Eröffnungsbeschlusses, wird mit der Rechtskraft der Aufhebung die Auflösung des Vereins mit Wirkung für die Zukunft beseitigt, so dass der Verein seine aktive, werbende Tätigkeit fortsetzen kann[642]. Rechtshandlungen, die von oder gegenüber dem Insolvenzverwalter vorgenommen wurden, bleiben jedoch wirksam (§ 34 Abs. 3 Satz 3 InsO).

II. Das Verhältnis von Vereinsrecht und Insolvenzrecht

Das Recht des eingetragenen Vereins (§§ 21 ff. BGB) ist Bestandteil des Gesellschaftsrechts, welches als das Recht aller privatrechtlichen Zweckverbände und der kooperativen Vertragsverhältnisse definiert wird[643]. Als Insolvenzrecht wird die Summe aller Rechtsregeln bezeichnet, die in amtlichen, staatlich geordneten Verfahren für die Abwicklung der Vermögens- und Haftungsverhältnisse beim wirtschaftlichen Zusammenbruch eines Schuldners gelten[644].

---

642 *Reichert*, Hdb des Vereins- und Verbandsrechts, 9. Aufl. 2003, Rdnr. 2029.

643 *K.Schmidt*, Gesellschaftsrecht, 4. Aufl. 2002, § 1 I 1 a).

644 *Kübler/Prütting/Prütting*, InsO, Stand: 10/2003, Einleitung Rdnr. 1

Gesellschaftsrecht und Insolvenzrecht stellen sich insofern als zwei getrennte Rechtsgebiete dar, die sich überschneiden[645].

Das Vereinsrecht befasst sich vor allem mit der Gründung, der werbenden Tätigkeit, aber auch mit der Liquidation des eingetragenen Vereins. Im Falle der Insolvenz des Vereins kommt es zur Überschneidung von Insolvenz- und Gesellschaftsrecht, indem die vereinsrechtlichen Liquidationsvorschriften von den Regelungen der InsO verdrängt werden[646]. Das Insolvenzverfahren nach der InsO stellt sich insofern als staatlich geregeltes zwingendes Liquidationsverfahren dar.

Die Insolvenzordnung greift dabei zwangsläufig in die vereinsrechtliche Kompetenzordnung ein, indem mit Eröffnung des Insolvenzverfahrens die Verwaltungs- und Verfügungsbefugnis über das Vermögen des Vereins vom Vereinsvorstand auf den Insolvenzverwalter übergeht[647]. Dagegen nimmt die Insolvenzordnung keinerlei Einfluss auf die Organisation des Vereins. Denn nicht die gesellschaftsrechtliche Organisation ist Gegenstand der Haftung, sondern allein das Vermögen des Schuldners[648]. Nur so wird ein marktkonformes Verfahren gewährleistet, indem es einer autonomen Entscheidung der Gläubiger überlassen wird, ob die Liquidation, die übertragende Sanierung oder die Sanierung der Schuldnergesellschaft die für sie günstigste Möglichkeit einer Befriedigung ihrer Forderungen bietet (vgl. § 157 InsO)[649].

III. Umfang der Insolvenzabwicklung

Was den Umfang des Insolvenzverfahrens angeht, so gibt der Regierungsentwurf zu § 1 InsO einen entscheidenden Hinweis. Dort findet sich die folgende nicht ins Gesetz übernommene Regelung in § 1 Abs. 2 Satz 3: „Bei juristischen

---

645 *Kübler/Prütting/Noack*, InsO, Sonderband 1: Gesellschaftsrecht, 1999, Rdnr. 1

646 Vgl. *Kübler/Prütting/Noack*, InsO, Sonderband 1: Gesellschaftsrecht, 1999, Rdnr. 84.

647 Vgl. unten J V 3.

648 Allg. Begr. RegE, BT-Drucks. 12/2443, S. 83, abgedruckt in *Kübler/Prütting*, RWS-Dok. 18, 2. Aufl. 2000, S. 101.

649 *Kübler/Prütting/Noack*, InsO, Sonderband 1: Gesellschaftsrecht, 1999, Rdnr. 6.

Personen und Gesellschaften ohne Rechtspersönlichkeit tritt das Verfahren an die Stelle der gesellschafts- und organisationsrechtlichen Abwicklung“[650].

Die allgemeine Begründung zum Regierungsentwurf stellt klar, dass das Insolvenzverfahren zugleich die Aufgabe übernimmt, die gesellschaftsrechtliche Abwicklung bis hin zur Herbeiführung der Löschungsreife und der darauf folgenden Löschung der Gesellschaft vorzunehmen[651]. Der erwähnte Satz wurde vom Rechtsausschuss lediglich aus Gründen der Straffung der Vorschrift gestrichen, ohne sich inhaltlich davon zu distanzieren[652]. Der Inhalt dieser Regelung stellt damit geltendes Recht dar[653]. Dem entspricht die Ergänzung des § 47 BGB um einen Halbsatz, der die Notwendigkeit der Durchführung einer Liquidation ausschließt, soweit über das Vermögen des Vereins das Insolvenzverfahren eröffnet worden ist (§ 47 Satz 1 Halbsatz 2 BGB).

Der Insolvenzverwalter hat nunmehr nicht nur das Aktivvermögen des Vereins zu verteilen, sondern den Verein zur Vollbeendigung zu bringen, was nach vorheriger h.M. im Rahmen der Konkursordnung noch dem Vorstand als Liquidator übertragen war, der vor allem das massefreie Vermögen des Vereins abzuwickeln hatte[654]. Gestützt wird dieses Ergebnis durch die Regelung des § 199 Satz 2 InsO[655]. Sie sieht vor, dass der Verwalter „jeder am Schuldner beteiligten Person“ den Teil des Überschusses herauszugeben hat, der ihr bei einer Abwicklung außerhalb des Insolvenzverfahrens zustünde. Dadurch soll laut Regierungsbegründung vermieden werden, dass sich dem Insolvenzverfahren auch

---

650 Hinweis bei *K.Schmidt*, in *Schmidt/Uhlenbruck*, Die GmbH in Krise, Sanierung und Insolvenz, 3. Aufl. 2003, Rdnr. 1188 und *Kübler/Prütting/Noack*, InsO, Sonderband 1: Gesellschaftsrecht, 1999, Rdnr. 85.

651 Allg. Begr. RegE, BT-Drucks. 12/2443, S. 84, abgedr. in: *Kübler/Prütting*, RWS-Dok. 18, 2. Aufl. 2000, S. 101 f.; *Gottwald/Haas*, Insolvenzrechts-Hdb, 2. Aufl. 2001, § 91 Rdnr. 20; *Balz*, in Kölner Schrift zur InsO, 2. Aufl. 2000, S. 3/ 12; *Uhlenbruck*, Das neue Insolvenzrecht, 1997, S. 903.

652 Begr. Rechtsausschuss zu § 1 InsO, BT-Drucks. 12/7302, S. 155, abgedr. in *Kübler/ Prütting*, RWS-Dok. 18, 2. Aufl. 2000, S. 151.

653 *K.Schmidt*, in *K.Schmidt/Uhlenbruck*, Die GmbH in Krise, Sanierung und Insolvenz, 3. Aufl. 2003, Rdnr. 1188; *Kübler/Prütting/Noack*, InsO, Sonderband 1: Gesellschaftsrecht, 1999, Rdnr. 86; a.A: *Kübler/Prütting/Pape*, InsO, Stand: 10/2003, § 15 Rdnr. 19, MüKo InsO/Lwowski, § 35 Rdnr. 108 ff. und 113 f..

654 Vgl. für die GmbH: *Hachenburg/Ulmer*, GmbHG, 8. Aufl. 1997, § 63 Rdnr. 107 f.; *Baumbach/Hueck/Schulze-Osterloh*, GmbHG, 17. Aufl. 2000, § 64 Rdnr. 67.

655 *K.Schmidt*, in Kölner Schrift zur InsO, 2. Aufl. 2000, S. 1199/ 1208.

noch eine gesellschaftsrechtliche Liquidation zur Verteilung des Restvermögens des Vereins anschließen muss[656]. Folglich ist davon auszugehen, dass sich auch beim eingetragenen Verein dem Insolvenzverfahren keine vereinsrechtliche Liquidation anschließt.

IV. Rechtliche Auswirkungen auf den Bestand des Vereins

Durch die Eröffnung des Insolvenzverfahrens wird der Verein aufgelöst, § 42 Abs. 1 Satz 1 BGB. Der aufgelöste Verein besteht als Rechtsträger weiterhin fort, so dass er Träger des Vereinsvermögens, Gläubiger der dazuge-hörigen Ansprüche, Schuldner seiner Verbindlichkeiten, Arbeitgeber usw. bleibt[657]. Nach h.M. ändert der Verein durch die Auflösung seinen Zweck im Sinne des Verfahrenszwecks des Insolvenzverfahrens[658].Die Rechtsfolgen der Auflösung gelten grundsätzlich unabhängig davon, ob sich der Sportverein als Mehrspartenverein organisatorisch in verschiedene Vereinsabteilungen, in denen z.B. unterschiedliche Sportarten betrieben werden, untergliedert oder keine weiteren Untergliederungen bildet (so genannter Monoverein)[659]. Das bedeutet, dass selbst dann, wenn nur eine Abteilung – z.B. die Berufssportabteilung – die Insolvenz des Gesamtvereins verursacht, der Gesamtverein inklusive aller Abteilungen aufgelöst wird.

Die genannte Rechtsfolge tritt dann nicht ein, wenn die Einzelabteilungen Rechtsträger eines eigenen Vermögens sind. Das ist der Fall, wenn die einzelne Abteilung die Rechtsform eines nicht rechtsfähigen Vereins (§ 54 BGB) hat und nach Satzung des Gesamtvereins über eigenes Vermögen verfügt[660]. Voraussetzung dafür ist, wie bei jedem Verein, dass die Abteilung einen auf gewisse Dauer angelegten, körperschaftlich organisierten Zusammenschluss von Personen darstellt, der vom Wechsel seiner Mitglieder unabhängig ist, insbesondere einen eigenen Namen führt und über die für eine Körperschaft unerlässlichen Organe

---

656 Hinweis bei *Kübler/Prütting/Noack*, InsO, Sonderband 1: Gesellschaftsrecht, 1999, Rdnr. 88; *Balz*, in Kölner Schrift zur InsO, 2. Aufl. 2000, S. 3/ 12.

657 BGHZ 49, 13; FK-*App*, InsO, 3. Aufl. 2002, § 80 Rdnr. 5; *Smid/Smid*, InsO, 2. Aufl. 2002, § 80 Rdnr. 3; MüKoInsO/*Ott*, 2001, § 80 Rdnr. 6.

658 A.A: *K.Schmidt*, Gesellschaftsrecht, 4. Aufl. 2002, § 11 V 4. c); *Baumbach/Hueck/ Schulze-Osterloh*, GmbHG, 17. Aufl. 2000, § 64 Rdnr. 50.

659 Vgl. *Reichert*, Hdb des Vereins- und Verbandsrechts, 9. Aufl. 2003, Rdnr. 31.

660 *Reichert*, Hdb des Vereins- und Verbandsrechts, 9. Aufl. 2003, Rdnr. 2032.

– (Abteilungs-)Mitgliederversammlung und (Abteilungs-)Vorstand – verfügt[661]. Zudem wird verlangt, dass die Abteilung neben der unselbständigen Tätigkeit für den Mehrspartenverein eigenständige Tätigkeitsfelder besitzt[662]. Es ist allerdings nicht erforderlich, dass sich die Abteilung eine eigene Satzung gibt, wenn sich Zweck und Organisation der Untergliederung aus der Satzung des Mehrzweckvereins entnehmen lassen[663].

Hat also eine Vereinsabteilung den Status eines teilselbständigen, nicht rechtsfähigen Vereins, der über eigenes Vermögen verfügt und dieses auch verwaltet, so kann ein selbständiges Insolvenzverfahren über die Einzelabteilung eröffnet werden; der Mehrzweckverein als Ganzes bzw. andere wirtschaftlich gesunde Abteilungen wären in diesem Fall von dem Insolvenzverfahren nicht betroffen[664].

Vereinsabteilungen von Sportvereinen bestehen jedoch in aller Regel nicht in der Rechtsform eines nichtrechtsfähigen Vereins. Auch wenn die Satzung des Mehrzweckvereins das Bestehen einer Abteilungsversammlung und eines Abteilungsvorstandes und der damit verbundenen weitestgehend selbständigen Regelung der abteilungseigenen Angelegenheiten durch die Abteilung selbst vorsieht, so fehlt es doch meist am eigenen Vereinsnamen und damit am Status als nicht rechtsfähigem Verein. In diesem Fall wird das Insolvenzverfahren über das Vermögen des Mehrzweckvereins als solchem eröffnet; sein gesamtes Vermögen, auch wenn es haushaltsmäßig einer gesunden Abteilung zugeordnet ist, unterfällt dann dem Insolvenzbeschlag[665].

V. Die Organisationsverfassung des Vereins in der Insolvenz

Die Eröffnung des Insolvenzverfahrens über das Vermögen des Vereins hat, wie schon erwähnt, keinen Einfluss auf den Bestand des vereinsinternen Orga-

---

661 BGH, NJW 1984, 2223; *Sauter/Schweyer/Waldner*, Der eingetragene Verein, 17. Aufl. 2001, Rdnr. 329; *Reichert*, Hdb des Vereins- und Verbandsrechts, 9. Aufl. 2003, Rdnr. 32; MüKo/*Reuter*, BGB, 4. Aufl. 2001, Vor § 21 Rdnr. 130 ff.; dazu schon oben S. 7 ff.

662 BGH, NJW 1984, 2223.

663 *Sauter/Schweyer/Waldner*, Der eingetragene Verein, 17. Aufl. 2001, Rdnr. 329; *Reichert*, Hdb des Vereins- und Verbandsrechts, 9. Aufl. 2003, Rdnr. 32.

664 *Reichert*, Hdb des Vereins- und Verbandsrechts, 9. Aufl. 2003, Rdnr. 2032; vgl. auch MüKo/*Reuter*, BGB, 4. Aufl. 2001, Vor § 21 Rdnr. 146.

665 Zur Insolvenzmasse vgl. unten K; a.A: *Reichert*, Hdb des Vereins- und Verbandsrechts, 9. Aufl. 2003, Rdnr. 2036; *Reichert* in: *Grunsky*, Der Sportverein in der wirtschaftlichen Krise, 1990, S. 1/ 15.

nisationsgefüges. Die Vereinsorgane und die Vereinsmitgliedschaften bestehen auch nach Eröffnung des Insolvenzverfahrens unverändert fort[666].

Allerdings tritt der Insolvenzverwalter neben die Vereinsorgane mit einem eigenen Zuständigkeitsbereich, der sich daraus ergibt, dass ihm die Verwaltungs- und Verfügungsbefugnis über das Vereinsvermögen obliegt. Folglich beschränken sich die Rechte und Pflichten der Vereinsorgane auf den so genannten insolvenzfreien Bereich[667]. Vereinzelt kann es jedoch auch zu Überschneidungen der Zuständigkeitsbereiche des Insolvenzverwalters und der Vereinsorgane kommen[668].

1. Rechtsstellung der Mitgliederversammlung

Die Mitgliederversammlung ist auch nach Eröffnung des Insolvenzverfahrens das oberste Organ des Vereins. Soweit die Zuständigkeiten der Mitgliederversammlung nicht durch Befugnisse des Insolvenzverwalters verdrängt werden oder dem Zweck des Insolvenzverfahrens zuwiderlaufen, bestehen diese unverändert fort[669].

Die Mitgliederversammlung bildet folglich weiterhin, sofern die Satzung nichts anderes regelt, das Wahl- und Abberufungsorgan für die Mitglieder weiterer Vereinsorgane[670]. Organschaftsverhältnisse und Anstellungsverhältnisse können allerdings nur dann ohne Zustimmung des Insolvenzverwalters begründet werden, wenn die Insolvenzmasse dadurch nicht belastet wird. Das dürfte allenfalls bei der Übernahme ehrenamtlicher Tätigkeiten im Verein durch die Begründung von Auftragsverhältnissen (§ 662 ff. BGB) der Fall sein, falls die Übernahme von Aufwandsentschädigungen (vgl. § 670 BGB) durch den Verein ausge-

---

[666] *Reichert*, Hdb des Vereins- und Verbandsrechts, 9. Aufl. 2003, Rdnr. 2039.

[667] Vgl. zur AG: KölnKom/*Kraft*, § 262 Rdnr. 50 ff.; zur GmbH: *Hachenburg/Ulmer*, GmbHG, 8. Aufl. 1997, § 63 Rdnr. 74; *Lutter/Hommelhoff*, GmbHG, 15. Aufl. 2000, § 64 Rdnr. 23; *Gottwald/Haas*, Insolvenzrechts-Hdb, 2. Aufl. 2001, § 92 Rdnr. 140; *Scholz/ K.Schmidt*, GmbHG, 9. Aufl. 2002, § 64 Rdnr. 59/ 65 ff.

[668] Vgl. *Andres*, in *Grunsky*, Der Sportverein in der wirtschaftlichen Krise, 1990, S. 35/ 36. *Reichert*, Hdb des Vereins- und Verbandsrechts, 9. Aufl. 2003, Rdnr. 1364 und 2045.

[669] *Reichert*, Hdb des Vereins- und Verbandsrechts, 9. Aufl. 2003, Rdnr. 2040; vgl. für die GmbH: *Kübler/Prütting/Noack*, InsO, Sonderband 1: Gesellschaftsrecht, 1999, Rdnr. 336.

[670] Vgl. *Reichert*, Hdb des Vereins- und Verbandsrechts, 9. Aufl. 2003, Rdnr. 741 und 2040; für die GmbH vgl: *Lutter/Hommelhoff*, GmbHG, 15. Aufl. 2000, § 64 Rdnr. 23; *Scholz/ K.Schmidt*, GmbHG, 9. Aufl. 2002, § 64 Rdnr. 65.

schlossen wird. Andernfalls müsste der Insolvenzverwalter zustimmen. Eine Zustimmung zur Zahlung von Aufwandsentschädigungen kommt etwa dann in Betracht, wenn es um die Besetzung eines für eine vereinsinterne Beschlussfassung erforderlichen Vorstandsamtes geht[671].

Weisungsrechte der Mitgliederversammlung gegenüber dem Vorstand behalten ihre Gültigkeit, soweit sie sich auf den vereinsinternen insolvenzfreien Bereich oder auf die Wahrnehmung von für den Bestand des Vereins wichtigen Verfahrens*rechten* im Insolvenzverfahren durch den Vorstand beziehen[672]. Wichtige Verfahrensrechte in diesem Sinne sind etwa das Recht zur Ausarbeitung eines Insolvenzplans, die Berechtigung, den Antrag auf Eigenverwaltung und auf Einstellung des Verfahrens zu stellen (vgl. §§ 212, 213 InsO) oder die Befugnis Rechtsbehelfe einzulegen. Um das Weisungsrecht der Mitgliederversammlung zu ermöglichen, hat der Vorstand vor wichtigen insolvenzverfahrensrechtlichen Entscheidungen oder Maßnahmen die Mitgliederversammlung zu informieren und eventuell Zustimmungsbeschlüsse einzuholen[673]. Ein Weisungsrecht der Mitgliederversammlung gegenüber dem Vorstand bei der Wahrnehmung der Verfahrens*pflichten* bzw. gegenüber dem Insolvenzverwalter besteht hingegen nicht[674]

Die Mitgliederversammlung nimmt auch im Insolvenzverfahren den Rechenschaftsberichts des Vorstands entgegen und fällt die Entscheidung über dessen Entlastung. Die mit der Entlastung verbundene haftungsbefreiende Wirkung braucht der Insolvenzverwalter allerdings nicht gegen sich gelten zu lassen[675]. Eine Entlastungswirkung verstieße gegen den Sinn und Zweck des Insolvenzverfahrens, denn dem Insolvenzverwalter muss die Möglichkeit verbleiben, Schadensersatzansprüche des Vereins gegen den Vorstand geltend zu machen.

---

[671] *Reichert*, Hdb des Vereins- und Verbandsrechts, 9. Aufl. 2003, Rdnr. 2040.

[672] Vgl. für die GmbH: *Gottwald/Haas*, Insolvenzrechts-Hdb, 2. Aufl. 2001, § 92 Rdnr. 154.

[673] *Reichert*, Hdb des Vereins- und Verbandsrechts, 9. Aufl. 2003, Rdnr. 2040.

[674] *Gottwald/Haas*, Insolvenzrechts-Hdb, 2. Aufl. 2001, § 92 Rdnr. 154; *Henssler*, in Kölner Schrift zur InsO, 2. Aufl. 2000, S. 1283/ 1304.

[675] *Reichert*, Hdb des Vereins- und Verbandsrechts, 9. Aufl. 2003, Rdnr. 2040; vgl. für die GmbH: *Scholz/K.Schmidt*, GmbHG, 9. Aufl. 2002, § 64 Rdnr. 65; *Hachenburg/Ulmer*, GmbHG, 8. Aufl. 1997, § 63 Rdnr. 95; *Kübler/Prütting/Noack*, InsO, Sonderband 1: Gesellschaftsrecht, 1999, Rdnr. 338.

Die Mitgliederversammlung kann nach wie vor Satzungsänderungen beschließen, soweit diese keinen Einfluss auf die Insolvenzmasse haben. Sind im Rahmen einer möglichen Sanierung z.B. Umstrukturierungen nach dem UmwG notwendig, hat die Mitgliederversammlung darüber zu befinden[676]. Schließt der Verein während des Insolvenzverfahrens Mitglieder aus dem Verein aus, so kann dadurch nur die bestehende Vereinsmitgliedschaft beendet werden; ein bestehender Dienst- oder Arbeitsvertrag ist davon nicht betroffen, denn die Kündigung oder Erfüllung von Verträgen ist allein Sache des Insolvenzverwalters. Die Mitgliederversammlung kann schließlich unter den Voraussetzungen des § 42 Abs. 1 Satz 2 und Satz 3 BGB die Fortsetzung des Vereins beschließen[677].

2. *Rechtsstellung des Vorstands*

Die Organstellung des Vorstandes wird durch die Eröffnung des Insolvenzverfahrens nicht berührt. Die Mitglieder des Vorstandes werden im Insolvenzverfahren nicht zu Liquidatoren. Der Vorstand nimmt alle Aufgaben bei der Vertretung des Vereins wahr, bei denen er nicht in seiner Zuständigkeit vom Insolvenzverwalter durch den Übergang der Verwaltungs- und Verfügungsbefugnis (§ 80 InsO) verdrängt wird. Damit beschränken sich die Kompetenzen des Vorstands im Insolvenzverfahren auf den so genannten insolvenzfreien vereinsinternen Bereich sowie auf die Erfüllung der verfahrensrechtlichen Rechte und Pflichten[678].

a) Kompetenzbereich

Zum vereinsinternen Bereich gehört vor allem die Organisation und Durchführung der Mitgliederversammlung.

Der Vorstand vertritt den Verein zudem gerichtlich und außergerichtlich, wenn es um Streitigkeiten geht, die sich nicht auf die Insolvenzmasse beziehen[679]. Da-

---

676 *K.Schmidt*, in *K.Schmidt/Uhlenbruck*, Die GmbH in Krise, Sanierung und Insolvenz, 3. Aufl. 2003, Rdnr. 383.

677 Zu den Möglichkeiten der Fortsetzung des Vereins vgl. unten O.

678 Vgl. *Kübler/Prütting/Noack*, InsO, Sonderband 1: Gesellschaftsrecht, 1999, Rdnr. 291 ff.; *Weber*, KTS 1970, 73/ 76 ff.; *Henssler*, in: Kölner Schrift zur InsO, 2. Aufl. 2000, S. 1305; *Gottwald/Haas*, Insolvenzrechts-Hdb, 2. Aufl. 2001, § 92 Rdnr. 145 ff.

679 Bsp.: Rechtsstreit über den Ausschluss eines Vereinsmitgliedes aus dem Verein: vgl. *Reichert*, Hdb des Vereins- und Verbandsrechts, 9. Aufl. 2003, Rdnr. 2041.

neben hat der Vorstand die Befugnis, Rechtsstreitigkeiten für den Verein aufzunehmen, wenn der Insolvenzverwalter dies seinerseits abgelehnt hat (vgl. § 85 Abs. 2 InsO).

Schließlich bleibt der Vereinsvorstand zuständig für die Verwaltung des insolvenzfreien Vermögens, welches beim Verein als juristische Person lediglich aus Gegenständen bestehen kann, die der Insolvenzverwalter freigegeben hat und die dadurch in die Verfügungsbefugnis des Vereinsvorstands zurückgefallen sind[680].

b) Die verfahrensrechtliche Stellung[681]

aa) Verfahrenspflichten

Die Insolvenzordnung stellt in § 97 InsO für den Insolvenzschuldner einen Katalog von Pflichten auf. Die Regelung bezieht sich auf eine natürliche Person als Schuldner, findet jedoch über § 101 Abs. 1 Satz 1 InsO in Bezug auf die Mitglieder von Vertretungs- und Aufsichtsorganen juristischer Personen entsprechende Anwendung. Das bedeutet, dass jedes Mitglied des Vorstands die sich aus § 97 InsO ergebenden Pflichten in neigener Person zu erfüllen hat und zwar unabhängig von dem Bestehen etwaiger vereinsinterner Vertretungsregeln[682].

(1) Auskunftspflicht

Im Insolvenzverfahren besteht eine Auskunftspflicht des Vorstandes des insolventen Vereins gegenüber dem Insolvenzgericht, dem Insolvenzverwalter, dem Gläubigerausschuss und auf Anordnung des Gerichts auch gegenüber der Gläubigerversammlung hinsichtlich aller das Verfahren betreffenden Verhältnisse, §§ 97 Abs. 1 Satz 1, 101 Abs. 1 Satz 1 InsO. Damit sich der Vorstand nicht durch frühzeitige Niederlegung seines Amtes während der wirtschaftlichen Kri-

---

680 Zum Umfang der Insolvenzmasse vgl. unten K I. Es ist sehr streitig, ob der Insolvenzverwalter nach der InsO Vermögen aus der Insolvenzmasse überhaupt freigeben kann: vgl. dazu *Gottwald/Haas*, Insolvenzrechts-Hdb, 2. Aufl. 2001, § 92 Rdnr. 148; MüKoInsO/*Ott*, 2001, § 80 Rdnr. 65 ff.

681 Vgl. *Reichert*, Hdb des Vereins- und Verbandsrechts, 9. Aufl. 2003, Rdnr. 2042; *Robrecht*, DB 1968, 471, 473.

682 *Reichert*, Hdb des Vereins- und Verbandsrechts, 9. Aufl. 2003, Rdnr. 2042; vgl. FK-*App*, InsO, 3. Aufl. 2002, § 101 Rdnr. 4; MüKoInsO/*Passauer*, 2001, § 101 Rdnr. 18, 21; *Uhlenbruck*, KTS 1997, 390.

se des Vereins von seinen Auskunftspflichten befreien kann und um dem Insolvenzverwalter möglichst umfassende Informationsmöglichkeiten über die wirtschaftliche Tätigkeit des Vereins einzuräumen, regelt nunmehr § 101 Abs. 1 Satz 2 InsO, dass die Auskunftspflicht im Insolvenzverfahren auch für jene Personen gilt, die innerhalb von zwei Jahren vor der Antragstellung auf Eröffnung des Insolvenzverfahrens aus ihrer Vorstandsstellung ausgeschieden sind[683].

Im Rahmen der Auskunftspflicht hat der Vorstand alle Informationen abzugeben, die bei der Durchführung des Insolvenzverfahrens über das Vermögen des Vereins von Bedeutung sein können[684]. Das sind insbesondere Informationen über das in- und ausländische Vermögen des Vereins, über Forderungen und Verbindlichkeiten und deren Entstehung, über Aus- und Absonderungsberechtigungen, mögliche Anfechtungsgründe früherer Rechtshandlungen und über mögliche Ansprüche aus eigenkapitalersetzenden Darlehen oder Nutzungsüberlassungen[685].

Der Vorstand ist sogar über §§ 97 Abs. 1 Satz 2 InsO selbst dann dazu verpflichtet, Auskünfte zu erteilen, wenn diese geeignet wären, ihn wegen einer strafbaren Handlung oder wegen einer Ordnungswidrigkeit zu belangen[686].

(2) Mitwirkungspflicht

Nach §§ 97 Abs. 2, 101 Abs. 1 Satz 1 InsO hat der Vorstand den Insolvenzverwalter bei der Erfüllung von dessen Aufgaben zu unterstützen. Diese Pflicht besteht unabhängig davon, ob dem hauptamtlichen Vorstand vorher durch den Insolvenzverwalter gekündigt wurde[687]. Mitwirkungspflichten des Vorstandes kommen insbesondere dann zum Tragen, wenn der Verein Vermögensgegenstände im Ausland besitzt und diese einer Verwertung für die inländische In-

---

683 MüKoInsO/*Passauer*, 2001, § 101 Rdnr. 23; *Kübler/Prütting/Lüke*, InsO, Stand: 10/2003, § 101 Rdnr. 5; FK-*App*, InsO, 3. Aufl. 2002, § 101 Rdnr. 5.

684 *Kübler/Prütting/Lüke*, InsO, Stand: 10/2003, § 97 Rdnr. 3; HK-*Eickmann*, InsO, 3. Aufl. 2003, § 97 Rdnr. 9.

685 Vgl. *Henssler*, in Kölner Schrift zur InsO, 2. Aufl. 2000, S. 1297, MüKoInsO/*Passauer*, 2001, § 97 Rdnr. 14; HK-*Eickmann*, InsO, 3. Aufl. 2003, § 97 Rdnr. 9; FK-*App*, InsO, 3. Aufl. 2002, § 97 Rdnr. 11.

686 Vgl. dazu *Kübler/Prütting/Lüke*, InsO, Stand: 10/2003, § 97 Rdnr. 4 f.; FK-*App*, InsO, 3. Aufl. 2002, § 97 Rdnr. 12; BVerfG, RPfleger 1981, 225.

687 Vgl. für den GmbH-GF: MüKoInsO/*Passauer*, 2001, § 101 Rdnr. 20; *Uhlenbruck*, KTS 1997, 371/ 387; *ders.*, in Kölner Schrift zur InsO, 2. Aufl. 2000, S. 1157/ 1184.

solvenzmasse zugeführt werden sollen. Denn der Eröffnung des Insolvenzverfahrens in Deutschland wird im Ausland zum Teil keine grenzüberschreitende Anerkennung zuteil, so dass nach der jeweiligen Rechtsordnung jene Vermögensgegenstände unter der Verfügungsbefugnis des Insolvenzschuldners verbleiben und die Verwertung ohne eine entsprechende Mitwirkung des Vorstandes unmöglich wäre[688].

Die Pflicht zur Mitwirkung stellt keine Pflicht zur Mitarbeit dar. Bei der Erfüllung seiner Mitwirkungspflicht hat der Vorstand weder einen Anspruch auf Entgelt noch auf Aufwandsentschädigung noch auf Erstattung von Auslagen. Daraus folgt, dass die Unterstützungsleistungen dem Vorstand zumutbar sein müssen, insbesondere muss der Vorstand daneben jederzeit in der Lage sein, für seinen eigenen Lebensunterhalt sorgen zu können[689].

(3) Anwesenheitspflicht

Die Anwesenheitspflicht verlangt vom Vorstand, dass er sich jederzeit auf Anordnung des Gerichts zur Verfügung stellt, um seine Auskunfts- und Mitwirkungspflichten zu erfüllen, §§ 97 Abs. 3 Satz 1, 101 Abs. 1 Satz 1 InsO. Die Anwesenheitspflicht bezieht sich nicht auf den innerhalb von zwei Jahren aus seinem Amt ausgeschiedenen Vereinsvorstand, da § 101 Abs. 1 Satz 2 InsO insoweit nur auf § 97 Abs. 1 Satz 1 InsO verweist[690]. Soweit dem Vorstand aus der Anwesenheitspflicht Kosten entstehen, sind diese vom Vorstandsmitglied selbst zu tragen, da die Anwesenheitspflicht eine originäre Verfahrenspflicht darstellt, die sich aus seiner Rechtsstellung als Vertretungsorgan des Vereins ergibt[691].

(4) Zwangsmittel zur Durchsetzung der Verfahrenspflichten

Der Einhaltung des Pflichtenkataloges durch den Schuldner bzw. dessen Vertretungsorgan kommt eine eminent wichtige Rolle im Hinblick auf eine erfolg-

---

688 *Henssler*, in Kölner Schrift zur InsO, 2. Aufl. 2000, S. 1283/ 1301 f.; MüKoInsO/ *Passauer*, 2001, § 97 Rdnr. 32; *Kübler/Prütting/Lüke*, InsO, Stand: 10/2003, § 97 Rdnr. 9.

689 MüKoInsO/*Passauer*, 2001, § 97 Rdnr. 33.

690 *Hess/Weis/Wienberg*, InsO, 2. Aufl. 2001, § 101 Rdnr. 19; FK-*App*, InsO, 3. Aufl. 2002, § 101 Rdnr. 5; *Kübler/Prütting/Lüke*, InsO, Stand: 10/2003, § 101 Rdnr. 5.

691 Für den GmbH-GF vgl.: *Uhlenbruck*, in *K.Schmidt/Uhlenbruck*, Die GmbH in Krise, Sanierung und Insolvenz, 3. Aufl. 2003, Rdnr. 1212; vgl.: *Kübler/Prütting/Lüke*, InsO, Stand: 10/2003, § 97 Rdnr. 17.

reiche Vermögens- und Haftungsabwicklung zu. § 98 InsO sieht die Anwendung von Zwangsmitteln zur Durchsetzung der Pflichten vor, um zu verhindern, dass der Schuldner durch Beiseiteschaffen von Unterlagen oder Vermögensgegenständen, durch Vereitelung von Nachforschungen oder Verheimlichung von Informationen den Verfahrenszweck gefährdet[692].

bb) Verfahrensrechte

Als Vertretungsorgan des Vereins als Insolvenzschuldner hat der Vorstand nicht nur die Pflichten des Verfahrens zu erfüllen, sondern er nimmt auch die verschiedenen und vielfältigen Verfahrensrechte des Insolvenzschuldners wahr[693]. Im Gegensatz zu den Verfahrenspflichten, die jedem Vorstand einzeln unterliegen, werden die Verfahrensrechte – mit Ausnahme des Beschwerderechts[694] – unter Berücksichtigung der internen Vertretungsregeln erfüllt[695]. Zudem unterliegt der Vorstand bei der Ausübung der Verfahrensrechte dem Weisungsrecht der Mitgliederversammlung[696]

Stehen dem Insolvenzschuldner z.B. im Laufe des Verfahrens bestimmte Rechtsbehelfs- oder Rechtsmittelmöglichkeiten[697] zu, so übt der Vorstand diese für den Verein aus. Das Rechtsmittel der sofortigen Beschwerde (§ 6 InsO)

---

[692] *Nerlich/Römermann/Wittkowski*, InsO, 1999, § 98 Rdnr. 2; MüKoInsO/*Passauer*, 2001, § 98 Rdnr. 1.

[693] *Reichert*, Hdb des Vereins- und Verbandsrechts, 9. Aufl. 2003, Rdnr. 2042; für den GmbH-GF vgl.: *Henssler*, in Kölner Schrift zur InsO, 2. Aufl. 2000, S. 1283/ 1301f.; *Uhlenbruck*, GmbHR 1972, 170/ 176; *Kübler/Prütting/Noack*, InsO, Sonderband 1: Gesellschaftsrecht, 1999, Rdnr. 305 f; vgl. Auflistung der Rechte des Schuldners bei: *Gottwald/Klopp/Kluth*, Insolvenzrechts-Hdb, 2. Aufl. 2001, § 18 Rdnr. 15 ff.

[694] Vgl. die h.M. beim GmbH-GF: *Henssler*, in Kölner Schrift zur InsO, 2. Aufl. 2000, S. 1283/ 1302 f.; *Uhlenbruck*, GmbHR 1972, 170/ 174; *Gottwald/Haas*, Insolvenzrechts-Hdb, 2. Aufl. 2001, § 92 Rdnr. 150; *Baumbach/Heck/Schulze-Osterloh*, GmbHG, 17. Aufl. 2000, § 64 Rdnr. 51.

[695] Vgl. für die GmbH: *Baumbach/Hueck/Schulze-Osterloh*, GmbHG, § 64 Rdnr. 51; *Hachenburg/Ulmer*, GmbHG, 8. Aufl. 1997, § 63 Rdnr. 101; *Gottwald/Haas*, Insolvenzrechts-Hdb, 2. Aufl. 2001, § 92 Rdnr. 150 *Kübler/Prütting/Noack*, InsO, Sonderband 1: Gesellschaftsrecht, 1999, Rdnr. 305 f.

[696] Vgl. für den GmbH-GF: *Baumbach/Hueck/Schulze-Osterloh*, GmbHG, § 64 Rdnr. 51; *K.Schmidt*, in *K.Schmidt/Uhlenbruck*, Die GmbH in Krise, Sanierung und Insolvenz, 3. Aufl. 2003, Rdnr. 1224.

[697] Als Rechtsmittel sieht die InsO die sofortige Beschwerde (§ 6 InsO) und die weitere Beschwerde (§ 7 InsO) vor.

kommt etwa dann in Betracht, wenn der Vorstand gegen die Abweisung der Verfahrenseröffnung mangels Masse (§ 34 Abs. 1 InsO), gegen die Eröffnung des Insolvenzverfahrens (§ 34 Abs. 2 InsO), gegen die Verfahrenseinstellung mangels Masse (§ 216 Abs. 1 InsO i.V. mit § 207 InsO) oder gegen den Beschluss der Bestätigung oder Nichtbestätigung des Insolvenzplanes (§ 253 InsO) vorgehen möchte. Als Rechtsbehelf gegen die Entscheidung über die sofortige Beschwerde kann der Vorstand wiederum weitere Beschwerde gemäß § 7 InsO erheben. Als Rechtsbehelf steht dem Vorstand zudem der Antrag auf Wiedereinsetzung in den vorigen Stand wegen Versäumung des Prüfungstermins zur Verfügung (§ 186 Abs. 1 Satz 1 InsO).

Dem Vorstand stehen weiterhin Anhörungsrechte zu, wie etwa im Falle des Antrages auf Eröffnung des Insolvenzverfahrens über den Verein durch einen Gläubiger (§§ 10 Abs. 2, 14 Abs. 2 InsO) oder auch im Falle der Antragstellung durch nur ein einzelnes Vorstandsmitglied bei Bestehen eines mehrköpfigen Vorstandes (§ 15 Abs. 2 Satz 2 InsO).

Der Vorstand ist berechtigt, den Antrag auf Einstellung des Insolvenzverfahrens zu stellen (§ 213 InsO), wenn er die dazu benötigte Zustimmung aller Insolvenzgläubiger nachweisen kann. Er kann aber auch das Insolvenzverfahren insofern mitgestalten, als er für den Verein einen eigenen Insolvenzplan vorlegt (§ 218 Abs. 1 Satz 1 InsO) oder den Insolvenzverwalter bei der Aufstellung eines solchen berät (§ 218 Abs. 3 InsO)[698]. Wird im Rahmen des Berichtstermins die Stilllegung des vereinseigenen Wirtschaftsunternehmens (z.B.: Profi-Spielbetrieb) beschlossen, hat der Vorstand die Möglichkeit, dem Insolvenzgericht die Untersagung der Einstellung anzutragen (§ 158 Abs. 2 Satz 2 InsO).

Hat das Insolvenzgericht eine Haftanordnung gegenüber dem Vorstand ausgesprochen, steht diesem ein *persönliches* Beschwerderecht nach § 98 Abs. 3 Satz 3 InsO zu.

c) Verfahrensrechtliche Stellung des faktischen Vorstands

Der fehlerhaft bestellte faktische Vorstand tritt vollständig in die Rechtsposition eines ordnungsgemäß bestellten Vorstands ein und hat damit sämtliche Verfah-

[698] Zum Insolvenzplan vgl. unten L.

rensrechte und -pflichten, die sich aus dem Insolvenzverfahren ergeben, wahrzunehmen[699].

Fraglich ist jedoch, ob die Verfahrensrechte und -pflichten auch auf jene Nichtvorstände auszudehnen sind, die lediglich rein tatsächlich wesentliche Geschäftsführungstätigkeiten übernommen haben, ohne dass ein gesonderter Legitimationsakt vorliegt. Auch hier stellt sich die Frage, ob eine Einbeziehung dieser Personen mit dem Sinn und Zweck des betroffenen Regelzusammenhangs zu vereinbaren ist.

aa) Verfahrensrechte

Dem Verein als Verfahrensschuldner stehen vielfältige Verfahrensrechte zu, die durch den Vorstand wahrgenommen werden. Die Ausübung der Verfahrensrechte dient dem Interesse des Vereins. Das Gesetz knüpft keine besonderen Erwartungen an die Ausübung der Verfahrensrechte durch das Schuldnerorgan. Vielmehr reicht es aus, dass der Verein ein ordnungsgemäß bestelltes Vertretungsorgan besitzt, um die entsprechenden Rechte wahrnehmen zu können und ein ordnungsgemäßes Insolvenzverfahren zu gewährleisten. Eine Ausdehnung der Verfahrensrechte auf sonstige Personen lässt sich durch den Sinn und Zweck der Regelungen nicht rechtfertigen.

bb) Verfahrenspflichten

Anders ist hingegen die Situation hinsichtlich der Verfahrenspflichten zu beurteilen. Aus den §§ 101 Abs. 1 Satz 1, 97-99 InsO und § 101 Abs. 1 Satz 2 i.V. mit §§ 97 Abs. 1, 98 InsO ergibt sich, dass nicht nur aktuelle und ehemalige Mitglieder des Vertretungsorgans, sondern ebenso die aktuellen und ehemaligen Mitglieder des Aufsichtsorgans den Verfahrenspflichten der InsO unterliegen können. Sinn und Zweck der Regelung ist zum einen, dass eine Flucht der Vereinsverantwortlichen vor den mit ihrer Position verbundenen Verfahrenspflichten durch Niederlegung des Amtes vereitelt wird, und zum anderen, dass der Insolvenzverwalter möglichst umfassend und vollständig über die Vermögenslage des Vereins unterrichtet werden soll, indem nach den Regelungen der InsO alle Personen, die üblicherweise Informationen über die Finanzen er-

[699] Vgl. auch MüKoInsO/*Passauer*, 2001, § 101 Rdnr. 19; zum fehlerhaft bestellten faktischen Vorstand vgl. oben unter G I. 2.

halten oder in der Vergangenheit erhalten haben, von der Auskunftspflicht des § 97 Abs. 1 InsO erfasst werden[700].

Aus dem Sinn und Zweck der Regelung lässt sich entnehmen, dass zumindest jene Personen den Verfahrenspflichten unterliegen müssen, die derart auf die Geschäftsführung des Vereins Einfluss genommen haben, dass insolvenzverfahrensrechtlich relevante Geschäftsvorgänge ohne ihre Auskunft nicht aufklärbar sein würden. Der hier in Betracht zu ziehende Personenkreis entspricht demjenigen, dem schon die Haftung wegen Insolvenzverschleppungshandlungen auferlegt wurde[701] und der nicht bereits wegen seiner (früheren) Organstellung oder wegen einer (früheren) Anstellung im Verein von der Regelung des § 101 InsO erfasst wird[702].

3. *Rechtsstellung des Insolvenzverwalters*

a) Kompetenzbereich

Mit der Eröffnung des Insolvenzverfahrens über das Vermögen des Vereins verliert der Verein als Gemeinschuldner die Befugnis, durch seinen Vorstand das in die Insolvenzmasse fallende Vereinsvermögen zu verwalten und zu verwerten. Diese Befugnis geht auf den Insolvenzverwalter über (§ 80 Abs. 1 InsO). Daraus folgt, dass der Insolvenzverwalter generell immer dann zuständig ist, wenn der Bereich des durch den Insolvenzbeschlag erfassten Vermögens tangiert wird.

Der Insolvenzverwalter tritt in die sich auf das Vereinsvermögen beziehenden Rechte und Pflichten des Vereins ein, wobei er die Rechtslage so übernimmt, wie sie bei Eröffnung des Insolvenzverfahrens vorlag. Das bedeutet z.B., dass er darüber befinden muss, ob er anhängige Aktiv- oder Passivprozesse für den Verein aufnehmen möchte (§§ 85, 86 InsO).

b) Fortsetzung des Spiel- bzw. Wettkampfbetriebes

Durch die Aufrechterhaltung des Spiel- und Wettkampfbetriebes entstehen in aller Regel Kosten für den Verein und damit eine Massebelastung. Selbst wenn

---

700 Vgl. MüKoInsO/*Passauer*, § 101 Rdnr. 23 f.; *Henssler*, in Kölner Schrift zur InsO, 2. Aufl. 2000, S. 1283 Rdnr. 1; *Vallender*, ZIP 1996, 529 ff.

701 Vgl. oben unter G V. 2.

702 Vgl. für den faktischen GF materieller Lesart: MüKoInsO/*Passauer*, 2001, § 101 Rdnr. 19; *Kübler/Prütting/Lüke*, InsO, Stand: 10/2003, § 101 Rdnr. 4.

man den Spielbetrieb als eine originär verbandsrechtliche Angelegenheit betrachtet, so wird dadurch die Zuständigkeit des Insolvenzverwalters nicht beeinträchtigt. Es kommt insoweit ausschließlich auf die Masserelevanz einer Handlung des Schuldners an. Ist diese gegeben, ist auch der Zuständigkeitsbereich des Insolvenzverwalters eröffnet.

Der Insolvenzverwalter hat es demnach in der Hand darüber zu befinden, ob die durch den Spielbetrieb entstehenden Kosten weiter bezahlt oder gekürzt bzw. gestrichen werden. Es gehören dazu nicht nur die Fahrtkosten oder die Kosten für Trainingsgeräte, sondern es steht dem Insolvenzverwalter auch zu, Vertragsverhältnisse zu kündigen wie etwa Verträge über die Anmietung von Trainingsplätzen, von Fahrzeugen zum Transport der Sportler, Versicherungsverträge oder Verträge über die Übernahme von Aufwandsentschädigungen für Trainer und Übungsleiter. Folglich entscheidet der Insolvenzverwalter de facto, ob der Verein in der Lage bleibt, den ideellen Vereinszweck aufrechtzuerhalten[703].

Wird der Spiel- bzw. Wettkampfbetrieb des Vereins als Unternehmen im insolvenzrechtlichen Sinne und damit als vom sonstigen Tätigkeitsbereich abgrenzbare „Organisationseinheit zur Verfolgung wirtschaftlicher oder ideeller Zwekke"[704] geführt, so ist das Ermessen des Insolvenzverwalter bzgl. der Aufrechterhaltung des Spielbetriebs eingeschränkt. Grundsätzlich ist er gemäß § 157 Satz 1 InsO dazu verpflichtet, das Unternehmen zunächst bis zum Berichtstermin fortzuführen. Dort entscheidet die Gläubigerversammlung über die weitere Fortführung oder Stilllegung des Unternehmens des Vereins. Will der Insolvenzverwalter den Spielbetrieb vorzeitig einstellen, ist die Zustimmung des Gläubigerausschusses notwendig (§ 158 Abs. 1 InsO). Dem Verein verbleibt in diesem Fall nur die Möglichkeit, durch seinen Vorstand dem Insolvenzgericht die Untersagung der Stilllegung anzutragen (§ 158 Abs. 2 Satz 2 InsO).

Ist es üblich, dass in einer Sportart bzw. in einer Spielklasse Ablösesummen beim Vereinswechsel eines Sportlers bezahlt werden, so fällt auch der „Spielertransfer" in den Kompetenzbereich des Insolvenzverwalters. Aus seiner Sicht stellt sich die Möglichkeit, einen Sportler gegen die Zahlung einer Ablösesumme an einen anderen Verein zu transferieren oder gegen Zahlung einer Gebühr auszuleihen, als eine Möglichkeit dar, die Insolvenzmasse anzureichern. Dane-

---

703 *Kübler/Prütting/Noack*, InsO, Sonderband 1: Gesellschaftsrecht, 1999, Rdnr. 692.

704 *Reichert*, Hdb des Vereins- und Verbandsrechts, 9. Aufl. 2003, Rdnr. 2036.

ben kann es die Fortführung des Spiel- und Wettkampfbetriebes erfordern, dass der Insolvenzverwalter selbst Spieler über den Transfermarkt neu verpflichten muss.

c) Arbeitsrechtliche Befugnisse des Insolvenzverwalters

Durch die Eröffnung des Insolvenzverfahrens über das Vermögen des Schuldners werden die bestehenden Arbeitsverhältnisse weder in ihrem Bestand noch in ihrem Inhalt berührt, § 108 Abs. 1 InsO[705]. Der Verein behält seinen Anspruch auf Arbeitsleistung, während der Spieler weiterhin Anspruch auf Entgeltzahlung sowie auf vertragsgemäße Beschäftigung hat[706].

Die Vergütungsansprüche des Arbeitnehmers erfahren in Abhängigkeit vom jeweiligen Zeitpunkt ihrer Entstehung eine unterschiedliche Behandlung. Entgeltansprüche, die vor der Verfahrenseröffnung entstanden sind, sind grundsätzlich einfache Insolvenzforderungen gemäß § 38 InsO i.V. mit § 108 Abs. 2 InsO[707], wohingegen Entgeltforderungen, die im Verlauf des Insolvenzverfahrens zur Entstehung gelangen, als Masseforderungen behandelt werden, § 55 Abs. 1 Nr. 2 InsO[708].

Mit dem Übergang der Verfügungs- und Verwaltungsbefugnis durch die Verfahrenseröffnung auf den Insolvenzverwalter (§ 80 Abs. 1 InsO) tritt dieser auch in die Position des Vereins als Arbeitgeber ein. Der Insolvenzverwalter wird dadurch befugt, sämtliche Arbeitgeberpflichten und Arbeitgeberbefugnisse wahrzunehmen[709].

---

[705] BAG, ZIP 1988, 327; *Kübler/Prütting/Moll*, InsO, Stand: 10/2003, § 113 Rdnr. 8; *Nerlich/Römermann/Hamacher*, InsO, 1999, Vor § 113 Rdnr. 5, 14; *Hess/Weis/Wienberg*, InsO, 2. Aufl. 2001, § 113 Rdnr. 89 f.; *Gottwald/Heinze*, Insolvenzrechts-Hdb, 2. Aufl. 2001, § 102 Rdnr. 57.

[706] BAG AP Nr. 2, 3, 4 bzw. 14 zu § 611; *Staudinger/Richardi*, BGB, 13. Aufl. 1995, § 611 Rdnr. 798; *Palandt/Putzo*, BGB, 63. Aufl. 2004, § 611 Rdnr. 118 f.; vgl. ausführlich: MünchArbR/*Blomeyer*, 2. Aufl. 2000, § 95 1 ff.

[707] Mit Ausnahme jener Ansprüche, die vom starken vorläufigen Insolvenzverwalter begründet werden (§ 55 Abs. 2 InsO).

[708] *Kübler/Prütting/Pape*, InsO, Stand: 10/2003, § 55 Rdnr. 52; FK-*Schumacher*, InsO, 3. Aufl. 2002, § 55 Rdnr. 28.

[709] *Hess/Weis/Wienberg*, InsO, 2. Aufl. 2001, § 113 Rdnr. 86; *Gottwald/Heinze*, Insolvenzrechts-Hdb, 2. Aufl. 2001, § 102 Rdnr. 23

aa) Die Kündigungsmöglichkeit des § 113 InsO

In der Regel wird die Insolvenzmasse am umfangreichsten durch bestehende Personalkosten belastet. Die wichtigste Arbeitgeberbefugnis des Insolvenzverwalters zum Abbau von Massebelastungen ist das Kündigungsrecht[710]. Dieses unterscheidet sich in seinen Voraussetzungen grundsätzlich nicht von dem Kündigungsrecht außerhalb des Insolvenzverfahrens. Das bedeutet, dass alle Vorschriften zum Kündigungsschutz von Arbeitnehmern (insbes. die Vorschriften des KSchG) Anwendung finden und beachtet werden müssen[711].

Außerordentliche Kündigungen sind also nur unter den allgemeinen Voraussetzungen des § 626 Abs. 1 und 2 BGB möglich, wobei die Eröffnung des Insolvenzverfahrens keinen selbständigen Grund zur ordentlichen oder außerordentlichen Kündigung darstellt[712].

Allerdings wird das Recht zur Kündigung von Arbeitsverhältnissen in der Insolvenz durch die Bestimmung des § 113 Abs. 1 InsO entscheidend modifiziert, indem nämlich eine Höchstkündigungsfrist von drei Monaten festlegt wird. Die Norm statuiert damit aber keinen eigenen insolvenzspezifischen Kündigungsgrund, sondern sie ermöglicht lediglich die Durchbrechung von Kündigungsbeschränkungen, die sich aus unkündbaren oder befristeten Arbeitsverhältnissen ergeben[713].

Damit kommt dieser Regelung im Bereich der Insolvenz von Sportvereinen besondere Bedeutung zu. Denn die Arbeitsverträge mit Spielern und Betreuern eines Vereins sind in der Regel auf mindestens eine oder mehrere Spielzeiten bzw. Wettkampfsaisons befristete Verträge[714], bei denen das Recht zur ordentlichen

---

710 Vgl. *Hess/Weis/Wienberg*, InsO, 2. Aufl. 2001, § 113, Rdnr. 1 ff; *Kübler/Prütting/Moll*, InsO, Stand: 10/2003, § 113 Rdnr. 6.

711 *Hess/Weis/Wienberg*, InsO, 2. Aufl. 2001, § 113 Rdnr. 11, 180 ff.; *Gottwald/Heinze*, Insolvenzrechts-Hdb, 2. Aufl. 2001, § 102 Rdnr. 16; FK-*Eisenbeis*, InsO, 3. Aufl. 2002, § 113 Rdnr. 32.

712 BAG, NJW 1969, 525; BAG, ZIP 1983, 205; *Kübler/Prütting/Moll*, InsO, Stand: 10/2003, § 113 Rdnr. 16; HK-*Irschlinger*, InsO, 3. Aufl. 2003, § 113 Rdnr. 8; *Hess/Weis/Wienberg*, InsO, 2. Aufl. 2001, § 113 Rdnr. 414; *Schaub*, ZIP 1993, 969/ 970.

713 *Kübler/Prütting/Moll*, InsO, Stand: 10/2003, § 113 Rdnr. 21; *Moll* in: *K.Schmidt/Uhlenbruck*, Die GmbH in Krise, Sanierung und Insolvenz, 3. Aufl. 2003, Rdnr. 1326; FK-*Eisenbeis*, InsO, 3. Aufl. 2002, § 113 Rdnr. 27; *Schrader*, NZA 1997, 70.

714 Vgl. auch *Andres*, in *Grunsky*, Der Sportverein in der wirtschaftlichen Krise, 1990, S. 46, *Grunsky*, in *Grunsky*, Der Sportverein in der wirtschaftlichen Krise, 1990, S. 54.

Kündigung entweder bis zum Fristablauf ausgeschlossen ist oder die Kündigungsfrist der Dauer der Befristung entspricht[715]. § 113 Abs. 1 InsO durchbricht diesen Ausschluss, so dass der Insolvenzverwalter eine ordentliche Kündigung zum Monatsende mit einer gesetzlichen Kündigungsfrist von drei Monaten (§ 113 Abs. 1 Satz 2 InsO) aussprechen kann[716].

Ist das Arbeitsverhältnis zum Zeitpunkt der Kündigung durch den Insolvenzverwalter ohne ordentliche Kündigungsmöglichkeit noch auf zumindest weitere drei Monate befristet, so kommt die Regelung des § 113 Abs. 1 InsO mit der gesetzlichen Höchstkündigungsfrist von drei Monaten zur Anwendung[717]. Eine kürzere gesetzliche Kündigungsfrist ist nur dann maßgeblich im Sinne des § 113 Abs. 1 Satz 2 InsO, wenn sich diese aus dem bestehenden Arbeitsvertrag ergibt[718]. Beschäftigt der Verein Arbeitnehmer mit Arbeitsverträgen, bei denen nach § 622 BGB kürzere Kündigungsfristen bestehen, so sind nur diese maßgeblich. Der Insolvenzverwalter braucht dem Spieler nicht aus § 113 Abs. 1 InsO zu kündigen, wenn die Befristung des Spielerarbeitsvertrages innerhalb der nächsten drei Monate nach Eröffnung des Insolvenzverfahrens endet[719].

Kündigt der Insolvenzverwalter ein Dienstverhältnis, so dass das Vertragsverhältnis vorzeitig beendet wird, kann der andere Teil den daraus entstandenen Schaden als Insolvenzgläubiger geltend machen (§§ 113 Abs. 1 Satz 3 InsO i.V. mit § 38 InsO).

---

[715] BAG 1980, EzA § 620 BGB Nr. 47; *Kübler/Prütting/Moll*, InsO, Stand: 10/2003, § 113 Rdnr. 45; *Hess/Weis/Wienberg*, InsO, 2. Aufl. 2001, § 113 Rdnr. 160; FK-*Eisenbeis*, InsO, 3. Aufl. 2002, § 113 Rdnr. 27.

[716] *Kübler/Prütting/Moll*, InsO, Stand: 10/2003, § 113 Rdnr. 21; *Moll* in: *K.Schmidt/ Uhlenbruck*, Die GmbH in Krise, Sanierung und Insolvenz, 3. Aufl. 2003, Rdnr. 1328 ff.; FK-*Eisenbeis*, InsO, 3. Aufl. 2002, § 113 Rdnr. 27; *Schrader*, NZA 1997, 70.

[717] BAG, ZIP 1999, 370; *Kübler/Prütting/Moll*, InsO, Stand: 10/2003, § 113 Rdnr. 37; *Hess/Weis/Wienberg*, InsO, 2. Aufl. 2001, § 113, Rdnr. 131; *Berscheid*, ZInsO 1998, 159/160.

[718] *Hess/Weis/Wienberg*, InsO, 2. Aufl. 2001, § 113, Rdnr. 134, *Kübler/Prütting/Moll*, InsO, Stand: 10/2003, § 113 Rdnr. 47.

[719] BAG, ZIP 1999, 370; *Smid/Weisemann/Streuber*, InsO, 2. Aufl. 2002, § 113 Rdnr. 25; *Kübler/Prütting/Moll*, InsO, Stand: 10/2003, § 113 Rdnr. 37; FK-*Schmerbach*, InsO, 3. Aufl. 2002, § 22 Rdnr. 23; *Berscheid*, ZInsO 1998, 159/160.

bb) Einvernehmliche Vertragsaufhebung bzw. Vertragsänderung

Neben der Kündigung des Dienstverhältnisses bleibt es den Vertragsparteien unbenommen, das bestehende Vertragsverhältnis jederzeit einvernehmlich aufzuheben[720].

Die einvernehmliche Vertragsaufhebung stellt vor allem in jenen Sportbereichen eine wichtige Alternative dar, in denen die Zahlung von Transfersummen üblich ist. Eine Kündigung würde sich in diesen Fällen unter Umständen als nachteilig darstellen, da mit Beendigung des Arbeitsvertrages mit dem Sportler der abgebende Verein in diesem Fall keine Ablösezahlung mehr von dem aufnehmenden Verein verlangen darf[721]. Der Insolvenzverwalter muss also genau abwägen, ob er einem Sportler kündigt oder ob die Möglichkeit besteht, den Sportler gewinnbringend an einen anderen interessierten Verein zu transferieren.

Des Weiteren bietet sich die sofortige einvernehmliche Vertragsauflösung auch für den Fall an, dass ein anderer Verein den Sportler sofort selbst, wenn auch ohne Zahlung einer Transferentschädigung, unter Vertrag zu nehmen bereit ist. Auf diesem Weg kann die Insolvenzmasse schon frühzeitig von der Belastung mit Sportlergehältern entlastet werden.

d) Exkurs: Rechte des Sportlers als Arbeitnehmer des Vereins

Kommt der Verein seinen Verpflichtungen uneingeschränkt nach, so hat auch der Spieler seine vertraglichen Pflichten zu erfüllen. Die ordentliche Kündigung ist auch für den Spieler wegen der regelmäßig vereinbarten Befristung des Arbeitsverhältnisses nicht möglich.

aa) Außerordentliches Kündigungsrecht (§ 626 BGB)

Kommt der Verein bzw. der Insolvenzverwalter den Vertragspflichten jedoch nicht nach, so kann sich daraus für den Spieler ein Recht zur außerordentlichen Kündigung gemäß § 626 BGB ergeben. Das ist etwa dann der Fall, wenn der Spieler das Arbeitsentgelt entweder gar nicht oder wiederholt nur unter Verzug erhält[722]. Dies gilt auch, wenn der Spieler nicht ordnungsgemäß beschäftigt wird.

---

[720] Vgl. *Nerlich/Römermann/Hamacher*, InsO, 1999, § 113 Rdnr. 15.

[721] Vgl. dazu oben unter C III. 3. a).

[722] *Palandt/Putzo*, BGB, 63. Aufl. 2004, § 626 Rdnr. 57.

Die Beschäftigungspflicht des Vereins hat im Bereich des Berufssports einen besonderen Stellenwert, da der Sportler nur über die Weiterbeschäftigung seine Leistungsfähigkeit erhalten kann[723]. Folge des letzteren Anspruchs ist die Verpflichtung des Vereins zur Aufrechterhaltung eines ordnungsgemäßen Trainingsbetriebes. Wird dieser vom Verein bzw. vom Insolvenzverwalter nicht in angemessener Form aufrechterhalten, stellt dies für den Berufssportler in den Grenzen des § 242 BGB einen wichtigen Grund zur außerordentlichen Kündigung gemäß § 626 BGB dar[724].

bb) Leistungsverweigerungsrecht aus § 320 BGB

Außer dem Recht auf eine fristlose Kündigung steht dem Sportler bei Verletzung der genannten Hauptleistungspflichten auch ein Recht zur Zurückbehaltung seiner Arbeitsleistung nach § 320 BGB zu[725]. Der Sportler kann also beispielsweise die Teilnahme am Training oder an Vereinsspielen oder an Wettkämpfen verweigern. Das Bestehen eines Zurückbehaltungsrechts des Arbeitnehmers wird allgemein anerkannt[726], obwohl der Fixschuldcharakter der Arbeitsleistung dazu führt, dass die Gegenleistung des Sportlers endgültig unmöglich wird (z.B. kann die Nichtteilnahme des Sportlers an einem Training oder Vereinsspiel nicht nachgeholt werden). Allerdings wird das Zurückbehaltungsrecht des Arbeitnehmers aufgrund dieser Auswirkung stärker durch § 242 BGB eingeschränkt[727]. Kommt es etwa nur zu geringen bzw. zu kurzfristigen Zahlungsrückständen, so darf der Spieler nicht sofort mit der Zurückbehaltung der eigenen Arbeitsleistung reagieren[728].

Die Durchsetzung des Zurückbehaltungsrechts durch den Sportler bietet sich jedoch in der Regel nicht an, da dies die Erhaltung seiner Leistungsfähigkeit be-

---

723 BAG, BB 1986, 1366; *Palandt/Putzo*, BGB, 63. Aufl. 2004, § 611 Rdnr. 119.

724 *Palandt/Putzo*, BGB, 63. Aufl. 2004, § 626 Rdnr. 61; *Grunsky* in: *Grunsky*, Der Sportverein in der wirtschaftlichen Krise, 1990, S. 56.

725 ErfK/*Preis*, 2. Aufl. 2001, § 611 BGB Rdnr. 974; MünchArbR/*Blomeyer*, 2. Aufl. 2000, § 49 Rdnr. 50 ff.

726 Für den Fall des Ausbleibens der Lohnzahlung: LAG Frankfurt, NZA 1985, 355.

727 MüKo/*Müller-Glöge*, BGB, 3. Aufl. 1997, § 611 Rdnr. 9; ErfK/*Preis*, 2. Aufl. 2001, § 611, Rdnr. 974.

728 ErfK/*Preis*, 2. Aufl. 2001, § 611, Rdnr. 670; MünchArbR/*Blomeyer*, 2. Aufl. 2000, § 49 Rdnr. 55; *Schaub*, Arbeitsrechts-Hdb, 9. Aufl. 2000, § 87 Rdnr. 19.

einträchtigen und damit auch die Chancen, in naher Zukunft möglicherweise von einem anderen, solventeren Verein unter Vertrag genommen zu werden, schmälern würde.

cc) Kündigungsrecht aus § 113 InsO

Will sich der Sportler von seinem Arbeitsvertrag lösen, obwohl der Verein weiterhin seinen vertraglichen Pflichten nachkommt, so hat auch er über § 113 Abs. 1 InsO das Recht, nach Eröffnung des Insolvenzverfahrens den Arbeitsvertrag mit dem Verein gegenüber dem Insolvenzverwalter mit einer Kündigungsfrist von drei Monaten ordentlich zu kündigen[729]. Der Sportler als Arbeitnehmer benötigt dafür, im Gegensatz zum Insolvenzverwalter in der Position als Arbeitgeber[730], *keinen* Kündigungsgrund.

Für den Spieler hat die Regelung des § 113 Abs. 1 InsO den Vorteil, dass er sich trotz der Befristung von seinem Arbeitsvertrag mit dem Verein lösen und dann nach Ablauf der Kündigungsfrist als Sportler ohne Vertragsbindung den Verein unter Beachtung der jeweils gültigen Wechselfristen und Transferbedingungen in Richtung eines neuen Vereins verlassen kann, ohne dass der neue Verein dem abgebenden Verein eine Entschädigung zahlen müsste[731]. Andererseits bedeutet diese Möglichkeit für den Insolvenzverwalter einen deutlichen Nachteil. Die Spieler sind das Kapital des Vereins, dessen Wert nach dem Bosman-Urteil nur noch dann realisiert werden kann, wenn ein anderer Verein den Sportler aus einem laufenden Vertrag „herauskauft“. Die Eröffnung des Insolvenzverfahrens bedeutet also eine enorme Gefährdung dieses Vermögensteils des Vereins, so dass der Insolvenzverwalter gehalten sein wird, schon im Eröffnungsverfahren mögliche Spielertransfers vorzunehmen.

dd) Geltendmachung von Prämiengeldern

Bestandteil der Arbeitsverträge von Berufssportlern sind oftmals auch leistungsbezogene Prämienzahlungen des Vereins an die Sportler z.B. in Form von Punktprämien, Einsatzprämien, Nichtabstiegs- oder Aufstiegsprämien sowie

---

729 *Hess/Weis/Wienberg*, InsO, 2. Aufl. 2001, § 113 Rdnr. 735; *Kübler/Prütting/Moll*, InsO, Stand: 10/2003, § 113 Rdnr. 36.

730 *Hess/Weis/Wienberg*, InsO, 2. Aufl. 2001, § 113, Rdnr. 180.

731 Vgl. dazu bereits oben unter C III. 3. a).

Prämien für die Erreichung eines bestimmten Tabellenplatzes oder den Gewinn eines bestimmten Titels etc. Die Problematik von Prämienzahlungen[732] ergibt sich in der Insolvenz des Vereins daraus, dass auch die Prämien einzelnen Zeiträumen zugeordnet werden müssen, woraus sich dann der Rang der Forderung im Insolvenzverfahren ergibt. Prämien, die vor Insolvenzeröffnung entstanden sind, stellen sich als einfache Insolvenzforderungen (§ 38 InsO) dar, wohingegen Prämienverdienste nach Insolvenzeröffnung immer als Masseforderungen zu beurteilen sind, die damit vorweg aus der Masse befriedigt werden (§ 55 Abs. 1 InsO).

Wie die erforderliche Aufteilung der verschiedenen Prämien auf die beiden entscheidenden Zeiträume zu erfolgen hat, ist im Einzelnen bisher ungeklärt. Nur insoweit besteht Einigkeit, dass es nicht in erster Linie auf den Zeitpunkt der Fälligkeit der Prämie ankommt, sondern darauf, zu welchem Zeitpunkt die Prämie verdient worden ist[733].

Die Feststellung des Zeitraumes, in der die Prämie verdient wurde, ist bei bestimmten Prämien sehr einfach, wie z.B. im Falle von Punktprämien bei Mannschaftssportarten, die einem bestimmten Zeitpunkt (Spieltag) zugeordnet werden können. Schwieriger gestaltet sich die Zuordnung von Prämien, wenn diese über einen längeren Zeitraum verdient werden. Wird etwa eine Prämie für das Erreichen eines bestimmten Tabellenplatzes ausgelobt, könnte auf den Zeitpunkt abgestellt werden, in dem die Prämie endgültig erreicht wurde (Ende der Spielzeit), oder es wird die Prämie auf den ganzen Betrachtungszeitraum aufgeteilt; denn der erste sowie der letzte Punktgewinn sind gleich wichtig für das Erreichen des prämierten Ziels. Letztere Methode scheint sachgerechter, solange die endgültige Prämie einzelnen kürzeren Zahlungszeiträumen (in der Regel entsprechend der Lohnzahlungen in Monaten) zugeordnet werden kann[734]. Die Prämie für die Erreichung eines bestimmten Tabellenplatzes kann z.B. über die in den jeweiligen Monaten erspielten Punkte auf diese kürzeren Zeiträume verteilt werden. Ist eine derartige Aufteilung nicht möglich, ist auf den Zeitpunkt der Fälligkeit der Zahlung abzustellen.

---

[732] Vgl. dazu *Grunsky* in: *Grunsky*, Der Sportverein in der wirtschaftlichen Krise, 1990, S. 53/ 60 f.

[733] *Kuhn/Uhlenbruck*, KO, 11. Aufl. 1994, § 61 Rdnr. 47a.

[734] Vgl. BSG, BB 1989, 72; so auch *Grunsky* in: *Grunsky*, Der Sportverein in der wirtschaftlichen Krise, 1990, S. 53/ 61.

4. Überschneidung von Kompetenzbereichen

Trotz der auf den ersten Blick klaren Verdrängung des Vorstands aus dem Aufgabenfeld der Vermögensverwaltung können sich die Zuständigkeitsbereiche von Vorstand und Insolvenzverwalter im Einzelnen dann überlappen, wenn mitgliedschaftliche Angelegenheiten, die Vereinsmitgliedschaft oder die Verbandsmitgliedschaft betreffend, Auswirkungen auf den Vermögensbereich haben oder umgekehrt.

Die Problematik kann nicht schon dadurch umgangen werden, dass dem Insolvenzverwalter durch den Vorstand eine Generalvollmacht erteilt wird, die ihn dazu befugt, auch im mitgliedschaftlichen bzw. organschaftlichen Bereich tätig zu sein. Eine Generalvollmacht, die die Organstellung des Vorstands vollständig verdrängen würde, ist unzulässig und damit unwirksam[735]. Es bleibt dem Vorstand allerdings unbenommen, dem Insolvenzverwalter in einzelnen vereinsinternen Angelegenheiten eine Vollmacht auszustellen.

In Überschneidungsbereichen, die keinem Kompetenzbereich eindeutig zugeordnet werden können, ist ein Zusammenwirken des Insolvenzverwalters und des Vorstands notwendig, um den rechtlichen Erfolg herbeiführen zu können[736]. Die Pflicht des Zusammenwirkens im Einzelfall ergibt sich daraus, dass Handlungen des Insolvenzverwalters, die über den vermögensrelevanten Bereich hinausgehen, grundsätzlich unwirksam sind[737]. Dasselbe gilt umgekehrt auch für Handlungen des Vorstands, die in den Vermögensbereich des Vereins eingreifen[738].

Führt der Insolvenzverwalter den Spielbetrieb des Vereins fort, so kann es notwendig sein, dass er dazu neue Spieler verpflichten muss. Sehen die Verbandsvorschriften vor, dass der Spieler neben einer arbeits- oder dienstvertraglichen Bindung auch Vereinsmitglied sein muss, um die Spielerlaubnis erhalten zu können, müssen Vorstand und Insolvenzverwalter zusammenarbeiten, um das gewollte Ergebnis, nämlich die Spielerlaubnis des Spielers für den Verein, zu erreichen. Dabei kann der Arbeitsvertrag des Spielers nur durch den Insolvenz-

---

735 BGHZ 64, 72/ 74; *Reichert*, Hdb des Vereins- und Verbandsrechts, 9. Aufl. 2003, Rdnr. 2045.

736 *Jaeger/Weber*, KO, 9. Aufl. 1997, §§ 207, 208 Rdnr. 84; *Weber*, KTS 1970, 77 ff.; *Reichert* in: *Grunsky*, Der Sportverein in der wirtschaftlichen Krise, 1990, S. 1/ 2 ff.

737 RGZ 76, 244/ 250; *Kuhn/Uhlenbruck*, KO, 11. Aufl. 1994, § 207 Rdnr. 10.

738 *Reichert*, in *Grunsky*, Der Sportverein in der wirtschaftlichen Krise, 1990, S. 1/ 22.

verwalter abgeschlossen werden, wohingegen die Aufnahme des Sportlers in den Verein über den Vorstand zu erfolgen hat.

Hierher gehört z.B. auch der Fall, dass der Verein, dessen Rechtsbeziehungen zum Verband durch die Fortführung des Spielbetriebes aufrechterhalten werden, diesem gegenüber bestimmte mitgliedschaftliche Pflichten einzuhalten hat. Muss sich der Verein zum Erhalt der Spielklasse um eine Spiellizenz bewerben, so müssen einerseits der Vorstand als gesetzlicher Vertreter des Vereins und als Verbandsmitglied und andererseits der Insolvenzverwalter als Verantwortlicher für die zur wirtschaftlichen Situation des Vereins getroffenen Feststellungen die Bewerbung unterschreiben. Die Zusammenarbeit mit dem Insolvenzverwalter ist in diesem Fall notwendig, da die Lizenzunterlagen detaillierte Angaben zur wirtschaftlichen Leistungsfähigkeit verlangen, die im Insolvenzverfahren ausschließlich dem Insolvenzverwalter als dem Verwaltungs- und Verfügungsbefugten über das Vereinsvermögen zugänglich sind.

Ferner muss sich der Verein im Falle eines sich aus seiner Verbandsmitgliedschaft ergebenden Rechtsstreits mit dem Verband oder einem anderen Verbandsmitglied vor dem Verbandsschiedsgericht sowohl vom Vorstand als auch vom Insolvenzverwalter vertreten lassen, soweit der Streit unmittelbar auch das Vermögen des Vereins betrifft. Beispiele dafür sind Rechtsstreitigkeiten zwischen dem Insolvenzverein und einem anderen Verein über die Höhe der Ablösesumme für einen erworbenen oder verkauften Spieler oder Rechtsstreitigkeiten des Vereins mit dem Verband in der Frage, ob der Verein den Spiel- oder Wettkampfbetrieb fortsetzen darf[739].

VI. Auswirkungen der Insolvenz auf die Rechtsstellung der Vereinsmitglieder

1. *Das Mitgliedschaftsverhältnis*

Grundsätzlich wird der Bestand der Mitgliedschaft im eingetragenen Verein durch die Eröffnung des Insolvenzverfahrens nicht berührt. Sieht die Satzung des Vereins jedoch für den Fall der Insolvenz die Fortsetzung des Vereins in

---

[739] Vgl. das Beispiel aus der Praxis bei *Reichert*, in *Grunsky*, Der Verein in der wirtschaftlichen Krise, 1990, S. 1/ 21.

nichtrechtsfähiger Form vor, so werden die Mitglieder des Insolvenzvereins automatisch Mitglieder des fortgesetzten nichtrechtsfähigen Vereins[740].

2. *Das Kündigungsrecht*

Das Vereinsmitglied kann wie schon vor Eröffnung des Insolvenzverfahrens die Mitgliedschaft durch ordentliche Kündigung unter Beachtung der satzungsmäßigen Kündigungsfristen beenden (§ 39 Abs. 2 BGB). Sieht die Satzung keine besondere Regelung vor, steht es dem Vereinsmitglied frei, die Vereinsmitgliedschaft jederzeit zu beenden (§ 39 Abs. 1 BGB). Die Insolvenzeröffnung selbst stellt grundsätzlich keinen Grund zur außerordentlichen Kündigung des Vereinsmitgliedschaftsverhältnisses dar. Hat die Insolvenz des Vereins allerdings zur Folge, dass das einzelne Vereinsmitglied dem Vereinszweck nicht mehr nachgehen kann, weil z.B. die entsprechende Abteilung aufgelöst oder der Spielbetrieb im ganzen Verein eingestellt ist, so stellt dies einen wichtigen Grund zur außerordentlichen Kündigung der Vereinsmitgliedschaft dar[741].

3. *Pflicht zur Leistung von Mitgliedsbeiträgen*

Die Pflicht zur Leistung von Mitgliedsbeiträgen bleibt bestehen, wenn die Vereinssatzung die Pflicht zur Leistung von Mitgliedsbeiträgen auch für den Fall der Insolvenzeröffnung über das Vermögen des Vereins vorsieht[742]. Andernfalls richtet sich die Beitragspflicht danach, ob die Gläubigerversammlung die Sanierung des Vereins oder dessen Abwicklung beschließt[743]. Wird das Insolvenzverfahren über das Vermögen eines Mehrspartenvereins mit rechtlich selbständigen Abteilungen eröffnet, so besteht die Pflicht zur Zahlung der Mitgliedsbeiträge für Mitglieder der nicht von der Insolvenz betroffenen Abteilung fort.

VII. Die Fortsetzung des Spiel- und Wettkampfbetriebes

Unter Berücksichtigung des Zwecks des Insolvenzverfahrens, nämlich der bestmöglichen Befriedigung der Vereinsgläubiger, kommt der Frage nach der Wir-

---

[740] Näher dazu vgl. unten O.

[741] *Reichert*, Hdb des Vereins- und Verbandsrechts, 9. Aufl. 2003, Rdnr. 2039; zur Kündigungsmöglichkeit des Vereinsmitgliedes wegen der Fortsetzung des Vereins vgl. unten O.

[742] Vgl. BGHZ 96, 253/ 256.

[743] Eingehend dazu vgl. unten unter K II. 3.

kung der Insolvenzeröffnung auf die Fortsetzbarkeit des Spiel- und Wettkampfbetriebes des Vereins entscheidende Bedeutung zu. Denn eine Sanierung des Vereins ist ohne die Einnahmen, die aus der Fortführung des Spiel- und Wettkampfbetriebes resultieren (z.B. Zuschauer-, Fernseh- und Sponsoreneinnahmen), praktisch undenkbar.

1. Grundlagen des Zugangs der Sportvereine zum organisierten Spiel- und Wettkampfbetrieb

Der Zugang des Vereins zum Spiel- und Wettkampfbetrieb des jeweiligen Verbandes wird in unterschiedlicher Form gewährleistet, je nachdem, ob es sich dabei um den Spiel- und Wettkampfbetrieb in einer Amateurliga oder in einer Profi-Lizenzliga handelt.

a) Die Verbandsmitgliedschaft als Teilnahmevoraussetzung

Der Erwerb der Teilnahmeberechtigung seitens des (Amateur-)Vereins erfolgt durch Begründung der Mitgliedschaft des Vereins im jeweiligen Landesverband. Dadurch erwirbt er das Recht, die Verbandseinrichtungen zu nutzen und damit auch an dem durch den Verband organisierten Spiel- und Wettkampfbetrieb teilzunehmen. Die Verbandsmitgliedschaft ist dabei notwendige Voraussetzung der nicht in Lizenzligen organisierten Amateurvereine zur Teilnahme am Spiel- und Wettkampfbetrieb des Verbandes, da nur auf diese Weise die Durchführung eines einheitlichen Spielbetriebes sichergestellt werden kann. Die Einheitlichkeit des Spielbetriebes wird dabei in der Regel durch die folgende Konstruktion erreicht:

Der Verein ist unmittelbares Mitglied eines Landesverbandes, der seinerseits wiederum ordentliches und unmittelbares Mitglied des Bundes- und damit des Spitzenverbandes ist[744]. Die Mitglieder auf den jeweiligen Stufen müssen sich in ihren eigenen Satzungen dazu verpflichten, als Mitglied des übergeordneten Verbandes sämtliche übergeordnete Satzungen und Nebenordnungen anzuer-

[744] Vgl. für die Mitgliedschaft im Deutschen Fußball-Bund als Bundesverband § 7 Satzung des DFB; es kann auf einer weiteren Ebene Regionalverbände geben, die hier der Einfachheit halber nicht berücksichtigt werden.

kennen bzw. keine zuwiderlaufenden Regelungen zu treffen[745]. Über die jeweiligen Unterwerfungserklärungen in den jeweiligen Satzungen (die so genannte mehrfache Satzungsverankerung) wird sichergestellt, dass sämtliche Regelungen und Entscheidungen des Dachverbandes auch für die Mitglieder der untergeordneten Verbände verbindlich sind[746]. Dadurch wird letztendlich gewährleistet, dass auf allen Ebenen ein einheitlicher Spiel- und Wettkampfbetrieb durch einheitlich geltende Regeln des nationalen oder sogar internationalen Spitzenverbandes stattfindet[747]. Auch der Sportler als letztes Glied der Kette unterwirft sich durch die Anerkennung der Satzung des Vereins infolge des Vereinsbeitritts den allgemeinen Bestimmungen der übergeordneten Verbände[748].

b) Lizenzvertragliches Teilnahmerecht

In den so genannten Profi-Lizenzligen der Spitzenverbände wird dagegen der Zugang zum Spiel- und Wettkampfbetrieb des Verbandes durch eine rechtsgeschäftliche Vereinbarung[749] zwischen Verein und (Liga-)Verband gewährleistet[750]. Im Gegenzug zu der Gewährung des – regelmäßig auf eine Wettkampfsaison befristeten – Teilhaberechts an der Lizenzliga als Einrichtung des Spitzenverbandes unterwirft sich der Verein unter anderem immer auch dem Verbandsregelwerk[751].

---

[745] Vgl. zu der entsprechenden Pflicht der Landesverbände: § 14 Nr. 1 Satzung DFB; § 12 DHB; § 5 Satzung DLV.

[746] Vgl. MüKo/*Reuter*, BGB, 4. Aufl. 2001, Vor § 21 Rdnr. 121.

[747] *Reichert* in: *Grunsky*, Der Sportverein in der wirtschaftlichen Krise, 1990, S. 1/ 2; Vgl. § 4 d Satzung DFB; § 2 c Satzung DHB; § 2a Satzung DLV.

[748] *Soergel/Hadding*, BGB, 13. Aufl. 2000, § 38 Rdnr. 11; *Reichert*, Hdb des Vereins- und Verbandsrechts, 9. Aufl. 2003, Rdnr. 509 ff.; *Fritzweiler/Pfister/Summerer*, Praxis-Hdb Sportrecht, 1998, 2. Teil Rdnr. 145 ff. ; vgl. auch BGH, NJW 1958, 1867; vgl. auch *Pfister*, SpuRt 1996, 48 ff.

[749] Vgl. Lizenzvertrag des Fußball-Ligaverbandes (Anhang I zur Lizenzierungsordnung).

[750] Vgl. auch *Reichert*, SpuRt 2003, 3.

[751] Vgl. § 2 des Lizenzvertrages des Fußball-Ligaverbandes (Anhang I zur Lizenzierungsordnung).

2. *Wirkung der Insolvenzeröffnung auf das Recht zur Teilnahme am Spiel- und Wettkampfbetrieb*

Ob und in welcher Form der Spiel- bzw. Wettkampfbetrieb fortgesetzt werden kann, hängt nicht allein von der Entscheidung des Insolvenzverwalters ab. Vielmehr richtet sich dies in erster Linie danach, welche Folgen das jeweilige Verbandsrecht bzw. die lizenzvertraglichen Vereinbarungen an die Eröffnung des Insolvenzverfahrens über das Vermögen des Vereins knüpfen.

a) Auswirkung auf das mitgliedschaftliche Teilnahmerecht

Die Eröffnung des Insolvenzverfahrens über das Vermögen eines Vereins führt nicht zwangsläufig zum automatischen Verlust der Verbandsmitgliedschaft und damit des Teilnahmerechts am Spiel- und Wettkampfbetrieb. Eine mit den Vorschriften der §§ 728 Abs. 2 BGB, 131 III Nr. 2 HGB vergleichbare gesetzliche Regelung, wonach der Verband wegen der Insolvenz eines seiner Mitglieder aufgelöst werden oder der Verein bei Eröffnung des Insolvenzverfahrens automatisch aus dem Verband ausscheiden müsste, existiert im Vereinsrecht gerade nicht[752].

Zulässig sind jedoch Satzungsregelungen, wonach die Mitgliedschaft eines Vereins automatisch mit dem Eintritt eines bestimmten Umstandes, insbesondere wegen des Wegfalls einer von der jeweiligen Verbandssatzung vorgeschriebenen Eigenschaft des Vereins, endet[753]. Die werbende Tätigkeit eines Sportvereins ist z. B. regelmäßig zwingende Voraussetzung für den Erhalt der Mitgliedschaft des Vereins im übergeordneten Landesverband. Folglich finden sich häufig Bestimmungen in Verbandssatzungen von Sportverbänden, wonach die Verbandsmitgliedschaft im Falle der Auflösung des Mitgliedsvereins automatisch erlischt[754]. Eine solche Regelung knüpft zwar nicht unmittelbar an den Tatbestand

---

[752] *Haas*, NZI 2003, 177/ 178; *Reichert*, Hdb des Vereins- und Verbandsrechts, 9. Aufl. 2003, Rdnr. 2039.

[753] *Soergel/Hadding*, BGB, 13. Aufl. 2000, § 38 Rdnr. 10; *Palandt/Heinrichs*, BGB 63. Aufl. 2004, § 38 Rdnr. 5; *Reichert*, Hdb des Vereins- und Verbandsrechts, 9. Aufl. 2003, Rdnr. 663; *Stöber*, Hdb des Vereinsrechts, 8. Aufl. 2000, Rdnr. 199; vgl. für den Gesellschaftsvertrag: MüKoInsO/*Lwowski*, 2001, § 35 Rdnr. 184.

[754] Vgl. exemplarisch: § 8 Nr. 4 c Satzung Liga-Fußballverband; § 4 Nr. 1 Satzung des Bremer Leichtathletik-Verbandes; § 4 Satzung des Hessischen Leichtathletik-Verbandes; § 8 Pfälzer Handball-Verband; § 7 Abs. 1 b Satzung des Württembergischen Volleyball-Verbandes.

der Eröffnung des Insolvenzverfahrens hat, hat aber unmittelbare Auswirkungen auf das Teilnahmerecht des Vereins, da der Verein mit Eröffnung des Insolvenzverfahrens aufgelöst wird und damit jedenfalls dem Wortlaut solcher Bestimmungen nach die Verbandsmitgliedschaft samt Teilnahmerecht verliert[755].

Oft sind an die Eröffnung des Insolvenzverfahrens aber auch ausdrücklich unmittelbare Folgen geknüpft. So sieht etwa die Spielordnung vieler Verbände den Zwangsabstieg der klassenhöchsten Herren- oder Frauenmannschaft des Vereins explizit für den Fall der Eröffnung des Insolvenzverfahrens über das Vermögen des Mitgliedsvereins vor[756]. Anzutreffen sind jedoch auch Regelungen, wonach die Verbandsmitgliedschaft automatisch mit der Eröffnung des Insolvenzverfahrens erlischt[757].

b) Auswirkung auf das lizenzvertragliche Teilnahmerecht

Auch Sportlizenzverträge beinhalten in aller Regel Vertragsklauseln, die gewisse Konsequenzen an die Eröffnung des Insolvenzverfahrens über das Vermögen eines Lizenzvereins knüpfen. Typischerweise eröffnet der Lizenzvertrag dem Verband im Falle der Insolvenz die Möglichkeit, dem Verein die Lizenz zu entziehen[758], wenn der Lizenzvertrag nicht sogar den automatischen Verlust der Lizenz an die Eröffnung des Insolvenzverfahrens über das Vermögen des lizenzierten Vereins knüpft. Da die Lizenzerteilung an den Nachweis der wirtschaftlichen Leistungsfähigkeit gebunden ist, kann auch der Wegfall dieser Voraussetzung, der mit der Eröffnung des Insolvenzverfahren einhergehen kann[759], den Entzug der Lizenz ermöglichen[760].

---

755 Zur Auslegung der Verbandssatzung solcher Satzungsregelungen vgl. sogleich unter 3. c) bb).

756 Vgl. z.B. § 17 f. Spielordnung des Württembergischen Fußballverbandes; § 6 Nr. 1 (Muster-)Spielordnung-DFB.

757 Vgl. § 3 Nr. 1.1h der Satzung des Deutschen Eishockey-Bundes.

758 Vgl. z.B.: § 12 Abs. 2 Lizenzstatut des Deutschen Volleyball-Verbandes.

759 Die Eröffnung des Insolvenzverfahrens bedeutet nicht zwangsläufig den Wegfall der wirtschaftlichen Leistungsfähigkeit eines Vereins i.S. der Lizenzierungsvoraussetzung, vgl. *Walker*, KTS 2003, 169/ 172.

760 Vgl. z.B.: § 8 Nr. 3 S. 4 Ligaordnung des Fußball-Ligaverbandes.

3. *Zulässigkeit so genannter Insolvenzklauseln im weiteren Sinne*

Der automatische Verlust bzw. der Entzug der Teilnahmeberechtigung bzw. der Zwangsabstieg des Vereins schränken den Insolvenzverwalter in seinen Möglichkeiten zur bestmöglichen Befriedigung der Vereinsgläubiger ein. Fraglich ist daher die Zulässigkeit solcher Satzungs- und Vertragsbestimmungen (Insolvenzklauseln im weiteren Sinne), die derartige Rechtsfolgen mittelbar oder unmittelbar an die Insolvenzeröffnung knüpfen.

a) Verstoß gegen §§ 103 ff., 119 InsO

Die Insolvenzklauseln könnten gegen die Bestimmung des § 119 InsO verstoßen, nach dessen Wortlaut solche „Vereinbarungen", durch die die Anwendbarkeit der §§ 103 bis 118 InsO im voraus ausgeschlossen oder beschränkt werden, generell unwirksam sind.

aa) Verstoß durch satzungsmäßige Insolvenzklauseln

Ein Konflikt satzungsmäßiger Insolvenzklauseln mit der Regelung des § 119 InsO setzt voraus, dass die Verbandsatzung überhaupt eine Vereinbarung im Sinne des § 119 InsO ist. Der Begriff der Vereinbarung ist dabei nach h.M. weit auszulegen und umfasst alle Rechtsgeschäfte[761]. Unabhängig von den unterschiedlichen Auffassungen zur Rechtsnatur von Satzungen erfolgt jedenfalls die Aufstellung einer Satzung mit rechtsgeschäftlichen Mitteln[762], und zwar mit der Konsequenz, dass Satzungen allgemein als Rechtsgeschäfte angesehen werden und damit auch den Vereinbarungen im Sinne des § 119 InsO unterfallen. Folglich könnte sich aus § 103 InsO ein Recht des Insolvenzverwalters ergeben, den Spielbetrieb ohne Einschränkungen fortsetzen zu können.

Da aber die Vorschriften der §§ 103 ff InsO auf gegenseitige Verträge ausgerichtet sind, müsste sich das durch den Verbandsbeitritt begründete Rechtsverhältnis zwischen Verein und Verband – also die Mitgliedschaft – als eine solche Rechtsbeziehung mit im Gegenseitigkeitsverhältnis stehenden Leistungspflichten darstellen, um überhaupt einen Konflikt hervorrufen zu können.

---

[761] MüKoInsO/*Huber*, 2002, § 119 Rdnr. 14.

[762] MüKo/*Reuter*, BGB, 4. Aufl. 2001, § 25 Rdnr. 21; *Staudinger/Weick*, BGB, 13. Aufl. 1995, § 25 Rdnr. 15.

Der Mitgliedschaftsvertrag ist ein gemeinschaftsbegründender Vertrag mit am Vereinszweck orientierten schuldrechtlichem und organisationsrechtlichem Inhalt, durch den ein Dauerrechtsverhältnis zwischen den Vertragsparteien entsteht[763]. Auch der von den Verbandsmitgliedern zu entrichtende Mitgliedsbeitrag ist dabei nicht als Entgelt für die Nutzung der verbandseigenen Einrichtungen oder für die Inanspruchnahme von Leistungen des Verbandes einzuordnen, sondern er dient der Förderung des gemeinsamen Verbandszwecks[764].

Da somit das Rechtsverhältnis zwischen Verband und Verein kein gegenseitiges im Sinne der §§ 320 ff. BGB ist, wird der Mitgliedsvertrag nicht von der Regelung der §§ 103 ff. InsO erfasst, womit ein Verstoß gegen § 119 InsO ausscheidet.

bb) Verstoß durch lizenzvertragliche Insolvenzklauseln

Ebenso fraglich ist, ob die in Sportlizenzverträgen anzutreffenden Lösungsklauseln mit den §§ 103 ff. InsO vereinbar sind. Auch hier stellt sich zunächst die Frage nach der Rechtsnatur dieser Sportlizenzverträge[765]. Zur rechtlichen Einordnung dieser speziellen Verträge im Sport hat sich bislang noch keine klare Meinung herauskristallisiert. Während der 2. Zivilsenat des BGH Lizenzverträge im Sport als „mitgliedschaftsähnlich" eingestuft hat[766], bezeichnete der 8. Zivilsenat des BGH die Sportlizenzverträge in einem obiter dictum als gegenseitige Verträge[767].

Die im Rechtsverkehr am häufigsten anzutreffenden so genannten „Lizenzverträge" kommen aus dem Bereich des gewerblichen Rechtsschutzes. Dort erhält der Lizenznehmer im Gegenzug für die Entrichtung einer so genannten Lizenzgebühr ein Nutzungsrecht an einem urheberrechtlich geschützten Werk, einem Patent oder einem Geschmacksmusterrecht. Diese Lizenzverträge werden all-

---

[763] *Soergel/Hadding*, BGB, 13. Aufl. 2000, § 38 Rdnr. 10; *Palandt/Heinrichs*, BGB 63. Aufl. 2004, § 38 Rdnr. 1.

[764] RGZ 100, 3; *Palandt/Heinrichs*, BGB 63. Aufl. 2004, § 38 Rdnr. 4; *Soergel/Hadding*, BGB, 13. Aufl. 2000, § 38 Rdnr. 10; *Palandt/Heinrichs*, BGB 63. Aufl. 2004, § 38 Rdnr. 1; a.A: *Fritzweiler/Pfister/Summerer*, Praxis-Hdb SportR, 2. Teil Rdnr. 147.

[765] Es wird in diesem Abschnitt exemplarisch auf die Abfassung des Lizenzvertrages des Liga-Fußballverbandes Bezug genommen.

[766] BGH, NJW 1995, 583 ff.

[767] BGH, ZIP 2001, 889 ff.

gemein als gegenseitige Verträge angesehen[768]. Fraglich ist jedoch, ob der Sportlizenzvertrag mit diesen Lizenzverträgen des gewerblichen Rechtsschutzes überhaupt vergleichbar ist.

Die Sportlizenzverträge enthalten im Gegensatz zu gewöhnlichen Lizenzverträgen in der Regel keine Verpflichtung über die Entrichtung einer Lizenzgebühr seitens des Vereins als Entgelt für den Erhalt des Nutzungsrechts. Selbst wenn dies vereinzelt der Fall ist, so ist die zu entrichtende Gebühr im Allgemeinen so gering, dass sie nicht als eine Gegenleistung aufgefasst werden kann, um deren Willen der Verband den Vertrag mit dem Verein abschließt. Es könnte sich aber um einen insoweit atypischen gegenseitigen Vertrag handeln, bei dem nicht die Entrichtung eines Entgelts im Gegenseitigkeitsverhältnis steht, sondern eine sonstige lizenzvertragliche Pflicht des Vereins.

Die Bestimmung des § 5 des Lizenzvertrag des Fußball-Ligaverbandes sieht beispielsweise diverse Verpflichtungen der Vereine wie die satzungsgemäße Betätigung des Vereins durch Teilnahme an den Meisterschaftsspielen, die Einhaltung der Benutzungsvorschriften, die Erfüllung von Auflagen, die Anerkennung und Erfüllung von Transfervorschriften, die Stellung einer Kaution etc. vor[769]. Das Eingehen dieser Verpflichtungen durch den Lizenzverein stellt sich jedoch nicht als ein individuelles Leistungsversprechen des Vereins allein um der Gegenleistung (Lizenzerteilung) willen dar. Dieses Leistungsversprechen der Lizenzvereine wird vielmehr überlagert durch das gemeinsame Interesse aller Lizenzvereine an der Förderung des Verbandeszwecks und damit an der Durchführung eines geordneten Spielbetriebes, der den vertraglichen Verpflichtungen auch erst ihren Sinn verleiht[770]. Mangels Austauschcharakters dieser Pflichten ist der Sportlizenzvertrag als mitgliedschaftsähnlich einzuordnen mit der Folge, dass er nicht dem Anwendungsbereich des § 103 InsO unterfällt[771].

Allenfalls käme ein Verstoß gegen § 119 i. V. m. § 112 InsO in Betracht, wenn man den Sportlizenzvertrag ebenso wie den gewerblichen Lizenzvertrag einem Miet- oder Pachtvertrag gleichstellen könnte. Wenn man aber wie hier die

---

[768] BGH, GRUR 1979, 768; *Kübler/Prütting/Tintelnot*, InsO, Stand: 10/2003, § 103 Rdnr. 18; MüKoInsO/*Huber*, § 103 Rdnr. 76; *Paulus*, ZIP 1988, 2/ 6.

[769] Vgl. § 5 Lizenzvertrag des Liga-Fußballverbandes.

[770] *Walker*, in: Wirtschaftliche Kontrollmaßnahmen und verbandsrechtliche Sanktionen zur Sicherung des sportlichen Wettbewerbs im Fußball, S. 52

[771] *Walker*, KTS 2003, 169 / 176.

Sportlizenzverträge als mitgliedschaftsähnlich und nicht als Austauschvertrag einstuft, kommt eine entsprechende Anwendung des § 112 InsO auf Sportlizenzverträge mangels ausreichender Ähnlichkeit zum Miet- und Pachtvertrag ebenfalls nicht in Betracht.

b) Verstoß gegen § 134 BGB

Wie bereits dargestellt können die das Teilnahmerecht des Vereins betreffenden Insolvenzklauseln zu einer erheblichen Gefährdung bis hin zur Vereitelung der Sanierungschancen des Vereins führen. § 1 InsO andererseits spricht vom Zweck des Insolvenzverfahrens als der bestmöglichen Befriedigung der Gläubiger durch Liquidierung des Schuldnervermögens oder den Erhalt des schuldnerischen Unternehmens. Da die Option der Sanierung des Vereins durch die Insolvenzklauseln unmittelbar betroffen wird, wäre insoweit ein Verstoß gegen ein gesetzliches Verbot gemäß § 134 BGB denkbar, wenn § 1 InsO als Verbotsgesetz angesehen werden kann, welches eine Sanierungsvereitelung verbietet[772].

Sowohl die Verbandssatzung[773] als auch der Lizenzvertrag müssen sich als privatrechtliche Vereinbarungen an § 134 BGB messen lassen. Ein möglicher Verstoß gegen § 134 BGB setzt jedoch voraus, dass sich der geschützte Zweck des Insolvenzverfahrens auf die Sanierung des schuldnerischen Unternehmens erstreckt. Dieser Interpretation steht jedoch der eindeutige Wortlaut des § 1 InsO und die allgemeine Auffassung entgegen, dass es der alleinige Zweck der InsO ist, die Gläubiger bestmöglich zu befriedigen[774]. Liquidierung des Schuldnervermögens und Sanierung des schuldnerischen Unternehmens sind dagegen nur Mittel zum Zweck der Gläubigerbefriedigung. Die Sanierungsmöglichkeit wird von der InsO nicht eigens geschützt.

---

[772] *Walker*, KTS 2003, 169/ 177 ff.

[773] BVerfG, FamRZ 1989,1047; OLG Celle, NJW-RR 1995, 1273; MüKo/*Reuter*, BGB, 4. Aufl. 2001, § 25 Rdnr. 23; MüKo/*Mayer-Maly/Armbruster*, BGB, 4. Aufl. 2001, § 134 Rdnr. 23; *Reichert*, Hdb des Vereins- und Verbandsrechts, 9. Aufl. 2003, Rdnr. 299; *Stöber*, Hdb des Vereinsrechts, 8. Aufl. 2000, Rdnr. 46.

[774] Vgl. BR-Drucks. 1/92 sub 2 und 3; MüKoInsO/*Stürner*, 2001, Einl. Rdnr. 1; *Kübler/Prütting/Prütting*, InsO, Stand: 10/2003, § 1 Rdnr. 13 ff.; FK-*Schmerbach*, InsO, 3. Aufl. 2002, vor §§ 1 ff. Rdnr. 20 ff.; HK-*Kirchof*, InsO, 3. Aufl. 2003, § 1 Rdnr. 3 ff.; *Bork*, Einführung in das neue InsolvenzR, 3. Aufl. 2002, Rdnr. 1 ff.

Insofern käme ein Verstoß gegen § 134 BGB nur unter dem Aspekt der Verletzung der durch die InsO geschützten Gläubigerautonomie[775] in Betracht, wenn diese einen verfassungsrechtlichen Schutz genießt, der über § 134 BGB ins Privatrecht ausstrahlt[776]. Dieser Ansatz scheitert aber bereits an der Überlegung, dass die Gläubigerautonomie im Insolvenzverfahren nur in der Auseinandersetzung der Gläubiger mit dem Schuldner zum Tragen kommt. Auf dieses Verhältnis wirkt eine insolvenzbezogene Satzungsbestimmung, die den Verbleib des Vereins im Verband regelt, jedoch nicht ein. Folglich greift eine derartige verbandsrechtliche Satzungsbestimmung nicht in den Insolvenzzweck ein[777].

c) Verstoß gegen §§ 138, 242 BGB

Die Spitzenverbände im Sport haben den Vereinen gegenüber als Monopolverbände eine in sozialer und wirtschaftlicher Hinsicht überragende Machtstellung inne[778], was nach der ganz h.M. trotz der grundsätzlich gewährleisteten Autonomie der Sportverbände (Art 9 Abs. 1 GG, § 25 BGB) nicht nur eine Rechts-, sondern ebenso eine Inhaltskontrolle der Verbandssatzungen erforderlich macht[779]. Die Inhaltskontrolle erfolgt dabei anhand der zivilrechtlichen Generalklauseln, vor allem der §§ 138, 242 BGB[780]. In diesem Rahmen ist nicht nur zu prüfen, ob die Verbandsatzung unter Berücksichtigung des Verbandszwecks und der unterschiedlichen Interessen von Verein und Verband geeignet, erforderlich und angemessen ist[781], sondern auch, ob das Verbandsregelwerk den

[775] Vgl. oben unter E III. 2.

[776] *Walker*, KTS 2003, 169/ 178.

[777] *Schimke*, SpuRt 2003; *Walker*, KTS 2003, 169/ 178 f.

[778] BGH, NJW 1999, 1326 f.; BGH, NJW 1959, 880; *Fritzweiler/Pfister/Summerer*, Praxis-Hdb SportR, 2. Teil Rdnr. 107 ff; *Stöber*, Hdb des Vereinsrechts, 8. Aufl. 2000, Rdnr. 157.

[779] BGH, NJW 1999, 3552; BGH NJW 1989, 1724; BGH, NJW 1995, 583; OLG Oldenburg, NJW-RR 1999, 422; *Soergel/Hadding*, BGB, 13. Aufl. 2001, § 25 Rdnr. 253; *Haas*, NZI 2003, 177/ 178.

[780] BGH, NJW 1999, 1326; BGH, NJW 1999, 3552; OLG Oldenburg, NJW-RR 1999, 422; *Walker*, KTS 2003, 169/ 180; *Haas*, NZI 2003, 177/ 178.

[781] BGH, NJW 1999, 3552; BAG, NZA 1997, 647; OLG Oldenburg, NJW-RR 1999, 422; *Krogmann*, Grundrechte im Sport, 1998, S. 78 ff.

Wertungen des Grundgesetzes entspricht[782]. Derselbe Prüfungsmaßstab gilt auch für den Sportlizenzvertrag, wenn man ihn wie hier als mitgliedschaftsähnlich ansieht[783].

aa) Verlust von Mitgliedschaft/Lizenz und Teilnahmerecht bei Eröffnung des Insolvenzverfahrens

Fraglich ist demnach, ob eine Satzungsklausel, die den automatischen Verlust der Mitgliedschaft, oder eine Lizenzvereinbarung, die den automatischen Entzug der Lizenz für den Fall der Auflösung des Vereins bzw. der Eröffnung des Insolvenzverfahrens über das Vermögen des Vereins vorsieht, gegen §§ 138, 242 BGB verstößt.

Zweck der Sportverbände ist es, eine bestimmte Sportart zu pflegen und sie zu fördern. Dieses Ziel wird vor allem dadurch verfolgt, dass der (Liga-)Verband einen eigenen Wettkampf- und Spielbetrieb organisiert, an dem die Vereine als Mitglieder des Verbandes teilnehmen können. Zum Schutz der Mitgliedsvereine, die das finanzielle Veranstalterrisiko des Spiel- und Wettkampfbetriebes tragen, erscheint es vordergründig durchaus gerechtfertigt, denjenigen Verein aus dem Verband und damit von dem Spielbetrieb auszuschließen bzw. die Lizenz zu entziehen, der nicht in der Lage ist, seinen satzungsmäßigen oder vertraglichen Teilnahmeverpflichtungen nachzukommen. Denn der Verein, der nicht am geplanten Spielbetrieb teilnimmt, schadet damit den übrigen Vereinen, die Spielausfälle und Wettkampfverzerrungen, die einen fairen Wettbewerb beeinträchtigen, hinzunehmen hätten[784].

Genauer besehen ist die Verhältnismäßigkeit einer solchen Satzungs- oder Lizenzvertragsbestimmung aber durchaus fraglich. Denn der Zeitpunkt der Eröffnung des Insolvenzverfahrens über das Vermögen des Vereins fällt nicht notwendig mit dem Zeitpunkt des Beginns oder des Endes einer neuen Spielsaison

---

[782] BGH, NJW 1999, 3552; BAG, NZA 1997, 647; OLG Oldenburg, NJW-RR 1999, 422; *Vieweg*, Normsetzung und -anwendung deutscher und internationaler Verbände, 1990, S. 165 ff.

[783] BGH, NJW 1995, 583 ff.; OLG Frankfurt a.M., NJW-RR 2000, 117; *Pfister*, JZ 1995, 464/ 466; *Röhricht*, in: Röhricht, Sportgerichtsbarkeit, Recht und Sport, Bd 22, S. 19; *Haas*, NZI 2003, 177/ 183.

[784] *Pfister*, SpuRt 2002, 103 / 104; *Haas*, NZI 2003, 177/ 178; *Summerer* in: *Fritzweiler/Pfister/Summerer*, Praxis-Hdb SportR, 2. Teil Rdnr. 80.

zusammen. Verlöre also ein Verein wegen der Insolvenz während der laufenden Spielzeit seine Spielberechtigung, so würde sich der potentielle, durch Spielausfälle und Wettbewerbsverzerrungen entstehende Schaden in jedem Fall realisiert, obwohl die Eröffnung des Insolvenzverfahrens allein nicht zwangsläufig bedeutet, dass der Verein den Spielbetrieb nicht zumindest bis zum Ende der Spielzeit fortführen könnte. Die übrigen Mitgliedsvereine würden also letztlich nicht geschützt, sondern durch einen sofortigen Ausschluss des Insolvenzvereins benachteiligt. Verhältnismäßiger wäre demnach ein Verbandsausschluss frühestens nach Ablauf der Spielzeit[785].

Dafür spricht zudem der Aspekt der Gewährleistung von Sanierungschancen für den insolventen Verein. Ohne den automatischen Ausschluss bestünde aufgrund der potentiellen Sanierungsmöglichkeit im Insolvenzverfahren eine große Wahrscheinlichkeit dafür, dass auch der insolvente Verein jedenfalls zunächst seinen Spielbetrieb fortsetzt, um dadurch möglicherweise neue Einnahmen zu erzielen und eine spätere Sanierung zu ermöglichen. Unter diesem Aspekt stellt sich der automatische Verbandsausschluss bzw. Lizenzentzug eines Vereins bereits als nicht geeignet dar, die Interessen des Verbandes und der Vereine zu schützen[786].

Die Gefahr der Entstehung von Wettbewerbsvorteilen für den insolventen Verein bei Fortsetzung des Spiel- und Wettkampfbetriebes infolge der besonderen insolvenzbedingten Kündigungsmöglichkeit von unbefristeten Spielerverträgen nach § 113 InsO[787] ist dagegen als gering einzuschätzen, da aufgrund der bestehenden internationalen Transferbedingungen für Lizenzspieler der Insolvenzverwalter in der Regel kein Interesse an der Kündigung hat. Denn ein Lizenzspieler ohne gültigen Arbeitsvertrag kann frei einen neuen Arbeitgeber suchen, mit der Folge, dass der Insolvenzverwalter keinen Transfererlös erzielen kann. Zum anderen ist der Insolvenzverein wie alle anderen Vereine an starre Wechselperioden gebunden, so dass ein freies Austauschen von Spielern praktisch nicht möglich ist.

Die letztgenannte Argumentation gilt nur für den Verein, der Mannschaftssportarten betreibt, während bei den Individualsportarten die Situation noch wesentlich eindeutiger ist. In Individualsportarten, in denen keine Mannschafts-

---

[785] Vgl. auch *Haas*, NZI 2003, 177/ 179, der eine Übergangsfrist vorschlägt.

[786] Vgl. *Walker*, KTS 2003, 169/ 184.

[787] Vgl. die Argumentation bei *Walker*, KTS 2003, 169/ 183.

wettkämpfe ausgetragen werden, ist eine Beeinträchtigung des Wettkampfbetriebes und der anderen Vereine durch die Insolvenz des Mitgliedsvereins von vorneherein nicht ersichtlich.

Folglich ist eine Regelung in der Verbandssatzung oder im Lizenzvertrag, die den automatischen Verlust der Mitgliedschaft bzw. der Lizenz für den Fall der Eröffnung des Insolvenzverfahrens über das Vermögen des Vereins bestimmt, insgesamt unverhältnismäßig und damit gemäß §§ 138, 242 BGB nichtig[788]. Gleiches gilt für die Ausübung des Rechts zum Entzug der Mitgliedschaft bzw. der Lizenz, soweit der Entzug allein auf die Eröffnung des Insolvenzverfahrens über das Vermögen des Vereins gestützt wird.

bb) Verlust der Mitgliedschaft infolge Auflösung

Die Regelung, dass der Verein im Falle seiner Auflösung die Verbandsmitgliedschaft automatisch verliert, ist – soweit ersichtlich – nur in Verbandssatzungen anzutreffen. Nach dem zuvor Gesagten müsste auch eine solche Bestimmung als unverhältnismäßig und damit als nichtig beurteilt werden.

Es ergeben sich jedoch Bedenken dagegen, ob nach dem Sinn und Zweck solcher Klauseln, die zumeist in älteren, *vor* 1999 beschlossenen Satzungen zu finden sind, der Begriff der Auflösung einheitlich im Sinne des § 42 BGB zu verstehen ist. Zu beachten ist nämlich, dass derartige Formulierungen in den Verbandssatzungen unter Geltung der KO insoweit unproblematisch waren, als nach dem klaren Wortlaut des § 42 Abs. 1 Satz 1 BGB a. F. der Verein mit Eröffnung des Konkursverfahrens lediglich seine Rechtsfähigkeit verlor[789]. Die Eröffnung des Konkursverfahrens wirkte sich also nicht unmittelbar auf die Verbandszugehörigkeit aus. Seit 1999 bestimmt die durch § 33 Nr. 1 EGInsO geänderte Bestimmung des § 42 Abs. 1 Satz 1 BGB ausdrücklich, dass der Verein mit Eröffnung des Insolvenzverfahrens aufgelöst ist. Vordergründig besehen würde dies dazu führen, dass der Verein und seine Sportler bereits mit Eröffnung des Insolvenzverfahrens die Mitgliedschaft im Verband und damit auch das Recht zur Teilnahme an Wettbewerben der übergeordneten Verbände verlören.

---

[788] So auch *Walker*, in: Wirtschaftliche Kontrollmaßnahmen und verbandsrechtliche Sanktionen zur Sicherung des sportlichen Wettbewerbs im Fußball, S. 43/ 60 f.; a.A.: *Haas*, NZI 2003, 177 / 179.

[789] *K.Schmidt* hielt diese Vorschrift für ein Redaktionsversehen: vgl. *K.Schmidt*, KTS 1984, 345/ 368 f.; vgl. auch *Walker*, KTS 2003, 169/ 184.

Nach dem Sinn und dem Zweck dieser „älteren" Satzungsbestimmungen sollten aber nur jene Vereine ihre Mitgliedschaft im Verband verlieren, die endgültig erloschen waren und daher auch keine weitere werbende Tätigkeit entfalten konnten[790]. Der aufgrund der Eröffnung des Insolvenzverfahrens aufgelöste Verein ist aber keineswegs erloschen. Vielmehr besteht der aufgelöste Verein insoweit fort, als es der Zweck des Insolvenzverfahrens erfordert, § 29 BGB. Zum anderen besteht die Möglichkeit der Fortsetzung des Vereins in rechtsfähiger oder aber auch in nichtrechtsfähiger Form.

Insoweit erscheint es zweifelhaft, ob entsprechende Satzungsbestimmungen trotz ihres Wortlauts den Fall der Auflösung des nach § 42 Abs. 1 Satz 1 BGB umfassen. Ganz besonders deutlich wird dieser Punkt, wenn die jeweilige Spielordnung an die Eröffnung des Insolvenzverfahrens ausdrücklich auch spezifische Folgen wie den Zwangsabstieg knüpft. Denn in diesem Fall wäre eine solche Bestimmung in der Spielordnung überflüssig. Folglich sind solche Satzungsbestimmungen dahingehend auszulegen, dass sie für den Fall der Eröffnung des Insolvenzverfahrens nicht anwendbar sind[791].

cc) Zwangsabstieg bei Eröffnung des Insolvenzverfahrens

Die an die Eröffnung des Insolvenzverfahrens geknüpfte Folge des Zwangsabstiegs stellt sich dagegen als eine bloße Spielregel dar, die entsprechend in den jeweiligen Spielordnungen der Sportverbände und nicht in der Satzung anzutreffen ist. Die Aufstellung von Spielregeln unterfällt jedoch der Autonomie der Sportverbände und begründet daher keine Bedenken gegen die Zulässigkeit solcher Klauseln[792].

VIII. Haftung des Vorstands im Insolvenzverfahren

1. Haftung aus § 26 Abs. 3 InsO

Die Regelung des § 26 Abs. 3 InsO sieht vor, dass derjenige, der nach § 26 Abs. 1 Satz 2 InsO einen Massekostenvorschuss geleistet hat, die Erstattung des vorgeschossenen Betrages von jeder Person verlangen kann, die entge-

---

[790] Vgl. *Walker*, KTS 2003, 169/ 185; *Pfister*, SpuRt 2003, 103/ 104.

[791] Vgl. *Walker*, KTS 2003, 169/ 184; *Pfister*, SpuRt 2003, 103/ 104.

[792] *Walker*, KTS 2003, 169/ 182.

gen den Vorschriften des Gesellschaftsrechts den Antrag auf Eröffnung des Insolvenzverfahrens pflichtwidrig und schuldhaft nicht gestellt hat. Pflichtwidrigkeit und Verschulden des Antragspflichtigen werden gesetzlich vermutet (§ 26 Abs. 3 Satz 2 InsO), was die Durchsetzung des Anspruchs des Vorschussleistenden erleichtert. Der Vorschussleistende hat zudem das Recht, seinen Anspruch auch während des Insolvenzverfahrens selbständig gegenüber dem Vereinsvorstand geltend machen zu können, da es sich insoweit nicht um einen Anspruch wegen Verschlechterung der Insolvenzquote handelt[793].

2. *Haftung bei schuldhafter Pflichtverletzung*

Die durch den Vorstand ausgeübten Verfahrensrechte des Vereins als Verfahrensschuldner dienen dem Interesse des Vereins, was vom Vorstand beachtet werden muss. Wie in allen anderen Angelegenheiten des Vereins hat der Vorstand in der Ausübung der Rechte die Sorgfalt eines ordentlichen Sachwalters anzuwenden. Verletzt der Vorstand diese Pflicht schuldhaft, indem er die Verfahrensrechte gar nicht oder nicht ordnungsgemäß wahrnimmt, so macht er sich dem Verein gegenüber wegen Schlechterfüllung des Auftrags schadensersatzpflichtig[794].

---

[793] *Henssler*, in Kölner Schrift zur InsO, 2. Aufl. 2000, S. 1283/ 1296; *Gottwald/Haas*, Insolvenzrechts-Hdb, 2. Aufl. 2001, § 92 Rdnr. 153; a.A: *Hasselbach*, DB 1996, 2213/ 2215.

[794] Vgl. für den GmbH-GF: OLG Hamm, ZIP 1980, 280/ 281; *Henssler*, in Kölner Schrift zur InsO, 2. Aufl. 2000, S. 1283/ 1303; *Gottwald/Haas*, Insolvenzrechts-Hdb, 2. Aufl. 2001, § 92 Rdnr. 151.

K Insolvenzmasse

I. Umfang der Insolvenzmasse

Zur Insolvenzmasse gehört gemäß § 35 InsO das gesamte Aktivvermögen des Vereins, das diesem zum Zeitpunkt der Insolvenzeröffnung gehört und das er während des Verfahrens erlangt. Der Insolvenzbeschlag umfasst damit auch den so genannten Neuerwerb und damit diejenigen Einnahmen, die der Verein erst nach Eröffnung des Insolvenzverfahrens erzielt. Dazu gehören insbesondere die Einnahmen aus dem laufenden Spiel- und Wettkampfbetrieb (Erlöse durch Eintrittsgelder, Fernseh- und Sponsoreneinnahmen usw.) oder aus etwaigen Erlösen aus dem Transfer von Sportlern zu anderen Vereinen. Besitzt der Verein Vermögen im Ausland, wird auch dieses vom Insolvenzverfahren im Inland erfasst[795].

Die Vorschrift des § 36 Abs. 1 InsO beschränkt das dem Insolvenzbeschlag unterfallende Vermögen des Schuldners auf Gegenstände, die der Zwangsvollstreckung unterliegen. Diese Regelung steht allerdings im Widerspruch zum Verfahrensziel der InsO, das auf die Vollabwicklung des Unternehmensträgers in der Insolvenz gerichtet ist[796] und damit die Anerkennung der Existenz pfändungsfreien Vermögens generell in Frage stellt.

Allerdings ist die Vorschrift, was der Verweis auf § 811 ZPO in § 136 Abs. 2 InsO zeigt, auf eine natürliche Person als Gesamtschuldner zugeschnitten[797]. Denn der Pfändungsschutz des § 811 ZPO soll seinem Sinn und Zweck nach die Sozialexistenz einer natürlichen Person sichern. Einer juristischen Person kommt dagegen über den Verfahrenszweck hinaus grundsätzlich kein gesondertes Existenzrecht zu[798]. Bei juristischen Personen ist § 36 InsO daher im Wege

---

[795] Vgl. BGH, NJW 1977, 900; WM 1983, 858.

[796] BT-Drucks. 12/2443, S. 84; *Müller*, Der Verband in der Insolvenz, 2002, S. 13; *K.Schmidt*, in : Kölner Schrift zur InsO, 2. Aufl. 2000, S. 1199/ 1208; *Balz*, in: Kölner Schrift zur InsO, 2. Aufl. 2000, S. 3; *Gottwald/Haas*, InsolvenzR-Hdb, 2. Aufl. 2001, § 92 Rdnr. 9.

[797] *Müller*, Der Verband in der Insolvenz, 2002, S. 30, MüKOInsO/*Peters*, 2001, § 36 Rdnr. 6; *Haas*, NZI 2003, 177/ 180.

[798] *Müller*, Der Verband in der Insolvenz, 2002, S. 30, MüKOInsO/*Peters*, 2001,§ 36 Rdnr. 6.

der teleologischen Reduktion zu korrigieren[799]. Als Konsequenz daraus folgt, dass grundsätzlich bei juristischen Personen von einer Kongruenz des Vereinsvermögens mit der Insolvenzmasse auszugehen ist[800].

Fraglich ist allerdings, ob dies auch für den Verein gilt. Dies könnte zweifelhaft sein, da im Gegensatz zum Recht der Kapitalgesellschaften der Grundsatz der Vollabwicklung des Unternehmensträgers in zwei Punkten durchbrochen zu sein scheint. Zum einen ist die Vorschrift des § 141a Abs. 1 Satz 2 FGG, die die amtswegige Löschung der Gesellschaft nach Durchführung des Insolvenzverfahrens vorsieht, dem Wortlaut nach nicht auf den Verein anwendbar. Zum anderen besteht beim Verein bei entsprechender Satzungsbestimmung gemäß § 43 Abs. 1 Satz 3 BGB die Möglichkeit, diesen nach Durchführung des Insolvenzverfahrens als nichtrechtsfähigen Verein fortzuführen.

Da nach der hier vertretenen Ansicht die Vorschrift des § 141 a FGG analog auf den Verein Anwendung findet und die Lehre vom Doppeltatbestand auch für diesen gilt, ergeben sich aus dem Wortlaut des § 141 a FGG keine Zweifel an der Vollabwicklung des Vereins[801]. Nach der Gegenmeinung tritt die Beendigung des Vereins ebenfalls, aber automatisch nach Abschluss des Insolvenzverfahrens ein, ohne dass es einer konstitutiven Löschung bedarf[802]. Auch nach dieser Ansicht wäre also der Grundsatz der Vollabwicklung des Vereins gewahrt.

Auch die Möglichkeit der Fortsetzung des Vereins in nichtrechtsfähiger Form gemäß § 42 Abs. 1 Satz 3 Halbsatz 1 BGB spricht nur auf den ersten Blick gegen den Grundsatz der Vollabwicklung. Die infolge des EGInsO im Jahre 1999 eingeführte Regelung, die lediglich eine Rechtsfolge nunmehr gesetzlich formulierte, die bereits zuvor der Rechtsprechung des BGH entsprach, ist infolge der

---

[799] Vgl. für die GmbH: *Kübler/Prütting/Noack*, InsO, Sonderband 1: Gesellschaftsrecht, 1999, Rdnr. 275; *Gottwald/Haas*, Insolvenzrechts-Hdb, 2. Aufl. 2001, § 92 Rdnr. 161; *K.Schmidt*, Wege zum Insolvenzrecht der Unternehmen, 1990, S. 69/ 70 ff.; *Häsemeyer*, Insolvenzrecht, 3. Aufl. 2003, Rdnr. 9.11; a.A: *Reichert*, Hdb des Vereins- und Verbandsrechts, 9. Aufl. 2003, Rdnr. 2035; *Nerlich/Römermann/Andres*, InsO, 1999, § 35 Rdnr. 3.

[800] *Scholz/K.Schmidt*, GmbHG, 9. Aufl. 2002, Vor § 64 Rdnr. 56; *Müller*, Der Verband in der Insolvenz, 2002, S. 13 ff.; a.A.: *Hess/Weiss/Wienberg*, InsO, 2. Aufl. 2001, § 38 Rdnr. 68; *Kluth*, NZI 2000, 351/ 356; *Pape*, NJW 1994, 2205 f.; *Henckel*, ZIP 1991, 133/ 134.

[801] Vgl. MüKo/*Reuter*, BGB, 4. Aufl. 2001, § 41 Rdnr. 13.

[802] BGHZ 64, 212, 213; *Soergel/Hadding*, 13. Aufl. 2000, § 49 Rdnr. 14; *Stöber*, Hdb zum Vereinsrecht, 8. Aufl. 2000, Rdnr. 821.

Einführung der InsO an sich unpassend geworden. Wie bereits oben dargestellt ist diese Fortsetzungsmöglichkeit nach neuer Rechtslage nicht mehr erforderlich, da der Verein durch die Eröffnung des Insolvenzverfahrens nicht mehr wie zuvor seine Rechtsfähigkeit verliert[803]. Damit bleibt es beim Grundsatz der Vollabwicklung des Vereins als juristischer Person, bei der die Existenz pfändungsfreien Vermögens ausgeschlossen ist.

II. Einzelne Massepositionen

1. Die Mitgliedschaft

Nach der hier vertretenen Ansicht unterfällt die Verbandsmitgliedschaft auch als höchstpersönliches und grundsätzlich unübertragbar gestelltes Recht (§ 38 Satz 1 BGB) infolge der teleologischen Reduktion des § 36 Abs. 1 InsO dem Insolvenzbeschlag.

Aufgrund der Unübertragbarkeit der Mitgliedschaft ist der Insolvenzverwalter allerdings nur dazu befugt, die Mitgliedschaftsrechte für die Masse auszuüben; eine Veräußerung derselben scheidet dagegen aus. Etwas anderes gilt nur für den Fall, dass die Satzung des Verbandes ausdrücklich eine Übertragung der Mitgliedschaft zulässt.

2. Die Teilnahmeberechtigung

a) Mitgliedschaftliche Teilnahmeberechtigung

Wie bereits dargestellt unterfällt die Verbandsmitgliedschaft dem Insolvenzbeschlag, und damit ist der Insolvenzverwalter befugt, das Mitgliedschaftsrecht für die Insolvenzmasse auszuüben. Fraglich ist in diesem Zusammenhang, ob der Insolvenzverwalter über das Ausübungsrecht hinaus die Befugnis hat, das Teilnahmerecht gesondert und unabhängig von der Mitgliedschaft an Dritte zu übertragen und dadurch zu verwerten[804].

---

[803] Vgl. oben unter H V. 2. c) bb); *Haas*, NZI 2003, 177/ 181.

[804] Geht man von der Anwendbarkeit des § 36 InsO auch auf juristische Personen aus, stellt sich die Frage, ob infolge der Unpfändbarkeit der Mitgliedschaft einzelne Mitgliedschaftsrechte wie das Teilnahmerecht ebenfalls nicht dem Insolvenzbeschlag unterfallen, vgl. *Haas*, NZI 2003, 177/181.

Die Vorschrift des § 38 BGB gibt insoweit noch keinen Aufschluss, da diese in Satz 1 nur die Nichtübertragbarkeit des Mitgliedschaftsrechts als solches und in Satz 2 nur die Überlassung desselben zur Ausübung der Mitgliedschaftsrechte an Dritte regelt. Hinsichtlich der Übertragbarkeit von Einzelrechten trifft die Vorschrift jedoch keine Regelung[805].

Die gesonderte Übertragbarkeit und Verwertbarkeit des Teilnahmerechts ist vielmehr am allgemeinen Rechtsgrundsatz des Abspaltungsverbotes[806] zu messen, welches in § 717 S. 1 BGB seinen Ausdruck findet. Danach sind grundsätzlich die mit der Mitgliedschaft verbundenen Einzelrechte ebenso wie die Mitgliedschaft selbst nicht übertragbar. § 717 S. 2 BGB statuiert davon allerdings eine Ausnahme für die so genannten mitgliedschaftlichen Vermögensrechte[807]. Die Ausnahmevorschrift des § 717 S. 2 beruht auf der Annahme des Gesetzgebers, dass die Übertragung bestimmter Rechte mitgliedschaftsrechtlichen Ursprungs im Grundsatz unbedenklich ist und die Mitgesellschaftergemeinschaft nicht belastet[808]

Es stellt sich folglich die Frage, ob die Teilnahmeberechtigung ein solches Vermögensrecht darstellt bzw. entsprechend einem solchen behandelt werden kann oder ob das Teilnahmerecht derart eng mit der Mitgliedschaft selbst verbunden ist, dass eine Übertragbarkeit ausscheiden muss. Dabei ist zu berücksichtigen, dass sich der Sinn und Zweck des Abspaltungsverbots nicht nur auf den Schutz der Mitgesellschafter gegen die Mitsprache Dritter in Gesellschaftsangelegenheiten beschränkt, sondern dass es zudem den Charakter der Mitgliedschaftsrechte als unselbständige, von der Mitgliedschaft als Stammrecht untrennbare Einzelrechte zum Ausdruck bringt[809].

Bei der Einordnung des Teilnahmerechts als übertragbares oder unübertragbares Mitgliedschaftsrecht ist daher vor allem auf den Verbandszweck abzustellen. Dieser richtet sich regelmäßig auf die Förderung einer bestimmten Sportart u.a. durch die Ausrichtung eines geregelten Spiel- und Wettkampfbetriebes. Letzterer ist wiederum dadurch geprägt, dass sich die Vereine das Recht zur Teilnah-

---

805 MüKo/*Reuter*, BGB, 4. Aufl. 2001, § 38 Rdnr. 67; *Haas*, NZI 2003, 177/ 181.

806 *Habersack*, Die Mitgliedschaft, S. 79 f., MüKo/ *Reuter*, BGB, 4. Aufl. 2001, § 38 Rdnr. 64.

807 MüKo/*Ulmer*, BGB, 3.Aufl. 1997, § 717 Rdnr. 14

808 MüKo/*Ulmer*, BGB, 3. Aufl. 1997, § 717 Rdnr. 3.

809 MüKo/*Ulmer*, BGB, 3.Aufl. 1997, § 717 Rdnr. 7.

me an einer bestimmten, höheren Spielklasse durch sportliche Qualifikationsleistung erarbeiten müssen. Die Sicherstellung dieses einheitlichen Spiel- und Wettkampfbetriebes lässt es aber naturgemäß nicht zu, dass das Teilnahmerecht eines Vereins ohne die Kontrolle durch den Verband an jeden beliebigen Dritten übertragen werden kann. Die Nutzung der Verbandseinrichtungen (Spiel- und Wettkampfbetrieb) durch Nichtmitglieder widerspricht vielmehr dem mutmaßlichen Willen des Satzungsgebers, mit der Folge, dass eine Übertragbarkeit des Teilnahmerechts ausscheidet[810].

Dem steht auch nicht entgegen, dass die Einrichtung des satzungsgebenden Verbandes nicht durch den Verein selbst, d.h. durch seine Vertretungsorgane, genutzt wird, sondern durch die Vereinsmitglieder und damit zunächst übertragbar erscheint[811]. Denn die Vereinsmitglieder unterwerfen sich durch ihre Beitrittserklärung automatisch auch der Satzung des jeweiligen Sportverbandes; sie sind damit nicht verbandsfremd und erhalten zudem über den Spielerpass bzw. Startpass ein eigenes Recht, für den Verein an den Verbandseinrichtungen im Rahmen der satzungsgemäßen Ausübung des Sports teilhaben zu können.

Der Insolvenzverwalter ist damit auf die *Ausübung* des Teilnahmerechts für den insolventen Verein beschränkt[812].

b) Lizenzvertragliche Teilnahmeberechtigung

Die Spiellizenz und damit das Teilnahmerecht gelten in der Regel nur für die jeweilige Spielzeit und erlöschen dementsprechend mit deren Beendigung. In der Regel ist die Spiellizenz im Sinne eines zeitlich befristeten Nutzungsrechts nicht übertragbar. Dem Insolvenzverwalter steht damit nur das Recht zu, das Teilnahmerecht zugunsten der Masse zu nutzen.

Ist die Spiellizenz dagegen als Vermögensrecht aufgrund lizenzvertraglicher Vereinbarungen übertragbar ausgestaltet, kann der Insolvenzverwalter die Lizenz zugunsten der Insolvenzmasse verwerten, wenn für eine solche Übertra-

---

[810] *Haas*, NZI 2003, 177/ 181.

[811] Vgl. *Haas*, NZI 2003, 177/ 182.

[812] So auch *Haas*, NZI 2003, 177/ 182.

gung auf einen anderen Verein üblicherweise Geldbeträge bezahlt werden[813]. Wird die Lizenz übertragen, hat das zur Folge, dass der übernehmende Verein nunmehr anstelle des Insolvenzvereins an der jeweiligen Meisterschaftsrunde teilnimmt.

3. *Mitgliedsbeiträge*

Mitgliedsbeiträge werden grundsätzlich vom Insolvenzbeschlag erfasst, wenn sie zur Zeit der Eröffnung des Insolvenzverfahrens bereits fällig sind. Das bedeutet, dass der Insolvenzverwalter fällige und noch ausstehende Beiträge zur Zahlung in die Masse verlangen kann. Beiträge, die erst später fällig werden, fallen jedenfalls dann in die Insolvenzmasse, wenn die Satzung die Beitragspflicht auch für den Fall der Eröffnung des Insolvenzverfahrens über das Vermögen des Vereins vorsieht[814].

Eine differenzierte Betrachtungsweise ist notwendig, falls keine entsprechende Satzungsregelung getroffen worden ist. Grundsätzlich besteht die Vereinsmitgliedschaft fort, solange auch der Verein, wenn auch nur zu Insolvenzzwecken, fortexistiert. Allein aus dieser Tatsache lässt sich jedoch eine fortlaufende Pflicht zur Leistung von Mitgliedsbeiträgen nicht begründen[815].

Vielmehr ist die Funktion der Beitragszahlung durch die Vereinsmitglieder zu berücksichtigen. Diese bezieht sich ihrem Wesen nach auf den Zweck des werbenden Vereins. Die Leistung von Mitgliedsbeiträgen dient ausschließlich dazu, dem Verein finanzielle Mittel zur Verwirklichung des Vereinszwecks zur Verfügung zu stellen[816]. Es besteht weder eine gesetzliche Verpflichtung der Mitglieder eines e.V. zur Haftung für den Verein gegenüber seinen Gläubigern noch zur Leistung von Einlagen zur Bildung einer Haftungsmasse, so dass auch aus

---

813 BGH, ZIP 2001, S. 889/ 891 ff.; vgl. auch FAZ v. 05.06.2001, S. 46: Der Basketball-Club Cologne 99ers erhielt die Aufstiegsberechtigung für die erste Liga vom SER Rhöndorf gegen eine Bezahlung von 10.000 Mark. Dies war aufgrund der Übertragbarkeit der Spiellizenz möglich, obwohl die Cologne 99ers gerade einmal die sportliche Qualifikation zur Teilnahme an der zweiten Bundesliga erzielt hatten.

814 BGHZ 96, 253/ 254 = NJW 1986, 1604.

815 BGH, NJW 1986, 1604.

816 BGH, NJW 1986, 1604.

diesem Grunde zumindest keine weitere Pflicht zur Zahlung von Vereinsbeiträgen gerechtfertigt werden kann[817].

Mit der Eröffnung des Insolvenzverfahrens über das Vermögen des Vereins ändert sich der Zweck des Vereins. Der Verein wird aufgelöst und der werbende Zweck weicht dem Zweck des Insolvenzverfahrens. Die Befriedigung der Vereinsgläubiger kann aber im Rahmen der InsO entweder durch die Abwicklung des Vereinsvermögens oder auch durch dessen Sanierung erreicht werden[818]. Im Falle der Sanierung des Vereins spielt wie gesehen die Aufrechterhaltung des Spiel- bzw. Wettkampfbetriebes eine wichtige Rolle. Wird der Sportbetrieb als Unternehmen geführt, so ist der Insolvenzverwalter sogar dazu verpflichtet, dieses zunächst bis zum Berichtstermin fortzuführen. D.h., dass allein die Eröffnung des Insolvenzverfahrens womöglich noch nichts über die weitere tatsächliche Verwirklichung des Vereinszwecks aussagt.

Folglich ist davon auszugehen, dass die Pflicht zur Beitragszahlung so lange bestehen bleibt, wie der Spielbetrieb und das Training etc. in einem Umfang fortgeführt werden, der die Verwirklichung des Vereinszwecks gewährleistet. Dies gilt jedenfalls, so lange die Entscheidung über Liquidation oder Sanierung noch nicht getroffen ist, also in der Regel bis zum Berichtstermin (§§ 156 f. InsO). Wird der Verein aufgrund der Entscheidung des Gläubigerausschusses abgewikkelt, entfällt die Beitragspflicht der Vereinsmitglieder für die Zukunft. Wird der Verein dagegen unter Aufrechterhaltung des Spiel- und Trainingsbetriebes saniert, besteht die Beitragspflicht fort und die Mitgliedsbeiträge fallen als Neuerwerb bis zur Aufhebung des Insolvenzverfahrens in die Insolvenzmasse[819]. Trotz des Insolvenzbeschlags kommen die Mitgliedsbeiträge *auch* dem Vereinzweck zugute, da bei Fortführung des Spiel- und Wettkampfbetriebes Kosten entstehen, die als Massekosten durch die Insolvenzmasse gedeckt werden. Diese mittelbare Förderung des Vereinszwecks unter Berücksichtigung der Fortführung des Vereins rechtfertigt die weitere Erhebung von Mitgliedsbeiträgen.

---

[817] BGH, NJW 1986, 1604.

[818] Die angegebene BGH-Entscheidung bezieht sich hingegen auf die Rechtslage unter der Geltung der KO, die als alleinigen Zweck des Verfahrens die Gläubigerbefriedigung durch Abwicklung des Schuldnervermögens vorsah, vgl. BGH, NJW 1986, 1604.

[819] A.A.: *Reichert*, Hdb des Vereins- und Verbandsrechts, 9. Aufl. 2003, Rdnr. 2039; *Kübler/Prütting/Noack*, InsO, Sonderband 1: Gesellschaftsrecht, 1999, Rdnr. 690.

Für dieses Ergebnis sprechen außerdem praktische Überlegungen. Nach der hier vertretenen Auffassung steht mit der Entscheidung der Gläubiger im Berichtstermin fest, ob weitere Mitgliedsbeiträge in der Zukunft entstehen. Der h.M. zufolge müsste die Erhebung von Mitgliederbeiträgen dagegen zunächst wegen der Eröffnung des Insolvenzverfahrens ausgesetzt werden, um dann möglicherweise kurze Zeit später wegen der Fortsetzung des Vereins in werbender Form wieder aufgenommen zu werden, was einen unnötigen Verwaltungs- und Kostenaufwand mit sich bringen würde.

Ein generelles Entfallen der Beitragspflicht im Falle der Insolvenzeröffnung, so wie es die h.M. annimmt, lässt die Sanierungsoption im Rahmen des Insolvenzverfahrens dagegen völlig unberücksichtigt und ist insofern abzulehnen.

4. Das Unternehmen des Vereins

Unterhält der Verein im Rahmen des Nebenzweckprivilegs einen wirtschaftlichen Geschäftsbetrieb, so unterfällt dieser als Summe von Vermögenswerten dem Insolvenzbeschlag[820]. Dabei stellt sich der wirtschaftliche Geschäftsbetrieb des Vereins als Unternehmen im insolvenzrechtlichen Sinne dar, unabhängig davon, ob das Unternehmen nach Art und Umfang einen in kaufmännischer Weise eingerichteten Geschäftsbetrieb erfordert und damit ein Handelsgewerbe i.S.des § 1 Abs. 2 HGB darstellt oder nicht. Maßgeblich ist vielmehr, dass das Vereinsunternehmen als „Organisationseinheit zur Verfolgung wirtschaftlicher oder ideeller Zwecke“ vom sonstigen Tätigkeitsbereich des Vereins abgrenzbar ist[821].

5. Der Vereinsname

Fraglich ist, ob der Name des Vereins ein Vermögensrecht darstellt und damit überhaupt Teil der Insolvenzmasse ist und durch den Insolvenzverwalter im Wege der entgeltlichen Übertragung verwertet werden kann.

---

[820] *Kübler/Prütting/Noack*, InsO, Sonderband 1: Gesellschaftsrecht, 1999, Rdnr. 276.

[821] *Reichert*, Hdb des Vereins- und Verbandsrechts, 9. Aufl. 2003, Rdnr. 2036.

Dies hängt in erster Linie von der Rechtsnatur des Vereinsnamens ab. Der bisherigen h.M. zufolge ist der Vereinsname als höchstpersönliches Recht nicht übertragbar und fällt als reines Persönlichkeitsrecht nicht in die Insolvenzmasse[822].

Fraglich ist allerdings, ob diese Ansicht unter Berücksichtigung der Entwicklung der Rechtsprechung zum Firmenrecht des HGB aufrecht erhalten werden kann. Die Firma wird ebenso wie der Vereinsname als absolutes subjektives Recht angesehen und als solches durch die Rechtsordnung geschützt. Allerdings wurde erkannt, dass das Firmenrecht im Gegensatz zum Recht einer natürlichen Person kein reines Persönlichkeitsrecht darstellt, sondern gleichzeitig auch vermögensrechtliche Elemente und damit eine Doppelnatur aufweist[823]. Die Einordnung des Firmenrechts auch als Vermögensrecht basiert auf der Erkenntnis, dass die Firma selbst einen erheblichen wirtschaftlichen Wert aufweist. Denn das Unternehmen des Kaufmanns wird im Wirtschaftsverkehr hauptsächlich über die Firma identifiziert und auch der „good will" des Unternehmens ist mit der Firma eng verknüpft[824].

Die Doppelnatur des Firmenrechts wird zum einen dadurch bestätigt, dass die Vererbung und Veräußerung der Firma gemäß § 22 HGB zulässig ist; zum anderen fasst die Rechtsprechung die Firma in der Insolvenz des Kaufmanns als vermögenswertes Recht und damit als Teil der Insolvenzmasse auf, wobei allerdings die Veräußerung bei Personenfirmen von Einzelkaufleuten von der Zustimmung des Namensträgers abhängig sein soll[825].

Bezogen auf den Verein ist die vermögensrechtliche Komponente des Vereinsnamens kaum noch zu übersehen. Der Verein tritt mit seinem Namen im Wirtschaftsverkehr auf und nutzt diesen aufgrund des hohen Identifikationsgrades in der Bevölkerung insbesondere zur Beschaffung von Einnahmen durch den Verkauf von Merchandisingprodukten[826].

---

822 Allgemeine Meinung: RGZ 74, 115; BGH, NJW 1970, 1270; *Palandt/Heinrichs*, BGB, 63. Aufl. 2004, § 12 Rdnr. 9.

823 *MüKoHGB/Bokelmann*, 1996, § 17 Rdnr. 11; *Canaris*, Handelsrecht, 23. Aufl. 2000, § 10 Rdnr. 7.

824 *Canaris*, Handelsrecht, 23. Aufl. 2000, § 10 Rdnr. 7.

825 BGHZ 32, 103/109-111; OLG Düsseldorf, NJW 1982, 1712; OLG Koblenz, NJW 1992, 2101; *Ebenroth/Boujong/Joost*, HGB, 2001, § 17 Rdnr. 11.

826 Der FC Bayern München verdiente im Geschäftsjahr 1999/2000 durch Fanartikel, Lizenzen und Sponsoring umgerechnet rund 47,5 Mio. Euro, vgl. FTD vom 10.05.2001

Die Beziehung des Vereins zu seinem Namen, unter dem er im Rechtsverkehr auftritt, ist im Unterschied zu derjenigen einer natürlichen Person zu seinem bürgerlichen Namen rein funktionaler Natur, während eine natürliche Person eine wesentlich tiefere Lebensbeziehung zu seinem Namen aufweist. Insofern stellt sich der Vereinsname als überwiegend vermögensrechtlich geprägtes Recht dar, welches als solches einer Verwertung durch Übertragung zugänglich ist. Eine Zustimmung des Vorstands zu einer Übertragung des Vereinsnamens durch den Insolvenzverwalter ist nicht erforderlich, da der Verein seinen idealen Zweck auch unter einem neuen Namen fortführen kann und somit auch nicht schutzwürdig erscheint.

6. *Vermarktungsrechte*

Die wichtigsten Vermögenspositionen des Vereins sind in der Regel die Vermarktungsrechte im weitesten Sinne. Darunter fallen die Bereiche Fernsehvermarktung, Sponsoring und Marketing sowie Merchandising und Licensing[827].

a) Vermarktung des Vereinsnamens und der Vereinssymbole

Vermarktungsrechte ergeben sich im Bereich des Merchandising und Licensing aus der Nutzung des Vereinsnamens und seines Vereinslogos. Das Namensrecht des Vereins wird grundsätzlich als absolutes subjektives Recht durch § 12 BGB geschützt. Gleiches gilt für Symbole und Farbkombinationen, die auf den Verein als Rechtsträger schließen lassen (Vereinslogo i.V. mit den Vereinsfarben)[828]. Der Vermögenswert dieser Rechte besteht darin, dass der Verein als Namensträger die Möglichkeit hat, die Nutzung des Namens und der zugeordneten Symbole einem oder mehreren Dritten z.B. gegen Zahlung einer Lizenzgebühr zu gestatten[829].

---

[827] Vgl. für den Bereich Fußball: *M.Müller*, Der deutsche Berufsfußball – vom Idealverein zur Kapitalgesellschaft, 2000, S. 36 ff.; zum Ganzen vgl. *Fritzweiler*, in *Fritzweiler/Pfister/Summerer*, Praxis-Hdb SportR, S. 262 ff. und *Summerer*, in *Fritzweiler/Pfister/Summerer*, Praxis-Hdb SportR, S. 277 ff.; *Haas/Reimann*, SpuRt 1999, 182; *Wertenbruch*, SpuRt 2001, 185.

[828] BGHZ 119, 237.

[829] OLG München, DB 92, 2078/ 2079; *Palandt/Heinrichs*, BGB, 63. Aufl. 2004, § 12 Rdnr. 14 ff.; Beispiel: Lizenzvertrag zum Vertrieb von so genannten Fanartikeln: vgl. *Fritzweiler*, in *Fritzweiler/Pfister/Summerer*, Praxis-Hdb SportR, 1998, S. 262.

b) Vermarktung von Sportveranstaltungen des Vereins

Finanziell am lukrativsten sind die Vermarktungsrechte des Vereins als Sportveranstalter. Nach dem *Veranstalterbegriff* des BGH ist derjenige Veranstalter eines Ereignisses, der in organisatorischer und finanzieller Hinsicht für die Veranstaltung verantwortlich ist, der deren Vorbereitung und Durchführung übernimmt und dabei das unternehmerische Risiko trägt[830]. Das Recht zur medialen Vermarktung der Sportveranstaltungen ist dabei Ausfluss des Hausrechts des Veranstalters[831]. Bei Sportveranstaltungen gilt entweder der Verein oder der Sportverband als Veranstalter. Obliegt dem Verein die Rechteverwertung, kann er sich diese nutzbar machen, indem Nutzungsverträge in Form von Lizenzverträgen entweder direkt mit den Medienanstalten oder mit einer Sportrechteagentur, die die Rechte weitervermarktet, abschließt.

Der dritte Aspekt bei der Vermarktung von Sportveranstaltungen ist der Abschluss von Werbe- bzw. Sponsoringverträgen für die Nutzung von Werbeflächen um die Veranstaltung herum (Bandenwerbung, Flyer etc.) oder am Sportler selbst (Trikotwerbung, Werbung des Ausrüsters)[832].

Vermarktungsrechte dieser Art stellen in medienträchtigen Sportarten einen erheblichen Wert dar, können jedoch für ein Insolvenzverfahren nur im Falle der Fortführung des Spiel- und Wettkampfbetriebes nutzbar gemacht werden. Bestehende Verträge unterfallen dem Wahlrecht des Insolvenzverwalters nach § 103 InsO. Die Übertragung der Vermarktungsrechte gegen Entgelt an so genannte Sportrechte-Agenturen ist weit verbreitet und stellt eine wichtige Einnahmequelle für die Vereine dar[833].

7. *Tansferentschädigungen*

Eine weitere wichtige Vermögensposition stellen Transferentschädigungen dar, die bei einem Wechsel des Sportlers vom Insolvenzverein zu einem anderen Verein anfallen können.

---

830 BGH, GRUR 1956, 516.

831 Zu den Fernsehübertragungsrechten vgl. *Summerer*, in Praxis-Hdb Sportrecht, S. 287 ff.; *Haas/Reimann*, SpuRt 1999, 182 ff.

832 Vgl. *Fritzweiler*, in *Fritzweiler/Pfister/Summerer*, Praxis-Hdb SportR, S. 262 f.

833 *Summerer*, in *Fritzweiler/Pfister/Summerer*, Praxis-Hdb SportR, S. 305 ff.

Voraussetzung dafür ist zunächst, dass in der jeweiligen Sportart überhaupt ein geregelter Transfermarkt besteht. Zudem hat der Insolvenzverwalter nur dann die Möglichkeit, bei einem Vereinswechsel des Sportlers innerhalb Deutschlands bzw. innerhalb der EU eine Transferentschädigung zu erhalten, solange der Arbeitsvertrag mit dem Sportler noch nach Insolvenzeröffnung fortbesteht[834].

Ist ein anderer Verein gewillt, den betroffenen Sportler aus seinem laufenden Vertrag mit dem Insolvenzverein „herauszulösen", fällt wegen der dazu notwendigen Auflösung des Arbeitsverhältnisses zwischen Sportler und Insolvenzverein eine Art Vertragsstrafe[835] an, die der aufnehmende Verein in Form der Zahlung einer Transferentschädigung begleicht. Die Realisierung der Transferentschädigung führt zum einen zu einer Auffüllung der Masse und dient darüber hinaus ebenso zu ihrer Entlastung, indem weitere Gehaltsforderungen des Sportlers nicht mehr entstehen.

8. Sonstige Vermögenspositionen

Unter den Insolvenzbeschlag fallen weiterhin sämtliche Schadensersatzansprüche des Vereins gegenüber Dritten, gegenüber Vereinsmitgliedern und den Vereinsorganen[836]. Dazu zählen insbesondere die schon angesprochenen Ansprüche des Vereins gegen den Vorstand wegen Schlechterfüllung im Rahmen oder im Vorfeld des Insolvenzverfahrens[837].

Eine weitere wichtige Vermögensposition stellen jene Ansprüche dar, die daraus entstehen, dass der Insolvenzverwalter die Möglichkeit hat, masseschädigende Rechtsgeschäfte, die im Vorfeld des Insolvenzantrages getätigt wurden, anzufechten und damit die Insolvenzmasse anzureichern (vgl. §§ 129 ff. InsO).

Daneben werden alle Sicherungen, die ein Insolvenzgläubiger im letzten Monat vor dem Antrag auf Eröffnung des Insolvenzverfahrens oder später durch

---

[834] Vgl. oben unter C III. 3. a).

[835] *Trommer*, Die Transferregelung im Profisport im Lichte des „Bosman Urteils" im Vergleich zu den Mechanismen im bezahlten amerikanischen Sport, 1999, S. 83; *Arens*, SpuRt 1996, 39/ 40.

[836] *Reichert*, Hdb des Vereins- und Verbandsrechts, 9. Aufl. 2003, Rdnr. 2034.

[837] Vgl. dazu oben unter D III. 3, G IV und VI, J VIII.

Zwangsvollstreckung an dem zur Insolvenzmasse gehörenden Vermögen erlangt, unwirksam und fallen damit zurück in die Insolvenzmasse (§ 88 InsO).

III. Eigenkapitalersetzende Darlehen

Ausgeformt im Recht der GmbH enthalten die §§ 32 a, b GmbHG Bestimmungen über die Behandlung der so genannten eigenkapitalersetzenden Gesellschafterdarlehen. Gemäß § 32 a Abs. 1 GmbHG werden Darlehen dann als eigenkapitalersetzend behandelt, wenn sich die Gesellschaft in der wirtschaftlichen Krise[838] befindet und der Gesellschafter der Gesellschaft ein Darlehen statt Eigenkapital gewährt. Daneben regeln auch die Vorschriften der §§ 39 Abs. 1 Nr. 5, 135 InsO, 6 AnfG, dass Forderungen auf Rückgewähr eigenkapitalersetzender Darlehen eines Gesellschafters im Insolvenzverfahren nur nachrangig geltend gemacht werden bzw. dass Rechtshandlungen, die im Hinblick auf diese eigenkapitalersetzenden Darlehen Sicherung oder Befriedigung gewährt haben, angefochten werden können. Für das Insolvenzverfahren folgt daraus, dass die Einstufung eines Darlehens als eigenkapitalersetzend im Hinblick auf die damit zusammenhängenden Rechtsfolgen im Einzelfall zu einer Masseanreicherung führen kann.

Da Darlehen unabhängig von der jeweiligen Rechtsform ein schnell, unkompliziert, flexibel und publizitätsfrei zu handhabendes Finanzierungsinstrument darstellen[839], stellt sich im vorliegenden Zusammenhang die Frage, ob das Recht des Kapitalersatzes über den Anwendungsbereich des GmbH-Rechts hinaus entsprechend auf die Fremdfinanzierung von Vereinen in der Krise Anwendung finden kann. Die Relevanz dieser Fragestellung für das Insolvenzverfahren über das Vermögen eines Vereins wird deutlich, wenn man sich die im Allgemeinen sehr geringe Eigenkapitaldecke der Sportvereine vor Augen führt. Vielerorts werden Vereine ihren Finanzbedarf vor allem auch durch vereinsnahe Geldgeber decken, die dem Verein Finanzmittel zu günstigeren als den marktüblichen Konditionen anbieten. Typischerweise ist die Position als Geldgeber des Vereins

---

[838] Zum Krisenbegriff des § 32 a Abs. 1 GmbHG im Sinne der Kreditunwürdigkeit vgl. oben unter D I.

[839] *Wiedemann*, in FS Beusch, S. 893/ 899 f.; *Ehricke*, Das abhängige Konzernunternehmen in der Insolvenz, 1998, S. 151 ff.; *Eidenmüller*, Unternehmenssanierung zwischen Markt und Gesetz, 1999, S. 388 ff.; *Hommelhoff*, in *v.Gerkan/Hommelhoff*, Hdb des Kapitalersatzrechts, 2. Aufl. 2002, Rdnr. 1.1

mit einer Führungsposition, zumindest aber mit einer Mitgliedschaft im Verein verbunden[840].

Käme eine entsprechende Anwendung der Regeln zum Kapitalersatz auf bestimmte Darlehen, die dem Verein in der Krise zur Verfügung gestellt werden, in Betracht, könnte dies im Einzelfall eine erhebliche Anreicherung der Insolvenzmasse und damit eine umfangreichere Gläubigerbefriedigung mit sich bringen.

1. Die Grundlagen des Eigenkapitalersatzrechts

Die Grundlagen der Rechtsfigur der eigenkapitalersetzenden Gesellschafterdarlehen wurden im Bereich der Rechtsform der GmbH entwickelt als Reaktion auf die verbreitete Verschleppung der Krise der Gesellschaft und die damit einhergehende Häufung masseloser bzw. massearmer Insolvenzen[841].

a) BGH-Regeln und Novellenregelungen

Die Grundsätze des Kapitalersatzrechts entstanden dabei zunächst als ein Produkt richterlicher Rechtsfortbildung, wobei die ersten so genannten BGH-Regeln zur rechtlichen Behandlung eigenkapitalersetzender Darlehen durch eine analoge Anwendung der Vorschriften über die Kapitalerhaltung (§§ 30, 31 GmbHG) entwickelt wurden[842].

Durch die GmbH-Novelle[843] im Jahre 1980 wurden dann die speziellen Vorschriften der §§ 32 a, b GmbHG, § 32 a KO (jetzt: 135 InsO), § 3 b AnfG (jetzt: § 6 AnfG) eingeführt, die an sich die BGH-Regeln durch eine gesetzliche Rechtsgrundlage ersetzen sollten. Aufgrund von Unstimmigkeiten zwischen den BGH-Regeln und den neuen Gesetzesvorschriften wurde letztendlich durch das „Nutzfahrzeug"-Urteil des BGH[844] im März 1984 die weitere Geltung der BGH-Regeln *neben* den Spezialvorschriften anerkannt. Daraus folgte die Existenz ei-

---

840 Vgl. Hinweis bei Vgl. FAZ v. 10.05.2001, S. 48: Jean Löring musste als Finanzier des FC Fortuna Köln ebenso Insolvenz anmelden wie der Verein.

841 *Fastrich* in FS Zöllner, S. 143/ 151; *Hachenburg/Ulmer*, GmbHG, 8. Aufl. 1992, § 32 a, b Rdnr. 9.

842 Vgl. BGHZ 31, 258 („Lufttaxi"-Fall); BGHZ 76, 326 = ZIP 1980, 361.

843 GmbH-Novelle v. 04.07.1980, BGBl. 1980 I 836.

844 BGHZ 90, 370; ZIP 1984, 698.

nes „zweistufigen Schutzsystems“ zugunsten einer einlagegleichen Behandlung eigenkapitalersetzender Gesellschafterdarlehen[845].

b) Zweistufiges Schutzsystem des Eigenkapitalersatzrechts

Zweistufig ist dieses Schutzsystem insofern, als zwar der Grundtatbestand, der zum Eingreifen der jeweiligen Regeln zum Kapitalersatz führt, der gleiche ist[846], die eigenkapitalersetzenden Gesellschafterdarlehen jedoch zu unterschiedlichen Zeitpunkten und in unterschiedlicher Höhe von den jeweiligen Regeln erfasst werden.

aa) Grundtatbestand

Der Grundtatbestand sieht vor, dass ein Darlehen, das der Gesellschaft durch einen Gesellschafter gewährt wird, während sich die Gesellschaft in einem Zustand der Kreditunwürdigkeit (Krise der Gesellschaft)[847] bzw. der Insolvenzreife befindet, von den Regeln des Kapitalersatzes erfasst wird[848]. Dasselbe gilt für ein Darlehen des Gesellschafters, wenn dieses zwar der Gesellschaft zu einer Zeit zur Verfügung gestellt wurde, zu der die Gesellschaft noch kreditwürdig war, das Darlehen aber nach Eintritt der Kreditunwürdigkeit nicht abgezogen wurde, obwohl der Gesellschafter die Möglichkeit hatte, die Krise der Gesellschaft zu erkennen und entsprechend zu handeln[849].

---

[845] H.M.: Vgl. *Lutter/Hommelhoff*, GmbHG, 15. Aufl. 2000, § 32 a/b Rdnr. 10; *v.Gerkan/ Hommelhoff*, Hdb zum Kapitalersatz, S. 44 ff.; *Hommelhoff*, ZGR 1988, 460/ 480 ff.; *v.Gerkan*, ZGR 1997, 173/ 178; vgl. zur Entwicklungsgeschichte der Regelungen *Hommelhoff*, ZGR 1988, 460/ 462 ff.

[846] *Baumbach/Hueck/Fastrich*, GmbHG, 17. Aufl. 2000, §§ 32 a, b Rdnr. 75; *Scholz/K.Schmidt*, 9. Aufl. 2000, §§ 32 a, b Rdnr. 76; *Hachenburg/Ulmer*, GmbHG, 8. Aufl. 1992, §§ 32 a, b Rdnr. 162 ff.

[847] Dazu vgl. oben unter D I.

[848] *Hommelhoff* in: *v.Gerkan/Hommelhoff*, Hdb des Kapitalersatzrechts, 2. Aufl. 2002, Rdnr. 1.11.

[849] BGH, ZIP 1994, 1934; *Baumbach/Hueck/Fastrich*, GmbHG, 17. Aufl. 2000, § 32 a Rdnr. 37; *Lutter/Hommelhoff*, GmbHG, 15. Aufl. 2000, §§ 32 a, b Rdnr. 46 ff.; *Scholz/K.Schmidt*, GmbHG, 9. Aufl. 2000, §§ 32 a, b Rdnr. 44 f.; *Hommelhoff*, in: *v.Gerkan/Hommelhoff*, Hdb des Kapitalersatzrechts, 2. Aufl. 2002, Rdnr. 1.14.

bb) Verstrickung eigenkapitalersetzender Darlehen durch die BGH-Regeln

Nach den Rechtsprechungsregeln hat die Einstufung des Darlehens als kapitalersetzend zur Folge, dass das Darlehen, soweit es eine Unterbilanz oder eine Überschuldung der Gesellschaft abdeckt, bis zur Höhe der Stammkapitalziffer gebunden wird. D.h., dass eine Rückzahlung dieses Darlehens analog § 30 GmbHG so lange gesperrt ist, so lange die Unterbilanz besteht[850].

Die BGH-Regeln verstricken das eigenkapitalersetzende Darlehen dabei *unabhängig* davon, ob das Insolvenzverfahren über das Vermögen der Gesellschaft tatsächlich eröffnet wird[851]. Wird ein derartig gebundenes Darlehen zurückgezahlt, steht der Gesellschaft gemäß § 31 Abs. 1 GmbHG analog ein Erstattungsanspruch zu, solange das Gesellschaftsvermögen nicht bis zur Stammkapitalziffer wiederaufgefüllt ist[852]. Der Rückerstattungsanspruch verjährt nach fünf Jahren (§ 31 Abs. 5 GmbHG analog).

cc) Verstrickung eigenkapitalersetzender Darlehen nach den Novellenregeln

Nach den Novellen-Regeln hingegen werden eigenkapitalersetzende Gesellschafterdarlehen erst dann verstrickt, wenn das Insolvenzverfahren über das Vermögen der Gesellschaft eröffnet oder die Einzelzwangsvollstreckung betrieben wird, so dass Darlehenstilgungen bis dahin erlaubt sind[853].

Das eigenkapitalersetzende Gesellschafterdarlehen wird während des Insolvenzverfahrens in voller Höhe – und nicht nur bis in Höhe der Stammkapitalziffer –

---

850 BGH, NJW 1960, 285/ 288; BGH, NJW 1980, 592; BGH, NJW 1995, 1962; *Scholz/K.Schmidt*, GmbHG, 9. Aufl. 2000, §§ 32 a, b Rdnr. 77.

851 *Scholz/K.Schmidt*, GmbHG, 9. Aufl. 2000, §§ 32 a, b Rdnr. 81; *Lutter/Hommelhoff*, GmbHG, 15. Aufl. 2000, §§ 32 a, b Rdnr. 11; *Hommelhoff*, in: *v.Gerkan/Hommelhoff*, Hdb des Kapitalersatzrechts, 2. Aufl. 2002, Rdnr. 3.102

852 *v.Gerkan*, in: *v.Gerkan/Hommelhoff*, Hdb des Kapitalersatzrechts, 2. Aufl. 2002, Rdnr. 3.88 f., 3.98 ff.; *Scholz/K.Schmidt*, GmbHG, 9. Aufl. 2000, §§ 32 a, b Rdnr. 77, 80; *Lutter/Hommelhoff*, GmbHG, 15. Aufl. 2000, §§ 32 a, b Rdnr. 11; *v.Gerkan*, GmbHR 1999, 388; *Kort*, ZGR 2001, 615/ 640 f.; vgl. auch *Haas*, NZI 2002, 457/ 463.

853 *Lutter/Hommelhoff*, GmbHG, 15. Aufl. 2000, §§ 32 a, b Rdnr. 13; *Hommelhoff*, in: *v.Gerkan/Hommelhoff*, Hdb des Kapitalersatzrechts, 2. Aufl. 2002, Rdnr. 1.81.

verstrickt[854]. Das bedeutet, dass der Gesellschafter zwar weiterhin eine Forderung gegen die Gesellschaft – nämlich den Rückzahlungsanspruch – besitzt, er diesen jedoch im Insolvenzverfahren nur nachrangig geltend machen kann (§§ 32 a Abs. 1 GmbHG, 39 Abs. 1 Nr. 5 InsO)[855]. Damit besteht nur noch eine theoretische Aussicht auf die Auszahlung einer Insolvenzquote, da nach Befriedigung aller außenstehenden Gesellschaftsgläubiger selten ein verteilbarer Vermögensrest verbleibt.

Wurde das eigenkapitalersetzende Darlehen bereits vor Eröffnung des Insolvenzverfahrens und innerhalb eines Jahres vor Insolvenzantragstellung an den Gesellschafter zurückgezahlt, kann der Insolvenzverwalter die Rückzahlung des Darlehens innerhalb eines Jahres *anfechten* (§ 135 Nr. 2 InsO) und das Geld so in gemäß § 143 InsO die Masse zurückholen[856].

2. *Analogiefähigkeit des Eigenapitalersatzrechts*

Voraussetzung einer entsprechenden Anwendung der Regelungen zum Kapitalersatz auf weitere Rechtsformen neben der GmbH ist die generelle Analogiefähigkeit der Regeln zur Behandlung eigenkapitalersetzender Gesellschafterdarlehen. Die Frage der Analogiefähigkeit stellt sich vor allem deshalb, weil der Gesetzgeber bislang ausschließlich im Bereich der Rechtsform der GmbHG und der atypischen OHG/KG (vgl. §§ 129 a, 172 a GmbHG) ausdrückliche Regelungen zum Kapitalersatz getroffen hat.

Obwohl der Gesetzgeber in den §§ 32 a, 32 b GmbHG, §§ 129 a, 172 a HGB eine spezialgesetzliche Regelung getroffen hatte, wurde gleichzeitig die Gültigkeit der bis dahin in Rechtsprechung und Literatur entwickelten allgemeinen Grundsätze und Rechtsfolgen beibehalten. Daraus folgt, dass die §§ 32 a, b GmbHG, §§ 129 a, 172 a HGB jedenfalls nicht als alleinige dogmatische Grundlage des Kapitalersatzrechts einzuordnen sind[857]. Ebenso wenig vermag

---

[854] *Lutter/Hommelhoff*, GmbHG, 15. Aufl. 2000, §§ 32 a, b Rdnr. 14; *Hommelhoff*, in: *v.Gerkan/Hommelhoff*, Hdb des Kapitalersatzrechts, 2. Aufl. 2002, Rdnr. 1.22; *Baumbach/Hueck/Fastrich*, GmbHG, 17. Aufl. 2000, § 32 a Rdnr. 37.

[855] *Scholz/K.Schmidt*, GmbHG, 9. Aufl. 2000, §§ 32 a, b Rdnr. 57; *Hommelhoff*, in: *v.Gerkan/Hommelhoff*, Hdb des Kapitalersatzrechts, 2. Aufl. 2002, Rdnr. 1.22.

[856] *Lutter/Hommelhoff*, GmbHG, 15. Aufl. 2000, §§ 32 a, b Rdnr. 15; *Scholz/K.Schmidt*, GmbHG, 9. Aufl. 2000, §§ 32 a, b Rdnr. 70.

[857] Vgl. *Haas*, NZI 2001, 1/ 3; *Scholz/K.Schmidt*, GmbHG, 9. Aufl. 2000, §§ 32 a, b Rdnr. 5.

dieser spezialgesetzlich geregelte Teilbereich deshalb den Anwendungsbereich des Kapitalersatzrechts außerhalb der Rechtsform der GmbH zu begrenzen[858].

Für eine Analogiefähigkeit spricht zum anderen auch, dass weitere Rechtsquellen zum Kapitalersatzrecht auch außerhalb des GmbHG – insbesondere im Insolvenzrecht – zu finden sind (vgl. §§ 39 Abs. 1 Nr. 5, 135, 264 III InsO) und dass dem Wortlaut dieser Vorschriften eine Begrenzung auf kapitalersetzende Leistungen seitens des Gesellschafters einer bestimmten Rechtsform nicht zu entnehmen ist.

Darüber hinaus haben Rechtsprechung und Lehre die analoge Anwendung der Regeln zur Behandlung eigenkapitalersetzender Darlehen bereits für den Bereich der Aktiengesellschaft[859] als auch für den der atypisch stillen Gesellschaft[860] anerkannt. Folglich ist grundsätzlich von der Analogiefähigkeit der Regeln zum Kapitalersatz auszugehen.

3. *Normzweck des Eigenkapitalersatzrechts*

Streitig bzw. noch völlig ungeklärt ist bislang die Ausdehnung des Eigenkapitalersatzrechts auf weitere Rechtsformen wie den eingetragenen Verein[861]. Diese Frage lässt sich allerdings nur unter Berücksichtigung des dem Eigenkapitalersatzrecht zugrunde liegenden Normzwecks beantworten[862].

---

[858] *Bayer* in: v.*Gerkan/Hommelhoff*, Hdb des Kapitalersatzrechts, 2. Aufl. 2002, Rdnr. 11.2.

[859] BGHZ 90, 381/ 385 ff.; *Hüffer*, AktG, 5. Aufl. , § 57 Rdnr. 16 ff.; Kölner Komm./*Lutter*, § 57 Rdnr. 84 ff.; *K.Schmidt*, Gesellschaftsrecht, 4. Aufl. 2002, § 29 I 2.

[860] BGHZ 106, 7/ 9 ff.; OLG Hamburg, ZIP 1990, 791; *Baumbach/Hopt*, HGB, 30. Aufl. 2000, § 236 Rdnr. 7.

[861] Streitig ist bislang die Anwendung vor allem auf die KG mit natürlicher Person als Komplementär: zum Streitstand vgl. *Fleischer*, Finanzplankredite und Eigenkapitalersatz im Gesellschaftsrecht, 1995, S. 188 ff.; zur KGaA vgl. *Semler* in: *Geßler/Hefermehl/Eckard/Kropff*, AktG, § 278 Rdnr. 80; zur Stiftung vgl. *Oepen*, NZG 2001, 209 ff.; zur eingetragenen Genossenschaft vgl. *Bayer* in: *von Gerkan/Hommelhoff*, Hdb des Kapitalersatzrechts, 2. Aufl. 2002, Rdnr. 11.58 ff.

[862] *Haas*, NZI 2001, 1/ 2; *Scholz/K.Schmidt*, GmbHG, 9. Aufl. 2000, §§ 32 a, b Rdnr. 6.

a) Gläubigerschutz als Ziel des Eigenkapitalersatzrechts

Das Eigenkapitalersatzrecht dient nach ganz h.M. dem Gläubigerschutz[863]. Durch die Umqualifizierung der Gesellschafterkredite in Eigenkapital soll verhindert werden, dass sich die Gesellschafter bei einer späteren Insolvenz mit ihren Rückforderungen aufgrund von „Gesellschafterhilfen" in die Reihe der gewöhnlichen Gesellschaftsgläubiger einreihen und damit das Risiko der Fremdfinanzierung der Gesellschaft auf die Gläubigergesamtheit abwälzen[864]. Durch die Verstrickung der Gesellschafterleistungen zu Eigenkapital wird die Insolvenzmasse zu Gunsten der Gesellschaftsgläubiger erweitert und die Deckungsquote erhöht.

Eine derart weitreichende Rechtsfolge wie die der Umqualifizierung von Fremdkapital in Eigenkapital *gegen den ausdrücklichen Willen* des Kreditgebers verlangt allerdings, über den Hinweis auf den allgemeinen Rechtsgedanken des Gläubigerschutzes hinaus, nach einer besonderen Rechtfertigung[865].

b) Gedanke der Finanzierungsfolgeverantwortung des Gesellschafters

Mittlerweile wird das Schutzsystem des Eigenkapitalersatzrechts nahezu übereinstimmend mit dem übergreifenden Prinzip der allen Gesellschaftern obliegenden Finanzierungs-(folgen-)[866]verantwortung[867] für die Gesellschaft begründet[868]. Aus dem Begriff der Finanzierungsfolgenverantwortung lässt sich noch

---

[863] BGHZ 75, 334/ 336; BGHZ 76, 326/ 329; *Hommelhoff/Goette*, EigenkapitalersatzR in der Praxis, 2000, Rdnr. 1; *Lutter/Hommelhoff*, GmbHG, 15. Aufl. 2000, §§ 32 a, b Rdnr. 1; *Raiser*, Recht der Kapitalgesellschaften, 3. Aufl. 2001, § 38 Rdnr. 17; *Scholz/K.Schmidt*, GmbHG, 9. Aufl. 2000, §§ 32 a, b Rdnr. 4; *Habersack*, ZHR 1998, 201/ 204 ff.; *Haas*, NZI 2001, 1 ff.

[864] *Scholz/K.Schmidt*, GmbHG, 9. Aufl. 2000, §§ 32 a, b Rdnr. 4; *Casper/Ullrich*, GmbHR 2000, 472; *Fleck*, in FS Werner, 1984, S. 107/117; *Haas*, NZI 2001, 1/ 2.

[865] *Hommelhoff*, in *v.Gerkan/Hommelhoff*, Hdb des Kapitalersatzrechts, 2. Aufl. 2002, Rdnr. 2.20; *Reiner*, in FS Boujong, S. 415; *Fastrich*, in FS Zöllner, S.143; *Haas*, NZI 2001, 1/ 3.

[866] BGHZ 127, 336; BGH, NJW 2000, 3278; vgl. eingehend *Eichele*, Die Reichweite des Kapitalerhaltungsgrundsatzes aus § 30 I GmbHG, die Finanzierungsverantwortung des Gesellschafters und das Eigenkapitalersatzrecht in der GmbH, S. 14 ff.

[867] BGHZ 90, 381/ 389; *K.Schmidt*, ZHR 1983, 165/178; *Wiedemann* in: FS für Beusch, 1993, S. 909.

[868] Vg. BGH, ZIP 1994, 1934/ 1938; BGHZ 90, 381/ 389; BGH, NJW 1999, 577/ 578; *Hachenburg/Ulmer*, GmbHG, 8. Aufl. 1992, § 32 a/b, Rdnr. 8; *Lutter/Hommelhoff*, GmbHG, 15. Aufl. 2000, § 32 a/b Rdnr. 3; a.A: *Haas*, NZI 2001, 1 ff.

keine konkrete Rechtfertigung ableiten. Der Begriff der Finanzierungsfolgenverantwortung beschreibt vielmehr nur das Resultat der Anwendung der Regeln zum Kapitalersatz, dass nämlich der Gesellschafter die negativen Folgen der Fremdfinanzierung der Gesellschaft trägt, indem sein Fremdkapital in der Insolvenz der Gesellschaft wie Eigenkapital behandelt wird.

Mit den negativen Folgen ist in diesem Zusammenhang nicht nur die generelle insolvenzauslösende Wirkung von Krediten gemeint[869], sondern ebenso der Aspekt, dass die nur aufgrund eines Kredites ermöglichte fortgesetzte werbende Tätigkeit der Gesellschaft dazu geeignet ist, einerseits den Rechtsverkehr über die Solvenz der Gesellschaft zu täuschen und andererseits den Verteilungskonflikt unter den Gläubigern durch das Eingehen neuer Verbindlichkeiten zu verschärfen[870].

c) Rechtfertigung der Finanzierungsfolgenverantwortung

Aufgrund der Tatsache, dass die negativen Folgen eines Kredites unabhängig davon eintreten, ob der Kreditgeber Gesellschafter ist oder nicht, bedarf das Eingreifen des Kapitalersatzrechts auf Gesellschafterleistungen einer besonderen Legitimation[871]. Diese wird überwiegender Ansicht nach unter Bezugnahme auf gesellschaftsrechtliche Überlegungen hergeleitet, wohingegen nach Ansicht der Zusammenhang mit dem Insolvenzrecht ausschlaggebend sei.

aa) Gesellschaftsrechtliche Rechtfertigung

(1) Eigenkapitalersatz und Finanzverfassung

Zum Teil wird der besondere Verantwortungsbeitrag der Gesellschafter für die negativen Folgen der Fremdfinanzierung mit deren Zuständigkeit für die Finanzausstattung der Gesellschaft[872] begründet. Aufgrund dessen müsse der Ge-

---

[869] Die Insolvenz einer Gesellschaft ist ohne Kredite nicht denkbar: *Hahn*, Die gesamten Materialien zur KO, 1981; *K.Schmidt*, WM1983, 490; *Haas*, NZI 2001, 1/ 2.

[870] BGH, NJW 1984, 1893; *Lutter/Hommelhoff*, GmbHG, 15. Aufl. 2000, § 32 a, b Rdnr. 3; *Haas*, NZI 2001, 1/ 2; zum Aspekt der Täuschung des Rechtsverkehrs vgl.: BGH, NZG 2000, 1126.

[871] *Haas*, in *v.Gerkan/Hommelhoff*, Hdb des Kapitalersatzrechts, Rdnr. 15.17; *ders.*, NZI 2001, 1/ 2; *ders.*, NZI 2002, 457/ 466.

[872] *Wiedemann*, in Festschrift Beusch, S. 893/ 909.

sellschafter dafür einstehen, dass er durch die Kredithingabe den Rechtsschein der Kreditwürdigkeit der Gesellschaft hervorrufe und damit den Rechtsverkehr täusche und das Vertrauen der Gläubiger missbrauche[873].

Dieser Begründungsansatz kann aus mehreren Gründen nicht überzeugen. Zum einen greifen die Regeln zum Kapitalersatz unabhängig davon ein, ob sich der Gläubiger tatsächlich zum Zeitpunkt des Vertragsschlusses in einem Irrtum über die Kreditwürdigkeit der Gesellschaft befand[874], und zum anderen kommt die Verstrickung des Gesellschafterdarlehens jedem Gesellschaftsgläubiger zugute, unabhängig davon, ob der jeweilige Anspruch vertraglicher oder auch nur deliktischer Natur ist und damit unabhängig von jeglichem Vertrauenstatbestand besteht[875].

Auch der Hinweis auf eine sich aus der Finanzierungszuständigkeit ergebende Verpflichtung des Gesellschafters zu einer "ordnungsgemäßen Unternehmensfinanzierung" führt nicht zu einer stimmigen Rechtfertigung der Rechtsfolgen des Kapitalersatzrechts. Ein Grundsatz, wonach der Gesellschafter die Gesellschaft ordnungsgemäß, also mit hinreichendem Eigenkapital[876] bzw. mit Eigenkapital statt Fremdkapital[877], auszustatten habe und deshalb einen Verstoß mit der Umwandlung seines Fremdkapitals zu Eigenkapital verantworten müsse, lässt sich unmittelbar weder den Vorschriften zur Kapitalaufbringung und -erhaltung noch dem Wesen der beschränkten Haftung in § 13 Abs. 2 GmbHG entnehmen[878]. Vielmehr ist der Gesellschafter außerhalb der gesetzlichen Min-

[873] BGHZ 75, 334/ 338; *Hachenburg/Ulmer*, 8. Aufl. 1992, §§ 32 a, b Rdnr. 8; *Hommelhoff*, ZGR 1979, 31/ 36 f.; *Pape*, DB 1996, 2113; *Ehricke*, Das abhängige Konzernunternehmen in der Insolvenz, 1998, S. 152 f.

[874] *Koppensteiner*, WBl 1997, 489/ 494; *Haas*, NZI 2001, 1/ 4.

[875] Eingehend: *Haas*, NZI 2001, 1/ 4, vgl. *Fastrich* in FS Zöllner, S. 143/ 146; *Baumbach/Hueck/Fastrich*, GmbHG, 17. Aufl. 2000, § 32 a Rdnr. 2.

[876] *Wiedemann*, Gesellschaftsrecht, 1980, S. 567; BGHZ 31, 258/ 272; *Baumbach/Hueck/ Fastrich*, GmbHG, 17. Aufl. 2000, § 5 Rdnr. 5; *Scholz/Winter*, GmbHG, 9. Aufl. 2000, § 5 Rdnr. 18; *Lutter/Hommelhoff*, GmbHG, 15. Aufl. 2000, § 5 Rdnr. 5.

[877] BGH, ZIP 1988, 1248; *Scholz/K.Schmidt*, GmbHG, 9. Aufl. 2000, §§ 32 a,b Rdnr. 5; *Hachenburg/Ulmer*, 8. Aufl. 1992, §§ 32 a, b Rdnr. 7 f; *Baumbach/Hueck/Fastrich*, GmbHG, 17. Aufl. 2000, § 32 a Rdnr. 3.

[878] *Haas*, NZI 2001, 1/ 4 f.; vgl. auch *Fastrich* in FS Zöllner, S. 143/ 146 f.

destanforderungen des § 5 GmbHG grundsätzlich in seiner Entscheidung darüber frei, ob und wenn ja, wie er die Gesellschaft finanziert[879].

(2) Eigenkapitalersatz und Mitgliedschaft

Ein weiterer Rechtfertigungsversuch setzt daran an, dass sich der Gesellschafter, der gleichzeitig Kreditgeber und Mitglied der Gesellschaft sei, in einer Doppelrolle befinde, die es ihm verwehre, sich auf eine Gläubigerrolle zu berufen, wenn der (vorausgesetzte) Zweck der Darlehenshingabe – die Sanierung der Gesellschaft – später nicht erreicht werde. Ein solches Verhalten sei treuwidrig bzw. widersprüchlich, da er das Darlehen in jedem Fall causa societatis gegeben habe[880].

Dieser Ansicht ist entgegenzuhalten, dass die negativen Folgen der Fremdfinanzierung unabhängig davon eintreten, welche Motivation der Darlehenshingabe im Einzelnen zugrundelag[881], und somit die Finanzierungsfolgenverantwortung des Gesellschafters nicht begründen kann. Darüber hinaus kann es nicht als widersprüchlich bezeichnet werden, wenn der Darlehensgeber, der das Risiko eines Nachschusses von Eigenkapital scheut, sein Darlehen auch dann, wenn die Sanierung der Gesellschaft scheitert, als das behandelt sehen will, als das er es bezeichnet hat[882].

---

[879] BGH, ZIP 1980, 115; BGH, ZIP 1981, 974/ 975; BGH, ZIP 1984, 572/ 575; *Hommelhoff* in: *v.Gerkan/Hommelhoff*, Hdb des Kapitalersatzrechts, 2. Aufl. 2002, Rdnr. 2.8 ff.; *Baumbach/Hueck/Fastrich*, GmbHG, 17. Aufl. 2000, § 32 a Rdnr. 2.

[880] BGHZ 75, 334/ 336, *Hachenburg/Ulmer*, GmbHG, 8. Aufl. 1992, § 32 a, b Rdnr. 33; *Goette*, ZHR 1998, 231/ 232.

[881] *Haas*, Geschäftsführerhaftung und Gläubigerschutz, 1997, S. 61 f.; *Koppensteiner*, AG 1998, 303/ 314.

[882] *Reiner*, in FS Boujong, S. 415/ 424 f.; *Fastrich* in FS Zöllner, S. 143/ 145; *K.Schmidt*, Gesellschaftsrecht, 4. Aufl. 2002, § 18 4 b; *Grunewald*, GmbHR 1997, 7/ 8; *Koppensteiner*, AG 1998, 308/ 315; *Eichele*, Die Reichweite des Kapitalerhaltungsgrundsatzes aus § 30 Abs. 1 GmbHG, die Finanzierungsverantwortung des Gesellschafters und das Eigenkapitalersatzrecht in der GmbH, 1992, S. 53 ff.; *Haas*, NZI 2001, 1/ 5.

(3) Eigenkapitalersatz und Haftungsverfassung

Nach einer weiteren Auffassung soll sich daher die besondere Verantwortung der Gesellschafter im Sinne des Kapitalersatzrechts aus dem Zusammenhang des Kapitalersatzrechts mit der Haftungsverfassung der Gesellschaft ergeben[883].

Entwicklungsgeschichtlich liegt zwar ein unmittelbarer Zusammenhang des Kapitalersatzrechts mit der Haftungsverfassung der Kapitalgesellschaft und damit mit dem Gesellschaftsrecht schon deshalb nahe, weil die „ersten" Rechtsprechungsregeln zum Eigenkapitalersatz ihren Ursprung in einer analogen Anwendung der Vorschriften zur Kapitalaufbringung und –erhaltung (§§ 30, 31 GmbHG) hatten und auch die Novellenregeln der §§ 32 a, 32 b GmbHG in unmittelbarer Nachbarschaft zu den Regeln der Kapitalerhaltung anzufinden sind[884].

Allerdings sind die Vorschriften der §§ 30, 31 GmbHG lediglich ein formaler Aufhänger für das Kapitalersatzrecht, welches sich ansonsten als ein vom System der Kapitalaufbringung und -erhaltung unabhängiges[885] Schutzsystem zugunsten der Gläubiger darstellt und sich darüber hinaus inhaltlich in wesentlichen Punkten des persönlichen, sachlichen und zeitlichen Anwendungsbereichs unterscheidet[886]. So sind im Gegensatz zum Recht der Kapitalerhaltung weder Sanierungsgesellschafter noch nahe Angehörige und Gesellschafter mit Kleinbeteiligungen Adressaten des Kapitalersatzrechts (vgl. § 31 a Abs. 3 GmbHG); dagegen kommt es nur im Kapitalersatzrecht auf die Motivation des Gesellschafters bei der Darlehensgewährung an (vgl. §§ 32 a Abs. 3 Satz 3 GmbHG)[887]. Auch in zeitlicher Hinsicht gibt es zwischen dem Zeitpunkt der Kreditunwürdigkeit (Krise der Gesellschaft) und dem Stadium der Unterbilanz keine Über-

---

883 *Goette*, ZHR 1998, 223/ 224; *Habersack*, ZHR 1998, 201/ 215 ff

884 *Haas*, NZI 2001, 1/ 3; vgl. auch BGH, NJW 1980, 592; BGH, NJW 1980, 1524; BGH, NJW 1984, 1891.

885 Vgl. *Goette*, ZHR 1998, 223; *Eichele*, Die Reichweite des Kapitalerhaltungsgrundsatzes aus § 30 Abs. 1 GmbHG, die Finanzierungsverantwortung des Gesellschafters und das Eigenkapitalersatzrecht in der GmbH, 1992, S. 63.

886 *Haas*, NZI 2001, 1/ 3; *Haas* in *v.Gerkan/Hommelhoff*, Hdb des Kapitalersatzrechts, 2. Aufl. 2002, Rdnr. 15.15.

887 *Haas*, NZI 2001, 1/ 3; *ders*. NZI 2002, 457/ 464.

einstimmung[888]. Folglich besteht zwischen dem Kapitalersatzrecht und der Haftungsverfassung der Gesellschaft kein unmittelbarer Zusammenhang.

bb) Insolvenzrechtliche Rechtfertigung

Anderer Ansicht nach beruht der Normzweck des Eigenkapitalrechts auf insolvenzrechtlichen Erwägungen[889]. Dafür spricht nicht nur, dass die Regelungen zum Kapitalersatz vor allem im Insolvenzrecht anzutreffen sind (vgl. §§ 39 Abs. 1 Nr. 5, 135, 264 Abs. 3 InsO), sondern dass auch die §§ 32 a Abs. 2, 32 b GmbHG nach mittlerweile überwiegender Auffassung dem Insolvenzrecht zugeordnet werden[890]. Darüber hinaus ist ein enger zeitlicher sowie sachlicher Zusammenhang zwischen Insolvenzrecht und Kapitalersatzrecht festzustellen.

(1) Zeitlicher Zusammenhang

Der zeitliche Zusammenhang ergibt sich aus der Tatsache, dass nach der hier vertretenen Meinung der zeitliche Anknüpfungspunkt für das Eingreifen der Regeln zum Kapitalersatz, nämlich die „Krise der Gesellschaft" (vgl. § 32 a GmbHG) und die sich daraus ergebende Kreditunwürdigkeit, weitestgehend mit dem Insolvenzauslösetatbestand der Überschuldung übereinstimmt[891].

(2) Sachlicher Zusammenhang

Darüber hinaus besteht auch ein sachlicher Zusammenhang zwischen Insolvenzrecht und Kapitalersatzrecht. Das Insolvenzverfahren dient der Verwirklichung

---

888 *Schummer*, Das Eigenkapitalersatzrecht, S. 255; *Haas*, NZI 2002, 457/ 464; *Gottwald/Haas*, Insolvenzrechts-Hdb, 2. Aufl. 2001, § 92 Rdnr. 220 ff.; *Haas* in *v.Gerkan/Hommelhoff*, Hdb des Kapitalersatzrechts, 2. Aufl. 2002, Rdnr. 15.15 f.

889 *Haas*, NZI 2001, 1 ff.; *ders.* NZI 2002, 457/ 465 f.; *ders*, in *v.Gerkan/Hommelhoff*, Hdb des Kapitalersatzrechts, 2. Aufl. 2002, Rdnr. 1517; *Fastrich* in: Festschrift Zöllner, S. 143.

890 Vgl. *K.Schmidt*, ZIP 1999, 1821/ 1827; *Scholz/K.Schmidt*, GmbHG, 9. Aufl. 2000, §§ 32 a, b Rdnr. 167; *Lutter/ Hommelhoff*, GmbHG, 15. Aufl. 2000, §§ 32 a, b Rdnr. 133; *Nerlich/Römermann*, InsO, 1999, § 135 Rdnr. 68.

891 Vgl. oben unter D I. und eingehend: *Haas*, NZI 2001, 1/ 5 f; *Gottwald/Haas*, Insolvenzrechts-Hdb, 2. Aufl. 2001, § 92 Rdnr. 220 ff.; *Haas/Dittrich*, in *v.Gerkan/Hommelhoff*, Hdb des Kapitalersatzrechts, 2. Aufl. 2000, Rdnr. 8.30 ff.; a.A: die h.M., die das Stadium der Kreditunwürdigkeit als einen Zeitraum vor Eintritt der Insolvenzreife einordnet: BGH ZIP 1997, 1648; OLG Düsseldorf, GmbHR 1999, 1093/ 1040; *Gehrlein*, NZG 1998, 845/ 846.

einer gleichmäßigen gemeinschaftlichen Befriedigung der Gläubiger, wobei im Rahmen des Insolvenzverfahrens die insolvenzrechtliche Haftungsordnung durch den Übergang der Verwaltungs- und Verfügungsbefugnis auf den Insolvenzverwalter sowie durch das Verbot der Einzelzwangsvollstreckung realisiert wird.

Im Vorfeld des Insolvenzverfahrens dagegen besteht die Gefahr, dass der Zweck der insolvenzrechtlichen Haftungsordnung dadurch vereitelt wird, dass der Insolvenzantrag zu spät und erst dann gestellt wird, wenn sich das Schuldnervermögen infolge der Verzögerung schon erheblich vermindert hat[892]. Ergänzend dienen daher die Anfechtungsregeln der §§ 129 ff InsO[893] sowie die Antragspflicht des Geschäftsführers (vgl. §§ 64 GmbHG, 92 Abs. 1 AktG, 130 a HGB) dazu, die insolvenzrechtliche Haftungsordnung schon im besonders sensiblen zeitlichen Vorfeld[894] der Insolvenzeröffnung abzusichern.

Anknüpfungspunkte dieser Regeln zum Schutz der Gläubigergesamtheit ist die Gefahr, dass einzelne Personen einen Informationsvorsprung hinsichtlich der Vermögenssituation der Gesellschaft bewusst dazu ausnutzen können, um auf das Schuldnervermögen noch vor Insolvenzeröffnung einzuwirken und damit die gleichmäßige Gesamtgläubigerbefriedigung zu eigenen Gunsten zu gefährden[895].

Verschafft sich beispielsweise ein Gläubiger der Gesellschaft aufgrund eines Informationsvorsprungs eine Sicherung seiner Forderung im unmittelbaren Vorfeld der Insolvenzeröffnung, wird die insolvenzrechtliche Haftungsordnung durch eine Vorteilsabschöpfung beim Gläubiger über die Anfechtungsrechte der §§ 129 ff. InsO erreicht[896]. Die Antragspflicht bietet dagegen Schutz gegen die gesellschaftsrechtliche Einwirkung des Geschäftsführers auf das Schuldnervermögen, wenn der Insolvenzantrag hinauszögert wird.

---

892 Zu den Gründen der Verzögerung auf Gläubigerseite vgl. *Schildbach*, DB 1983, 2128/ 2133.

893 Zur Insolvenzanfechtung als Vorverlagerung der Gläubigergleichbehandlung vgl. *Häsemeyer*, KTS 1962, 507/ 526; FK-*Dauernheim*, InsO, 3. Aufl. 2002, § 129 Rdnr. 1.

894 Vgl. oben unter D; vgl. auch FK-*Schmerbach*, InsO, 3. Aufl. 2002, § 21 Rdnr. 1; HK-*Kirchhof*, InsO, 3. Aufl. 2003, § 21 Rdnr. 2; MüKoInsO/*Haarmeyer*, 2001, § 21 Rdnr. 1.

895 *Haas*, NZI 2001, 1/ 7.

896 *Häsemeyer*, Insolvenzrecht, 3. Aufl. 2003, Rdnr. 21.02; *Smid*, Grundzüge des neuen Insolvenzrechts, 4. Aufl. 2002, § 14 Rdnr. 18.

Dagegen besteht im Falle der rechtsgeschäftlichen Einwirkung des Gesellschafters auf das Gesellschaftsvermögen durch die Zuführung von Kreditmitteln zur Fortführung der insolventen Gesellschaft und damit einhergehend zur Verzögerung der Eröffnung eines Insolvenzverfahrens – abgesehen von den Regeln zum Kapitalersatz – eine Schutzlücke[897].

Die an sich einschlägigen Anfechtungsvorschriften der §§ 129 ff. InsO bieten in diesem Fall keinen hinreichenden Schutz der Gesamtgläubigerschaft. Denn die Situation eines „normalen" Gläubigers, der aufgrund seiner Kenntnis von der Krise der Gesellschaft nicht einen eigenen Insolvenzantrag gegen den Schuldner stellt, sondern versucht, eine Sicherung oder Befriedigung seiner Forderung zu erreichen, ist hinsichtlich seines Informationsstandes bzw. seiner Informationsmöglichkeiten nicht zu vergleichen mit dem Gesellschafter, der einen laufenden und umfassenden Einblick in die Vermögenslage der Gesellschaft hat (vgl. § 51 a GmbHG)[898]. Der für die Ausgestaltung des Anfechtungsrechts der §§ 129 ff InsO wesentliche Gesichtspunkt, dass ein Gläubiger grundsätzlich auch noch im nahen zeitlichen Umfeld der Insolvenzeröffnung auf die verbliebene Privatautonomie des Schuldners vertrauen darf[899], kommt vor allem durch die zeitliche Begrenzung des Anfechtungsrechts (bis zu drei Monate vor Antragstellung) zum Ausdruck. Dieses Spannungsverhältnis[900] von insolvenzrechtlicher Haftungsordnung und Vertrauen auf die Privatautonomie ist gegenüber dem voll informierten Gesellschafter nicht gegeben und damit unpassend.

Das Kapitalersatzrecht dient folglich neben den Anfechtungsvorschriften und der Insolvenzantragspflicht dazu, in der Phase nach Eintritt des Insolvenztatbestandes bis zur tatsächlichen Eröffnung des Insolvenzverfahrens eine Gläubigerschädigung dort zu verhindern und damit die insolvenzrechtliche Haftungsordnung sicherzustellen, wo das Anfechtungsrecht und die Insolvenzantragspflicht keinen adäquaten Schutz der Gläubiger gewähren.

Die insoweit bestehende Schutzlücke zulasten der insolvenzrechtlichen Haftungsordnung rechtfertigt die Umqualifizierung des Gesellschafterdarlehens in Eigenkapital, wenn der Gesellschafter in Ausnutzung seines Informationsvor-

---

[897] *Haas*, NZI 2001, 1/ 8.

[898] *Haas*, NZI 2001, 1/ 8

[899] *Häsemeyer*, Insolvenzrecht, 3. Aufl. 2003, Rdnr. 21.03.

[900] Zu den unterschiedlichen Interessen vgl. *Kübler/Prütting/Paulus*, InsO, Stand: 10/2003, § 129 Rdnr. 4 ff.; *Paulus*, ZInsO 1999, 242

sprungs rechtsgeschäftlich auf das Vermögen der Gesellschaft einwirkt und damit die gleichmäßige Befriedigung der Gläubiger gefährdet.

4. Ausdehnung des Eigenapitalersatzrechts auf den eingetragenen Verein

a) Eigenkapitalersatz als rechtsformunabhängiges Schutzrecht

Nach der hier vertretenen Auffassung beruht der Normzweck des Eigenkapitalersatzrechts nicht auf spezifisch kapitalgesllschaftsrechtlichen Erwägungen, sondern auf einem allgemeinen Zusammenhang mit der insolvenzrechtlichen Haftungsordnung. Folglich kommt eine rechtsformübergreifende Anwendung der Regeln zum Kapitalersatz in Betracht und damit auch die analoge Anwendung der Regeln zum Kapitalersatz auf den eingetragenen Verein, soweit eine entsprechende Regelungslücke besteht[901].

b) Regelungslücke

Auch beim eingetragenen Verein gibt es neben der Antragspflicht des Vorstands gemäß § 42 Abs. 2 Satz 1 BGB und den allgemeinen Anfechtungsregeln der § 129 ff InsO im Hinblick auf die rechtsgeschäftliche Einwirkung auf das Vereinsvermögen in der Phase zwischen der Entstehung des Insolvenztatbestandes und der Insolvenzeröffnung keine besonderen Schutzbestimmungen, die dem besonderen Informationsvorsprung Einzelner gerecht wird, so dass insoweit eine Regelungslücke besteht.

c) Tatbestand

Die rechtsformneutrale Anerkennung eigenkapitalersetzender Darlehen bedeutet nicht zwangsläufig die schematische Übertragung der speziell zur GmbH entwickelten tatbestandlichen Voraussetzungen und Rechtsfolgen. Letztere sind vielmehr unter Berücksichtigung der Eigenheiten der jeweiligen Rechtsform in angemessener Form zu modifizieren[902].

---

[901] Die Anwendbarkeit ebenso bejahend, aber mit anderer Begründung: *Scholz/K.Schmidt*, GmbHG, 9. Aufl. 2000, § 32 a, b Rdnr. 22; *ders.* Gesellschaftsrecht, 4. Aufl. 2002, § 18 III 4 a.

[902] *Bayer* in: *von Gerkan/Hommelhoff*, Hdb des Kapitalersatzrechts, 2. Aufl. 2002, Rdnr. 11.4.

aa) Gewährung oder Stehenlassen eines Darlehens

Dem dargestellten Normzweck entsprechend erfassen die Regeln zum Kapitalersatz sämtliche rechtsgeschäftlichen Einflussnahmen auf das Vermögen des Vereins, die in der Zeit zwischen Insolvenzeintritt (Krise bzw. Kreditunwürdigkeit des Vereins) und Insolvenzeröffnung erfolgen und die Gläubigergesamtheit schädigen. Rechtshandlungen in diesem Sinne sind sowohl die Gewährung als auch die Tilgung dieser Darlehen.

Das Stehenlassen eines Darlehens unterfällt dem Tatbestand dagegen nur, wenn es auf einer ausdrücklichen oder konkludenten[903] rechtsgeschäftlichen Vereinbarung gleich welcher Art beruht[904]; allein die Tatsache, dass Fremdmittel nicht abgezogen werden, ist dagegen nicht ausreichend[905].

bb) Eröffnung des Insolvenzverfahrens

Die Verstrickung dieser Darlehen erfolgt analog § 32 a GmbHG erst mit Eröffnung des Insolvenzverfahrens über das Vermögen des Vereins. Eine kapitalersatzrechtliche Bindung der Darlehen unabhängig von der Durchführung eines Insolvenzverfahrens analog § 30 GmbHG kommt dagegen nicht in Betracht. Zum einen fehlt es beim Verein schon am Anknüpfungspunkt eines gesetzlich festgelegten Stammkapitals, da ein solches für den Verein nicht vorgesehen ist. Zum anderen ist eine analoge Anwendung der §§ 30, 31 GmbHG nicht ohne weiteres mit dem hier vertretenen Normzweck des Kapitalersatzrechts zu vereinbaren[906], da die insolvenzrechtliche Haftungsordnung erst im Hinblick auf die Durchführung eines Insolvenzverfahrens eines Schutzes bedarf, dann aber unabhängig von der Höhe der zugeführten Finanzmittel.

---

[903] *Scholz/K.Schmidt*, GmbHG, 9. Aufl. 2000, § 32 a, b Rdnr. 50; *Hachenburg/Ulmer*, GmbHG, 8. Aufl. 1992, § 32 a, b Rdnr. 30 f.; *Ulmer*, ZIP 1984, 1163/ 1169 ff.

[904] Vgl. zu den verschiedenen Formen der Finanzierungsabrede: *Johlke/Schröder*, in: *v.Gerkan/Hommelhoff*, Hdb des Kapitalersatzrechts, 2. Aufl. 2002, Rdnr. 5.81 f.

[905] *Johlke/Schröder*, in: *v.Gerkan/Hommelhoff*, Hdb des Kapitalersatzrechts, 2. Aufl. 2002, Rdnr. 5.85; vgl. auch: *Hachenburg/Ulmer*, GmbHG, 8. Aufl. 1992, § 32 a, b Rdnr. 91; *Ulmer*, ZIP 1984, 1163/ 1171 f.; a.A: BGH, ZIP 1985, 1075/ 1076; BGH, ZIP 1988, 1248/ 1253; BGH, ZIP 1995, 23.

[906] *Haas*, NZI 2001, 1/ 9; *Fastrich*, in Festschrift Zöllner, S. 143, 155 ff.

cc) *Ausnutzen eines Informationsvorsprungs und persönlicher Anwendungsbereich*

Der besondere Verantwortungsbeitrag, der durch die Bindung des Darlehens über die Regeln zum Kapitalersatz realisiert wird, ist nur dann zu rechtfertigen, wenn der Darlehensgeber zunächst überhaupt über einen besonderen Informationsvorsprung verfügt, demgegenüber die Anfechtungsregeln der §§ 129 ff. InsO einen nur unzureichenden Schutz im Hinblick auf die Verwirklichung der insolvenzrechtlichen Haftungsordnung bieten; zum anderen muss der Kreditgeber gerade unter Ausnutzung dieses Informationsvorsprungs das Rechtsgeschäft mit dem Verein getätigt haben.

(1) Besondere Möglichkeit der Informationsbeschaffung

Die besondere Möglichkeit der Informationsbeschaffung bietet im GmbH-Recht das Auskunfts- und Einsichtsrecht des GmbH-Gesellschafters gemäß § 51 a GmbHG. Ein derart weitreichendes Auskunftsrecht existiert im Vereinsrecht nicht. Allerdings hat das einzelne Vereinsmitglied analog § 131 AktG ein allgemeines Auskunftsrecht[907], welches in der Regel in der Mitgliederversammlung geltend gemacht werden kann[908]. Auch dieses Auskunftsrecht kann die Grundlage eines hinreichenden Informationsvorsprungs sein, jedenfalls im Vergleich zu der Informationsmöglichkeit des vereinsfremden Dritten, auf den das Anfechtungsrecht der §§ 129 ff. InsO zugeschnitten ist.

Darüber hinaus hat der Vereinsvorstand als Leitungsorgan des Vereins ein umfassendes Recht zur Information über die Vermögenslage des Vereins. Dieses Recht besteht unabhängig von einer etwaigen Übertragung der Geschäftsführung des Vereins auf ein anderes Vereinsorgan und folgt schon aus der persönlichen Verpflichtung jedes einzelnen Vorstands zur Insolvenzantragstellung gemäß § 42 Abs. 2 Satz 1 BGB, deren Erfüllung ohne ein umfassendes Informationsrecht des Vorstands unmöglich wäre[909].

---

[907] MüKo/*Reuter*, BGB, 4. Aufl. 2001, § 27 Rdnr. 21; *Reichert*, Hdb des Vereins- und Verbandsrechts, 9. Aufl. 2003, Rdnr. 885; *Grunewald*, ZIP 1989, 962/ 963.

[908] Das Auskunftsrecht kann außerhalb der Mitgliederversammlung vom Vorstand verweigert werden: MüKo/*Reuter*, BGB, 4. Aufl. 2001, § 27 Rdnr. 19.

[909] Dazu vgl. oben unter D II. 1. b).

(2) Ausnutzen des Informationsvorsprungs

Allein das Bestehen einer besonderen Möglichkeit zur Informationsbeschaffung aufgrund der Vereinsmitgliedschaft bzw. aufgrund der Stellung als Vereinsvorstand reicht jedoch nicht aus, um eine eigenkapitalersatzrechtliche Bindung des gewährten Darlehens rechtfertigen zu können. Sanktionswürdig ist die rechtsgeschäftliche Einwirkung auf das Vereinsvermögen vielmehr erst dann, wenn der Informationsvorsprung auch zu Ungunsten der Gläubigergesamtheit ausgenutzt wird[910]. Andererseits wird im Einzelfall schwer feststellbar sein, ob ein Darlehensgeber tatsächlich einen Informationsvorsprung ausgenutzt hat. Fraglich ist daher, unter welchen Voraussetzungen das Ausnutzen des Informationsvorsprungs angenommen werden kann.

Dass mit der Einräumung eines Auskunftsrechts nicht automatisch das Ausnutzen eines Informationsvorsprungs und damit das Eingreifen der Regeln zum Kapitalersatz vermutet werden darf, zeigt die Regelung des § 32 Abs. 3 Satz 2 GmbHG[911]. Sie bestimmt, dass Darlehen von den Rechtsfolgen des Eigenkapitalersatzrechts nicht umfasst werden, wenn sie von Gesellschaftern gewährt werden, die keine geschäftsführende Stellung einnehmen und mit 10 % oder weniger am Stammkapital der Gesellschaft beteiligt sind. Eine ähnliche Einschränkung nimmt die Rechtsprechung im Hinblick auf den Aktionär vor, der an der AG unterhalb der Sperrminorität von 25 % beteiligt ist[912]. Andererseits lässt sich aus der Bestimmung folgern, dass jedenfalls dann, wenn eine „unternehmerische" Gesellschafterbeteiligung des Kreditgebers vorliegt, ein Ausnutzen des Informationsvorsprungs typischerweise gegeben ist[913].

Diese Typisierung ist allerdings für den Verein unbrauchbar, da es bei ihm keine unternehmerischen Beteiligungen gibt. Das Auskunftsrecht des § 31 AktG analog der Vereinsmitglieder ist dagegen für sich genommen nicht stark genug, um die Vermutung eines Ausnutzens des Informationsvorsprungs ohne das Bestehen eines unternehmerischen Interesses zu begründen, so dass die Anwendung der

---

910 *Gottwald/Haas*, Insolvenzrechts-Hdb, § 92 Rdnr. 266; *Haas*, NZI 2002, 457/ 459.

911 *Haas*, NZI 2002, 457/ 459.

912 BGH, ZIP 1984, 572; *Hüffer*, AktG, 5. Aufl. 2002, § 57 Rdnr. 18; KölnKom/*Lutter*, AktG, § 57 Rdnr. 93; *Kübler/Prütting/Noack*, InsO, Sonderband 1: Gesellschaftsrecht, 1999, Rdnr. 11.7.

913 *Haas*, NZI 2002, 457/ 459 f.

Regeln zum Kapitalersatz bei einem Darlehen des einfachen Vereinsmitgliedes nicht in Betracht kommt.

Der Vorstand eines Vereins hat dagegen nicht nur ein umfassendes Recht, sich jederzeit über die wirtschaftliche Lage des Vereins zu unterrichten, sondern er hat zudem die Pflicht, die Vermögenssituation des Vereins beständig zu prüfen. Diese Rechts- und Machtposition des Vorstandes rechtfertigt, unabhängig vom Bestehen einer unternehmerischen Beteiligung, die Annahme, dass der Vorstand eine Finanzierungsentscheidung typischerweise unter Ausnutzung des durch die Organstellung vermittelten Informationsvorsprungs trifft. Folglich werden Darlehen eines Vereinsvorstands an den Verein in der Krise vom Kapitalersatzrecht erfasst.

(3) Doppelstellung des Vorstands

Die Rechtsprechung stellt im Rahmen des Kapitalgesellschaftsrechts darauf ab, dass der kreditgewährende „Dritte" auch vermögensmäßig an der unterstützten Gesellschaft beteiligt ist. Das setzt voraus, dass er eine Doppelstellung innehat, nämlich als Gesellschafter oder jedenfalls als Quasi-Gesellschafter und gleichzeitig als außenstehende Person.

Übertragen auf den Verein setzt eine entsprechende Doppelstellung des Vorstands voraus, dass der Vorstand gleichzeitig Vereinsmitglied ist und die Satzung für den Fall der Vereinsauflösung den Anfall des Vereinsvermögens zugunsten der Vereinsmitglieder bzw. des Vorstands vorsieht.

dd) Subjektiver Tatbestand

Die Regeln zum Kapitalersatzrecht greifen der h.M. nach unabhängig von subjektiven Voraussetzungen ein, soweit es um die Gewährung eines Darlehens geht[914].

Im Falle des Stehenlassens eines Kredits verlangt die h.M. dagegen in subjektiver Hinsicht, dass der Kreditgeber die Krise der Gesellschaft hätte erkennen

---

[914] Zur subjektiven Voraussetzung der Erkennbarkeit der Krise: BGH, ZIP 1980, 115/ 116 f.; *Scholz/K.Schmidt*, GmbHG, 9. Aufl. 2000, § 32 a, b Rdnr. 44, 56; *Hachenburg/Ulmer*, GmbHG, 7. Aufl. 1997, § 32 a, b Rdnr. 56.

können[915]. Aufgrund der Pflicht des Vorstands, sich im Hinblick auf die Insolvenzantragspflicht ständig über die Vermögenslage des Vereins zu informieren, ist nach h.M. allerdings davon auszugehen, dass der Vorstand die Krise hätte erkennen können. Will der Vorstand einwenden, dass er die Krise (ausnahmsweise) nicht habe erkennen können, obliegt es dem Vorstand, die dafür maßgeblichen, ganz besonderen Umstände darzulegen und zu beweisen[916].

d) Rechtsfolgen

Die Verstrickung des Darlehens eines Vorstands durch die Regeln zum Kapitalersatz hat zur Folge, dass Rückzahlungsansprüche im Hinblick auf das gewährte Darlehen im Insolvenzverfahren des Vereins nur als nachrangige Insolvenzforderungen analog § 39 Abs. Nr. 5 InsO geltend gemacht werden können.

Im Falle der Rückzahlung eines eigenkapitalersetzenden Darlehens an den Darlehensgeber kann der Insolvenzverwalter in analoger Anwendung der §§ 135 InsO, 6 AnfG die Rückzahlung des Darlehens anfechten[917]. Tut er dies rechtzeitig im Rahmen der zweijährigen Anfechtungsfrist (vgl. § 146 Abs. 1 InsO), hat der Darlehensgeber das zurückgezahlte Darlehen gemäß § 143 InsO in die Masse zu zurückzuerstatten.

Das Darlehen wird dagegen wieder entsperrt, wenn es dem Verein gelingt, die wirtschaftliche Krise, die zur Einordnung des Darlehens als kapitalersetzend geführt hat, nachhaltig zu überwinden[918].

---

915 BGH, ZIP 1994, 1934/ 1938; *Johlke/Schröder*, in: *v.Gerkan/Hommelhoff*, Hdb des Kapitalersatzrechts, 2. Aufl. 2002, Rdnr. 5.92; a.A: *Altmeppen* , ZIP 1994, 1939 ff; *Roth/Altmeppen*, GmbHG, 3. Aufl. 1997, § 32 a Rdnr. 20 f.; *v.Gerkan*, GmbHR 1996, 400/ 401 f.

916 BGH ZIP 1992, 618/ 620; BGH ZIP 1994, 1943/ 1938 f.; vgl. auch *Johlke/Schröder*, in: *v.Gerkan/Hommelhoff*, Hdb des Kapitalersatzrechts, 2. Aufl. 2002, Rdnr. 14.68.

917 *Scholz/K.Schmidt*, GmbHG, 9. Aufl. 2000, §§ 32a, b Rdnr. 22; vgl.: *v.Gerkan*, in: *v.Gerkan/Hommelhoff*, Hdb des Kapitalersatzrechts, 2. Aufl. 2002, Rdnr. 3.148 ff.

918 *v.Gerkan*, in: *v.Gerkan/Hommelhoff*, Hdb des Kapitalersatzrechts, 2. Aufl. 2002, Rdnr. 3.95 ff.; *Scholz/K.Schmidt*, GmbHG, 9. Aufl. 2000, § 32 a, b Rdnr. 54; *Lutter/ Hommelhoff*, GmbHG, 15. Aufl. 2000, § 32 a, b Rdnr. 101.

5. *Exkurs: Passivierungspflicht eigenkapitalersetzender Darlehen im Insolvenzstatus des Vereins*

Die eigenkapitalähnliche Vermögensbindung eigenkapitalersetzender Darlehen führt zu der Frage, ob diese Darlehen trotz ihrer besonderen Bindung als funktionales Eigenkapital im Insolvenzstatus des Vereins als Verbindlichkeiten zu passivieren sind. Die Frage nach der Passivierungspflicht dieser Darlehen stellt sich nicht nur für den Insolvenzauslösetatbestand der Überschuldung, sondern ebenso im Falle der Zahlungsunfähigkeit[919]. Fraglich ist insofern, ob eigenkapitalersetzende Darlehen bei der Feststellung der Zahlungsunfähigkeit im entsprechenden Insolvenzstatus bei den zum Stichtag fälligen Verbindlichkeiten auf der Passivseite zu berücksichtigen sind[920].

a) Erfordernis eines ausdrücklichen Rangrücktritts

In der Frage der Passivierungspflicht eigenkapitalersetzender Leistungen im Insolvenzstatus eines Vermögensträgers herrschte seit jeher Uneinigkeit[921]. Mittlerweile hat der BGH durch seine Grundsatzentscheidung vom 08. Januar 2001 die bislang schon h.M. bestätigt, wonach eigenkapitalersetzende Darlehen im Überschuldungsstatus einer Gesellschaft grundsätzlich zu passivieren sind, solange der Kreditgeber keine Rangrücktrittserklärung abgegeben hat[922].

Anknüpfend an die Diskussion zum Rangrücktritt lässt sich sagen, dass die ausdrückliche Benennung eigenkapitalersetzender Leistungen in § 39 Abs. 1 Nr. 5 InsO keine Schlussfolgerungen auf eine Passivierungspflicht zulässt[923]. Die Lö-

---

[919] *Gottwald/Haas*, Insolvenzrechts-Hdb, 2. Aufl. 2001, § 92 Rdnr. 255; *Haas*, NZI 1999, 209.

[920] Zur Feststellung der Zahlungsunfähigkeit vgl. oben unter F III. 1. a).

[921] Überblick bei *Beintmann*, Eigenkapitalersetzende Gesellschafterdarlehen im Überschuldungsstatus, 1998, S. 53 ff.; vgl. auch die Nachweise bei BGH, ZIP 2001, 235/ 236 f.; *v.Gerkan/Hommelhoff/Kleindiek*, Hdb des Kapitalersatzrechts, 1. Aufl. 2000, Rdnr.7.28 ff.

[922] BGHZ 146, 264 = BGH, ZIP 2001, 235.

[923] *Gottwald/Haas*, Insolvenzrechts-Hdb, 2. Aufl. 2001, § 92 Rdnr. 258; *K.Schmidt*, GmbHR 1999, 9/ 11; a.A: *Beintmann*, BB 1999, 1543/ 1548; *Hess/Weiss/Wienberg*, InsO, 2. Aufl. 2001, § 19 Rdnr. 41; *Kübler/Prütting/Pape*, InsO, Stand: 10/2003, § 19 Rdnr. 14, FK-*Schmerbach*, InsO, 3. Aufl. 2002, § 19 Rdnr. 18.

sung muss sich vielmehr aus dem Sinn und Zweck der Insolvenzauslösetatbestände erschließen[924].

Das Bestehen eines Insolvenztatbestands gibt den Hinweis darauf, dass ein Verteilungskonflikt unter den Gläubigern besteht, der daraus resultiert, dass das Schuldnervermögen nicht ausreicht, um alle Gläubigerforderungen befriedigen zu können. Die Tatsache, dass Forderungen auf Rückgewähr eigenkapitalersetzender Gesellschafterleistungen gemäß § 39 Nr. 5 InsO erst nachrangig, d.h. nach Befriedigung aller anderen Gläubiger, zu erfüllen sind, spricht gegen eine Passivierungspflicht, da der Verteilungskonflikt insoweit nicht verschärft wird[925].

Dieser ökonomischen Funktion der Auslösetatbestände stehen allerdings auch gewichtige rechtliche Aspekte gegenüber. Aufgrund der Tatsache, dass das Insolvenzverfahren nur auf Antrag des Schuldners oder eines Gläubigers eröffnet werden kann, ist zu verlangen, dass die Auslösetatbestände nicht nur einen ökonomisch sinnvollen Antragszeitpunkt festlegen, sondern dass sie daneben auch rechtlich greifbaren Kriterien unterliegen. Nur unter dieser Voraussetzung ist die Möglichkeit gewährleistet, dass der Eintritt der Insolvenzreife für den Antragsteller, vorliegend also für den Vereinsvorstand als das antragsverpflichtete Vertretungsorgan, hinreichend erkennbar ist[926].

Wären demnach eigenkapitalersetzende Leistungen *nicht zu passivieren*, obläge dem Vereinsvorstand im Einzelfall die haftungsbewährte Entscheidung, ob ein bestimmter Kredit als eigenkapitalersetzend zu qualifizieren ist und ob daraus folgend gegebenenfalls eine Antragspflicht besteht. Die Entscheidung darüber ist aber aufgrund der mit den tatbestandlichen Voraussetzungen des Kapitalersatzrechts einhergehenden Unwägbarkeiten mit einem großen Fehleinschätzungsrisiko verbunden[927].

---

[924] *Gottwald/Haas*, Insolvenzrechts-Hdb, 2. Aufl. 2001, § 92 Rdnr. 258; *Haas*, NZI 1999, 209/ 211.

[925] So auch: *v.Gerkan/Hommelhoff/ Kleindiek*, Hdb des Kapitalersatzrechts, 2. Aufl. 2002, Rdnr. 7.30; *Hachenburg/Ulmer*, 8. Aufl. 1997, § 63 GmbHG Rdnr. 46 a; *Lutter/ Hommelhoff*, GmbHG, 15. Aufl. 2000, § 64 Rdnr. 17 c; *Baumbach/Hueck/Schulze-Osterloh*, GmbHG, 17. Aufl. 2000, § 64 Rdnr. 18; OLG München, NJW 1994, 3112.

[926] Vgl.: BGH ZIP 2001, 235/ 237 f.; *Gottwald/Haas*, Insolvenzrechts-Hdb, 2. Aufl. 2001, § 92 Rdnr. 258; *Haas*, NZI 1999, 209/ 213 f.

[927] *Gottwald/Haas*, Insolvenzrechts-Hdb, 2. Aufl. 2001, § 92 Rdnr. 258; *Haas*, NZI 1999, 209/ 212 f.

Diesem Risiko, welches sich vor allem in der Haftungsgefahr für den Vorstand ausdrückt, ist dadurch zu begegnen, dass im Interesse der Rechtssicherheit der Vorstand des Vereins als Antragsverpflichteter von der Prüfung der Voraussetzungen des Kapitalersatzrechts vollständig entbunden wird[928]. Daraus folgt, dass Leistungen an den Verein, auch wenn sie den Regeln des Kapitalersatzrechts unterfallen könnten, grundsätzlich im Insolvenzstatus des Vereins zu passivieren sind[929]. Erst wenn die bestehenden Unsicherheiten durch die Abgabe einer Rangrücktrittserklärung beseitigt sind, entfällt die Passivierungspflicht[930].
Dass damit einer verfrühten Insolvenzauslösung Vorschub geleistet werden könnte, ist aus statistischer Sicht nicht zu befürchten; andererseits würde man aber dadurch gerade dem Ziel der Insolvenzrechtsreform, die Insolvenzauslösung vorzuverlagern, entgegenkommen[931].

b) Rang der zurückgetretenen Forderung

Es bleibt die Frage, welchen Rang die subordinierte Forderung im Falle der Durchführung eines Insolvenzverfahrens haben muss, damit die gewünschte Rechtsfolge eintritt.

Ausreichend ist auch hier die ausdrückliche Vereinbarung, dass die betroffene Forderung erst nach allen anderen einfachen Insolvenzgläubigern und damit

---

[928] Vgl. BGH, ZIP 2001, 235/ 237 f.; *Scholz/K.Schmidt*, GmbHG, 9. Aufl. 2002, § 64 Rdnr. 32; *Gottwald/Haas*, Insolvenzrechts-Hdb, 2. Aufl. 2001, § 92 Rdnr. 258; *Haas*, NZI 1999, 209/ 214; *Nerlich/Römermann/Mönning*, InsO, 1999, § 19 Rdnr. 38.

[929] Vgl. für die GmbH: BGH, NJW 2001, 1280/ 1281; *Gottwald/Haas*, Insolvenzrechts-Hdb, 2. Aufl. 2001, § 92 Rdnr. 258; *Scholz/K.Schmidt*, GmbHG, 9. Aufl. 2000, §§ 32 a, b Rdnr. 63; *Uhlenbruck*, in *K.Schmidt/Uhlenbruck*, Die GmbH in Krise, Sanierung und Insolvenz, 3. Aufl. 2003, Rdnr. 919; OLG Düsseldorf, GmbHR 1999, 615/ 617; mit anderer Begründung: BGH, ZIP 2001, 235/ 237 f.; a.A: *Teller*, Rangrücktrittsvereinbarungen zur Vermeidung der Überschuldung einer GmbH, 2. Aufl. 1995, S. 85 ff.; *Baumbach/Hueck/ Schulze-Osterloh*, 17. Aufl. 2000, GmbHG, § 64 Rdnr. 18; *Lutter/Hommelhoff*, GmbHG, 15. Aufl. 2000, § 64 Rdnr. 17 ff.; *v.Gerkan/Hommelhoff/Kleindiek*, Hdb des Kapitalersatzrechts, 2. Aufl. 2002, Rdnr. 7.30.

[930] BGH, ZIP 2001, 235; *Müller/Haas*, in Kölner Schrift zur InsO, 2. Aufl. 2000, S. 1799/ 1815; *Scholz/Schmidt*, GmbHG, 9. Aufl. 2002, § 64 Rdnr. 32, *ders.*, GmbHR 1999, 9/13 ff.; a.A: *Nerlich/Römermann/Mönning*, InsO, 1999, § 19 Rdnr. 38; *Kübler/Prütting/ Holzer*, InsO, Stand: 10/2003, § 39 Rdnr. 22a; *Lutter/Hommelhoff*, GmbHG, 15. Aufl. 2000, § 64 Rdnr. 17 c *v.Gerkan/Hommelhoff/Kleindiek*, Hdb des Kapitalersatzrechts, 2. Aufl. 2002, Rdnr. 7.30.

[931] *Müller/Haas*, in Kölner Schrift zur InsO, 2. Aufl. 2000, S. 1799, 1816.

nur nachrangig im Sinne des § 39 Abs. 1 InsO beglichen werden soll. Damit wird im Hinblick auf ein mögliches Eingreifen der Regeln zum Kapitalersatz dem Erfordernis der Rechtssicherheit genügt, und die Notwendigkeit der Passivierung entfällt wie bei allen nachrangigen Forderungen. Unterfällt die zurückgetretene Forderung daneben (tatsächlich) den Regeln des Eigenkapitalersatzrechts, wird sie im Insolvenzverfahren im Rang des § 39 Abs. 1 Nr. 5 InsO beglichen.

Eine darüber hinausgehende Vereinbarung, dass die zurückgetretene Forderung nur im Rang des § 39 Abs. 2 InsO[932] oder sogar erst in dem des § 199 Satz 2 InsO[933] beglichen werden soll, ist nach der hier vertretenen Auffassung unter Berücksichtigung des eigentlichen Zwecks der Insolvenzauslösetatbestände dagegen nicht erforderlich[934].

IV. Der Fiskus als Anfallberechtigter

Die Vereinssatzung kann vorsehen, dass bei Auflösung des Vereins das Vereinsvermögen an den Fiskus fallen soll. Diese Rechtsfolge tritt allerdings erst nach Durchführung des Insolvenzverfahrens ein, soweit dann noch restliches Vereinsvermögen vorhanden sein sollte[935].

---

932 *Altmeppen*, ZIP 2001, 240/ 241 (Urteilsanm.); *Felleisen*, GmbHR 2001, 195/ 196 (Urteilsanmerkung).

933 So aber wohl der BGH: BGH, ZIP 2001, 235/ 236; vgl. zur entsprechenden Interpretation des Urteils bei: *Bauer*, ZInsO 2001, 486/ 491; *Bormann*, GmbHR 2001, 689/ 690/ 694; *Habersack/Mayer*, NZG 2001 365/ 366 (Urteilsanmerkung); *Paulus*, ZGR 2002, 320/ 327.

934 *v.Gerkan/Hommelhoff/Kleindiek*, Hdb des Kapitalersatzrechts, 2. Aufl. 2002, Rdnr. 7.36; *K.Schmidt*, GmbHR 1999, 9/ 12; *ders.*, ZIP 1999, 1241, 1247; *Bormann*, GmbHR 2001, 689/ 694; Wittig, NZI 2001, 169/ 173 f.; *Uhlenbruck/Uhlenbruck*, InsO, 12. Aufl. 2003, § 19 Rdnr. 70.

935 *Reichert*, Hdb des Vereins- und Verbandsrechts, 9. Aufl. 2003, Rdnr. 2037.

L Insolvenzplan

Eine besondere Ausgestaltung des Insolvenzverfahrens stellt das Insolvenzplanverfahren gemäß §§ 217 ff. InsO dar, das als „Kernstück der *neuen* Insolvenzordnung“[936] gilt.

I. Sinn und Zweck des Insolvenzplans

Nach der Vorstellung des Gesetzgebers gibt der Insolvenzplan „den Beteiligten die Möglichkeit, Insolvenzen auf der Grundlage der Gläubigerautonomie flexibel und wirtschaftlich effektiv abzuwickeln“[937]. Realisiert wird dieser Ansatz durch die Möglichkeit der Gläubiger, durch privatautonome Verhandlungen und einen abschließenden Mehrheitsbeschluss (vgl. § 244 InsO) in die Rechte der Beteiligten[938] einzugreifen, um dadurch die konkreten Inhalte des Insolvenzplanes festzulegen und damit die für sie günstigste Form der Insolvenzabwicklung zu finden[939].

Die Gläubiger können also von den starren Vorgaben der InsO bezüglich des Regelinsolvenzverfahrens abweichen[940], allerdings mit der Maßgabe, dass kein Beteiligter schlechter stehen darf , als er ohne Plan stünde[941]. Mit dem Wirksamwerden des Insolvenzplans durch die formelle Rechtskraft der Bestätigung des Insolvenzplans durch das Insolvenzgericht treten die materiellen Wirkungen, so wie sie im Insolvenzplan festgelegt wurden, unmittelbar für und gegen alle Beteiligten ein (§ 254 Abs. 1 Satz 1 InsO).

---

[936] FK-*Jaffé*, InsO, 3. Aufl. 2002, § 55 Rdnr. 28; *Maus*, in Kölner Schrift zur InsO, 2. Aufl. 2000, S. 931. *Kübler/Prütting/Otte*, InsO, Stand: 10/2003, § 217 Rdnr. 1

[937] Beschlussempfehlung und Bericht des Rechtsausschusses zum RegE, BT-Drucks. 12/7302, S. 18;

[938] Die Beteiligten sind die absonderungsberechtigten Gläubiger, die Insolvenzgläubiger und der Schuldner: *Kübler/Prütting/Otte*, InsO, Stand: 10/2003, § 217 Rdnr. 57.

[939] Zu den Problemen des Planverfahrens in der Praxis vgl. *Wellensiek*, BB 2000, 6 ff.; *Kußmaul/Steffan*, DB 2000, 1849; *Grub*, AnwBl. 2000, 580/ 581; *v.Leoprechting*, DZWIR 2000, 67 ff.

[940] *Kübler/Prütting/Otte*, InsO, Stand: 10/2003, § 217 Rdnr. 32, 35; FK-*Jaffé*, InsO, 3. Aufl. 2002, § 217 Rdnr. 31b f.; *Uhlenbruck*, Das neue Insolvenzrecht, 1997, S. 104, *Häsemeyer*, Insolvenzrecht, 3. Aufl. 2003, Rdnr. 28.03.

[941] *Maus*, in Kölner Schrift zur InsO, 2. Aufl. 2000, S. 931.

Ziel des Insolvenzplanes kann sowohl die Abwicklung als auch die Sanierung des Schuldnerunternehmens sein. Nach der rechtskräftigen Bestätigung des Insolvenzplans ist das Insolvenzverfahren abzuschließen (§§ 258, 259 InsO).

II. Das Planinitiativrecht

Berechtigt zur Vorlage eines Insolvenzplanes an das Insolvenzgericht sind zum einen der Verein als Schuldner und zum anderen der Insolvenzverwalter (§ 218 Abs. 1 Satz 1 InsO). Der Insolvenzplan kann dabei nur bis zum Schlusstermin berücksichtigt werden (§ 218 Abs. 1 Satz 3 InsO). Daneben kann der Insolvenzverwalter auch von der Gläubigerversammlung dazu beauftragt werden, einen Insolvenzplan auszuarbeiten (§ 218 Abs. 2 InsO), wobei dem Insolvenzverwalter darin bestimmte Zielvorgaben gemacht werden können (§ 157 S. 2 InsO).

III. Vereinssanierung mittels Insolvenzplan

Der Insolvenzplan ist, wie sich aus § 1 InsO ergibt, vor allem als Mittel zur Sanierung des Schuldnervermögens vorgesehen.

1. Vorteile des Insolvenzplanverfahrens

Der Entwurf eines Insolvenzplanes bietet sich auch für die Sanierung eines Sportvereins an[942]. Insolvente Sportvereine sind in der Regel hoch verschuldet, so dass eine Sanierung nur dann in Betracht zu ziehen ist, wenn die Vereinsgläubiger den Verein entschulden, indem sie auf einen Großteil ihrer Forderungen verzichten, und wenn gleichzeitig der Spiel- und Wettkampfbetrieb fortgesetzt wird.

Ein Insolvenzplan lässt entsprechende Eingriffe in Rechtspositionen der Gläubiger zu, so lange eine Gleichbehandlung der einzelnen Gläubiger in den verschiedenen Gläubigergruppen gewährleistet ist und die Gläubiger nicht durch ein Regelinsolvenzverfahren besser gestellt würden. Der Insolvenzplan setzt da-

---

[942] Ein Insolvenzplan zur Sanierung eines Sportvereins wurde im Falle der Insolvenz der Fußballvereine Eintracht Trier e.V. und FC Homburg 08 erfolgreich abgeschlossen, wohingegen der Insolvenzplan zur Rettung des Fußballvereins FC Gütersloh e.V. an nachträglich festgestellten Steuerverbindlichkeiten scheiterte.

bei keine Mindestquote für die Gläubiger voraus. Sogar ein so genannter „Nullplan“, wonach alle Gläubiger zunächst leer ausgehen würden, wäre denkbar[943].

2. *Spezifische Probleme bei der Erstellung eines Insolvenzplans für den Sportverein*

Spezielle Probleme bei der Ausarbeitung eines Insolvenzplanes für einen Sportverein ergeben sich insbesondere aus starren verbandsseitigen Terminvorgaben. Das gilt vor allem im Hinblick darauf, dass der Insolvenzplan erst nach Beginn des Eröffnungsverfahrens vom Insolvenzverwalter erarbeitet werden soll (vgl. § 218 Abs. 2 InsO), wodurch ein latenter Konflikt entsteht zwischen den drängenden sportbezogenen Terminvorgaben und der Notwendigkeit für den Insolvenzverwalter, sich hinsichtlich der wirtschaftlichen Situation des Vereins einen genauen Überblick zu verschaffen, um einen Insolvenzplan erstellen zu können.

Die in diesem Zusammenhang wichtigsten verbandsseitig vorgegebenen Termine beziehen sich auf den Vereinswechsel von Sportlern und auf die Durchführung eines eventuellen Lizenzierungsverfahrens. Dass für den Vereinswechsel eines Sportlers bestimmte Wechselperioden zumeist im Anschluss an den Ablauf einer Wettkampfsaison bestehen, ist in nahezu allen Sportarten üblich[944]. Als Voraussetzung zur Teilnahme an den höchsten Spielklassen werden in bestimmten Sportarten zudem Lizenzen vom Spitzenverband erteilt, deren Vergabe im Lizenzierungsverfahren an das fristgerechte Einreichen bestimmter Lizenzierungsunterlagen, die im Wesentlichen Informationen zur wirtschaftlichen Situation des jeweiligen Vereins enthalten, gebunden ist[945].

Den zwingenden zeitlichen Vorgaben steht die Erkenntnis gegenüber, dass in der Regel die Sanierung eines Sportvereins nur unter gleichzeitiger Fortsetzung des Spiel- und Wettkampfbetriebes und dem Erhalt der sportlichen Qualifikation für die Teilnahme an einer bestimmten Spielklasse oder an einem bestimmten Wettbewerb möglich ist. Denn die sportliche Qualifikation des Vereins stellt sich vor allem für potentielle Sponsoren als entscheidendes Kriterium für ein

---

943 MüKoInsO/*Eidenmüller*, 2001, § 217 Rdnr. 122

944 Vgl. bspw. § 4 D Nr. 1 Leichtathletik-Ordnung DLV; § 34 Abs. 1 Spielordnung DHB; § 20 Nr. 2 und 3; in Zukunft wird es allerdings im Profi-Fußballbereich nach dem Kompromiss der EU mit der FIFA und der UEFA nur noch eine Wechselperiode geben (FAZ v. 07.03.2001, S. 46).

945 Vgl. Abschnitt II § 8 Lizenzierungsordnung Liga-Fußballverband.

finanzielles Engagement und damit für die Aussicht auf eine Rettung des Vereins dar. Die Aufrechterhaltung des Spiel- und Wettkampfbetriebes unter Beibehaltung oder Verbesserung der bisherigen sportlichen Qualifikation ist jedoch im Einzelfall von der Lizenzerteilung für die entsprechende, meist höherklassige Liga durch das zuständige Verbandsorgan abhängig.

Auf der anderen Seite müssen aber auch die Wechselperioden für die Sportler beachtet werden. Ein unter sportlichen und wirtschaftlichen Aspekten ausgearbeitetes Konzept zur Fortführung und Sanierung des Sportvereins kann nur dann Erfolg haben, wenn sichergestellt werden kann, dass auch in Zukunft leistungsstarke Sportler und Trainer dem Verein zur Verfügung stehen. Diese werden sich aber nur dann von einem Vereinswechsel bzw. einer möglichen Kündigung ihres Dienst- oder Arbeitsvertrages zur Ermöglichung eines Vereinswechsels abhalten lassen, wenn eine gewisse Wahrscheinlichkeit dafür besteht, dass der Verein weiterexistieren kann. Denn gerade für Berufssportler besteht die Gefahr, dass sie nach Ablauf einer anstehenden Wechselperiode und bei einem Scheitern der Sanierungsverhandlungen für einige Zeit ohne zahlungsfähigen Arbeitgeber dastehen.

Insofern steht der Insolvenzverwalter unter Umständen unter erheblichen Zeitdruck, um rechtzeitig ein schlüssiges Konzept mit verbindlichen Erklärungen seitens der Gläubiger, der potentiellen neuen Geldgeber und der Sportler und Trainer vorlegen zu können, damit die Sanierung mittels eines Insolvenzplanes Aussicht auf Erfolg haben kann[946].

Schwierigkeiten bereitet zudem die Tatsache, dass in publicityträchtigen Sportarten die Insolvenz eines Traditionsvereins eine erhebliche Aufmerksamkeit der Presse mit sich bringt und die notwendigen diskreten Verhandlungen des Insolvenzverwalters mit den Gläubigern und auch mit potentiellen neuen Investoren zur Vorbereitung des Insolvenzplans stört[947].

---

[946] Dem Fußballverein SV Wilhelmshaven wurde z.B. die Lizenz verweigert, nachdem die erforderliche Bankbürgschaft in Höhe von 500.000 Mark zehn Minuten nach Fristende per Fax eingetroffen war: vgl. kicker online v. 19.06.2001.

[947] Eine entsprechende Aussage machten die Insolvenzverwalter bzw. deren Sachbearbeiter in den Insolvenzfällen Eintracht Trier und FC Gütersloh.

M Eigenverwaltung

In Ausnahmefällen ist eine Abweichung vom Regelfall der Fremdverwaltung des Schuldnervermögens durch den Insolvenzverwalter (vgl. § 80 InsO) möglich[948].

§ 270 InsO sieht für diesen Fall das Institut der Eigenverwaltung des Schuldners unter Aufsicht eines Sachwalters vor, welches jedoch nur dann in Betracht kommt, wenn der Schuldner und seine Berater keine Veranlassung zu der Befürchtung geben, dass die Anordnung der Eigenverwaltung zu einer Verzögerung des Verfahrens oder zu sonstigen Nachteilen für die Gläubiger führen wird (§ 270 Abs. 2 Nr. 3 InsO). Weitere Voraussetzung ist, dass die Eigenverwaltung vom Schuldner beantragt wurde (§ 270 Abs. 2 Nr. 1 InsO) und dass der Gläubiger, sofern dieser den Insolvenzeröffnungsantrag gestellt hatte, dem Antrag des Schuldners auf Eigenverwaltung zugestimmt hat (§ 270 Abs. 2 Nr. 2 InsO)[949].

Die Durchführung des Insolvenzverfahrens in Eigenverwaltung bietet insofern Vorteile, als Kenntnisse und Erfahrungen der Vereinsführung genutzt und eine langwierige Einarbeitungszeit des vereinsfremden Insolvenzverwalters vermieden werden könnten[950]. Die Eigenverwaltung bringt zudem beträchtliche Kostenvorteile mit sich[951].

Das Institut der Eigenverwaltung soll zudem einen Anreiz für den Schuldner bieten, frühzeitig den Insolvenzantrag zu stellen, und zwar wegen der Perspektive, die Geschäftsführung auch während des Insolvenzverfahrens beibehalten zu können. Dieser Anreiz besteht insbesondere dann, wenn der Schuldner be-

---

948 Die Fremdverwaltung des Schuldnervermögens ist als Regelfall ausgestaltet: vgl. Begr. Zum Achten Teil 1. Abschnitt RegE, BR-Drucks. 1/92, S. 222, 223; *Smid/Smid*, InsO, 2. Aufl. 2002, § 270 Rdnr. 1; FK-*Foltis*, InsO, 3. Aufl. 2002, § 270 Rdnr. 2; *Bork*, Einführung in das neue Insolvenzrecht, 3. Aufl. 2002, Rdnr. 399; *Leipold*, in *ders.*, Insolvenzrecht im Umbruch, 1991, S. 168.

949 Zu den Voraussetzungen im Einzelnen vgl. FK-*Foltis*, InsO, 3. Aufl. 2002, § 270 Rdnr. 19 ff.; *Smid/Smid*, InsO, 2. Aufl. 2002, § 270 Rdnr. 7 ff; *Kübler/Prütting/Pape*, InsO, Stand: 10/2003, § 270 Rdnr. 8 ff.

950 Begr. zum Achten Teil 1. Abschnitt RegE, BR-Drucks. 1/92, S. 222, 223; *Kübler/Prütting/Pape*, InsO, Stand: 10/2003, § 270 Rdnr. 2; *Smid/Smid*, InsO, 2. Aufl. 2002, § 270 Rdnr. 1.

951 Vgl. auch § 282 Abs. 1 InsO i.V. mit § 171 InsO; Begr. Zum Achten Teil 1. Abschnitt RegE, BR-Drucks. 1/92, S. 222, 223 *Kübler/Prütting/Pape*, InsO, Stand: 10/2003, § 270 Rdnr. 2.

reits im Stadium drohender Zahlungsunfähigkeit (§ 18 InsO) einen Insolvenzantrag stellt und gleichzeitig einen „prepacked“ (vorbereiteten) Insolvenzplan (§ 218 Abs. 1 Satz 2 InsO) vorlegt und einen ausreichenden Massekostenvorschuss leistet[952].

Der Antrag auf Anordnung der Eigenverwaltung kann nur unter den oben angeführten Gründen (§ 270 Abs. 2 Nr. 3 InsO) abgelehnt werden. Aufgrund der schon geschilderten problematischen Führungsstruktur des Vereins ist wohl eher unwahrscheinlich, dass dem Vereinsvorstand ein Recht auf Eigenverwaltung zuerkannt werden kann.

Kommt es im Eröffnungsbeschluss zur Anordnung der Eigenverwaltung durch das zuständige Insolvenzgericht (§ 270 Abs.1 Satz 1 InsO), so verbleibt der Vereinsvorstand im Rahmen der allgemeinen Vorschriften der InsO und – soweit im siebten Teil der InsO nichts Abweichendes geregelt ist – verwaltungs- und verfügungsberechtigt (§ 270 Abs. 1 InsO). Er kann demnach grundsätzlich die gesamte gewöhnliche Geschäftstätigkeit ohne Mitwirkung des Sachwalters erledigen (vgl. § 275 Abs. 1 InsO). Daneben stehen ihm insbesondere im Einvernehmen mit dem Sachwalter die Handlungsmöglichkeiten der §§ 103 - 128 InsO offen (§ 279 InsO); der Vorstand hat damit z.B. das Erfüllungswahlrecht des § 103 InsO oder er kann gemäß § 113 InsO Kündigungen aussprechen; auch hat er im Rahmen der Insolvenzabwicklung die Verpflichtung, das Verzeichnis der Massegegenstände, das Gläubigerverzeichnis und die Vermögensübersicht zu erstellen (§ 281 Abs. 1 Satz 1 InsO)[953].

[952] *Maus*, in *K.Schmidt/Uhlenbruck*, Die GmbH in Krise, Sanierung und Insolvenz, 3. Aufl. 2003, Rdnr. 1136; *Smid/Rattunde*, Der Insolvenzplan, 1998, Rdnr. 204, vgl. auch *Kübler/Prütting/Pape*, InsO, Stand: 10/2003, § 270 Rdnr. 9.

[953] Zweifelnd, ob der Unternehmer selbst den Anforderungen an eine korrekte Insolvenzrechnungslegung genügen kann: *Maus*, in *K.Schmidt/Uhlenbruck*, Die GmbH in Krise, Sanierung und Insolvenz, 3. Aufl. 2003, Rdnr. 1732; zu den Rechtsfolgen der Anordnung der Eigenverwaltung vgl.: *Kübler/Prütting/Pape*, InsO, Stand: 10/2003, § 270 Rdnr. 26 ff.

N Beendigung des Insolvenzverfahrens

Ein eröffnetes Insolvenzverfahren wird immer durch Beschluss des Insolvenzgerichts beendet[954]. Mit dessen Rechtskraft findet das Insolvenzverfahren seinen Abschluss. Der Gerichtsbeschluss, der das Verfahren beendet, stellt sich entweder als Aufhebungs- oder Einstellungsbeschluss dar.

I. Aufhebung des Verfahrens

Das Insolvenzgericht beschließt die Aufhebung des Verfahrens, wenn die Schlussverteilung vollzogen worden ist (§ 200 Abs. 1 InsO). Die Schlussverteilung erfolgt nach Beendigung der Verwertung der Insolvenzmasse (§ 196 Abs. 1 InsO) durch Ausschüttung der Teilungsmasse an die Insolvenzgläubiger.

Mit der Aufhebung des Insolvenzverfahrens verliert der Insolvenzverwalter die Verwaltungs- und Verfügungsbefugnis und die Prozessführungsbefugnis bzgl. der Insolvenzmasse, die an den Schuldner zurückfallen. Zudem verlieren die Organe der Gläubigerselbstverwaltung ihre Befugnisse[955].

Die Aufhebung des Insolvenzverfahrens findet auch in dem Fall statt, dass ein bestätigter Insolvenzplan rechtskräftig wird[956]. In beiden Fällen ist die Aufhebung des Insolvenzverfahrens und deren Grund öffentlich bekannt zu machen (§§ 200 Abs. 2, 9 InsO) und dem Grundbuchamt und dem Vereinsregister zum Zwecke der Eintragung mitzuteilen (§§ 200 Abs. 2 Satz 3, 31-33 InsO).

---

[954] MüKoInsO/*Heintzen*, 2001, § 200 Rdnr. 1; FK-*Kießner*, InsO, 3. Aufl. 2002, § 200 Rdnr. 1; *Braun/Uhlenbruck*, Unternehmensinsolvenz, 1997, S. 416; *Häsemeyer*, Insolvenzrecht, 3. Aufl. 2003, Rdnr. 7.69 ff.

[955] MüKoInsO/*Hintzen*, 2001, § 200 Rdnr. 31; FK-*Kießner*, InsO, 3. Aufl. 2002, § 200 Rdnr. 8; *Smid/Smid*, InsO, 2. Aufl. 2002, § 200 Rdnr. 9.

[956] Zum Insolvenzplan vgl. oben unter L.

II. Einstellung des Verfahrens

Im Falle einer vorzeitigen Beendigung des Insolvenzverfahrens wird das Verfahren durch Beschluss des Insolvenzgerichts eingestellt[957]. Die Wirkungen der Einstellung des Insolvenzverfahrens entsprechen denjenigen der Aufhebung.

1. *Einstellung auf Antrag des Schuldners*

Sind die jeweils relevanten Gründe für die Eröffnung des Insolvenzverfahrens weggefallen und hat der Vereinsvorstand dies glaubhaft machen können, so ist das Verfahren auf entsprechenden Antrag des Vereins vom Insolvenzgericht einzustellen (§ 212 InsO). In diesem Zusammenhang können die oben angesprochenen Maßnahmen zur Vermeidung bzw. Aufhebung der Insolvenzreife Bedeutung erlangen[958].

Daneben hat das Insolvenzgericht auch dann das Verfahren gegen den Verein auf dessen Antrag hin einzustellen, wenn es dem Vereinsvorstand gelingt, die Zustimmung aller Vereinsgläubiger zur Einstellung des Insolvenzverfahrens beizubringen (§ 213 InsO).

In beiden Fällen ist der Einstellungsantrag öffentlich zu machen; diesem können dann die Insolvenzgläubiger binnen Wochenfrist widersprechen (§ 214 Abs. 1 InsO).

2. *Einstellung von Amts wegen*

Das Verfahren kann auch von Amts wegen eingestellt werden. Dies ist zum einen dann der Fall, wenn sich nach Eröffnung des Insolvenzverfahrens herausstellt, dass die Insolvenzmasse nicht ausreicht, um die Kosten des Verfahrens[959] zu decken (§ 207 Abs. 1 InsO), und zum anderen nach Anzeige der Masseunzulänglichkeit und Verteilung der Insolvenzmasse durch den Insolvenzverwalter (§ 211 Abs. 1 i.V. mit §§ 208, 209 InsO).

---

957 *Haarmeyer/Wutzke/Förster*, Hdb zur InsO, 3. Aufl. 2001, Kap. 8 Rdnr. 123 ff.; *Häsemeyer*, Insolvenzrecht, 3. Aufl. 2003, Rdnr. 7.73 ff.; *Braun/Uhlenbruck*, Unternehmensinsolvenz, 1997, S. 418; *Bork*, Einführung in das neue Insolvenzrecht, 3. Aufl. 2002, Rdnr. 306.

958 Vgl. oben unter D III.

959 Vgl. § 56 InsO.

Für die Einstellung des Verfahrens mangels Masse nach § 207 Abs. 1 InsO gelten dieselben Voraussetzungen wie für die Abweisung der Verfahrenseröffnung mangels Masse (§ 26 Abs. 1 InsO)[960].

Masseunzulänglichkeit liegt dagegen vor, wenn die Insolvenzmasse zwar die Kosten des Verfahrens deckt, jedoch nicht dazu ausreicht, die fälligen sonstigen Masseverbindlichkeiten zu erfüllen (§ 208 Abs. 1 InsO). Liegt Masseunzulänglichkeit bereits vor oder droht sie einzutreten (§ 208 Abs. 1 Satz 2 InsO), so hat der Insolvenzverwalter dies dem Insolvenzgericht anzuzeigen. Das Gericht hat daraufhin die Anzeige öffentlich zu machen und den Massegläubigern besonders zuzustellen (§ 208 Abs. 2 InsO). Denn im Unterschied zur Masselosigkeit (§ 26 Abs.1 InsO) bleibt der Insolvenzverwalter verpflichtet, die Verwaltung und Verwertung der Masse fortzuführen und damit das Verfahren abzuwickeln. Aufgrund der Massearmut erfolgt die Verfahrensabwicklung jedoch nicht mehr im Interesse aller Gläubiger, sondern nur noch im Interesse der Massegläubiger. Die Befriedigung der Massegläubiger richtet sich dabei nach § 209 InsO.

III. Vollbeendigung

Findet im Rahmen des Insolvenzverfahrens eine Vollabwicklung statt, so endet die Existenz des Vereins mit Vollzug der Schlussverteilung und der von Amts wegen herbeizuführenden Löschung des Vereins im Vereinsregister. Einen verbleibenden Überschuss hat der Insolvenzverwalter an den Anfallberechtigten auszukehren (§ 199 Satz 2 InsO). Eine vereinsrechtliche Anschlussliquidation findet nicht statt.

---

[960] Vgl. oben unter H V. 1.

O Fortsetzung des Vereins

Durch die Eröffnung des Insolvenzverfahrens wird der Verein gemäß § 42 Abs. 1 Satz 1 BGB aufgelöst, er behält jedoch seine Rechtsfähigkeit. Der aufgelöste Verein kann allerdings nicht mehr werbend tätig werden; vielmehr wird der Vereinszweck zunächst durch den Zweck des Insolvenzverfahrens ersetzt[961].

I. Fortsetzung des aufgelösten Vereins in rechtsfähiger Form gemäß § 42 Abs. 1 Satz 2 BGB

1. Voraussetzungen

a) Einstellung/Aufhebung des Insolvenzverfahrens

Die Mitgliederversammlung des Vereins kann die Fortsetzung des Vereins als werbender Verein beschließen, wenn entweder das Insolvenzverfahren auf Antrag des Schuldners eingestellt (vgl. §§ 212, 213 InsO) oder das Insolvenzverfahren nach der Bestätigung eines Insolvenzplans, der den Fortbestand des Vereins vorsieht, aufgehoben wird (§ 42 Abs. 1 Satz 2 BGB i. V. mit § 258 InsO)[962].Voraussetzung der Einstellung des Insolvenzverfahrens auf Antrag des Schuldners ist, dass kein Eröffnungsgrund mehr vorliegt und dass der Schuldner dies glaubhaft gemacht hat (§ 212 InsO). Im Falle des § 213 InsO kann das Insolvenzverfahren auch auf Antrag des Schuldners eingestellt werden, sofern dieser die Zustimmung sämtlicher Insolvenzgläubiger beibringen kann.

b) Beschluss der Mitgliederversammlung

Mit Wirksamkeit des Beschlusses der Aufhebung (§§ 9 Abs. 1, 258 Abs.1 InsO) bzw. der Einstellung (§ 214 Abs. 2 InsO) des Insolvenzverfahrens kann der Verein die Fortsetzung in werbender Form beschließen.

Zuständig für die Beschlussfassung über eine mögliche Fortsetzung des Vereins in rechtsfähiger Form ist immer die Mitgliederversammlung. Unklar ist jedoch, mit welcher Mehrheit die Fortsetzung des Insolvenzvereins beschlossen werden kann, da das Gesetz insoweit keine Bestimmungen enthält.

---

[961] MüKo/*Reuter*, BGB, 4. Aufl. 2001, § 42 BGB Rdnr. 8.

[962] Näheres zum Insolvenzplan vgl. oben unter L.

Teilweise wird die Ansicht vertreten, dass der Fortsetzungsbeschluss ein actus contrarius zum Auflösungsbeschluss gemäß § 41 BGB sei und insofern eine entsprechende Mehrheit von drei Vierteln der Mitglieder auch für den Fortsetzungsbeschluss verlangt werden müsse[963]. Dabei wird jedoch übersehen, dass die Auflösung des Insolvenzvereins nicht durch Beschluss der Mitgliederversammlung erfolgt, sondern aufgrund gesetzlicher Vorgaben. Aus denselben Gründen passt auch das Erfordernis einer satzungsändernden Mehrheit nicht, da die Auflösung des Vereins ebenso wenig auf einer Satzungsbestimmung beruht[964].

Es muss vielmehr auf den Zweck der Regelung im Hinblick auf das Insolvenzverfahren abgestellt werden[965]. Findet im Rahmen des Insolvenzverfahrens demnach eine Vollabwicklung des Vereins nicht statt, so besteht der Zweck des Insolvenzverfahrens über das Vermögen des Vereins in dessen Sanierung durch Fortführung des Vereins und des Vereinsunternehmens. Ziel einer Fortsetzung des Vereins ist aber in der Regel die Wiederherstellung der werbenden Tätigkeit, da mit der (vollen) Rechtsfähigkeit sehr häufig auch die Berechtigung des Vereins zur Teilnahme an Sportwettkämpfen verknüpft sein wird.

Die Fortsetzungsmöglichkeit des § 42 Abs. 1 Satz 2 BGB dient insofern vor allem dazu, das Ziel der Sanierung, nämlich die Wiederherstellung der werbenden Tätigkeit des Vereins, zu gewährleisten. Den dafür notwendigen Fortsetzungsbeschluss unter den erschwerten Voraussetzungen einer satzungsändernden Mehrheit bedarf es dafür nicht.

Dafür spricht zudem, dass diejenigen Mitglieder des Vereins, die eine Fortsetzung ablehnen, in dieser Hinsicht nicht im besonderen Maße schutzbedürftig sind, da sie durch das Recht zur ordentlichen Kündigung der Vereinsmitgliedschaft hinreichend geschützt sind. Darüber hinaus bestehen für das einzelne Mitglied durch die Fortführung des Vereins mangels wirtschaftlicher Beteiligung auch keine besonderen wirtschaftlichen Nachteile oder Risiken, die die Zustimmung von drei Vierteln oder sogar aller Mitglieder zwingend rechtfertigen könnte.

---

963 Sauter/Schweyer/Waldner, Der eingetragene Verein, 17. Aufl. 2001, Rdnr. 394; *K.Schmidt*, Gesellschaftsrecht, 4. Aufl. 2002, § 11 V 5.

964 MüKo/*Reuter*, BGB, 4. Aufl. 2001, § 42 Rdnr. 3 und § 49 Rdnr. 14.

965 *Soergel/Hadding*, BGB, 13. Aufl. 2000, § 42 Rdnr. 10 c.

Folglich ist davon auszugehen, dass mangels anderweitiger gesetzlicher Regelungen eine einfache Mehrheit der Vereinsmitglieder (vgl. § 32 Abs. 1 Satz 3 BGB) für den Fortsetzungsbeschluss ausreicht. Etwas anderes gilt allenfalls dann, wenn die Vereinssatzung ausdrücklich eine abweichende Bestimmung enthält[966].

2. *Rechtsfolgen der Fortsetzung*

Die Fortsetzung des Vereins erfolgt unmittelbar mit der Beschlussfassung[967]. Der Insolvenzzweck wird wieder durch den ursprünglichen, werbenden Zweck ersetzt. Infolge des Fortsetzungsbeschlusses besteht der Verein als identischer Rechtsträger weiter fort[968]. Die Fortsetzung des Vereins ist analog § 74 Abs. 2 BGB ins Vereinsregister einzutragen, wobei die Eintragung nur deklaratorische Bedeutung hat[969].

Nach der bislang h.M wird im Falle eines Fortsetzungsbeschlusses der Mitgliederversammlung denjenigen Vereinsmitgliedern, die sich nicht mit der Fortsetzung des Vereins einverstanden erklärt haben, ein außerordentliches Kündigungsrecht der Vereinsmitgliedschaft zugestanden. Begründet wird diese Folge mit dem notwendigen Minderheitenschutz im Rahmen der Vereinsmitgliedschaft[970].

Allein aus der Tatsache des Überstimmtwerdens in einer Mehrheitsentscheidung kann jedoch noch kein außerordentliches Kündigungsrecht erwachsen. Jede Beschlussfassung der Mitgliederversammlung erfolgt üblicherweise in Form einer Mehrheitsentscheidung, so dass kein Grund ersichtlich ist, warum gerade ein Fortsetzungsbeschluss besondere (Schutz-) Rechte der Mitglieder hervorrufen sollte[971]. Vielmehr ist neben dem Fortsetzungsbeschluss ein wichtiger Grund er-

---

966 *Stöber*, Hdb zum Vereinsrecht, 8. Aufl. 2000, Rdnr. 856; *Soergel/Hadding*, BGB, 13. Aufl. 2000, § 42 Rdnr. 10 b; *Erman/Westermann*, BGB, 10. Aufl. 2000, § 42 Rdnr. 3; a.A: *K.Schmidt*, Gesellschaftsrecht, 4. Aufl. 2002, § 11 V 5.

967 *Reichert*, Hdb des Vereins- und Verbandsrechts, 9. Aufl. 2003, Rdnr. 2231.

968 *Soergel/Hadding*, BGB, 13. Aufl. 2000, Vor § 41 Rdnr. 4; *Kübler/Prütting/Noack*, InsO, Sonderband 1: Gesellschaftsrecht, 1999, Rdnr. 694; *Kollhosser*, ZIP 1984, 1434/ 1437 ff.

969 MüKo/*Reuter*, BGB, 4. Aufl. 2001, § 42 Rdnr. 3.

970 *K.Schmidt*, Verbandszweck und Rechtsfähigkeit im Vereinsrecht, 1984, S. 307; *Reichert*, Hdb des Vereins- und Verbandsrechts, 9. Aufl. 2003, Rdnr. 2231 und 2235.

971 MüKo/*Reuter*, BGB, 4. Aufl. 2001, § 49 Rdnr. 14.

forderlich, der es dem Vereinsmitglied unzumutbar werden lässt, bis zur nächsten ordentlichen Kündigungsmöglichkeit zu warten.

II. Fortsetzung des aufgelösten Vereins in nichtrechtsfähiger Form gemäß § 42 Abs. 1 Satz 3 Halbsatz 1 BGB

1. *Voraussetzungen*

Die Satzung des Vereins kann vorsehen, dass der Verein nach Eröffnung des Insolvenzverfahrens als nichtrechtsfähiger Verein und damit in werbender Tätigkeit fortgesetzt wird (§ 42 Abs. 2 Satz 3 Halbsatz 1 BGB). Die Möglichkeit der Fortsetzung des Vereins in nichtrechtsfähiger Form war in § 42 Abs. 1 BGB a.F. nicht vorgesehen, entsprach jedoch schon bislang der Rechtsprechung des BGH[972]. Die neue Regelung stellt nun allerdings ausdrücklich klar, dass eine Fortsetzung des Vereins ohne Satzungsgrundlage nicht in Betracht kommt[973].

Fraglich ist, ob neben einer satzungsmäßigen Grundlage auch weiterhin die von der Rechtsprechung des BGH zu § 42 Abs. 1 BGB a.F. vorgesehene Möglichkeit zur Fortsetzung des Vereins in nichtrechtsfähiger Form *durch Beschluss der Mitgliedsversammlung* besteht[974]. Grundlage dafür wäre der allgemein anerkannte gesellschaftsrechtliche Grundsatz, dass eine aufgelöste und sich im Abwicklungsstadium befindliche Gesellschaft durch Beschluss ihres Willensbildungsorgans sich wieder in eine werbende Gesellschaft zurück- verwandeln kann[975].

Dieser Weg scheint durch den klaren Wortlaut des § 42 Abs. 1 BGB n.F., der diese Möglichkeit nicht umfasst, nunmehr ausgeschlossen zu sein[976]. In der Konsequenz ergibt sich daraus jedoch keine wesentlich andere Ausgangslage für den Verein, wenn die Mitglieder die Fortsetzung des Vereins in nichtrechtsfähiger

---

972 RG, JW 1936, 2063; BGHZ 64, 72/ 74; BGHZ 96, 254/ 257; OLG Hamburg, HRR 1933 Nr. 1634; KG, JW 1935, 36/ 36; RGRK-*Steffen*, BGB, 12. Aufl. 1982, § 42 Rdnr. 3.

973 Diese Möglichkeit wurde teilweise bejaht. Vgl. insofern: OLG Hamburg, HRR 1933 Nr. 1634; *Jäger/Weber*, KO, 9. Aufl. 1997, § 213 Rdnr. 10.

974 So zur früheren Rechtslage BGHZ 96, 253/ 257.

975 *K.Schmidt*, Gesellschaftsrecht, 4. Aufl. 2002, § 11 V 5; *ders:* Verbandszweck und Rechtsfähigkeit im Vereinsrecht, 1984, S. 303 ff.; *Soergel/Hadding*, BGB, 13. Aufl. 2000, Vor § 41 Rdnr. 22.

976 So auch: *Reichert*, Hdb des Vereins- und Verbandsrechts, 9. Aufl. 2003, Rdnr. 2234; *Soergel/Hadding*, BGB, 13. Aufl. 2000, § 42 Rdnr. 10c.

Form wünschen. Eine entsprechende bisher in der Satzung des Vereins fehlende Satzungsregelung kann von der Mitgliederversammlung auch nach Eröffnung des Insolvenzverfahrens mit satzungsändernder Mehrheit (vgl. § 33 Abs. 1 Satz 1 BGB) beschlossen werden[977].

2. *Rechtsfolgen der Fortsetzung*

Umstritten ist allerdings, was eine diesbezügliche Satzungsbestimmung für die Existenz des Vereins mit und nach Beendigung des Insolvenzverfahrens bedeutet.

a) Fortsetzung nach Löschung des e.V.

Unter Geltung der alten Rechtslage hatte die satzungsgemäße Fortsetzung des Vereins in nichtrechtsfähiger Form nach der h.M. zur Folge, dass die werbende Existenz des nichtrechtsfähigen Vereins bereits mit der Eröffnung des Insolvenz-(Konkurs-)verfahrens begann und damit während des Verfahrens eine Doppelexistenz des Vereins einerseits als rechtsfähig geltender Insolvenzverein und andererseits als mit dem Insolvenzverein identischer nichtrechtsfähiger Fortsetzungsverein anzunehmen war[978]. Das hatte zur Folge, dass der Fortsetzungsverein in unveränderter Organisation aus dem Konkursbereich heraustrat, während der Insolvenzverein fortan nur noch als vom Konkursverwalter verwaltete rechtsfähige Konkursmasse fortexistierte. Die Mitglieder des Insolvenzvereins wurden also bereits ab dem Zeitpunkt der Verfahrenseröffnung Mitglieder des fortgesetzten und damit werbenden nichtrechtsfähigen Vereins[979].

Fraglich ist, ob an dieser Konstruktion auch unter Geltung der InsO festgehalten werden kann. Der Wortlaut des § 42 Abs. 1 Satz 3 BGB lässt insoweit jedenfalls keine eindeutige Aussage zu. Zwar heißt es, dass die Satzung für den Fall der *Eröffnung* des Insolvenzverfahrens vorsehen kann, dass der Verein als nicht-

---

[977] MüKo/*Reuter*, BGB, 4. Aufl. 2001, § 42 Rdnr. 4.

[978] MüKo/*Reuter*, BGB, 4.Aufl. 2001, § 42 Rdnr. 5; a.A: *Böttcher*, RPfleger 1988, 169/ 74.

[979] *Reichert/van Look*, Hdb des Vereins- und Verbandsrechts, 6. Aufl. 1995, Rdnr. 2233. MüKo/*Reuter*, 3. Aufl. 1993, § 42 Rdnr. 1; *Bayer*, Die liquidationslose Fortsetzung rechtsfähiger Idealvereine, 1984, S. 87

rechtsfähiger Verein fortbesteht[980], daraus folgt jedoch keine Festlegung des genauen Zeitpunktes der Entstehung des nichtrechtsfähigen Fortsetzungsvereins.

Gegen die Annahme einer Doppelexistenz spricht vor allem, dass die nach alter Rechtslage bestehende Möglichkeit eines insolvenzfreien Neuerwerbs mittlerweile wegen der Vorschrift des § 35 InsO gänzlich ausgeschlossen ist. Nach alter Rechtslage konnte der nichtrechtsfähige Verein ab dem Zeitpunkt seiner Entstehung und damit bereits während des noch laufenden Konkursverfahrens über das Vermögen des Insolvenzvereins Mitgliedsbeiträge erheben und sonstiges Vermögen bilden, da diese Vermögenspositionen als insolvenzfreier Neuerwerb nicht in die Masse fielen[981], so dass damit die Entfaltung einer sinnvollen werbenden Tätigkeit im Interesse der Mitglieder möglich war. Nach der InsO ist dagegen der insolvenzfreie Neuerwerb ausgeschlossen. Das hat zur Folge, dass ein nichtrechtsfähiger Fortsetzungsverein während des laufenden Insolvenzverfahrens kein eigenes Vermögen bilden und somit auch keine bedeutende werbende Tätigkeit entfalten könnte[982]. Folglich wäre die Fortsetzung des Vereins während des Insolvenzverfahrens sinnlos.

Zudem steht die Annahme einer Doppelexistenz des Vereins auch im Widerspruch zur sanierungsfreundlichen Konzeption der InsO, die unter anderem dadurch zum Ausdruck kommt, dass der Insolvenzverwalter grundsätzlich der Pflicht unterliegt, das Unternehmen des Vereins zunächst bis zum Berichtstermin fortzuführen. Die daraus abzuleitende Intention des Gesetzgebers geht dahin, dass das Unternehmen zunächst fortgeführt und damit erhalten bleiben soll, um der Gläubigerversammlung durch den Bericht des Insolvenzverwalters über die wirtschaftliche Lage des Vereins und ihre Ursachen sowie die Aussichten einer weiteren Erhaltung des Unternehmens (vgl. § 156 InsO) eine wichtige Entscheidungsgrundlage zur Verfügung zu stellen. Erst dann soll die (wohl informierte) Gläubigerversammlung über die Fortführung und Sanierung oder die Stilllegung des Unternehmens entscheiden (vgl. § 157 InsO)[983]. Die Aufspaltung

---

980 *Reichert* scheint auch weiterhin von einer „Doppelexistenz" auszugehen, vgl: *Reichert*, Hdb des Vereins- und Verbandsrechts, 9. Aufl. 2003, Rdnr. 2234 f.

981 *Reichert/van Look*, Hdb des Vereins- und Verbandsrechts, 6. Aufl. 1995, Rdnr. 2233; *Jaeger/Weber*, KO, 8. Aufl. 1973, § 213 Rdnr. 10.

982 MüKo/*Reuter*, BGB, 4. Aufl. 2001, § 42 Rdnr. 6.

983 Vgl. FK-*Wegener*, InsO, 3. Aufl. 2002, § 156 Rdnr. 1 ff.; FK-*Jaffé*, InsO, 3. Aufl. 2002, § 217 Rdnr. 104 ff.

des Vereins in einen aufgelösten rechtsfähigen Insolvenzverein und einen werbenden Fortsetzungsverein in nichtrechtsfähiger Form mit Eröffnung des Insolvenzverfahrens würde aber dazu führen, dass die Mitglieder, die in ihrer Funktion als Sportler auch Teil des Unternehmens des Vereins sein können, bereits aus dem Organisationsgefüge des Insolvenzvereins herausgelöst werden und damit quasi schon eine negative Entscheidung zur Fortführung des Unternehmens vorweggenommen würde. Die Konstruktion der Doppelexistenz ist also im Hinblick auf die sanierungsfreundliche Ausrichtung der InsO im Vergleich zur KO, die primär auf die Zerschlagung und Verwertung des Schuldnervermögens ausgerichtet war[984], nunmehr unpassend geworden.

Es ist daher davon auszugehen, dass sich die Fortsetzung des Vereins erst nach Abschluss des Insolvenzverfahrens durch dessen Aufhebung gemäß § 200 InsO und nach Löschung des Vereins als e.V. im Vereinregister durch Umwandlung des rechtsfähigen Vereins in Liquidation in den werbenden nichtrechtsfähigen Verein vollzieht[985]. Aufgrund der satzungsgemäßen Fortsetzung des aufgelösten Vereins, der mit dem fortgesetzten nichtrechtsfähigen Verein identisch ist, entfällt die Verteilung des Restvermögens durch den Insolvenzverwalter gemäß § 199 Satz 2 InsO; ein noch vorhandenes Restvermögen fällt automatisch in die Verfügungsmacht des fortgesetzten Vereins[986].

Die Fortsetzung des Vereins als nichtrechtsfähiger Verein bewirkt, dass die nunmehr unpassenden Satzungsbestimmungen, die sich auf die Eintragung des Vereins beziehen, sowie der Namenszusatz „eingetragener Verein“ (§ 65 BGB) automatisch entfallen, wobei der Satzungswortlaut mit Änderungsbeschluss der Mitgliederversammlung angepasst werden kann[987].

b) Folgen der Identität von Fortsetzungsverein und gelöschtem e.V.

Als problematisch gestaltet sich die Fortsetzung des Vereins in nichtrechtsfähiger Form, wenn die Gläubigerforderungen im Insolvenzverfahren nicht vollständig befriedigt werden können. Da der fortgesetzte nichtrechtsfähige Verein

---

[984] Vgl. dazu bereits oben unter H V. 2. a).

[985] MüKo/*Reuter*, BGB, 4. Aufl. 2001, § 42 Rdnr. 6; *Stöber*, Hdb des Vereinsrechts, 8. Aufl. 2000, Rdnr. 859a; so schon früher: *Böttcher*, RPfleger 1988, 169/ 174; *Haas*, NZI 2003, 177/ 180.

[986] MüKo/*Reuter*, BGB, 4. Aufl. 2001, § 42 Rdnr. 6.

[987] *Stöber*, Hdb des Vereinsrechts, 8. Aufl. 2000, Rdnr. 859a.

mit dem Insolvenzverein identisch ist[988], bleiben die nicht erfüllten Gläubigerforderungen gegenüber dem nichtrechtsfähigen Verein bestehen[989]. Die daraus erwachsenden finanziellen Belastungen des Fortsetzungsvereins werden auch diesen in der Regel in die Insolvenz führen. Daher ist den Vereinsmitgliedern zu raten, den Verein stattdessen voll zu beenden und ihn dann neu und ohne finanzielle Altlasten zu gründen.

c) Kündigungsrecht der Vereinsmitglieder

Die Mitglieder des gelöschten eingetragenen Vereins werden mit der Fortsetzung als nichtrechtsfähiger Verein automatisch Mitglieder des Fortsetzungsvereins.

Da das Vereinsmitglied durch den Vereinsbeitritt die Vereinssatzung bindend anerkennt, besteht auch in diesem Falle kein generelles Schutzbedürfnis zugunsten der Vereinsmitglieder, welches ein außerordentliches Kündigungsrecht im Falle der Fortsetzung in nichtrechtsfähiger Form begründen könnte. Dafür muss über die Fortsetzung hinaus ein wichtiger Grund für die Kündigung der Mitgliedschaft bestehen. Ein denkbarer wichtiger Grund läge etwa vor, wenn die Verbandsmitgliedschaft nur rechtsfähigen Vereinen zusteht und der fortgesetzte Verein und seine Sportler infolgedessen mangels Verbandsmitgliedschaft nicht mehr am offiziellen Spielbetrieb des jeweiligen Verbandes teilnehmen dürften[990].

III. Fortsetzung in rechtsfähiger Form gemäß § 42 Abs. 1 Satz 3 Halbsatz 2 BGB

Die Regelung des § 42 Abs. 1 Satz 3 Halbsatz 2 BGB bestimmt, dass die Mitgliederversammlung des Vereins auch dann die Fortsetzung in rechtsfähiger Form beschließen kann, wenn der Verein satzungsgemäß im Falle der Eröffnung des Insolvenzverfahrens als nichtrechtsfähiger Verein fortgesetzt werden soll.

Die Fortsetzung des Vereins als rechtsfähiger werbender Verein kann auch in diesem Fall nur unter den unter I. genannten Voraussetzungen erfolgen. Daraus ergibt sich die Konsequenz, dass der Bestimmung des 2. Halbsatzes lediglich

---

988 *Reichert*, Hdb des Vereins- und Verbandsrechts, 9. Aufl. 2003, Rdnr. 2235.

989 MüKo/*Reuter*, BGB, 4. Aufl. 2001, § 42 Rdnr. 9; *Sauter/Schweyer/Waldner/Waldner*, Der eingetragene Verein, 17. Aufl. 2001.

990 Vgl. *Uhlenbruck*, in FS Merz, 1992, S.581/ 587.

eine klarstellende Funktion zukommt, insofern, als eine Satzungsbestimmung, die die Fortsetzung des Vereins in nichtrechtsfähiger Form vorsieht, die Fortsetzbarkeit des Vereins als werbender rechtsfähiger Verein nicht zwingend ausschließt. Einer derartigen Klarstellung hätte es insoweit nicht bedurft, als der Verein auch während des Insolvenzverfahrens eine derartige Satzungsbestimmung jederzeit mit satzungsändernder Mehrheit durch die Mitgliederversammlung hätte aufheben können.

Allerdings bedeutet die Vorschrift des § 42 Abs. 1 Satz 3 Halbsatz 2 BGB, dass der Beschluss trotz der entgegenstehenden Satzungsbestimmung getroffen werden kann. In diesem Fall wird man zur Wirksamkeit des Fortsetzungsbeschlusses eine satzungsändernde Mehrheit von drei Vierteln aller abgegebenen Stimmen verlangen müssen, da mit dem entsprechenden Beschluss konkludent die Satzungsbestimmung hinsichtlich der Fortsetzung des Vereins in nichtrechtsfähiger Form aufgehoben wird.

IV. „Fortsetzung" durch Neugründung

Wird der Verein infolge des Insolvenzverfahrens aufgelöst und bis zur Vollbeendigung abgewickelt, kommt es insbesondere bei traditionellen Vereinen oft noch während der Abwicklung des „Altvereins" zur Gründung eines Nachfolgevereins, in dem sich dann große Teile der Mitglieder des Altvereins wieder zusammenschließen[991]. Nicht selten sind diejenigen Personen, die für die wirtschaftliche Notlage des Altvereins zuständig waren, nunmehr Gründer des Neuvereins. Diese Möglichkeit ist bedenklich, doch es gibt keine Handhabe dafür, diesen Personen die Gründung eines Vereins zu verbieten. Die Vereinigungsfreiheit ist grundrechtlich geschützt (vgl. Art. 9 GG). Von daher wären zum Schutze des Rechtsverkehrs allenfalls präventive Maßnahmen denkbar, wie etwa die Einbeziehung des Vereinsvorstands in die Straftatbestände der Wirtschaftsdelikte[992].

---

[991] Der Nachfolgeverein des FC Gütersloh e.V. wurde als FC Gütersloh 2000 e.V., der des Mannheimer ERC als Mannheimer ERC Spielbetriebs e.V. und der des TuS Nettelstedt als TuS-N-Lübbecke e.V. ins Vereinsregister eingetragen.

[992] Vgl. *K.Schmidt*, Verbandszweck und Rechtsfähigkeit im Vereinsrecht, 1984, S. 188; *Kekebus*, Alternativen zur Rechtsform des Idealvereins im bundesdeutschen Lizenzfußball, 1991, S. 160.

1. Erhalt des Vereinsnamens

Grundsätzlich wäre die Neugründung eines Vereins unter „demselben" Vereinsnamen möglich, sobald der Altverein im Vereinsregister gelöscht worden ist und der Vereinsname folglich nicht mehr existiert. Durch die Löschung des Vereinsnamens im Vereinsregister wird der Name endgültig aufgegeben und der Namensschutz des § 12 entfällt[993]. Vorher ist der Gebrauch des gleichen Namens wegen der Verwechslungsgefahr im Rechtsverkehr untersagt[994].

Allerdings dauert es einige Zeit, bis der Altverein vollständig abgewickelt und dann im Vereinsregister gelöscht werden kann, so dass in der Regel die Gründung des Nachfolgevereins schon in der Abwicklungsphase des Altvereins stattfindet. Aufgrund des Namensrechts ist die Gründung eines Vereins mit demselben Namen nicht möglich, so lange ein anderer, älterer Verein denselben Namen trägt.

Zudem bietet sich die vorzeitige Gründung eines Nachfolgevereins an, um den Vereinsmitgliedern des Altvereins den Übertritt in den neuen Verein anbieten zu können. Ein weiterer Grund, der gegen die Neugründung unter demselben Namen nach Löschung des Altvereins spricht, ist die Verwechslungsgefahr im Rechtsverkehr. Ein in die Insolvenz gefallener Verein wird durch die Publizität des Insolvenzverfahrens einen wirtschaftlich zweifelhaften Ruf erlangen. Um den schlechten Ruf zu vermeiden, bietet es sich geradezu an, dem Nachfolgeverein einen Namen zu geben, der nicht mehr an den Altverein erinnert.

Die Annäherung an den alten Vereinsnamen scheint nur dann sinnvoll, wenn es sich bei dem Insolvenzverein um einen Traditionsverein handelt, der eine große Anhängerschaft hat und die Gewöhnung an einen ganz anderen Vereinsnamen wegen des Identifizierungsdefizits den Fans nicht zumutbar wäre[995].

2. Erhalt der sportlichen Qualifikation

Trotz der Identität der Mitglieder des Insolvenzvereins mit denen des Nachfolgevereins kann nicht von einer Identität des neuen Vereins mit dem Insolvenz-

---

[993] Vgl. MüKo/*Schwerdtner*, BGB, 4. Aufl. 2001, § 12 Rdnr. 121 ff; *Palandt/Heinrichs*, BGB, 63. Aufl. 2004, § 12 Rdnr. 13.

[994] *Palandt/Heinrichs*, BGB, 63. Aufl. 2004, § 12 Rdnr. 24.

[995] Der MERC Mannheim e.V. heißt jetzt MERC Mannheim Spielbetriebs e.V.

verein ausgegangen werden. Denn es handelt sich bei dem Nachfolgeverein um eine Neugründung.

Daraus folgt, dass in der Regel in den Mannschaftssportarten alle Mannschaften des Nachfolgevereins in den jeweils untersten Spielklassen ihren Spielbetrieb aufnehmen müssen, um sich sukzessive wieder nach oben vorarbeiten zu können. Einzelne Satzungen der Sportverbände können jedoch Regelungen vorsehen, die es erlauben, die sportliche Qualifikation des Insolvenzvereins auf einen Nachfolgeverein zu übertragen. Dann kann die Mannschaft des Nachfolgevereins mit ihrem Spielbetrieb in derjenigen Spielklasse beginnen, wo der Insolvenzverein zuletzt gespielt hatte[996]. Das ist jedoch nicht der Regelfall.

Die Folge des Erhalts der sportlichen Qualifikation ist auch insofern nicht wünschenswert, als es den Anreiz der Vereinsverantwortlichen erhöhen könnte, dem wirtschaftlich angeschlagenen Verein seinem Schicksal zu überlassen, in der sicheren Annahme, der Neuverein könne die sportliche Qualifikation der (verlustbringenden) Topmannschaft einfach übernehmen und dem Neuverein zudem einen schuldenfreien Neuanfang zulasten der Gläubiger des Altvereins bescheren. Derartige Regelungen sollten unter diesem Aspekt in den Verbandssatzungen möglichst vermieden werden.

Anders ist die Situation allenfalls bei Nachwuchsmannschaften zu beurteilen. Diese sind regelmäßig nicht Auslöser der Insolvenz des Gesamtvereins. Zudem ist es auch aus sportpolitischen Gründen sinnvoll, erfolgreiche Jugendteams zusammenzuhalten und ihnen die Möglichkeit zur Fortsetzung ihres Spielbetriebes auf angemessenem Niveau zu ermöglichen.

---

[996] Die Satzung des Westfälischen Fußball-Verbandes sieht vor, dass eine Abteilung aus einem Verein auf einen neu gegründeten Verein ausgegliedert werden kann und bei Unterwerfung des Neuvereins unter die Satzungen und Ordnungen des Landesverbandes und der Übernahme der Verbindlichkeiten gegenüber dem DFB und dem Landesverband die sportliche Qualifikation mit übertragen werden kann. Beispiel: Der neu gegründete FC Gütersloh 2000 konnte die sportliche Qualifikation des Insolvenzvereins FC Gütersloh übernehmen.

P Konzernrechtliche Aspekte

Vereine, die eine Berufssportabteilung unterhalten, gehen immer häufiger dazu über, diese Abteilung und/oder eine Marketingabteilung als wirtschaftlichen Geschäftsbetrieb zu verselbständigen, indem diese auf eine zu gründende oder bereits bestehende Kapitalgesellschaft (AG, KGaA oder GmbH)[997] ausgegliedert wird[998]. In der Regel ist das Ziel der Ausgliederung des wirtschaftlichen Geschäftsbetriebes des Vereins *nicht* die *vollständige* Trennung von Stammverein und Kapitalgesellschaft[999], sondern es kommt vielmehr zur Bildung so genannter Tochtergesellschaften, an denen der Mutter- bzw. Stammverein als Gesellschafter beteiligt ist.

Fraglich ist in diesem Zusammenhang, ob sich trotz der Ausgliederung des Wirtschaftsbetriebes nunmehr allein aus Art und Umfang der unternehmerischen Beteiligungen des Vereins an einer Kapitalgesellschaft Risiken entstehen, die sich letztendlich auch auf die Solvenz des Vereins durch seine Stellung als Gesellschafter auswirken können.

I. Konzerninsolvenz

Zu denken wäre zunächst an die Möglichkeit, dass wegen der gesellschaftsrechtlichen Verbindung eine mögliche Insolvenz der Tochtergesellschaft einen unmittelbaren Einfluss auf den eingetragenen Verein als Gesellschafter ausüben könnte, dergestalt, dass mit der Insolvenz der Tochtergesellschaft gleichzeitig das Insolvenzverfahren über das Vermögen des Vereins als Gesellschafter zu eröffnen wäre.

In der Insolvenzordnung als Ausgangspunkt finden sich keine speziellen Regelungen zur Insolvenz verbundener Unternehmen (= Konzerne im weiten Sinne). Eine Konzerninsolvenz als solche, die verbundene Unternehmen gemeinsam

---

[997] In der Regel eine AG, KGaA (Borussia Dortmund) oder GmbH.

[998] Prägnantestes Beispiel ist der Verein Borussia Dortmund, der seine Lizenzspieler- und Merchandising-Abteilung ausgelagert und auf eine KGaA übertragen hat; die Aktien werden seit Oktober 2000 an der Deutschen Börse in Frankfurt gehandelt.

[999] Anders, wenn eine Profiliga nach amerikanischem Vorbild installiert werden soll und die Kapitalgesellschaften wirtschaftlich unabhängig sind: Bsp.: Deutsche Eishockey-Liga (DEL), deren Mitglieder lediglich korporative Mitglieder des Stammvereins sind und mit diesem Kooperationsverträge haben, dergestalt, dass der Stammverein finanziell unterstützt wird.

erfasst, gibt es nicht. Folglich bleibt es beim Grundsatz 'ein Unternehmensträger, ein Vermögen, ein Insolvenzverfahren'[1000]. Die Insolvenz der Tochtergesellschaft hat damit jedenfalls aus insolvenzrechtlicher Sicht keinen unmittelbaren Einfluss auf den Bestand des Stammvereins.

II. Konzernrechtliche Haftung

Zu denken wäre aber an einen mittelbaren Einfluss der Insolvenz der Tochtergesellschaft auf den Verein, wenn der Verein aufgrund der Beteiligung an einer Kapitalgesellschaft damit rechnen müsste, konzernrechtlichen Haftungsansprüchen seitens der Tochtergesellschaft oder deren Gläubiger ausgesetzt zu sein.

Konzernrechtliche Regelungen finden sich bislang nur im AktG (§§ 15 ff. und 291 ff. AktG) und regeln damit direkt nur den Fall einer AG bzw. einer KGaA als beherrschtem bzw. abhängigem Unternehmen. Die allgemeinen begrifflichen Grundlagen der §§ 15 ff. AktG werden jedoch nach h.M. auch außerhalb des Aktienkonzerns und damit insbesondere auf den GmbH-Konzern angewendet[1001]. Damit ist das allgemeine Konzernrecht jedenfalls für diejenigen Rechtsformen relevant, die von den Vereinen bei der Ausgliederung angestrebt werden[1002].

Das Aktienrecht normiert unter der Voraussetzung des Bestehens eines Konzerntatbestandes Haftungsfolgen in Form von Verlustübernahmepflichten der Muttergesellschaft gegenüber der Tochtergesellschaft sowie in Form von Schadensersatzansprüchen (§§ 302 Abs. 1, 311 Abs. 1, 317 Abs. 1 Satz 1 AktG) seitens der Tochtergesellschaft oder seitens der Gläubiger der Tochtergesellschaft[1003].

[1000] *Kübler/Prütting/Noack*, InsO, Sonderband 1: Gesellschaftsrecht, 1999, Rdnr. 716.

[1001] Vgl. für den GmbH-Konzern: BGHZ 95, 330; *Emmerich/Sonnenschein/Habersack*, Konzernrecht, 7. Aufl. 2001, § 30; *Raiser*, Recht der Kapitalgesellschaften, 3. Aufl. 2001, § 51; *Baumbach/Hueck/Zöllner*, GmbHG, 17. Aufl. 2000, Anh Konzernrecht Rdnr. 5 ff.; *Scholz/Emmerich*, GmbHG, 9. Aufl. 2000, Anh Konzernrecht Rdnr. 8 ff.; *K.Schmidt*, Gesellschaftsrecht, 4. Aufl. 2002, § 39 .

[1002] Vgl. M.Müller, Der deutsche Berufsfußball – vom Idealverein zur Kapitalgesellschaft, 2000, S. 201.

[1003] Vgl. BGH, NJW 1983, 569; *K.Schmidt*, Verbandszweck und Rechtsfähigkeit im Vereinsrecht, 1984, S. 124 ff.; *Habersack*, in *Scherrer*, Sportkapitalgesellschaften, 1998, S. 49ff.; *Hemmerich*, Möglichkeiten und Grenzen wirtschaftlicher Betätigung von Idealvereinen, 1982, S. 124 ff.; *Soergel/Hadding*, BGB, 13. Aufl. 2000, §§ 21, 22 Rdnr. 38.

1. Voraussetzungen

Voraussetzung einer konzernrechtlichen Haftung wäre, dass die gängigen gesellschaftsrechtlichen Verflechtungen zwischen Mutterverein und Tochtergesellschaft überhaupt den Konzerntatbeständen der §§ 16 ff AktG entsprechen und dass der eingetragene Verein dem konzernrechtlichen Unternehmensbegriff unterfällt.

a) Konzernrechtlich relevante Unternehmensverbindung

Die Rechtsbeziehungen zwischen dem ausgegliederten Geschäftsbetrieb und dem Stammverein können von bloßen Kooperationsverträgen[1004], also rein schuldrechtlichen Verbindungen, bis hin zu 100 % -igen gesellschaftsrechtlichen Beteiligungen reichen. Vorherrschend, und teilweise auch von Verbandsseite vorgeschrieben[1005], ist eine personelle und gesellschaftsvertragliche Verflechtung zwischen Mutterverein und Tochtergesellschaft auf der Basis einer (Mehrheits-) Beteiligung des Vereins an der Tochtergesellschaft, die dessen unmittelbaren herrschenden Einfluss auf die Tochtergesellschaft gewährleistet[1006].

Die übliche Mehrheitsbeteiligung des Stammvereins an der Tochtergesellschaft entspricht grundsätzlich der Konstellation zwischen abhängigem und herrschen-

---

[1004] So wie zwischen den Stammvereinen und den Sport-Kapitalgesellschaften der DEL.

[1005] Vgl. § 8 Nr. 4 Satzung DFB, der grundsätzlich eine Mehrheitsbeteiligung der Vereine an den Tochtergesellschaften vorsieht. Ausgenommen von dieser Regel sind nur die so genannten Werksmannschaften: Die Anteile an den ausgegliederten Spielbetriebs-GmbHs der Vereine Bayer Leverkusen und VfL Wolfsburg werden mehrheitlich von der Bayer AG bzw. der Volkswagen AG gehalten. Die DFB -Satzungen und -Ordnungen sollen hier als Vorbild dienen, da der DFB der erste Verband ist, der umfassende Regelungen vorsieht für den Fall, dass eine Kapitalgesellschaft als Tochtergesellschaft des Stammvereins den Spielbetrieb durch die auf die Tochtergesellschaft ausgegliederte Lizenzspielerabteilung durchführt.

[1006] Die verbandsseitigen Vorgaben dienen dem Zweck, einerseits zu verhindern, dass es zu einer Fremdbestimmung oder sogar zur Übernahme der Tochtergesellschaft durch einzelne Anteilseigner kommen kann (*Segna*, ZIP 1997, 1901/ 1904), sie sollen aber auch darüber hinaus gewährleisten, dass die Traditionen des Muttervereins durch den herrschenden Einfluss des Vereins auf den Geschäftsgang und die Entwicklung der Tochtergesellschaft fortgeführt werden können. Hintergrund dieser Vorgaben ist die Furcht vor Wettbewerbsverzerrungen im Rahmen des Spielbetriebes, die dadurch entstehen könnten, dass einzelne rein wirtschaftlich interessierte Anteilseigner Mehrheitsbeteiligungen an mehreren Sportkapitalgesellschaften derselben Liga erwerben (vgl. Die Welt v. 24.11.1999).

dem Unternehmen im Sinne des § 17 AktG, so dass bei Mehrheitsbeteiligungen nach § 16 AktG und der damit einhergehenden gesetzlichen Vermutung der §§ 17 Abs. 2, 18 Abs. 1 Satz 3 AktG ein Konzerntatbestand anzunehmen wäre. Denkbar wäre allerdings auch der Abschluss eines Beherrschungsvertrages im Sinne des § 291 AktG zwischen dem Stammverein als herrschendem Unternehmen und der Tochtergesellschaft als abhängigem Unternehmen.

b) Der Verein als Unternehmen in konzernrechtlichem Sinne

Weitere Voraussetzung für das Eingreifen konzernrechtlicher Haftungsbestimmungen ist, dass der eingetragene Verein ein Unternehmen im konzernrechtlichen Sinne darstellt[1007].

Der konzernrechtliche Unternehmensbegriff findet im Gesetz keine Umschreibung und orientiert sich somit nach mittlerweile herrschender Auffassung ausschließlich am Gesetzeszweck[1008]. Sinn und Zweck des so genannten Konzernrechts ist es, Konfliktlagen zu begegnen, die sich daraus ergeben, dass sich ein Gesellschafter auch außerhalb der Gesellschaft unternehmerisch betätigt. Das Konzernrecht will also die unternehmerische Autonomie einer Gesellschaft gegen fremde Unternehmensinteressen, *nicht jedoch* die Gesellschaft pauschal gegen die Interessen eines Mehrheitsgesellschafters schützen[1009]. Unter dem Unternehmen im konzernrechtlichem Sinne ist daher jeder Gesellschafter zu verstehen, bei dem neben der Beteiligung an der Gesellschaft weitere wirtschaftliche Interessenverbindungen bestehen, die so stark sind, dass sie die ernste Besorgnis begründen, der Gesellschafter könne um ihretwillen seinen Einfluss zum Nachteil der Gesellschaft geltend machen[1010].

Die Unternehmereigenschaft im konzernrechtlichen Sinne ist folglich unabhängig von der Rechtsform zu beurteilen[1011]. Auch ein eingetragener Verein kann

---

[1007] A.A: *K. Schmidt*, Verbandszweck und Rechtsfähigkeit im Vereinsrecht, 1984, S. 127 ff.

[1008] Seit BGHZ 69, 334/ 337 ff.; *Emmerich/Sonnenschein/Habersack*, Konzernrecht, 7. Aufl. 2001, § 2 II; *Emmerich/Habersack*, Aktien- und GmbH-Konzernrecht, 2. Aufl. 2001, § 15 Rdnr. 9 f.; *K.Schmidt*, Gesellschaftsrecht, 4. Aufl. 2002, § 31 II.

[1009] *K.Schmidt*, Gesellschaftsrecht, 4. Aufl. 2002, § 31 II 1. a).

[1010] Vgl. u.a. BGHZ 69, 334/ 337 f; BGHZ 74, 359/ 364 f.; BGHZ 80, 69/ 72; BGHZ 85, 84/ 90 f.; BGHZ 95, 330/ 337; BGHZ 114, 203/ 210 f.; BGHZ 117, 8/ 18.

[1011] Vgl. BGHZ 69, 334/ 337.

– in Abhängigkeit vom Umfang seiner unternehmerischen Betätigung – dem Status eines Unternehmens in diesem Sinne unterfallen[1012].

c) Anderweitige unternehmerische Beteiligung des Vereins

Aus dem Gesagten folgt, dass allein die Tatsache, dass ein e.V. Mehrheitsgesellschafter eines Unternehmens ist, noch nicht zur Einordnung des Vereins als Unternehmen im konzernrechtlichen Sinne führt[1013]. Erst wenn zusätzlich anderweitige wirtschaftliche Interessenverbindungen des Vereins bestehen, die die Vermutung nahe legen, dass der Verein als Mehrheitsgesellschafter aus Rücksicht auf diese Interessen seinen Einfluss auf die beherrschte Gesellschaft zu deren Nachteil ausüben könnte, kommt eine Einordnung des Vereins als Unternehmen im konzernrechtlichen Sinne in Betracht[1014].

Als anderweitige Interessenverbindungen sind allerdings *nicht* schon die latenten sportlichen bzw. sportpolitischen Interessen des Muttervereins als Mehrheitsgesellschafter zu sehen, die den reinen Vermögensinteressen aller sonstigen Anteilsinhaber womöglich zuwiderlaufen könnten. Denn zum einen ist der Stammverein aufgrund des Mitteltransfers von der Tochtergesellschaft auf den Stammverein in der Regel vom wirtschaftlichen Erfolg der Tochtergesellschaft abhängig; zum anderen bietet in diesem Rahmen die Treuepflicht des Mehrheitsinhabers[1015] der Gesellschaft und den anderen Anteilsinhabern gegenüber einen ausreichenden Schutz[1016]. Die Treuepflicht[1017] im Sinne einer allgemeinen Loyalitätspflicht, die jedem Rechtsverhältnis innewohnt (vgl. § 242 BGB), kann

---

[1012] Vgl. BGHZ 85, 84/ 90 f. (ADAC); Hüffer, AktG, 5. Aufl. 2002, § 15 Rdnr. 6; *Emmerich/Sonnenschein/Habersack*, Konzernrecht, 7. Aufl. 2001, § 2 II 5.

[1013] BGHZ 69, S. 344 ff.

[1014] Vgl. BGHZ 69, 334/ 337 f. ; BGH, WM 1997, 967/ 969; *Raiser*, Recht der Kapitalgesellschaften, 3. Aufl. 2001, § 51 Rdnr. 6; BGHZ 95, 330 („Autokran"), JuS 1987, 443/ 446ff.; *Segna*, ZIP 1997, 1901/1906; *Hemmerich*, Möglichkeiten und Grenzen wirtschaftlicher Betätigung von Idealvereinen, 1983, S. 131.

[1015] Vgl. *K.Schmidt*, Gesellschaftsrecht, 4. Aufl. 2002, § 20 IV, § 28 I 4; *Raiser*, Recht der Kapitalgesellschaften, 3. Aufl. 2001, § 16 Rdnr. 128, *Emmerich/Sonnenschein/ Habersack*, Konzernrecht, 7. Aufl. 2001, § 24 VI 2 und § 30.

[1016] *M. Müller*, Der deutsche Berufsfußball - vom Idealverein zur Kapitalgesellschaft, 2000, S. 198 f.

[1017] S. zur Treuepflicht des Mehrheitsaktionärs: BGHZ 103, 184 = JZ 1989, 443 m. Anm. *Wiedemann*, zur Treuepflicht des GmbH-Gesellschafters: BGHZ 65, 15 = BB 1975, 1450 m. Anm. *Schilling*; dazu ausführlich *Wiedemann*, JZ 1976, 392.

sich im Einzelfall zur konkreten Förderungs- und Interessenwahrungspflicht verdichten[1018] und dann im Falle ihrer Verletzung u.a. mit Schadensersatzansprüchen sanktioniert werden[1019].

Maßgeblich bei der Frage nach weiteren Interessenverbindungen ist vielmehr, ob sich der Verein auch anderweitig unternehmerisch betätigt und diese Betätigungen zu den angesprochenen Interessenkonflikten führen können, die durch die Ausübung von Leitungsmacht in weiteren Gesellschaften vermittelt werden[1020]. In diesem Zusammenhang kommen namentlich weitere Beteiligungen an Kapitalgesellschaften, aber auch eigene wirtschaftliche Betätigungen im Rahmen des vereinseigenen wirtschaftlichen Geschäftsbetriebes in Frage. Ein wirtschaftlicher Geschäftsbetrieb, der sich im Rahmen des Nebenzweckprivilegs hält, ist allerdings nicht ausreichend, um die Unternehmensqualität des Vereins in konzernrechtlicher Hinsicht begründen zu können. Dafür spricht, dass eine derartige Betätigung des Vereins dem idealen Vereinszweck untergeordnet ist und insofern keine konkurrierenden unternehmerischen Interessen begründet[1021].

Daher kommen als weitere wirtschaftliche Interessenbindungen des Vereins in erster Linie Beteiligungen an anderen Gesellschaften in Frage. Wie stark eine „maßgebliche Beteiligung“[1022] sein muss, um eine konzernrechtlich relevante Interessenkollision hervorzurufen, ist umstritten[1023]. Unstreitig liegt eine ausreichend starke Beteiligung jedenfalls dann vor, wenn sie eine Mehrheitsbeteiligung darstellt[1024]. Ansonsten ist mit Blick auf den Schutzzweck des Konzernrechts davon auszugehen, dass auch bei geringerer Beteiligungshöhe eine maßgebliche Beteiligung angenommen werden muss, wenn sie so stark ist, dass zumindest die Möglichkeit besteht, dass der Verein als Gesellschafter oder An-

---

[1018] Zur Treuepflicht vgl. oben unter D III. 3. b) aa).; *K.Schmidt*, Gesellschaftsrecht, 4. Aufl. 2002, § 20 IV.

[1019] *K.Schmidt*, Gesellschaftsrecht, 4. Aufl. 2002, § 20 V 4.

[1020] Vgl. BGH, WM 1997, 967/969; *Hüffer*, AktG, 5. Aufl. 2002, § 15 Rdnr. 9; KölnKom/*Koppensteiner*, 2. Aufl. 1986, § 15 AktG Rdnr. 21 ff.; *Emmerich/ Sonnenschein/ Habersack*, Konzernrecht, 7. Aufl. 2001, § 2 II 1.

[1021] *Habersack*, in *Scherrer*, Sportkapitalgesellschaften, 1998, S. 52; *M. Müller*, Der deutsche Berufsfußball – vom Idealverein zur Kapitalgesellschaft, 2000, S. 197 f.

[1022] BGH, WM 1997, S. 967/ 969.

[1023] Näher dazu *Emmerich/Habersack*, Aktien- und GmbH-Konzernrecht, 2. Aufl. 2001, § 15 Rdnr. 13.

[1024] *Emmerich/Habersack*, Aktien- und GmbH-Konzernrecht, 2. Aufl. 2001, § 15 Rdnr. 14.

teilseigner leitend (vgl. § 18 Abs. 1 AktG) auf das andere Unternehmen einwirken kann[1025].

2. *Art und Umfang der konzernrechtlichen Haftung*

Die Art und der Umfang der konzernrechtlichen Haftung richten sich nach der jeweiligen Intensität der Unternehmensverbindung.

a) Vertragskonzern

Ein Vertragskonzern als engste Form der Unternehmensverbindung liegt vor, wenn zwischen dem Stammverein und der Tochtergesellschaft ein Beherrschungsvertrag im Sinne des § 291 Abs. 1 AktG[1026] abgeschlossen wurde und aufgrund dessen ein echtes Weisungsrecht des herrschenden Unternehmens nach § 308 AktG besteht[1027]. Durch das Weisungsrecht wird dem herrschenden Unternehmen eine einheitliche Leitungsmacht i.S. des § 18 Abs. 1 Satz 2 AktG vermittelt, die sogar wirtschaftlich nachteilige Weisungen des herrschenden Unternehmens erlaubt (vgl. § 308 Abs. 2 AktG).

Zum Schutz der Gläubiger des abhängigen Unternehmens sieht § 302 AktG eine zwingende Verlustübernahmepflicht durch das herrschende Vertragsunternehmen vor. Die Berufssportgesellschaft hätte also einen Anspruch gegen den Verein auf Ausgleich der aufgelaufenen Verluste. Daneben besteht eine Organhaftung der gesetzlichen Vertreter des herrschenden Unternehmens (vgl. § 309 AktG).

[1025] *Emmerich/Habersack*, Aktien- und GmbH-Konzernrecht, 2. Aufl. 2001, § 15 Rdnr. 13 f.; OLG Köln, BB 1997, 169 f.; KölnKom/*Koppensteiner*, AktG, 2. Aufl. 1986, § 15 Rdnr. 21-29; *Krieger*, in : Münchner Hdb des GesR, 3. Aufl. 2003, § 68 Rdnr. 6.

[1026] Eingehend zum Beherrschungsvertrag: *Emmerich/Sonnenschein/Habersack*, Konzernrecht, 7. Aufl. 1997, § 11 (AG-Konzern), § 32 (GmbH-Konzern).

[1027] Zum Vertragskonzern mit Beteiligung eines Vereins: *Emmerich/Sonnenschein/ Habersack*, Konzernrecht, 7. Aufl. 2001, § 37 II 3, III.

Die Verlustübernahmepflicht gilt analog auch für den GmbH-Vertragskonzern[1028].

b) Faktischer Konzern

Der Tatbestand des faktischen Konzerns ist gegeben, wenn zwar kein Beherrschungsvertrag vorliegt, das abhängige Unternehmen aber rein tatsächlich unter der einheitlichen Leitungsmacht (vgl. § 18 Abs. 1 Satz 1 AktG) eines herrschenden Unternehmens steht[1029]. Davon zu unterscheiden wäre an sich das Vorliegen einer weniger intensiven einfachen Abhängigkeit im Verhältnis zweier Unternehmen zueinander, die dann gegeben ist, wenn lediglich die Möglichkeit besteht, dass das eine rechtlich selbständige Unternehmen von dem anderen beherrscht wird (vgl. § 17 AktG). Eine Abgrenzung der beiden Erscheinungsformen von Unternehmensverbindungen gestaltet sich sehr schwierig[1030] und ist vorliegend auch nicht notwendig, da die hier interessierenden Rechtsfolgen dieselben sind und somit beide Erscheinungsformen gemeinsam behandelt werden können.

In beiden Fällen führt nicht schon das Bestehen des (legalen) tatsächlichen Abhängigkeitsverhältnisses zu haftungsrechtlichen Folgen. Erst wenn das herrschende Unternehmen seinen Einfluss dazu ausnutzt, die beherrschte Gesellschaft dazu zu veranlassen, ein für sich nachteiliges Rechtsgeschäft i.S. des § 311 Abs. 1 AktG vorzunehmen, werden die Grenzen einer zulässigen Einflussnahme überschritten.

In diesen Fällen ist das herrschende Unternehmen in erster Linie dazu verpflichtet, die nachteiligen Folgen des Rechtsgeschäfts gegenüber der beherrschten Gesellschaft auszugleichen (vgl. § 311 Abs. 2 AktG). Erfolgt der Ausgleich jedoch nicht rechtzeitig, führt das unter anderem zur Verpflichtung des herr-

---

[1028] Ein GmbH-Konzern entsteht, wenn das beherrschte Unternehmen keine AG/KGaA, sondern eine GmbH ist. Zur Verlustübernahmepflicht im GmbH-Konzern vgl. *Scholz/Emmerich*, GmbHG, 9. Aufl. 2000, Anh. Konzernrecht Rdnr. 165 ff; *Baumbach/Hueck/Zöllner*, GmbHG, 17. Aufl. 2000, Anh Konzernrecht Rdnr. 77; *Emmerich/Sonnenschein/ Habersack*, Konzernrecht, 7. Aufl. 2001, § 32 II 5; *K.Schmidt*, Gesellschaftsrecht, 4. Aufl. 2002, § 39 II; *Gottwald/Haas*, Insolvenzrechts-Hdb, 2. Aufl. 2000, § 92 Rdnr. 320.

[1029] *Krieger*, in: Münchner Hdb des GesR, 3. Aufl. 2003, § 68 Rdnr. 19.

[1030] Vgl. *Emmerich/Sonnenschein/Habersack*, Konzernrecht, 7. Aufl. 2001, § 24 I; *Menke*, Die wirtschaftliche Betätigung nichtwirtschaftlicher Vereine, 1998, S. 195 ff.

schenden Unternehmens zur Leistung von Schadensersatz gegenüber der beherrschten Gesellschaft sowie gegenüber deren Aktionären (vgl. § 317 Abs. 1 AktG bzw. §§ 317 Abs. 3 i.V. mit 318 AktG).

Auslöser der Haftung ist hier erst eine konkrete Einflussnahme des herrschenden Unternehmens auf das abhängige Unternehmen; eine allgemeine Verlustübernahmepflicht entsprechend der Regelung des § 302 AktG gibt es in diesen Konstellationen dagegen nicht[1031].

c) Qualifiziert faktischer Konzern

Der so genannte „qualifiziert faktische" oder „durchgeführte" Konzern grenzt sich insofern von dem einfachen faktischen Konzern ab, als bei ersterem die Einflussnahme des herrschenden Unternehmens derart intensiv ist, dass einzelne Einflussnahmen nicht mehr isolierbar und damit auch nicht mehr nach § 311 AktG einem Einzelausgleich zugänglich sind[1032]. Vielmehr besteht eine mit der Situation eines bestehenden Beherrschungsvertrages vergleichbare, aber nunmehr rein faktische Konzernherrschaft. Das wäre etwa der Fall, wenn die Berufssportgesellschaft durch umfassende und dauerhafte Einflussnahmen des Stammvereins wie eine Betriebsabteilung des Vereins[1033] geführt würde und die Leitungsmacht der Tochtergesellschaft damit praktisch im Kern auf den Verein als herrschendes Unternehmen übergegangen wäre[1034].

Der Tatbestand des qualifiziert faktischen Konzerns in dieser Form ist ohne Beherrschungsvertrag rechtswidrig[1035]. Das herrschende Unternehmen haftet in diesem Fall durch eine pauschale verschuldensunabhängige Verlustübernahmepflicht gemäß §§ 302, 303 AktG analog[1036].

[1031] Vgl. *K.Schmidt*, Gesellschaftsrecht, 4. Aufl. 2002, § 31 IV 3. c).

[1032] BGHZ 107, 7/ 15 f.; BGH, NJW 1993, 1200/ 1202; BGH, NJW 1994, 446.

[1033] BGHZ 95, 330/ 334; *Kekebus*, Alternativen zur Rechtsform des Idealvereins im bundesdeutschen Lizenzfußballs, 1991, S. 106; *K.Schmidt*, Gesellschaftsrecht, 4. Aufl. 2002, § 31 IV 4. a).

[1034] Vgl. *Lutter*, AG 1990, 183; *K.Schmidt*, Gesellschaftsrecht, 4. Aufl. 2002, § 31 IV 4. a) (AG Konzern) und § 39 III 3. (GmbH-Konzern).

[1035] Vgl. auch die Regelung des § 76 Abs. 1 AktG, die einer faktischen Beherrschung widerspricht.

[1036] *K.Schmidt*, Gesellschaftsrecht, 4. Aufl. 2002, § 31 IV 4. a); *Emmerich/Sonnenschein/ Habersack*, Konzernrecht, 7. Aufl. 2001, § 28; *Hüffer*, AktG, 5. Aufl. 2002, § 302 Rdnr. 30.

Dieselbe Rechtsfolge galt bislang auch für den qualifiziert faktischen GmbH-Konzern[1037], bis der BGH nunmehr mit seiner neusten Entscheidung die Einbeziehung der Einmann-GmbH in das Haftungssystem des Konzernrechts ausdrücklich abgelehnt hat[1038]. Der Schutz der abhängigen Einmann-GmbH gegenüber Eingriffen des Alleingesellschafters ergibt sich nunmehr vorrangig aus den Regeln zur Kapitalerhaltung in Form eines Anspruchs auf Erhalt der Stammeinlage (vgl. §§ 30, 31 GmbHG) sowie aus einem eigenständigen Anspruch auf Bestandsschutz. Letzterer soll den Gesellschafter dazu verpflichten, bei Eingriffen in das Vermögen der beherrschten GmbH angemessen Rücksicht auf deren wirtschaftliche Belange zu nehmen[1039].

Dabei kommt es zu einer Haftung des Gesellschafters für die Verbindlichkeiten der GmbH nur dann, wenn er gröblich sorgfaltswidrig und damit in betriebswirtschaftlich unvertretbarer Weise das der Gläubigerbefriedigung gewidmete Kapital „seiner" GmbH vernichtet und dadurch den Anspruch der GmbH auf Gewährleistung ihres Bestandes verletzt[1040]. Ausgeschlossen ist damit eine Haftung des Gesellschafters, so lange die Fähigkeit der GmbH zur Befriedigung ihrer Gläubiger durch die Rückführung von verlorenem Stammkapital gemäß § 31 GmbHG realisiert werden kann[1041].

Obgleich in der mehrgliedrigen GmbH im Unterschied zur Einmann-GmbH nicht nur die Gläubiger, sondern daneben auch die Minderheitsgesellschafter eines Schutzes vor einem Missbrauch der Leitungsmacht seitens des Mehrheitsgesellschafters bedürfen, ist das neue Haftungskonzept des BGH grundsätzlich auch auf die mehrgliedrige GmbH anzuwenden. Denn die Aufgabe der besonderen Haftungsordnung des qualifiziert faktischen GmbH-Konzerns beantwortet die grundlegende dogmatische Frage nach der Existenz einer am Aktienrecht

---

[1037] Vgl. BGH, ZIP 1993, 589 („TBB"-Entscheidung); vgl. Übersicht bei *Emmerich/ Sonnenschein/Habersack*, Konzernrecht, 7. Aufl. 2001, § 31, *Scholz/Emmerich*, GmbHG, 9. Aufl. 2000, Anh. Konzernrecht Rdnr. 91 ff.

[1038] BGH, ZIP 2001, 1874 ff. („Bremer Vulkan"-Entscheidung)

[1039] BGH, ZIP 2001, 1874/ 1876.

[1040] BGH, ZIP 2001, 1874; zu einer möglichen dogmatischen Einordnung dieses Anspruchs vgl.: *Wiedemann*, 50 Jahre BGH, Festgabe aus der Wissenschaft Bd. II, 2000, S. 337/ 353; *Altmeppen*, ZIP 2001, 1837/ 1840 ff.; *Hoffmann*, NZG 2002, 68/ 71.

[1041] BGH, NJW 2001, 3622 = NZI 2001, 641.

angelehnten Haftungsordnung bei der GmbH, und zwar unabhängig vom Bestehen von Minderheitsgesellschaftern[1042].

3. Auswirkung des Konzerntatbestands auf die Solvenz des e.V.

Die wirtschaftliche Schieflage der Tochtergesellschaft bringt also im Falle des Bestehens eines Konzerntatbestands aufgrund möglicher konzernrechtlicher oder ähnlicher Haftungsansprüche der Tochtergesellschaft selbst oder seitens ihrer Gläubiger für den Mutterverein als Gesellschafter ein erhebliches finanzielles Risiko mit sich.

Wegen des nach einer Ausgliederung des wirtschaftlichen Geschäftsbetriebes durchwegs nur geringen Restvermögens des Vereins muss unter den Voraussetzungen einer konzernrechtlichen Haftung des Vereins davon ausgegangen werden, dass auch der Stammverein in Folge einer haftungsrechtlichen Inanspruchnahme zwangsläufig in wirtschaftliche Schwierigkeiten geraten, wenn nicht sogar in die Insolvenz abgleiten wird[1043].

Zudem muss nach h.M. unter den Voraussetzungen des Bestehens eines Konzerntatbestandes die wirtschaftliche Betätigung der Tochtergesellschaft dem Mutterverein als eigene zugerechnet werden, woraus unter Gläubigerschutzgesichtspunkten die zwingende Einordnung des Stammvereins als wirtschaftlicher Verein im Sinne des § 22 BGB folgt[1044]. In diesem Falle wäre also auch ein weiterer Zweck der Ausgliederung der Berufssportabteilung, nämlich die Beseitigung der latenten Rechtsformverfehlung, nicht erreichbar.

1042 *Hoffmann*, NZG 2002, 68/ 72.

1043 Vgl. *M.Müller*, Der deutsche Berufsfußball – vom Idealverein zur Kapitalgesellschaft, 2000, S. 202.

1044 *M.Müller*, Der deutsche Berufsfußball – vom Idealverein zur Kapitalgesellschaft, 2000, S. 188; *Emmerich/Sonnenschein/Habersack*, Konzernrecht, 7. Aufl. 2001, § 37 III 2; *Habersack*, in *Scherrer*, Sportkapitalgesellschaften, 1998, S. 53; a.A: BGH, NJW 1983, 569 ff.

Q Schlussbetrachtung

I.

Der eingetragene (Sport-)Verein hat eine rasante wirtschaftliche Entwicklung hinter sich. Vom historischen Gesetzgeber noch als reiner Idealverein konzipiert, haben sich die modernen Sportvereine in vielen Bereichen zu Sportunternehmen entwickelt, die neben dem idealen Vereinszweck einem umfangreichen Geschäftsbetrieb nachgehen.

Hauptursache für diese Entwicklung ist, dass sich der professionell betriebene Sport zu einem bedeutenden Teilbereich der Unterhaltungsbranche entwickelt hat, in der über den regulären Spielbetrieb hinaus insbesondere durch Werbung und Sponsoring sowie durch die Vermarktung von Fernsehübertragungsrechten Milliardenumsätze getätigt werden.

Trotz des Grundsatzes der Vereinsklassenabgrenzung zwischen idealem und wirtschaftlichem Verein (§§ 21, 22 BGB) einerseits und dem handelsrechtlichen Typenzwang andererseits wurde die wirtschaftliche Betätigung der Vereine, die den Rahmen des Nebenzweckprivilegs zum Teil deutlich übersteigt, bislang von den insoweit zuständigen Verwaltungsbehörden toleriert.

Ungeachtet dessen stellt der unternehmerisch betriebene Sport in vielen Bereichen wesentlich höhere und komplexere Anforderungen an die Führung und die Organisation eines Vereins, ohne dass sich die vereinsrechtliche Organisationsstruktur wesentlich geändert hätte. Das führt zum einen zu unübersehbaren Schwächen in der Personalstruktur vieler Vereine, die auch heute noch weitestgehend durch den Einsatz ehrenamtlicher Kräfte in den Führungsämtern des Vereins geprägt ist; darüber hinaus mangelt es dem Verein aber auch an einer Finanz- und Haftungsverfassung, die auf einen entsprechenden Geschäftsbetrieb zugeschnitten ist und darüber hinaus für einen angemessenen Gläubigerschutz sorgt.

Die wirtschaftliche Betätigung birgt für den modernen Sportverein nicht nur Chancen, sondern auch ein erhebliches Wirtschaftsrisiko, das jeder unternehmerischen Betätigung innewohnt. Aufgrund der Tatsache, dass der eingetragene Verein zur Ausübung einer wirtschaftlichen Betätigung keines festgelegten Eigenkapitals bedarf und die Mitgliedsbeiträge dafür in der Regel nicht ausreichen, ist der Verein angewiesen auf externe Geldgeber. Das führt zum einen zu einer großen Abhängigkeit des Vereins von seinen Geldgebern; andererseits hängt der Umfang der finanziellen Unterstützung oftmals unmittelbar vom (unwägbaren) sportlichen Erfolg des Vereins ab, so dass eine langfristige Finanzplanung erschwert ist. Aufgrund dessen sind Vereine besonders krisenanfällig. Die Statistik belegt darüber hinaus, dass die Zahl der Insolvenzen bei Vereinen in den letzten Jahren signifikant gestiegen ist.

II.

Für den Vorstand bedeutet eine zunehmende wirtschaftliche Betätigung des Vereins eine deutliche Ausweitung seines Aufgabenbereiches, verbunden mit einem erheblichen, womöglich existenziellen Haftungsrisiko.

Der Vorstand ist nicht nur mittelbar durch die Insolvenzantragspflicht des § 42 Abs. 2 Satz 1 BGB dazu angehalten, geeignete vereinsinterne Organisationsstrukturen zur Früherkennung einer wirtschaftlichen Krise einzuführen; er ist darüber hinaus als Leitungsorgan eines Vereins mit Großunternehmen wegen der Ausstrahlungswirkung des § 91 Abs. 2 AktG unmittelbar dazu verpflichtet, ein institutionalisiertes Frühwarn- und Risikokontrollsystem zur Vermeidung wirtschaftlicher Krisen einzuführen. Vernachlässigt der Vorstand diese Pflicht, ist er dem Verein gegenüber haftbar.

Nach Eintritt des Insolvenztatbestandes ist dem Vorstand gegebenenfalls analog §§ 64 Abs. 1 Satz 1 GmbHG, 92 Abs. 2 Satz 1 AktG, 130 a Abs. 1 Satz 3 HGB eine Überlegungsfrist einzuräumen, um im Sinne einer bestmöglichen Gläubigerbefriedigung mögliche außergerichtliche Sanierungsmaßnahmen prüfen zu können. Sowohl im Falle der unterlassenen Prüfung von Sanierungsmaßnahmen als auch im Falle der Verzögerung der Antragstellung haftet der Vorstand gegenüber dem Verein bzw. gegenüber dessen Gläubigern.

Infolge der jüngsten Rechtsprechungsänderung des BGH hat der Vorstand im Falle einer schuldhaften Antragsverzögerung nicht mehr nur für den Gesamtgläubigerschaden aufzukommen, der allen Gläubigern durch die Verminderung der Insolvenzmasse entsteht, sondern darüber hinaus haftet er auch für den Kontrahierungsschaden (negatives Interesse) der Neugläubiger.

Aufgrund der damit einhergehenden unterschiedlichen Schutzwürdigkeit von Alt- und Neugläubigern stellt sich die Frage nach dem entscheidenden Abgrenzungskriterium; denn nur als Neugläubiger hat der Vereinsgläubiger neben dem Anspruch auf Ersatz seines Quotenschaden auch einen Anspruch auf Ersatz seines Vertrauensschadens.

Dabei zeigt sich, dass die vorherrschende Abgrenzung zwischen einem Alt- und einem weitergehenden geschützten Neugläubiger nicht einheitlich nach dem Zeitpunkt des Vertragsschlusses beurteilt werden kann, da dies zu einer Verkürzung des Schutzzwecks der Antragspflicht führen würde. Vielmehr ist beim Auseinanderfallen von Vertragsschluss und vertragsgemäßer Leistung bei gegenseitigen Verträgen und bei Dauerschuldverhältnissen eine Ausnahme von dieser Regel zu machen.

Der Gesamtgläubigerschaden wird vorrangig in Form eines Ersatzanspruchs des Vereins gegenüber dem Vorstand unmittelbar aus § 42 Abs. 2 Satz 2 BGB durch Auffüllen der Insolvenzmasse realisiert, während sich der Anspruch der Neugläubiger als Individualschaden darstellt, der von den Gläubigern über §§ 823 Abs. 2, 42 Abs. 2 Satz 1 BGB unmittelbar dem Vorstand gegenüber geltend zu machen ist. Erweist sich der Gesamtgläubigerschaden dagegen für die Gläubiger als nicht zuverlässig realisierbar, etwa bei Abweisung des Insolvenzantrags mangels Masse und anschließender vereinsrechtlicher Liquidation des Vereins, kann der Quotenschaden subsidiär als Individualschaden unmittelbar dem Vorstand gegenüber geltend gemacht werden.

III.

Das Insolvenzverfahren über das Vermögen des Vereins weist vor allem insofern Besonderheiten auf, als sich der insolvenzfreie Bereich nicht ausschließlich auf vereinsinterne Angelegenheiten bezieht, sondern sich zudem auf das Mitgliedschaftsverhältnis des Vereins zum jeweiligen Sportverband erstreckt. Das führt dazu, dass mehr Kompetenzbereiche nicht eindeutig zugeordnet sind und sich damit der Überschneidungsbereich der Kompetenzen von Insolvenzverwalter einerseits und Vereinsvorstand andererseits vergrößert. Innerhalb der Überschneidungsbereiche können Rechtshandlungen nur durch ein gemeinsames Handeln von Vorstand und Insolvenzverwalter wirksam werden.

Darüber hinaus ist der Verein im Verhältnis zum (Spitzen-) Verband bestimmten Regelungen unterworfen, die wesentliche Auswirkungen auf die Durchführung des Sportbetriebes des Vereins und damit auch auf dessen Wirtschaftstätigkeit haben können. Nur in Kenntnis des Verbandsreglements wird es dem Insolvenzverwalter möglich sein, den Verein erfolgreich zu sanieren oder ihn bestmöglich zugunsten der Gläubiger abzuwickeln.

Zu beachten ist in diesem Zusammenhang insbesondere die Einhaltung bestimmter „Wechselperioden" bzw. bestimmter Transferbedingungen, unter denen der Sportler von einem zum anderen Verein wechseln bzw. transferiert werden kann. Wichtig ist, dass der Sportler einerseits zwar aufgrund seiner Gehaltsforderungen als Arbeitnehmer des Vereins die Insolvenzmasse belastet, andererseits aber die mit dem vertraglich gebundenen Sportler einhergehenden Transferrechte einen erheblichen Vermögenswert darstellen, der im Falle eines erfolgreichen Wechsels des Sportlers zu einem anderen Verein in Form eines Transfererlöses realisiert werden kann. Aber auch hier ist darauf zu achten, dass nach Grundsatzentscheidungen des EuGH sowie des BGH in dem Moment, wo der Arbeitsvertrag zwischen Verein und Sportler beendet ist, keine Transferentschädigung mehr verlangt werden kann. Folglich gilt es für den Insolvenzverwalter genau abzuwägen, ob er dem Sportler den Arbeitsvertrag kündigt, um damit die Masse zu entlasten, oder ob er den Arbeitsvertrag aufrechterhält, um möglicherweise eine Transferentschädigung erzielen zu können.

IV.

Als besonders wichtig gestaltet sich in diesem Zusammenhang auch die Frage, ob der Insolvenzverein überhaupt am Spiel- und Wettkampfbetrieb des jeweiligen Bundes-, Landes- bzw. Ligaverbandes weiterhin teilnehmen darf.

Die Teilnahmeberechtigung des Vereins wird im Amateurbereich durch die Mitgliedschaft des Vereins im Verband, im Profibereich durch den Abschluss von so genannten Sportlizenzverträgen vermittelt. Typischerweise beschränkt sich die Verbandssatzung bei Eröffnung des Insolvenzverfahrens über das Vermögen des Mitgliedsvereins auf die Anordnung eines Zwangsabstiegs, der in der Spielordnung des jeweiligen Verbandes geregelt ist. Eine solche Spielregel ist im Rahmen der Satzungsautonomie der Sportverbände unproblematisch zulässig.

Problematisch sind dagegen Satzungsregelungen, die an die Auflösung des Vereins zwingend den Verlust der Mitgliedschaft knüpfen. Das Mitgliedschaftsverhältnis zwischen Verein und Verband, durch das sich der Verein der Satzung des Verbandes unterwirft, ist zwar, da es kein gegenseitiges Vertragsverhältnis begründet, nicht an § 119 InsO i.V. mit den §§ 103 ff. InsO zu messen; es unterliegt jedoch der Inhaltskontrolle des allgemeinen Rechts u.a. nach den §§ 138, 242 BGB. Abgesehen von der Frage, ob die genannte Satzungsregelung ihrem

Sinn und Zweck nach überhaupt die Auflösung im Sinne des § 42 Abs. 1 Satz 1 BGB umfasst, wäre diese Bestimmung jedenfalls nach §§ 138, 242 BGB unverhältnismäßig und damit nichtig.

In Lizenzverträgen sind dagegen Vereinbarungen denkbar, die den automatischen Verlust der Lizenz im Falle der Eröffnung des Insolvenzverfahrens über das Vermögen des Vereins oder im Falle der Abweisung des Insolvenzantrags vorsehen oder aber in den genannten Fällen die Möglichkeit zum Entzug der Lizenz eröffnen. Auch der Sportlizenzvertrag fällt nicht unter den Anwendungsbereich der §§ 119, 103 ff InsO, da der Sportlizenzvertrag seiner Rechtsnatur nach kein gegenseitiges, sondern ein mitgliedschaftsähnliches Rechtsverhältnis begründet. Während die Vereinbarung des zwingenden Lizenzentzugs ebenfalls wegen des Verstoßes gegen §§ 138, 242 BGB nichtig ist, wäre die Nutzung der Möglichkeit des Lizenzentzug in jedem Einzelfall auf seine Verhältnismäßigkeit hin zu überprüfen.

V.

Wird das Insolvenzverfahren mangels Masse abgelehnt, führt dies in Gesamtanalogie zu den §§ 262 Abs. 1 Nr. 4 AktG, 60 Abs. 1 Nr. 5 GmbHG, 81 a Nr. 1 GenG, 131 Abs. 2 Nr. 1 HGB zur Auflösung des eingetragenen Vereins und dessen Überführung ins vereinsrechtliche Liquidationsverfahren. Nach Abschluss des Liquidationsverfahrens hat der Verein im Falle der nachhaltigen Überwindung der Insolvenzauslöstatbestände ebenso wie der Insolvenzverein die Möglichkeit, per Beschluss der Mitgliederversammlung den Verein wieder als werbenden rechtsfähigen Verein fortzuführen. Die Prüfung der Einhaltung dieser Voraussetzungen unterfällt dem Registergericht.

VI.

Nach Aufhebung des Insolvenzverfahrens hat der Verein gemäß § 42 Abs. 1 Satz 2 BGB die Möglichkeit, per Mitgliederbeschluss die Fortsetzung des Vereins in rechtsfähiger Form zu beschließen. Sollte es im Rahmen des Insolvenzverfahrens zu einer Vollabwicklung des eingetragenen Vereins kommen, kann der Verein als werbender nichtrechtsfähiger Verein fortgesetzt werden, soweit eine entsprechende Satzungsbestimmung besteht. Der nichtrechtsfähige Verein entsteht erst nach Beendigung des Insolvenzverfahrens mit Löschung des e.V.

im Vereinsregister und ist mit dem alten eingetragenen Verein identisch. Kommt es im Insolvenzverfahren nicht zur vollständigen Befriedigung sämtlicher Gläubiger, so bleiben die noch offenen Forderungen gegenüber dem Fortsetzungsverein bestehen. Daher bietet es sich eher an, einen neuen Verein zu gründen und den Mitgliedern des Insolvenzvereins die Mitgliedschaft in dem neuen Verein anzubieten.

VII.

Die Verantwortlichen der wirtschaftlich erfolgreichen Vereine haben mittlerweile erkannt, dass die Rechtsform des eingetragenen Vereins die wirtschaftliche Entwicklung einschränkt, und sind dazu übergegangen, die Profisportabteilungen auszugliedern, wobei der Verein zumeist Mehrheitsgesellschafter der entstandenen Kapitalgesellschaft ist.

Allein durch die Ausgliederung ist allerdings die Insolvenzgefahr für den Stammverein nicht gebannt. Sollte sich der Verein gleichzeitig an mehreren Kapitalgesellschaften beteiligen, kann dies zu einem Konzerntatbestand führen, der den Verein als Gesellschafter entsprechenden konzernrechtlichen Haftungsansprüchen aussetzt.

VIII.

Abschließend bleibt festzustellen, dass die Rechtsform des Vereins trotz ihrer Konzeption hinsichtlich der Verfolgung idealer Zwecke dazu genutzt wird, um im Einzelnen in erheblichem Umfang wirtschaftlich tätig zu werden. Die rechtliche Beurteilung jener Problemstellungen, die sich gerade aus der Wirtschaftstätigkeit ergeben, verlangt nach einer klaren Linie. Dazu gibt es zwei Lösungsansätze:

Die eine Möglichkeit besteht darin, dass man die gesetzliche Konzeption des Idealvereins ernst nimmt und die Registergerichte dazu anweist, Vereinen mit Wirtschaftsunternehmen die Rechtsfähigkeit zu entziehen, um diese damit in die (passenden) Rechtsformen der Kapitalgesellschaften zu zwingen.

Dieser Lösungsweg erscheint jedoch schon sportpolitisch nicht gangbar und dazu unpraktikabel, da klare Abgrenzungskriterien geschaffen werden müssten, die eine vom Nebenzweckprivileg tolerierbare wirtschaftliche Betätigung von einer darüber hinaus gehenden trennt. Daher ist stattdessen, nach der vorliegend vertretenen Auffassung, den modernen Ausprägungen des Idealvereins dadurch gerecht zu werden, dass Probleme, die sich aus dessen Wirtschaftstätigkeit ergeben, in Anlehnung an die Lösungen zu bewältigen sind, die sich vor allem im Bereich des Kapitalgesellschaftsrecht bereits bewährt haben. Dabei kann es sich nicht um eine einfache analoge Anwendung kapitalgesellschaftsrechtlicher Lösungsmodelle auf den Verein handeln. Vielmehr muss in jedem Einzelfall geprüft werden, ob eine vergleichbare Interessenlage gegeben ist und ob trotz der strukturellen Unterschiede zwischen der Kapitalgesellschaft und dem Idealverein eine sinngemäße Anwendung auf das Vereinsrecht möglich ist.

Dieser Ansatz ist schon aus dem Grunde vorzuziehen, als die Entwicklung in der Wirtschaftsbranche Sport dazu führt, dass die wirtschaftlich erfolgreichsten bzw. ambitioniertesten Vereine erkannt haben, dass die Rechtsform des Vereins im Endeffekt die wirtschaftliche Weiterentwicklung behindert. Konsequenterweise gehen die Verantwortlichen dieser Vereine selbst dazu über, die Umwandlung ihres Sportunternehmens in eine Kapitalgesellschaft zu betreiben.

Gleichzeitig muss jedoch verhindert werden, dass wirtschaftlich tätige Vereine im Falle eines finanziellen Missmanagements die Schwächen der Rechtsform des Vereins in seiner lückenhaften gesetzlichen Ausgestaltung letztendlich meist zum Schaden der Vereinsgläubiger ausnutzen können. Dies gelingt nur, indem bestehende Lücken unter anderem über die angesprochene sinngemäße Anwendung kapitalgesellschaftsrechtlicher Regelungen geschlossen werden.

Literaturverzeichnis

A

Achilles, Alexander/Gebhard, Albert/Spahn Peter: Protokolle der Kommission für die zweite Lesung des Entwurfs des Bürgerlichen Gesetzbuches, Band II, Berlin 1898

Ahrens Martin: Arbeitnehmerhaftung bei betrieblich veranlasster Tätigkeit, DB 1996, S. 934

Altmeppen, Holger:

- Haftung der Geschäftsleiter einer Kapitalgesellschaft für die Verletzung von Verkehrssicherungspflichten, ZIP 1995, 881
- Probleme der Konkursverschleppungshaftung, ZIP 1997, S.1173
- Die Auswirkungen des KonTraG auf die GmbH, ZGR 1999, S. 291
- Insolvenzverschleppungshaftung Stand 2001, ZIP 2001, S. 2201

Andres, Winfried: Die rechtlichen Auswirkungen der Insolvenz des Vereins auf den Spielbetrieb und den Spieler, in: Der Sportverein in der wirtschaftlichen Krise, Heidelberg 1990, S. 35

Arbeitskreis für Insolvenz- und Schiedsgerichtswesen e.V., Köln (Hrsg.): Kölner Schrift zur Insolvenzordnung, 2. Auflage, Herne/Berlin 2000

Arens, Wolfgang: Der Fall Bosman-Bewertung und Forderung aus Sicht des nationalen Rechts, SpuRt 1996, S. 39

B

Balz, Manfred: Die Ziele der Insolvenzordnung, in Kölner Schrift zur Insolvenzordnung, Herne/Berlin 2000

Bär, Fred G.: Die Schranken der inneren Vereinsautonomie – historisch-rechtsdogmatische Überlegungen zu einem Vereinsgesetz, Berlin 1995

Bauer, Kilian: Die Passivierung eigenkapitalersetzender Gesellschafterforderungen im Überschuldungsstatus, ZInsO, 2001, S. 486

Baumbach, Adolf:

- */Hueck, Alfred*: GmbH-Gesetz, 17. Auflage, München 2000; zit. Baumbach/Hueck/Bearbeiter

- */Hopt, Klaus J.*: Handelsgesetzbuch, 30. Auflage, München 2002

Bayer, Michael: Die liquidationslose Fortsetzung rechtsfähiger Idealvereine, Berlin 1984

Beintmann, Ulrike :

- Eigenkapitalersetzende Gesellschafterdarlehen im Überschuldungsstatus, Bielefeld 1998
- Eigenkapitalersetzende Gesellschafterdarlehen in der Überschuldungsbilanz

Beizke, Günther :

- Mitgliederlose Vereine, in: Festschrift für Wilburg zum 60. Geburtstag, Graz 1965, S. 19
- Pflegschaften für Handelsgesellschaften und juristische Personen, in Festschrift für Ballerstedt zum 70. Geburtstag am 24.12.1975, Berlin 1975, S. 185

Berscheid, Ernst-Dieter:

- Stellung und Befugnisse des vorläufigen Insolvenzverwalters aus arbeitsrechtlicher Sicht, ZInsO 1998, S. 9
- Rang der Entgeltansprüche bei Bestellung eines vorläufigen Insolvenzverwalters mit und ohne Arbeitgeberfunktion, ZinsO 1999, S. 697
- Die Leistungen der Bundesanstalt für Arbeit bei der Sanierung von Unternehmen, DZWIR 2000, S. 133
- Inanspruchnahme von Insolvenzgeld, DZWIR 2000, S. 327
- Arbeitsrechtliche Probleme im Insolvenzeröffnungsverfahren, in Kölner Schrift zu Insolvenzordnung, 2. Auflage, Herne/Berlin 2000, S. 1361
- Ausgewählte arbeitsrechtliche Probleme im Insolvenzeröffnungsverfahren, NZI 2000, S. 1

Bork, Reinhard:

- § 55 Abs. 2 InsO, § 108 Abs. 2 InsO und der allgemeine Zustimmungsvorbehalt, ZIP 1999, S. 781
- Die Doppeltreuhand in der Insolvenz, NZI 1999, S. 337
- Einführung in das neue Insolvenzrecht, 3. Auflage, Tübingen 2002

Bormann, Michael: Passivierungspflicht für eigenkapitalersetzende Gesellschafterdarlehen, Kritik und Konsequenzen der BGH-Entscheidung vom 8.1.2001, GmbHR 2001, S. 689

Böttcher, Roland: Die Beendigung des rechtsfähigen Vereins, Rpfleger 1988, S. 169

Bötticher, Eduard: Erbe und Gemeinschuldner als gewillkürte Prozeßstandschafter des Nachlaß- und Konkursverwalters, JZ 63, S. 582

Braun, Eberhard:

- Insolvenzordnung (InsO) Kommentar, München 2002; zit. Braun/Bearbeiter
- */Uhlenbruck, Wilhelm*: Unternehmensinsolvenz: Grundlagen, Gestaltungsmöglichkeiten, Sanierung mit der Insolvenzordnung; Düsseldorf 1997

Burger, Anton/Schellenberg, Bernhard: Die Auslösetatbestände im neuen Insol-venzrecht, BB 1995, S. 261

C

Canaris, Claus-Wilhelm:

- Grundrechte und Privatrecht, Berlin [u.a.] 1999
- Handelsrecht, 23. Auflage, München 2000

Casper, Matthias/Ullrich, Kristin: Zur Reichweite des Sanierungsprivilegs in § 32 Abs. 3 Satz 3 GmbHG, GmbHR 1999, S. 472

Caspers, Georg: Personalabbau und Betriebsänderung im Insolvenzverfahren, Köln 1998

D

Dauner-Lieb, Barbara: Die Berechnung des Quotenschadens, ZGR 1998, S. 617

Delhaes, Wolfgang:

- Im Überblick: Der vorläufige Insolvenzverwalter, NZI 1998, S. 102
- Die Stellung, Rücknahme und Erledigung verfahrenseinleitender Anträge nach der Insolvenzordnung in: Kölner Schrift zur Insolvenzordnung, 2. Auflage, Herne/Berlin 2000, S. 141

Dempewolf, Günter: Zur Frage der Zweckmäßigkeit und Zulässigkeit der öffent-lichen Bekanntmachung konkursabweisender Beschlüsse gem. § 107 KO, ZIP 1988, S. 953

Dölle, Hans: Neutrales Handeln im Privatrecht, in: Festschrift für Fritz Schulz/1, Weimar 1951, S. 268

Dragyla, Tim/Dragyla, Anja: Wer braucht ein Frühwarnsystem?, ZIP 2000, S. 297

Drukarzcyk, Jochen/Schüler, Andreas: Die Eröffnungsgründe der InsO: Zahlungsunfähigkeit, drohende Zahlungsunfähigkeit und Überschuldung, in Kölner Schrift zur Insolvenzordnung, 2. Auflage, Herne/Berlin 2000, S. 95

E

Ebenroth, Carsten Thomas/Boujong, Karlheinz/Joost, Detlev: Handelsgesetzbuch, Band 1, §§ 1-342 a, München 2001; zit. Ebenroth/ Boujong/Joost/ Verfasser

Ehlers, Harald: Die Überschuldungssituation einer GmbH, ihre Rechtsfolgen und deren Abwendung, DStR 1998, S. 1756

Ehricke, Ulrich: Das abhängige Konzernunternehmen in der Insolvenz, Tübingen 1998

Eichele, Hans: Die Reichweite des Kapitalerhaltungsgrundsatzes aus § 30 Abs. 1 GmbHG, die Finanzierungsverantwortung des Gesellschafters und das Eigenkapitalersatzrecht in der GmbH, Berlin 1999

Eidenmüller, Horst: Unternehmenssanierung zwischen Markt und Gesetz, Köln 1999

Eisele, Jörg: Haftungsfreistellung von Vereinsmitgliedern und Vereinsorganen in nichtwirtschaftlichen Vereinen, Berlin 1998

Emde, Raimond: Der Einwand der „Sowieso-Zahlung" gegen den Schadensersatzanspruch nach § 64 Abs. 2 GmbHG, GmbHR 1995, S. 558

Emmerich, Volker:

- /Sonnenschein, Jürgen/Habersack, Matthias: Konzernrecht, 7. Auflage, München 2001
- */Habersack, Matthias*: Aktien- und GmbH-Konzernrecht, 2. Auflage, München 2001

Eppler, Gerold: Das Quasi-Eigenkapital bei der GmbH als steuerrechtliches Problem, DB 1991, S. 195

Erdmann, Diethelm: Praktische Konsequenzen der Behandlung des Konkursverwalters als Organ der Konkursmasse, KTS 1967, S. 87

Erfurter Kommentar zum Arbeitsrecht: hrsg. von *Dieterich, Thomas u.a.*, 2. Auflage München 2001

Erman Bürgerliches Gesetzbuch, Band I, 10. Auflage, Münster/Köln 2000; zit. Erman/Bearbeiter

F

Fastrich, Lorenz: Ketzerisches zur sogenannten Finanzierungsverantwortung, in: Lieb, Manfred, Festschrift für Wolfgang Zöllner zum 70. Geburtstag, Köln 1998, S. 143

Fischer, Hans Georg: EG-Freizügigkeit und bezahlter Sport. Inhalt und Auswirkungen des Bosman-Urteils des EuGH, SpuRt 1996, S. 34

Fleck, Hans-Joachim:

- Zur Haftung des GmbH-Geschäftsführers, GmbHR 1974, S. 224
- Das kapitalersetzende Bankdarlehen in der GmbH, in: Hadding, Walther (Hrsg.), Festschrift für Winfried Werner zum 65. Geburtstag am 17. Oktober 1984, Berlin 1984, S. 107

Flume, Werner:

- Allgemeiner Teil des Bürgerlichen Rechts, Erster Band, Zweiter Teil: Die juristische Person, Berlin u.a. 1983
- Die Rechtsprechung des II. Zivilsenats des BGH zur Treupflicht des GmbH-Gesellschafters und des Aktionärs, ZIP 1996, S. 161

Frankfurter Kommentar zur Insolvenzordnung/hrsg. von Klaus Wimmer, 3. Auflage, Neuwied [u.a.] 2002; zit. FK-InsO/Bearbeiter

Frege, Michael C.: Die Rechtsstellung des Gläubigerausschusses nach der Insolvenzordnung, NZG 1999, S. 478

Frenski, Martin: Rücknahme des Konkursantrages durch ein anderes Organmitglied?, BB 1988, S. 2265

Fritzweiler, Jochen/Pfister, Bernhard/Summerer, Thomas: Praxishandbuch Sportrecht, München 1998

Fuhrmann, Claus: Idealverein oder Kapitalgesellschaft im bezahlten Fußball, SpuRt 1995, S. 12

Füllgraf, Lutz: Wieviel wirtschaftliche Betätigung im Idealverein? – dargestellt am deutschen Lizenzfußball, DB 1981, S. 226

G

Galli, Albert:

- Die Lizenzvergabe durch den Deutschen Fußball-Bund – Anforderungen an das externe Rechnungswesen der Vereine, SpuRt 1996, S. 18
- Das Rechnungswesen im Berufsfußball, Düsseldorf 1997
- Zur Ausgestaltung der Rechnungslegung von Vereinen – Die Vorgehensweise des Deutschen Fußball-Bundes, WiP 1998, S. 56

Gehrlein, Markus: Kollision zwischen eigenkapitalersetzender Nutzungsüberlassung und Vollstreckungszugriff durch Gesellschafter-Gläubiger, NZG 1998, S. 845

Gerhardt, Walter: Verfügungsbeschränkungen in der Eröffnungsphase und nach Verfahrenseröffnung, in Kölner Schrift zur Insolvenzordnung, 2. Auflage, Herne/Berlin 2000, S. 193

Gerkan, Hartwin von:

- Zur Umqualifizierung stehengelassener Gesellschafterkredite zu Eigenkapitalersatz, GmbHR 1996, S. 400
- Das Recht des Eigenkapitalersatzes in der Diskussion, ZGR 1997, S. 173
- */Hommelhoff, Peter*: Handbuch des Kapitalersatzrechts, 2. Auflage, Köln 2002

Geßler, Ernst/Hefermehl, Wolfgang/Eckard, Ulrich/Kropff, Bruno: Aktiengesetz, Band II, München 1974; zit. Geßler/Hefermehl/Verfasser

Goette, Wulf:

- Einige Aspekte des Eigenkapitalersatzrechts aus richterlicher Sicht, ZHR 1998, S. 223
- Haftung des Geschäftsführers in Krise und Insolvenz der GmbH, ZInsO 2001, S. 529

Gottwald, Peter: Insolvenzrechtshandbuch, 2. Auflage, München 2001; zit. Gottwald/ Bearbeiter

Graeber, Thorsten: Die Unabhängigkeit des Insolvenzverwalters gegenüber Gläubiger und Schuldner, NZI 2002, S. 345

Groß, Wolfgang: Eigenkapitalersetzende Gesellschafterdarlehen in der KG, BB 1991, S. 2386

Großkommentar der Praxis, Das Bürgerliche Gesetzbuch, Kommentar, 12. Auf-lage, Band I, §§ 1-240, Berlin, New York 1982, zit. RGKR/ Bearbeiter

Grub, Volker: Insolvenzplan und Eigenverwaltung, AnwBl. 2000, S. 580

Grunewald, Barbara:

- Auskunftserteilung und Haftung des Vorstandes im bürgerlich-rechtlichen Verein, ZIP 1989, S. 962
- Plädoyer für eine Abschaffung der Rechtsregeln für eigenkapitalersetzende Gesellschafterdarlehen, GmbHR 1997, S. 7

Grunsky, Wolfgang (Hrsg.):

- Der Sportverein in der wirtschaftlichen Krise, Heidelberg 1990
- Arbeitsrechtliche Einzelfragen des Sportlerstatus bei Insolvenz des Vereins, in Grunsky, Wolfgang; Der Sportverein in der wirtschaftlichen Krise, Heidelberg 1990, S. 53

H

Haack, Michael: Der Forderungsrücktritt als Mittel einer Überschuldungsbeseitigung, KTS 1980, S. 309

Haarmeyer, Hans:

- */Wutzke, Wolfgang/Förster, Karsten*: Handbuch zur Insolvenzordnung: InsO/EGInsO, 3. Auflage, München 2001
- Das Ende der Betriebsfortführung im Insolvenzantragsverfahren?, ZInsO 1998, S. 157
- Verfahrensrechtliche Voraussetzungen für die Anordnung von Sicherungsmaßnahmen, ZInsO 2001, S. 203

Haas, Ulrich:

- Geschäftsführerhaftung und Gläubigerschutz, München 1997

- Insolvenzantragsrecht und -pflicht in der GmbH insbesondere des „faktischen Geschäftsführers“ nach neuem Recht, DStR 1998, S. 1359
- */Reimann, Christoph*: Das „Fernsehrecht“ an Sportveranstaltungen als Abwehrrecht, SpuRt 1999, S. 182
- Eigenkapitalersetzende Gesellschafterdarlehen und Feststellung der Überschuldung oder Zahlungsunfähigkeit, NZI 1999, S. 219
- Die Haftung des Vereinsvorstands bei Insolvenzverschleppung, SpuRt 1999, S. 1
- Der Normzweck des Eigenkapitalersatzrechts, NZI 2001, S. 1
- Aktuelle Rechtsprechung zum Kapitalersatzrecht, NZI 2002, S. 457

Habersack, Matthias:
- Die Mitgliedschaft, Tübingen 1996
- Eigenkapitalersatz im Gesellschaftsrecht – Überlegungen zum Anwendungsbereich der Regeln über eigenkapitalersetzende Gesellschafterhilfen, ZHR 162 (1998), S. 201
- Gesellschaftsrechtliche Fragen der Umwandlung von Sportvereinen in Kapitalgesellschaften, in: *Scherrer, Urs*, Sportkapitalgesellschaften, Stuttgart 1998
- Grundfragen der freiwilligen oder erzwungenen Subordination von Gesellschafterkrediten, ZGR 2000, S. 384

Hachenburg: GmbHG, Großkommentar, 8. Auflage:
- Erster Band, Allg. Einleitung; §§ 1- 34, Berlin [u.a.] 1992;
- Zweiter Band, §§ 35 – 52, Berlin [u.a.] 1997;
- Dritter Band, §§ 53 – 85; Register, Berlin [u.a.] 1997;

zit. Hachenburg/Bearbeiter

Hahn: Die gesamten Materialien zur KO, Berlin 1981.

Häsemeyer, Ludwig: Insolvenzrecht, 3. Auflage, Köln [u.a.] 2003

Hasselbach, Kai: Die Geltendmachung von Gesamtschadensansprüchen der Gläubiger durch den Insolvenzverwalter, DB 1996, S. 2213

Heckelmann, Dieter: Der Idealverein als Unternehmer? AcP 179, S. 22

Heermann, Peter W.: Die Ausgliederung von Vereinen auf Kapitalgesellschaften, ZIP 1998, S. 1249

Heidelberger Kommentar, Insolvenzordnung, 3. Auflage, Heidelberg 2003; zit. HK-InsO/Bearbeiter

Heidland, Herbert: Die Rechtsstellung und Aufgaben des Gläubigerausschusses als Organ der Gläubigerselbstverwaltung in der Insolvenzordnung (InsO), in Kölner Schrift zur Insolvenzordnung, Berlin/Herne 2000, S. 711

Hennrichs, Joachim: Fortsetzung einer mangels Masse aufgelösten GmbH, ZHR 1995, S. 593

Helmschrott, Ernst: Der Notgeschäftsführer – eine notleidende Regelung, ZIP 2001, S. 636

Hemmerich, Hannelore:

- Möglichkeit und Grenzen wirtschaftlicher Betätigung von Idealvereinen, Heidelberg 1982
- Die Ausgliederung von Idealvereinen, BB 1983, S. 26

Henckel, Wolfram:

- Buchbesprechung zu „Wege zum Insolvenzrecht der Unternehmen. Befunde, Kritik, Perspektiven" von Karsten Schmidt, Köln 1990, ZIP 1991, S. 133
- Fehler bei der Eröffnung des Insolvenzverfahrens – Abhilfe und Rechtsmittel, ZIP 2000, S. 2045

Henssler, Martin: Die verfahrensrechtlichen Pflichten des Geschäftsführers im Insolvenzverfahren über das Vermögen der GmbH und GmbH & Co. KG, in Kölner Schrift zur Insolvenzordnung, 2. Auflage, Herne/Berlin 2000, S. 1283

Herlinghaus, Andreas: Forderungsverzichte und Besserungsvereinbarungen zur Sanierung von Kapitalgesellschaften, Köln 1994

Hess, Harald:

- */Pape, Gerhard*: InsO und EGInsO – Grundzüge des neuen Insolvenz-rechts, Köln 1995
- */Weis, Michaela/Wienberg, Rüdiger*, InsO, Kommentar zur Insolvenzordnung mit EGInsO, Band 1, Insolvenzordnung, 2. Auflage, Heidelberg 2001

Hilf, Meinhard:

- Das Bosman-Urteil des EuGH- Zur Geltung der EG-Grundfreiheiten für den Berufsfußball, NJW 1996, S. 517
- */Pache, Eckhard*: Das Bosmann Urteil des EuGH, NJW 1996, S. 1169

Hoffmann, Jochen: Das GmbH-Konzernrecht nach dem "Bremer Vulkan"-Urteil, NZG 2002, S. 68

Hommelhoff, Peter:

- Das Gesellschafterdarlehen als Beispiel institutioneller Rechtsfortbildung, ZGR 1988, S. 460
- */Mattheus, Daniela*: Corporate Governance nach dem KonTraG, AG 1998, S. 249
- Risikomanagement im GmbHR, in Festschrift für Otto Sandrock/ hrsg.von Klaus Peter Berger u.a., Heidelberg 2000, S. 373
- */Goette, Wulf*: Eigenkapitalersatzrecht in der Praxis, 2. Auflage, Köln 2001

Hüffer, Uwe: Kommentar zum Aktiengesetz, 5. Auflage, München 2002

J

Jaeger, Ernst: Konkursordnung; Großkommentar; §§ 1-42, Register; 9. Auflage, Berlin - New York 1997; zit. Jaeger/Bearbeiter

K

Khalib-Shahidi, Sassan D./Bögner, Wolfram: Dir rechtsmissbräuchliche oder zur Unzeit erklärte Amtsniederlegung des Geschäftsführers einer GmbH, BB 1997, S. 1161

Kekebus, Frank: Alternativen zur Rechtsform des Idealvereins im bundesdeutschen Lizenzfußball, Berlin 1991

Kilger, Joachim/ Schmidt, Karsten: Insolvenzgesetze: KO/VglO/GesO, 17. Auflage, München 1997

Kirchhof, Hans-Peter: Zwei Jahre InsO – ein Rückblick, ZinsO 2001, S. 1

Kling, Stephan: Forderungsverzicht mit Besserungsklausel oder Rangrücktritt? Neuere Rechtsentwicklungen des GmbH-Eigenkapitalersatzrechts nach eineinhalb Jahren InsO, NZG 2000, S. 872

Klingmüller, Angela/Wichert, Joachim: Die Zulässigkeit von Ablösesummen für vertraglich gebundene Profifußballspieler, SpuRt 2001, S. 1

Kluth: Die Rechtsstellung des Insolvenzverwalters oder die „Insolvenz" der Verwaltertheorien, NZI 2000, S. 351

Knauth, Klaus Wilhelm: Die Rechtsformverfehlung bei eingetragenen Vereinen mit wirtschaftlichen Geschäftsbetrieb, dargestellt am Beispiel der Bundesliga-Fußballvereine, Köln 1976

Kollhosser, Helmut: Der Verzicht des rechtsfähigen Vereins auf seine Rechts-fähigkeit, ZIP 1984, S. 1434

Kölner Kommentar zum Aktiengesetz:

- Band 1, §§ 1-75 AktG, 2. Auflage, Köln [u.a.] 1998
- Band 2, §§ 76-117 AktG, 2. Auflage, Köln [u.a.] 1996

zit. KölnKom/Bearbeiter

Koppensteiner, Hans-Georg: Kritik des Eigenkapitalersatzrechts, AG 1998, S. 308

Kort, Michael: Das Verhältnis von Auszahlungsverbot (§ 30 Abs. 1 GmbHG) und Erstattungspflicht (§31 GmbHG), ZGR 2002, S. 615

Krogmann, Mario: Grundrechte im Sport, Berlin 1998

Kübler, Bruno M.:

- Die Konkursverschleppungshaftung des GmbH-Geschäftsführers nach der Wende des Bundesgerichtshofs – Bedeutung in der Praxis, ZGR 1995, S. 481
- */Prütting, Hans/Noack, Ulrich*: Sonderband 1 zu InsO: Gesellschaftsrecht, Köln 1999
- */Prütting, Hans*: RWS-Dokumentation 18, Das neue Insolvenzrecht, InsO/EGInsO, 2. Auflage, Köln 2000
- */Prütting, Hanns*: InsO, Kommentar zur Insolvenzordnung, Band I, (Losebl.-Ausg. Stand: Oktober 2003), Köln 1998; zit. Kübler/ Prütting/ Bearbeiter

Kuhn, Georg:

- Die Vorgesellschaft, WM 1956, Sonderbeilage 5, S. 8

- /*Uhlenbruck, Wilhelm*: Konkursordnung, Kommentar, 11. Auflage, München 1994

Kußmaul, Rolf/Steffan, Bernhard: Insolvenzplanverfahren : Der prepacked Plan als Sanierungsalternative, DB 2000, S. 1849

Kutzer, Bernhard: Prozesspfleger statt Notgeschäftsführer – ein praktikabler Ausweg im Verfahren gegen organlose Kapitalgesellschaften, ZIP 2000, S. 654

L

Lakies, Thomas: Arbeitsrechtliche Vorschriften der neuen Insolvenzordnung, BB 1998, S. 2638

Leipold, Dieter (Hrsg):

- Insolvenzrecht im Umbruch, Köln [u.a.] 1991
- Die Eigenverwaltung mit Sachwalter und die Eigenverwaltung bei Kleinverfahren, in Insolvenzrecht im Umbruch, Köln [u.a.] 1991

Lenz, Tobias: Verbindlichkeiten mit Rangrücktritt im Überschuldungsstatus, GmbHR 1999, S. 283

Lenz, Hansrudi/Ostrowski, Marcus: Kontrolle und Transparenz im Unternehmensbereich durch die Institution Abschlußprüfung, BB 1997, S. 1523

Leoprechtingen von, Gunter: Insolvenzplan scheitert im Praxistest, DZWIR 2000, S. 67

Limmer, Peter: Unternehmensumstrukturierungen vor und in der Insolvenz unter Einsatz des Umwandlungsrechts, in Kölner Schrift zur Insolvenzordnung, 2. Auflage, Herne/Berlin 2000, S. 141

Lutter, Marcus:

- /*Hommelhoff, Peter*: Nachrangiges Haftkapital und Unterkapitalisierung in der GmbH, ZGR 1979, S. 37
- Theorie der Mitgliedschaft, AcP 1980, S. 84
- Zur Rechnungslegung und Publizität gemeinnütziger Spenden-Vereine, BB 1988, S. 490
- Der qualifiziert faktische Konzern, AG 1990, S. 179
- Das Girmes-Urteil, JZ 1995, S. 1053
- Das Aktienrecht im Wissenschaftsprozeß, ZGR 1998, S. 397

- Zahlungseinstellung und Überschuldung unter der neuen Insolvenzordnung, ZIP 1999, S. 641
- */Hommelhoff, Peter*: GmbHG, Kommentar, 15. Auflage, Köln 2000

M

Malatos, Andreas: Berufsfußball im europäischen Rechtsvergleich, Kehl 1988

Maus, Karl Heinz: Der Insolvenzplan in: Kölner Schrift zur Insolvenzordnung, 2. Auflage, Herne/Berlin 2000, S. 931

Medicus, Dieter: Bürgerliches Recht, 18. Auflage, Köln [u.a.] 1999

Menke, Thomas: Die wirtschaftliche Betätigung nichtwirtschaftlicher Vereine, Wiesbaden 1998

Mertens, Hans-Joachim: Das Aktienrecht im Wissenschaftsprozeß, ZGR 1998, S. 386

Möllers, Thomas M.J.: Kapitalmarkttauglichkeit des deutschen Gesellschaftsrechts, AG 1999, S. 433

Mönning, Rolf-Dieter: Die Auswahl des Verwalters als Problem der Qualitätssicherung, in Kölner Schrift zur Insolvenzordnung, Herne/Köln 2000, S. 375

Mugdan, B.: Die gesammelten Materialien zum Bürgerlichen Gesetzbuch für das deutsche Recht, I. Band, Berlin 1899

Müller, Andreas: Die Erhebung von Umlagen, MDR 1992, S. 924

Müller, Hans-Friedrich: Der Verband in der Insolvenz, Köln [u.a.] 2002

Müller, Hans-Peter/Haas, Ulrich: Bilanzierungsprobleme bei der Erstellung eines Überschuldungsstatus nach § 19 Abs. 2 InsO, in Kölner Schrift zur Insolvenzordnung, 2. Auflage, Herne/Berlin 2000, S. 1799

Müller, Michael: Der deutsche Berufsfußball – vom Idealverein zur Kapitalgesellschaft, Berlin 2000

Mummenhoff, Winfried: Gründungssysteme und Rechtsfähigkeit: die staatliche Mitwirkung bei der Verrechtlichung des bürgerlich-rechtlichen Vereins, Köln 1979

Münchner Handbuch des Gesellschaftsrechts: Band 4 Aktiengesellschaft, 2. Auflage, München 1999; zit. Bearbeiter in Münchner Handbuch GesR

Münchner Handbuch zum Arbeitsrecht: Band 1, Individualarbeitsrecht I, 2. Auflage 2000; zit. MünchArbR/Bearbeiter

Münchner Kommentar zum Bürgerlichen Gesetzbuch, hrsg. von Kurt Rebmann [u.a.], Band 1, Allgemeiner Teil (§§ 1-240), 4. Auflage, München 2001; zit. MüKo/Bearbeiter

Münchner Kommentar zum Handelsgesetzbuch, hrsg. Von Karsten Schmidt, Erstes Buch (§§ 1-104), München 1996; zit. MüKoHGB/Bearbeiter

Münchner Kommentar zur Insolvenzordnung, hrsg. von Hans-Peter Kirchhof [u.a.], Band 1, §§ 1-102, München 2001,

Band 2, §§ 103 – 269, München 2002,

zit. MüKoInsO/Bearbeiter

N

Nerlich, Jörg/Römermann, Volker: Insolvenzordnung, Kommentar, München 1999; zit. Nerlich/Römermann/Bearbeiter

Niese, Holger:

- Der VBG-Gefahrtarif - ein Weihnachtsgeschenk für die Sportvereine?, SpuRt 1998, S. 66
- Die neuen Gefahrtarife der Verwaltungs-Berufsgenossenschaft (VBG): Deutliche Verbesserung für den Sport, Sport in Hessen-Magazin des LSB Hessen e.V. Nr. 2 v. 27.01.2001, S. 8

Nipperdey, Thomas: Deutsche Geschichte 1866-1918, Erster Band: Arbeitswelt und Bürgergeist, München 1990

O

Oepen, Klaus: Eigenkapitalersatz bei Stiftungen, NZG 2001, S. 209

P

Palandt, Otto:

- Bürgerliches Gesetzbuch, 57. Auflage, München 1998
- Bürgerliches Gesetzbuch, 63. Auflage, München 2004;

zit. Palandt/Bearbeiter

Pape, Gerhard:
- Zur Stellung und Bedeutung der Gläubigerversammlung im Konkurs, ZIP 1990, S. 1251
- Einladung zur Umgehung der Eigenkapitalersatzregeln?, DB 1996, S. 2113
- Rechtliche Stellung, Aufgaben und Befugnisse des Gläubigerausschusses, ZInsO 1999, S. 675
- Die Gläubigerautonomie in der Insolvenzordnung, ZInsO 1999, S. 305

Paulus, Christoph G.:
- Der Anfechtungsprozess, ZInsO 1999, S. 242
- Passivierungspflicht und Rangordnung eigenkapitalersetzender Darlehen in der Insolvenz, ZGR 2002, S. 320

Pentz, Andreas: Die Änderungen und Ergänzungen der Kapitalersatzregeln im GmbH-Gesetz, GmbHR 1999, S. 437

Peters-Lange, Susanne: Die Betriebsfortführung im Insolvenzeröffnungsverfahren, ZIP 1999, S. 421

Pfister, Bernhard:
- Bindung an Verbandsrecht in der Verbandshierarchie, SpuRt 1996, S. 48
- Auswirkungen des Insolvenzverfahrens auf die Verbandsmitgliedschaft, SpuRt 2002, 103/ 104.

Pohlmann, Ulrich: Befugnisse und Funktionen des vorläufigen Insolvenzverwalters (Beiträge zum Insolvenzrecht, Band 19), Köln 1998

Prütting, Hanns: Allgemeine Verfahrensgrundsätze der Insolvenzordnung, in Kölner Schrift zur Insolvenzordnung, 2. Auflage, Herne/Berlin 2000

R

Raiser, Thomas: Recht der Kapitalgesellschaften, 3. Auflage, München 2001

Raupach, Arndt: Structure follows strategy – Grundfragen der Organisation, des Zivil- und Steuerrechts Sport, dargestellt am Thema Profigesellschaften, SpuRt 1995, S. 241 und SpuRt 1996, S. 2

Reich, Norbert: Die zivil- und strafrechtliche Verantwortlichkeit des faktischen Organmitgliedes im Gesellschaftsrecht, DB 1967, S. 1663

Reichert, Bernhard:

- Rechtsfragen beim Konkurs von Sportvereinen mit Profi- und Amateurabteilungen, in: Der Sportverein in der wirtschaftlichen Krise, Heidelberg 1990, S. 1
- */van Look, Frank*: Handbuch des Vereins- und Verbandsrechts, 6. Auflage, Neuwied [u.a.] 1995
- Handbuch des Vereins- und Verbandsrechts, 9. Auflage, Neuwied [u.a.] 2003
- Sportverbandslizenzen im Bereich des Profimannschaftssports, SpuRt 2003, S. 3 (Teil 1) und S. 98 (Teil 2)

Reiner, Günter: Der deliktische Charakter der „Finanzierungsverantwortung" des Gesellschafters: Zu den Ungereimtheiten der Lehre vom Kapitalersatz, in: *Ebenroth, Carsten Thomas* (Hrsg.): Festschrift für Karlheinz Boujong zum 65. Geburtstag, 1996, S. 415

Reuter, Dieter: 100 Bände Vereins- und Genossenschaftsrecht, ZHR 151 (1987), S. 355

Riggert, Rainer: Die Unabhängigkeit des Insolvenzverwalters gegenüber Gläubigern, NZI 2002, S. 353

Robrecht, Friedrich H.: Die Rechtsposition der Organe der GmbH, der Personengesellschaften und der eingetragenen Genossenschaften nach Eröffnung des Konkursverfahrens über das Gesellschaftsvermögen, DB 1968, S. 471

Röhricht, Volker:

- Sportgerichtsbarkeit, Recht und Sport, Band 22
- Von Rechtswissenschaft und Rechtsprechung, ZGR 1999, S. 445
- */Graf von Westphalen, Friedrich*: Handelsgesetzbuch-Kommentar, 2. Auflage 2001; zit. Röhricht/v.Westphalen/Verfasser

Roth, Edgar: Verbandsrechtliches Prüfungsverfahren – Zulässigkeit, Methode und Auswirkungen – , in *Grunsky*, Der Sportverein in der wirtschaftlichen Krise, 1990, S. 25

Roth, Günter H./Altmeppen, Holger: Gesetz betreffend die Gesellschaften mit beschränkter Haftung (GmbHG), 3. Auflage, München 1997

Rowedder, Heinz/Schmidt-Leithoff, Christian: Gesetz betreffend die Gesellschaft mit beschränkter Haftung – Kommentar, 4. Auflage, München 2002

S

Sauter, Eugen/Schweyer, Gerhard: Der eingetragene Verein, 17. Auflage, München 2001

Scharpf, Paul: Die Sorgfaltspflichten des Geschäftsführers einer GmbH, DB 1997, S. 737

Schaub, Günter:

- Die höchstrichterliche Rechtsprechung zum Arbeitsrecht im Konkurs, ZIP 1993, S. 969
- Insolvenzgeld, NZI 1999, S. 215
- Arbeitsrechts-Handbuch, 9. Auflage, München 2000

Schauhoff, Stephan: Handbuch der Gemeinnützigkeit, München 2000

Schildbach, Thomas: Sicherheiten versus par conditio creditorum, BB 1983, S. 2129

Schlegelberger: Handelsgesetzbuch, Band III/1. Halbband, §§ 105-160, 5. Auflage, München 1992; zit. Schlegelberger/Verfasser

Schmidt, Karsten:

- Die Abgrenzung der beiden Vereinsklassen – Bestandsaufnahme, Kritik und Neuorientierung, Rpfleger 1972, S. 286
- Konkursantragspflichten bei der GmbH und bürgerliches Deliktsrecht, JZ 1978, S. 660
- Organverantwortlichkeit und Sanierung im Insolvenzrecht der Unternehmen, ZIP 1980, S. 328
- Der bürgerlich-rechtliche Verein mit wirtschaftlicher Tätigkeit, AcP 182 (1982), S. 1
- Kapitalersetzende Bankkredite?, ZHR 1983, S. 165
- Verbandszweck und Rechtsfähigkeit im Vereinsrecht, Heidelberg 1984

- Der Konkursverwalter als Gesellschaftsorgan und als Repräsentant des Gemeinschuldners – Versuch einer Konkursverwaltertheorie für heute und morgen, KTS 1984, S. 345
- Erlöschen eines eingetragenen Vereins durch Fortfall aller Mitglieder?, JZ 1987, S. 394
- Wege zum Insolvenzrecht der Unternehmen – Befunde, Kritik, Perspektiven (Beiträge zum Insolvenzrecht, Band 7), Köln 1990
- Zur Amtslöschung unrechtmäßig eingetragener Wirtschaftsvereine, NJW 1993, S. 1225
- Klage und Rechtshängigkeit bei Konkurseröffnung vor Klagezustellung, NJW 1995, S. 911
- Kein Abschied vom „Quotenschaden" bei der Insolvenzverschleppungshaftung, NZI 1998, S. 9
- Finanzplanung, Rangrücktritt und Eigenkapitalersatz, ZIP 1999, S. 1241
- Eigenkapitalersatz und Überschuldungsfeststellung - Ein Diskussionsbeitrag gegen Fehlschlüsse aus der Insolvenzordnung, GmbHR 1999, S. 9
- Gesellschaftsrecht, 4. Auflage, Köln [u.a.] 2002
- */Uhlenbruck, Wilhelm*: Die GmbH in Krise, Sanierung und Insolvenz, 3. Auflage, Köln 2003

Scholz, Franz:
- Kommentar zum GmbH-Gesetz mit Nebengesetzen und dem Anhang Konzernrecht, II. Band, §§ 45-85, 9. Auflage, Köln 2002; zit. Scholz/Bearbeiter
- Kommentar zum GmbH-Gesetz, Band 1, §§ 1 - 44 mit Anhang Konzernrecht, 9. Auflage, Köln 2000; zit. Scholz/Bearbeiter

Schrader, Peter:
- Übergangsregelungen zum Konkursrecht, NZA 1997, S. 70
- Der vorläufige Insolvenzverwalter und die Bundesanstalt für Arbeit, ZinsO 2000, S. 196

Schummer, Gerhard: Das Eigenkapitalersatzrecht – notwendiges Rechtsinstitut oder Irrweg, Wien 1998

Schwierkus, Fredy:Der rechtsfähige ideelle und wirtschaftliche Verein, Berlin 1981

Segna, Ulrich: Bundesligavereine und Börse, ZIP 1997, S. 1901

Smid, Stefan:

- Funktion des Sequesters und Aufgaben des Insolvenzgerichts in der Eröffnungsphase nach der verabschiedeten Insolvenzordnung (InsO), WM 1995, S. 785
- */Rattunde, Rolf*: Der Insolvenzplan – Handbuch für das Sanierungsverfahren nach dem neuen Insolvenzrecht mit praktischen Beispielen und Musterverfügungen, Stuttgart u.a. 1998
- Der Erhalt von Arbeitsplätzen in der Insolvenz des Arbeitgebers nach neuem Recht, NZA 2000, S. 113
- Insolvenzordnung, Kommentar, 2. Auflage, Stuttgart [u.a.] 2002; zit. Smid/Bearbeiter
- Grundzüge des neuen Insolvenzrechts, 4. Auflage, München 2002

Soergel, Hans-Theodor: Kommentar zum Bürgerlichen Gesetzbuch, Band 1 Allgemeiner Teil 1, §§ 1-103; 13. Auflage, Stuttgart [u.a.] 2000; zit. Soergel/Bearbeiter

Söffing, Andreas: Bilanzierung und Abschreibung von Transferzahlungen im Lizenzfußball, BB 1996, S. 523

Sommer, Alexander/Maser, Peter: Persönliche Haftung des GmbH-Geschäfts-führers in der Insolvenz der Gesellschaft, BB 1996, S. 65

Staub: Handelsgesetzbuch, Großkommentar, 4. Auflage, 17. Lieferung: §§ 123-130 b, Berlin/New York 1997; zit. Staub/Bearbeiter

Staudinger, Julius von: Kommentar zum Bürgerlichen Gesetzbuch, Buch 1, §§ 21-103, 13. Bearbeitung, Berlin 1995; zit. Staudinger/Bearbeiter

Stein, Ursula:

- Die Normadressaten der §§ 64, 84 GmbHG und die Verantwortlichkeit von Nichtgeschäftsführern wegen Konkursverschleppung, ZHR 148 (1984), S. 207
- Das faktische Organ, Köln [u.a.] 1984

Steinbeck, Anja/Menke, Thomas:

- Bundesliga an die Börse, NJW 1998, S. 2169
- Die Aktiengesellschaft im Profifußball, SpuRt 1998, S. 226

Stöber, Kurt: Handbuch zum Vereinsrecht, 8. Auflage, Rothenburg 2000

Stopper, Martin: Deutsche Rechtsprechung zu Transfer-Zahlungen seit „Bosman“ – Überblick und Kritik, SpuRt 2000, S. 1

T

Teller, Horst: Rangrücktrittsvereinbarungen zur Vermeidung der Überschuldung einer GmbH, 2. Auflage, Köln 1995

Thomas, Heinz/Putzo,Hans : Zivilprozessordnung, 25. Auflage, München 2003

Trommer, Hans-Ralph: Die Transferregelungen im Profisport im Lichte des „Bosman-Urteils“ im Vergleich zu den Mechanismen im bezahlten amerikanischen Sport, Berlin 1999

U

Uhlenbruck, Wilhelm:

- Die Rechtsstellung des Geschäftsführers im Konkurs der GmbH, GmbHR 1972, S. 170
- Konkursrechtliche Probleme des Sportvereins, in Festschrift für Franz Merz zum 65. Geburtstag, Köln 1992, S. 581
- Das neue Insolvenzrecht, Herne [u.a.] 1994
- Probleme des Eröffnungsverfahrens nach dem Insolvenzrechts-Reformgesetz 1994, KTS 1994, S. 169
- Die neue Insolvenzordnung (II) – Auswirkungen auf das Recht der GmbH & Co. KG, GmbHR 1995, S. 195
- Die Durchsetzung von Gläubigeransprüchen gegen eine vermögenslose GmbH und deren Organe nach geltendem und neuem Insolvenzrecht, ZIP 1996, S. 1641
- Die Durchsetzung von Gläubigeransprüchen gegen eine vermögenslose GmbH und deren Organe nach geltendem und neuem Insolvenzrecht, ZIP 1996, S. 406
- Rechte und Pflichten des GmbH-Geschäftsführers in der Unternehmens-krise unter besonderer Berücksichtigung der Insolvenzrechtsreform – Teil I, WiB 1996, S. 409
- Die Bedeutung des neuen Insolvenzrechts für den GmbH-Geschäftsführer, GmbHR 1999, S. 313 (Teil I)/ S.390 (Teil II)

- Auskunfts- und Mitwirkungspflichten des Schuldners und seiner organschaftlichen Vertreter nach der Konkursordnung, Vergleichsordnung Gesamtvollstreckungsordnung sowie Insolvenzordnung, KTS 1997, S. 371
- Die Rechtsstellung des vorläufigen Insolvenzverwalters, in Kölner Schrift zur Insolvenzordnung, Herne/Berlin 2000, S. 325
- Gesellschaftsrechtliche Aspekte des Insolvenzrechts, in Kölner Schrift zur Insolvenzordnung, Herne/Berlin 2000, S. 1157
- Gerichtlicher oder außergerichtliche Sanierung? – Eine Schicksalsfrage Not leidender Unternehmen, BB 2001, S. 1641
- Ausgewählte Pflichten und Befugnisse des Gläubigerausschusses in der Insolvenz, ZInsO 2002, S. 1373
- Auskunfts- und Mitwirkungspflicht des Schuldners und seiner organschaftlichen Vertreter im Insolvenzverfahren, NZI 2002, S. 401
- Insolvenzordnung, 12. Auflage des von Franz Menzel begründeten sowie von Georg Kuhn und Wilhelm Uhlenbruck fortgeführten Werkes zur Konkursordnung, München 2003

V

Vallender, Heinz:
- Auflösung und Löschung der GmbH – Veränderungen aufgrund des neuen Insolvenzrechts, NZG 1998, S. 249
- Allgemeine Anforderungen an Anträge im Insolvenzverfahren, MDR 1999, S. 280

Vieweg, Klaus: Normsetzung- und Anwendung deutscher und internationaler Verbände, Berlin 1990

W

Walker, Wolf-Dietrich:
- Zur Zulässigkeit von Insolvenzklauseln in den Satzungen der Sportverbände, KTS 2003, S. 169

- Die Anwendung der Insolvenzordnung im Fall der Insolvenz von Sportvereinen in: Wirtschaftliche Kontrollmaßnahmen und verbandsrechtliche Sanktionen zur Sicherung des sportlichen Wettbewerbs, S. 45-64.

Weber, Friedrich: Die Funktionsteilung zwischen Konkursverwalter und Gesellschaftsorganen im Konkurs der Kapitalgesellschaft, KTS 1970, S. 77

Weimar, Klaus: Grundprobleme und offene Fragen um den faktischen GmbH-Geschäftsführer, GmbHR 1997, S. 473

Wellensiek, Jobst: Ein Jahr InsO – Erste Praxiserfahrungen mit dem neuem Recht, BB 2000, S. 6

Wertenbruch, Johannes:

- Der Lizenzspieler als Gläubigersicherheit im Konkurs eines Vereins der Fußball-Bundesliga, ZIP 1993, S. 1292
- Gibt es lizenzierbare Hörfunk-Übertragungsrechte des Sportveranstalters?, SpuRt 2001, S. 185

Westermann, Harm-Peter: Erste praktische Folgen des Bosman-Urteils für die Organisation des Berufsfußballs – aus der Praxis, DZWIR 1996, S. 82

Wiedemann, Herbert:

- Die Bedeutung der ITT-Entscheidung, JZ 1976, S. 392
- Gesellschaftsrechtliche Probleme der Betriebsaufspaltung, ZIP 1986, S. 1293
- Eigenkapital und Fremdkapital – Eine gesellschaftsrechtliche Zwischenbilanz, in: Festschrift für Karl Beusch zum 65. Geburtstag am 31. Oktober 1993, hrsg. von Beisse, Heinrich, Berlin, New York 1993, S. 893
- Minderheitsrechte ernstgenommen (Gedanken aus Anlaß der Magna Media-Entscheidung BayObLG ZIP 1998, 2002), ZGR 1999, S. 857
- Die gesetzlichen Neuregelungen im Kapitalersatzrecht, DZWIR 2000, S. 1
- Konzernrecht, in: 50 Jahre Bundesgerichtshof, Festgabe aus der Wissenschaft, Band II, München 2000, S. 337

Wiester, Roland: Die Fortführungspflicht des vorläufigen Insolvenzverwalters und ihre Auswirkungen auf die Vorfinanzierung von Insolvenzgeld, ZInsO 1998, S. 99

Wilhelm, Jan: Konkursantragspflicht des GmbH-Geschäftsführers und Quotenschaden, ZIP 1993, S. 1833

Willemsen, Heinz Josef/Tissler, Ralf-Dietrich: Interessenausgleich und Sozialplan in der Insolvenz, Köln 1995

Wittig, Arne: Rangrücktritt – Antworten und offene Fragen nach dem Urteil des BGH vom 8.1.2001, NZI 2001, S. 169

Z

Zöller, Richard/Geimer, Reinhold: Zivilprozessordnung, 24. Auflage, Köln 2004

Schriften zum Verfahrensrecht

Herausgegeben von Peter Gottwald und Ulrich Haas

Band 1 Matthias Rauscher: Die neue Berufung in Zivilsachen. 2002.

Band 2 Jörn-Christian Schulze: Grenzen der objektiven Schiedsfähigkeit im Rahmen des § 1030 ZPO. Eine Betrachtung des Rechts der Schiedsfähigkeit nach der Schiedsverfahrensrechtsform. 2003.

Band 3 Roman Rodloff: Das vereinfachte Verfahren zur Festsetzung von Kindesunterhalt nach §§ 654 ff. ZPO. Zugleich ein Beitrag zur Unterhaltsannexklage nach § 653 ZPO und zum vereinfachten Abänderungsverfahren nach § 656 ZPO. 2003.

Band 4 Helia-Verena Daubach: Kammer oder Einzelrichter? Ist die Kammer ein Qualitätselement des Zivilprozesses? 2003.

Band 5 Thomas Gemmeke: Beweisverwertungsverbote im arbeitsgerichtlichen Verfahren. 2003.

Band 6 Wolfgang Kreißig: Der Sportverein in Krise und Insolvenz. 2004.

www.peterlang.de

Kolibri 360 GmbH
Ferdinand-Jühlke-Straße 7
99095 Erfurt, Deutschland
produktsicherheit@kolibri360.de

Druck:
CPI Druckdienstleistungen GmbH
im Auftrag der
Kolibri 360 GmbH
Ferdinand-Jühlke-Str. 7
99095 Erfurt